2050년의 미디어

시모야마 스스무(下山進) 지음 | 이충원 · 이유빈 옮김

• 일러두기: 모든 주석은 옮긴이의 것이다.

2050 NEN NO MEDIA (MEDIA IN 2050) by SHIMOYAMA Susumu
Copyright © 2023 SHIMOYAMA Susumu
All rights reserved.
Original Japanese edition published by Bungeishunju Ltd., in 2019.
Republished as enlarged paperback edition by Bungeishunju Ltd., in 2023.
Korean translation rights in Korea reserved by Marco Polo Press, under the license granted by SHIMOYAMA Susumu, Japan arranged with Bungeishunju Ltd., Japan through Enters Korea Co., Ltd., Korea.

이 책의 한국어판 저작권은 (주)엔터스코리아를 통해 저작권자와 독점 계약한 마르코폴로에 있습니다. 저작권법에 의하여 한국 내에서 보호를 받는 저작물이므로 무단 전재와 무단복제를 금합니다.

목차

시작하며 요미우리 이대로는 못 버텨 —————————— 6

제1장 최초의 이변 ———————————————— 18

제2장 중심이 없는 네트워크 ——————————— 32

제3장 청년은 황야를 지향한다 —————————— 46

제4장 요미우리와 계약하라 ——————————— 68

제5장 라인토픽스 소송 1심 ——————————— 82

제6장 싸우는 요미우리 법무부 —————————— 106

제7장 닛케이는 내지 않는다 ——————————— 130

제8장 진주 목걸이 같은 ————————————— 144

제9장 아사히, 닛케이, 요미우리가 연합하다 ————— 164

제10장 '아라타니스' 패배 ————————————— 188

제11장 언와이어드 ——————————————— 224

제12장 혁신의 딜레마를 깨트리다 ————————— 232

제13장 닛케이 전자판 창간 ———————————— 250

제14장 우치야마 히토시 퇴장 ——————————— 282

제15장 '기요타케의 난' 다른 해석 —————————— 300

제16장 논쟁할 상대를 잘못 골랐다 ———————————— 340

제17장 뉴욕타임스의 충격 ———————————————— 360

제18장 양손잡이 경영은 가능할까? ——————————— 382

제19장 스마트폰 퍼스트 ——————————————————— 404

제20장 야후 이탈 ——————————————————————— 416

제21장 노어닷 탄생 ————————————————————— 436

제22장 피폐해진 신문 ———————————————————— 460

제23장 미래를 아이들에게 기대하다 ———————————— 484

제24장 미래를 디지털에 걸다 ———————————————— 500

제25장 미래를 데이터에 걸다 ———————————————— 526

마치며 2050년의 미디어 ——————————————————— 544

추가 신문 대 플랫폼 ————————————————————— 562

감사의 말 ——————————————————————————— 602

문고판 후기 ————————————————————————— 612

옮긴이의 말 ————————————————————————— 618

시작하며

요미우리 이대로는 못 버텨

2018년 정월의 요미우리신문 새해 인사 교환회. 와타나베 쓰네오(渡邊恒雄)는 늘 "경영은 튼튼"하니까 안심하라고 했지만, 그 해는 달랐다. 유언을 하는 것 같다고 느낀 사원도 있었다. 종이신문 왕국에 커다란 위기가 닥쳐왔다.

그 여사원은 1984년에 열린 대학 합동 설명회에서 와타나베 쓰네오의 말을 들은 뒤부터 줄곧 팬이었다. 다른 요미우리 간부와 달리 할 말은 한다는 점에 매료됐다.

당시 "아사히를 읽을 거면 차라리 아카하타를 읽어라!"[1]는 말에 눈을 번쩍 뜨지 않은 학생이 있었을까? 와세다, 게이오, 조치, 쓰다주쿠 같은 유명 대학에서 매스컴을 지향하는 이들에게 지망 1순위는 아사히신문이었다. 사회주의에 대한 동경은 다양한 실태가 보도됨에 따라서 1970년대보다 훨씬 엷어졌지만, 국내 문제에 관한 한 좌파적인 시각의 기사를 제공하는 『아사히저널』[2]이 매스컴을 지망하는 학생 사이에서 '멋지

---

1) 일본공산당의 기관지 '적기'.
2) 1959~1992년에 아사히신문사가 발행한 주간지. 1960~1970년대 베트남전 반대 운동, 문화대혁명 등을 배경으로 전성기를 누렸다.

다'고 여겨지던 시대였다.

그런 와중에 와타나베는 동서 냉전이 서방의 승리로 끝났다며, 미일동맹을 중심으로 다양한 문제를 생각해야 한다고 확실히 말했다.

아사히는 미일동맹에 입각해 있지 않다

그 여사원이 입사한 다음해인 1986년 2월 7일 요미우리신문 본사 9층 대회의실에서 열린 '요미우리신문의 사론(社論)[3]에 대해서'라는 제목의 사원 연수 모임. 전무 겸 주필이었던 와타나베가 사원을 상대로 강연하는 자리였다.[4] 와타나베는 우선 아사히의 사론을 도마에 올렸다.

"아사히의 사론은 일미군사동맹을 주축으로 삼고 있는 현재의 일본 정책을 비무장 중립으로 바꿔가는 것이다. 실제로 아사히는 1972년 새해 첫 날 2개면에 걸쳐서 쓴 '아사히신문은 생각한다'는 제목의 사론 특집 기사에서 이렇게 확실히 밝힌 적도 있다.

'일미간 군사동맹 관계를 약화시키고, 일미안보체제 해소

---

3) 언론사의 입장, 주장. 사론의 대표격이 사설(社說)이다.
4) 와타나베 쓰네오(1926년 5월생)는 1950년 11월 요미우리신문사에 입사, 1975년 정치부장 겸 국차장, 1977년 편집국 총무(국장대우), 1979년 논설위원장(이사), 1987년 수석부사장, 1991년 사장, 1996년 요미우리 자이언츠 구단주, 1999~2003년 일본신문협회 회장, 2005~2016년 그룹 본사 회장을 거쳐 2024년 현재는 그룹본사 대표이사 주필.

로 향하는 길을 냉정하게 주도해가는 것이 바람직하다고 생각한다'

요미우리의 입장은 무장중립도, 비무장중립도 아니다. 무장중립은 돈이 너무 많이 든다. 비무장중립은 적이 쳐들어오면 '항복'하는 '항복론'과 마찬가지다. 그래서 요미우리는 일미동맹을 기본으로 삼는다. 하지만 요미우리는 우익이 아니다. 국가주의나 전체주의 입장도 취하지 않는다."

실제로 와타나베는 패전 전의 전체주의 체제를[5] 바보 같다고 생각했다. 왜 그런 오류를 범했는지 철저하게 추궁한 '검증 전쟁책임'이라는 유명 기획을 제안해, 2005년 8월부터 2006년 8월까지 1년간 요미우리 지상에서 연재하기도 했다.

와타나베는 그런 면에서는 유연했다. 이 '사론에 대해서' 연수 때에도 산케이신문의 『정론』[6]에서 미야모토 겐지(宮本顯治)[7]에 대해서 "정치가로서도, 교양인으로서도 1급이다. 다른 당에는 그에 견줄 만한 능력과 주장이 있는 사람이 적다. 높이 평가한다."고 쓴 적이 있다며 이렇게 말했다.

"미야모토 겐지는 현대 정치가로서도, 교양인으로서도 1급인 인간이라고 저는 썼습니다. 저를 (공산당에서) 제명한[8] 사

---

5) 일본제국주의 체제.
6) 산케이신문이 발행하는 월간지.
7) 미야모토 겐지(宮本顯治·1908~2007). 1958년부터 40년간 일본공산당을 이끈 지도자.
8) 와타나베 쓰네오는 도쿄대 재학중에 일본공산당에 입당했다가 스스로 탈당계를 내고 제명 처분을 받았다.

람이긴 하지만, 14년간이나 감옥에 들어가서 지조를 지킨 끝에 나와서 오늘날까지 당의 최고 지위를 유지하고 있는 만큼 정치가로서 능력은 어지간한 게 아니죠. 그의 첫 작품인 『패배의 문학』 이후의 문학적 업적을 보더라도 확실히 교양인임에 틀림없고요. 이데올로기는 저와 정반대지만, 객관적 인물 평가로서 그렇게 말한 것입니다."

와타나베는 당시부터 요미우리신문이 가진 힘에 대해 절대적인 자신감을 갖고 있었다. "우리 힘이면 대부분 내각은 반년이나 1년이면 반드시 무너뜨릴 수 있다." 그렇게 말하며 사원들을 노려봤다.

실제로 사원들은 그 후 1990년대를 거치면서 많은 일이 와타나베가 말한 대로 되어가는 걸 목격했다. 동서냉전은 서방의 승리로 끝났다. 그 후에도 정부는 중립적인 외교정책을 지향한다고 했지만, 제대로 되지 않았다. 민주당 정권은 중국 쪽으로 중심을 살짝 옮기려고 했지만, 오키나와에서 무책임한 약속을 하고 헤맨 하토야마 내각은 조기에 무너졌다.[9]

와타나베는 94세까지 요미우리에서 실권을 휘두른 '판매의 신' 무타이 미쓰오(務臺光雄)가 죽은 후 1991년에 사장이 됐다. 취임 후부터 판매에 힘을 쏟아 1994년 하반기에는 판매부수를 처음으로 1,000만부로 늘렸고, 2001년 상반기에는 전

---

9) 하토야마 유키오 전 총리는 오키나와현 내부인 후텐마로 이전하기로 한 오키나와 미군 기지를 '최소한 오키나와현 밖'으로 이전하겠다고 했다가 조기 퇴진했다.

인미답의 경지인 1,028만부를 달성했다.

요미우리의 경영은 튼튼

매년 새해에 사원을 모아놓고 하는 인사 교환회. 여기서 와타나베는 우선 웃을 만한 얘기를 한 뒤 주목할 만한 한 권의 책 얘기를 했다. 또 세계 정세, 국내의 주요 과제에 대해서 자신의 생각을 말했다. 그 후 요미우리의 역사와 경영에 대한 이야기로 옮겨갔다. 그 여사원에게는 새해 초에 와타나베의 이야기를 듣는 것이 즐거움 중 하나였다. 지적 호기심과 자신감에 넘치고, 세계 정세를 콕콕 짚어내는 와타나베의 저널리스트로서의 센스에 매년 혀를 내둘렀다. 그리고 요미우리 경영에 대한 화제로 넘어갔다. 패전 후만 해도 간토 지방의 군소 지역지였던 요미우리신문이 무타이 미쓰오라는 '판매의 신' 덕분에 1977년 아사히를 제치고 판매부수 일본 1등이 된 역사 등을 거론했다. 마지막에는 반드시 현재의 요미우리 경영은 튼튼하다고 확언했다.

"이 정신력과 체력이 있으면, 앞으로 벌어질 파이 나눠먹기 싸움에서 반드시 이겨낼 수 있다고 확신"(2007년)

---

10) 도쿄를 포함하는 수도권.

"요미우리의 경영은 여러 지표에서 봐도 가장 건전"(2012년)

"어쨌든 요미우리신문은 튼튼합니다. 아무것도 걱정할 필요 없습니다. 뭘 하든 반드시 이깁니다. 어떤 전투든 이깁니다. 그럴 자신이 있습니다."(2012년)

"(정부가) 과감한 정책을 실현하게 하고, 경기를 향상시켜서, 광고 수입을 회복하면 요미우리는 반드시 안전합니다"(2013년)

요미우리의 사원들도 그런 와타나베의 이야기를 들으며 안심했다. 그것이 매년 정례 행사였다.

뭔가 다르다

그런데 2018년 정월에는 뭔가 달랐다.

1월 5일 강당에서 열린 새해 인사 교환회. 출발은 다른 때와 같았다.

"이가 빠졌어. 당신들도 이 잘 닦아."라는 농담으로 웃게 한 뒤 책 이야기를 했다. 이 해에 거론한 책은 린다 그래튼(Lynda Gratton)의 『100세 인생』[11]이었다. 국제 정세, 북한의 핵미사일 폭발 위험성, 세계 경제와 국내 경제에 대해서도 이야기했다. 그런데, 그 해에는 무타이 미쓰오와 쇼리키 마쓰타로(正力松

---

11) 일본어책 제목은 『라이프 시프트』.

太郞)의 갈등에 대해 상세하게 이야기했다.

"패전 직후 긴자 사옥은 비좁아서 24면 신문을 인쇄할 윤전기를 둘 수 없었어. 무타이는 '아사히, 마이니치는 이미 24면 인쇄 체제를 갖춘 상태여서 이대로는 요미우리가 무너질 것'이라며, 윤전기 증설과 새 사옥 건설을 쇼리키에게 강하게 건의했지. 또 전국지가 되려면 오사카 진출이 필수였는데, 쇼리키는 절대 반대였어. 무타이는 쇼리키 몰래 오사카에 땅을 사서 윤전기 공장을 짓고 준비를 했지.

쇼리키는 오사카에 이어서 서부와 중부에 진출해서 전국지 체제를 완성시킨 무타이를 사장으로 임명하지 않았어. 쇼리키는 정계에 진출해서 장관이 됐지만, 사장 자리를 19년간이나 공석으로 두는 이상한 인사를 했어.[12] 무타이는 결국 사표를 내고 2주간 행방불명이 됐지. 노동조합과 관리직이 한마음이 돼서 '무타이씨, 돌아와 주세요'라고 쓴 현수막을 편집국에 내걸었고, 그걸 본 쇼리키가 체념한 덕분에 무타이 노선이 실행될 수 있었던 거지."

와타나베는 자신도 직접 목격한 그 역사를, '현수막'을 봤을 때의 놀라움을 담아서 말했다. 그 후 현재의 요미우리에 대해서 이렇게 비명 같은 말을 내뱉었다.

---

12) 쇼리키 마쓰타로는 1955년 2월 중의원 의원 선거에 출마해 당선됐고, 1955년 11월 홋카이도개발청 장관, 1956년 1월 원자력위원회 초대위원장, 1956년 5월 과학기술청 초대 장관, 1957년 7월 국가공안위원장 겸 과학기술청 장관 겸 원자력위원장을 지냈다.

"요미우리 이대로는 못 버텨"

그리고 회사를 위해서 올바르다고 생각하는 게 있으면 "사장을 때려눕힐만한 기개로" 하라고 독려했다.

다른 때 같으면 정월의 이야기는 요미우리는 무차입 경영이어서 문제가 없다는 이야기로 끝났을 것이다. 그러나 이 해에는 신슈마쓰모토(信州松本)에 있었던 무타이의 묘를 도쿄 도심의 아오야마(靑山)공원묘지로 모셔왔다는 걸 거론하며 이렇게 끝맺음했다.

"우리 임원 일동은 조만간 함께 묘지를 참배하러 갈텐데, 여러분도 기회가 있으면 참배하고, 요미우리의 영광을 떠올려줘"

유언 같다고 느낀 사원도 있었다.

"요미우리 이대로는 못 버텨"

이 말에서 뭔지 모를 불안을 느낀 사원도 있었다. 2001년에는 1,028만 부를 자랑했던 판매부수도 2011년에 1천만 부 아래로 내려간 뒤 감소세에 가속도가 붙어서, 873만 부까지 줄었다. 7년 만에 130만 부를 잃은 것이다. 130만 부는 홋카이도신문과 구마모토일일신문의 부수를 합친 숫자에 필적했

---

13) 나가노현 마쓰모토시. 무타이는 나가노현에서 태어났다.

다. 즉 블록지 1개지와 현 단위 신문 1개지의 부수가 최근 7년 사이에 사라진 것이었다.

1970년대의 아사히가 '불건전한 이상주의'에 입각해 있었던 반면에, 와타나베는 철저히 현실주의로 세상을 꿰뚫어보고 있었다. 동서냉전의 붕괴를 내다봤고, 정계를 움직이는 킹메이커로 군림했고, 행정개혁이나 헌법 개정 논의를 주도했다.

하지만 현실주의자인 와타나베가 단 한가지 예상하지 못한 것이 있었다.

그것은 구텐베르크가 활판 인쇄를 발명하고, 종이 매스미디어가 부흥하고, 오늘날 대중민주주의의 기초가 생긴 것에 필적할 정도의 혁명이 어떤 기술 혁신 덕분에 불가역적으로 진행되고 있었다는 점이다.

인터넷.

이것이 출현함으로써 여러 산업이 변혁을 피할 수 없게 됐다. 신문도 그 중 한가지였지만, 와타나베는 여기에 저항하고 있었던 것이다.

---

14) 판매 지역이 여러 현에 걸쳐있는 신문. 홋카이도신문은 판매 지역이 홋카이도 뿐이긴 하지만 블록지로 분류된다. 대표적인 블록지는 홋카이도신문, 주니치신문, 서일본신문, 가호쿠신포, 주고쿠신문, 주부게이자이신문 등이 있고, 시즈오카신문, 니가타일보, 시나노마이니치신문, 교토신문, 고베신문, 산요신문 등은 블록지에 준하는 지역지로 분류된다.

주요 참고 문헌·증언자·취재협력자

요미우리신문사보(사내보)
『요미우리신문 140년사』, 요미우리신문그룹 본사, 2015년 3월
「집중 대특집·일본공산당과 미야모토 겐지 연구」, 『정론』, 1975년 12월호

이밖에 다수의 사원이 익명으로 협력해줬다. 사내보에는 실리지 않은 "요미우리 이대로는 못 버텨", "사장을 때려눕힐만한 기개로"라는 와타나베의 발언은 이 모임에 참석한 여러 사원이 확인했고, 와타나베 본인에게도 자택으로 편지를 보내서 "왜 이런 발언을 했는지 진의를 듣고 싶다"고 서면으로 물었다. 홍보 담당자는 내가 와타나베에게 그 편지를 보낸 걸 알고 있다며 이렇게 답신했다.

"와타나베는 매일 도착하는 편지를 체크하고 있지만, 비서부를 통해서 홍보 쪽에 이야기가 전달되지 않은 걸 보면 대응하지 않겠다는 것이라고 우리는 추측하고 있다."

제1장

최초의 이변

"신문 스크랩을 사용하는 수업은 이제 할 수 없어요. 신문을 보는 가정이 없는 걸요." 도쿄도 기타구에서 요미우리신문 판매소를 여러 곳 운영하는 소에다 요시타카(副田義隆)는 이 말을 듣고 충격을 받았다.

기타구에서 요미우리신문 전문 판매소를 3곳 운영하는 소에다가 처음으로 이상하다고 느낀 것은 2008년 팔고 남은 신문을 인근의 제3이와부치초등학교에 기증하고 싶다고 얘기를 꺼냈을 때였다.

상대방은 이 학교 여성 교감이었다. 소에다의 얘기를 다 듣고 나서 고맙다며 신문을 받겠다고는 했지만, 그 여성 교감이 이어서 한 얘기가 소에다에게 충격을 줬다.

그 교감은 사회 과목을 가르치는 교사였다. 예전 같으면 사회 수업 시간에 당연하게 사용했던 것이 신문이었다. 예를 들어 어떤 사회 현상에 대해서 학생에게 "신문 스크랩을 사용해서 감상을 써 오세요"라고 지도하는 것은 흔히 있는 모습이었다.

그 '신문 스크랩'을 할 수 없게 됐다는 것이다. 그래서 신문을 학교에 무료로 가져다주는 게 고맙다는 것이다. 왜 '신문 스크랩'을 할 수 없게 된 걸까? 그것은 신문을 보는 가정이 극단적으로 줄었기 때문이라고 했다.

"학생이 10명 있다면 신문을 받아보는 집은 3명 정도인 걸요. 그래서 '신문 스크랩'은 더 이상 할 수 없어요."

그 해, 2008년에 요미우리의 부수는 ABC 조사로[15] 아직 1,001만부였다. 2000년의 1,028만부에 비하면 약간 줄었지만 세계 1위의 압도적인 부수를 자랑하는 신문이었다.

그러나 각 가정을 돌며 수금하는 소에다는 구독자가 주로 60대 이상의 고령자가 되어간다는 걸 실감하고 있었다. 초등학생의 부모 세대는 30대이다. 이 30대가 신문을 읽지 않게 됐다는 걸까?

NHK 방송문화연구소는 5년마다 '국민생활시간조사'라는 생활 시간 배분에 관한 조사를 하고 있다. 그 질문 항목 중에 '하루 15분 이상 신문을 읽는가'라는 게 있다. 2005년의 수치를 보면 30대에서 '네'라고 대답한 것은 남녀 합쳐서 29%에 불과했다. 1995년의 조사 결과를 보면 당시 30대의 50% 이상이 매일 신문을 읽고 있었다.

---

15) ABC(Audit Bureau of Circulations) 제도란 신문·잡지·웹 사이트 등의 언론사가 자진 보고한 간행물 발행부수, 접촉자수를 토대로 객관적인 방법과 기준을 통해서 이를 조사, 확인하여 결과를 공개하는 것.

소에다는 그런 수치는 몰라도 독자가 고령화하고 있다는 걸 경험적으로 알고 있었다. 그러면 아이들이 어른이 됐을 때 신문은 어떻게 되는 걸까?

생활보호가정이 주별로 대금을 지불하며 신문을 보는 나라

소에다 가문은 3대째 요미우리 전문 판매소를 운영하고 있다. 전문 판매소라는 건 요미우리신문과 계약해서 요미우리 신문만 파는 가게를 가리킨다.

1943년 전쟁 중에 시작한 소에다 가문의 가업인 요미우리 전문 판매소. 라디오가 나왔을 때도, TV가 등장했을 때도 "신문이 없어질 것"이라는 말이 나오긴 했지만 마법과도 같은 말이 그 악몽을 쫓아냈다.

"신문에 적혀 있으니까"

그것은 "그러니까 진실이야"와 같은 뜻인 마법의 말이었다. 뉴스의 경우에는 "TV에 나왔으니까"라고는 하지 않는다. 어디까지나 "신문에 적혀 있는 것", 그것이 진실이었다. 소에다는 그것이 어제 일처럼 생각났다.

그래서 어떤 사람이든 신문을 받아서 봤다.

학생 시절 선명한 기억이 떠올랐다. 기타구는 생활보호수급률이 높았다. 하지만 그 생활보호가정도 신문은 받아 본다고 판매소를 경영하는 아버지는 말했다. 가난한 탓에 정기구독은 할 수 없었다. 집 우편함에 매주 200엔을 넣어 놓으면 주마다 수금했다. 조석간 세트 월 구독료가 750엔이었던 1970년의 일이다.

아무리 가난해도, 아니 가난하니까 더욱 더 필사적으로 신문을 받아 봤다.

신문은 생명선이나 마찬가지였다. 거기에 실린 지식을 알아야 일을 할 수 있었다. 그래서 생활보호가정이라도 생활비를 짜내서 신문을 배달 받아서 봤었다. 일본의 국력이 강한 원인도 거기에 있다고 소에다는 생각했다. 국민 전체의 지적 역량이 강하기 때문이다. 문맹률이 거의 제로에 가까웠다. 그 기본이 된 것이 국민이 매일 신문을 받아서 읽는다는 점이었다. 뉴스를 접하며 다양한 걸 생각하는 습관이 있기 때문이다. 다른 나라와 달리, 지식층이 아니어도 일정한 이해력과 판단력이 있고, 민주주의 사회 속에서 현명하게 행동할 수 있는 원인은 신문 보급에 있다는 데 이론의 여지가 없었다.

그런 신념은 기타구에서 신문 판매소를 가업으로 삼아온 가정에서 자란 소에다에게는 당연한 일이었다.

---

16) 일본의 주요 신문은 일반적으로 조간과 석간을 함께 발행한다.

부수를 쫓아서

소에다는 와세다대 교육학부 이학과에 다녔다. 졸업해서 취직한 회사는 아사히생명이었다. 제미[17] 교수와 친하지 않았던 터라 교수가 소개해준 회사에 다니기 싫었다. 우연히 신주쿠를 지나는 전차에서 창밖 풍경을 보고 있자니 '아사히생명' 간판이 있었다. 입사 시험에 응시했더니 붙었다. 8년차에 홋카이도 지점에서 일할 때 아버지한테서 전화가 걸려왔다.

"문을 닫게 될지도 몰라"

'강제 폐쇄'를 말하는 것이었다. 요미우리 본사가 성적이 나쁜 판매소의 영업권을 강제로 다른 사람에게 넘겨버리는 걸 가리킨다. 당시 신문은 성장기 산업이었다. 따라서 신문 판매소를 운영해서 돈을 벌려고 하는 사람은 얼마든지 있었다.

소에다는 젖먹이 아기를 안은 채 회사를 그만두고 가게를 이어받았다.

아버지가 영업력이 없었던 반면, 소에다는 신문 판매소를 늘리는 재능이 있었다. 지역 로타리클럽에 적극적으로 다니며 안면을 넓혔다. 조금이라도 할 일이 있으면 노력을 아끼지 않았고, 조나이카이(町內會)[18]에서도 마찬가지였다.

---

17) 세미나(seminar). 일본 대학교의 전공 분야 제미는 거의 매주 지도 교수와 만나서 전공 분야를 더 깊이 연구하고, 졸업논문도 제미 교수의 지도를 받아서 완성하곤 한다.
18) 한국의 반상회와 비슷.

각 신문사는 1970년대, 1980년대에 부수를 확장하려고 필사적으로 애썼다. 부수가 늘면 우선 본지의 광고료 단가가 오르고, 그걸로 본사가 풍족해진다.

판매소에도 전단지 광고가 있었다. 전단지 광고는 신문에 끼워 넣는 광고를 가리킨다. 지역의 슈퍼마켓이나 학원 등의 광고가 큰 수입원이었다.

한 부당 48엔의 전단지 광고 수입이 있다고 치자. 3천부면 하루 14만4,000엔의 수입을 벌 수 있다. 1년이면 5,256만 엔. 가게 3곳을 경영하면 1년에 1억5,768만 엔의 매출이 된다.

본사에서 턱하고 판매 촉진 비용을 줄 때도 있다. 그 판촉비로 세탁기나 냉장고를 사들여서 신규 독자의 경품으로 내놓았다.

당시에는 1개월만 신문을 봐도 그런 경품을 줬다. 일단 계약만 하면 된다. 1개월마다 수금할 때 얼굴을 마주하기 때문에 신뢰관계를 구축해두면 다른 신문은 들어가기 어렵게 된다.

일반지의 경우 신문 내용을 보고 고르는 일은 거의 없었다. 영업력과 판촉비로 독자를 획득할 수 있었던 시대였다.

부친이 운영할 때 강제 폐쇄될 뻔한 가게가 눈깜짝할 사이에 다시 일어났고, 부수를 늘려갔다.

그런 와중에 나고야에서 판매소를 운영해보지 않겠느냐고 본사가 제안했다. 나고야는 주니치신문의 홈그라운드이다. 요미우리는 별개 회사인 중부요미우리신문사를 설립해서 1975년에 도카이 3개 현에[19] 진출했다. 월 구독료를 500엔으로 맞춰서 "커피 3잔 값으로 신문을 받아볼 수 있다"고 선전했는데, 이게 부당 저가 판매에 해당한다고 제소당한 탓에 중부요미우리의 경영진이 퇴진했다. 1988년 요미우리신문 본사에 흡수된 끝에, 요미우리신문 중부 본사가 됐다. 즉 별도 왕국이었던 곳이 통합된 셈인데, 주니치신문은 여전히 압도적으로 강해서 어떻게 공략할지 갈피를 잡지 못하고 있었다. 그런 와중에 도쿄 기타구에서 부수를 늘리는 소에다에게 주목한 본사가 "나고야 판매소를 운영해주지 않겠느냐"고 요청한 것이다.

나고야 출신의 한 남자를 데리고 기요스(清洲)에[20] 들어갔다. 적의 대군 속으로 혼자서 걸어 들어간 셈이었다. 자신이 운영할 판매소의 영역에는 이미 주니치 판매소가 7곳이나 들어차 있었다. 각각의 판매소의 부수는 5,000부. 반면 이쪽은 1,000부. 이렇게 시작했다. 기타구의 가게를 3곳 운영하면서 기요스의 가게도 경영하기 시작했다.

기요스 판매소가 궤도에 오르자 그곳은 나고야 출신 남자에게 맡겼다. 이번에는 센다이의 판매소를 운영해달라는 요청

---

19) 도카이 지방은 '아이치·미에·기후·시즈오카현'이지만 '도카이 3개 현'이라고 하면 이중 기후현을 빼고 '아이치·미에·시즈오카현'을 가리킨다. 나고야는 아이치현의 현청 소재지이다.
20) 현재의 기요스(清須)시. 아이치현 북서부에 있는 도시.

이 본사에서 왔다. 다테 마사무네(伊達政宗)공의 기마상이 있는 곳으로 가는 도중에 보이는 아오바도리 부근의 가게였다. 여기서는 아사히신문과 전투를 벌였다. 미야기현의 지역지 '가호쿠신포'는 너무 강해서 좀처럼 무너뜨릴 수 없으니까 아사히를 타깃으로 삼았다.

그렇게 매일 싸움으로 지새는 와중에 초등학교 여성 교감으로부터 "신문 스크랩을 할 수 없다. 신문을 받아보는 가정이 10명 중 3명 밖에 안 된다"는 말을 들은 것이다.

소에다는 신문 1부에 매달리는 신문판매소에서 살아가는 동안 '좀 더 사거리를 길게 잡을 필요가 있는 게 아닐까'라고 생각하게 된다.

뭔가, 자신이 어찌할 수 없을 만큼 큰 변화가 시작되고 있다. 여기에 대항하려면 지금까지처럼 1부에 연연하며 쫓아다니는 식이어서는 안 된다.

그렇다, 학교에 가보자.

하지만 본인 가게만 기증해서는 미약하다. 아사히, 요미우리, 마이니치, 닛케이, 산케이, 도쿄신문의 모든 판매소가 모여서 초등학교에 남은 신문을 기증하면 어떨까?

각 판매소는 신규 독자 개척용이라고 해서 실제로 배달되

---

21) 다테 마사무네(伊達政宗·1567~1636)는 에도 시대 센다이번(현재의 미야기현 전체와 이와테현 남부, 후쿠시마현 일부에 해당)의 초대 번주이다. 어릴 때 천연두로 오른쪽 눈을 잃어 '독안룡(獨眼龍)'이라는 별명이 있었다.
22) '다테 마사무네공 기마상'은 미야기현 센다이시 아오바구에 있는 센다이성 성터에 있다.

는 신문 부수보다 많은 부수를 본사에서 받고 있다. 그렇게 하면 전단지 광고료가 올라간다는 이유지만, 남은 신문은 버려질 뿐이다. 이걸 기타구의 신문판매 동업조합을 통해서 기타구 전체 초등학교에 줄 수는 없을까?

이렇게 해서 기타구의 신문판매소, 초등학교 그리고 교육위원회가 하나 되어 기타구의 초등학교에서 신문 활용 수업 움직임이 시작됐다.

교육 현장에 신문이 들어가면 장기적으로 봤을 때 다시 한번 젊은 세대에게 신문을 읽는 습관이 붙지 않을까?

때마침 비슷한 시기에 요미우리신문 판매국도 이상한 조짐을 느끼기 시작했다. 요미우리신문 전문 판매소 조직인 'YC'를 통해서 신문 구독을 중단한 비독자층 조사를 했다. 그 비독자층의 압도적 다수가 어느 정도 수입이 있는 30대, 40대 주부가 있는 가정이었다. 당시 판매국에 있던 시바마 히로키(芝間弘樹)는 그렇게 신문을 구독하지 않는 가정에서 자란 아이들이 성장해가는 미래를 생각하고, 신문의 장래에 먹구름이 몰려오고 있다고 느꼈다.

시바마 히로키는 요미우리신문이 아사히를 제치고 판매부수 일본 1등이 된 1977년의 다음해에 입사했다. 이 1978년 입사 동기 중에는 나중에 시바마와 함께 간토와 간사이지방에서 판매를 담당하게 될 구로사와 미유키(黒澤幸)가 있었다.

시바마, 구로사와 두 사람은 판매국 안에서 위기감을 공유하게 된다.

시바마와 구로사와가 입사한 해만 해도 요미우리가 일본 1등 자리를 차지하려고 했을 때의 슬로건이 아직 판매국 안에 붙어있을 때였다. '따라붙자, 추월하자, 일본 1등'이라는 슬로건이었다.

시바마의 기억에 이때 사람들은 신문 대금을 공공요금처럼 지불했다. 가스, 수도, 전기와 같은 생명선이라는 인식이 사람들에게 있었다. 영업하러 갔을 때 대금을 낼 수 없는 사람이 있으면 그 사람들은 그걸 미안해했다. 2~3년에 100만 부를 늘리는 기세로 요미우리신문 부수가 늘던 시절이었다.

하지만 시바마가 판매국에서 관리직을 맡게 된 2000년대 중반 이후는 그런 시절은 연기처럼 사라진 뒤였다. 이전에도 대학생이나 신입 사원이 된 뒤 신문을 보지 않게 됐다는 이는 있었다. 그러나 30대, 40대가 있는 어느 정도 윤택한 가정이 신문을 보지 않는 일은 없었다.

신문판매소에서 "더 이상 요미우리가 어떻고 하는 얘기가 아니에요. 신문 자체가 필요 없다는 가정이 늘고 있어요"라고 호소하게 된 것도 이때쯤이었다.

신문 판매소의 생활은 힘들다.

　오전 2시 30분에는 신문이 트럭에 실려 판매소에 도착한다. 판매소에 딸린 더부살이 방에서 배달원이 일어나는 건 그보다 전이다. 신문이 가게에 도착하면 여럿이 나눠서 그날의 광고지 전단을 한 부씩 신문에 끼워 넣는다. 이걸 끝내고 모두 가게를 나서는 게 오전 3시 30분. 아직 주변은 캄캄하다. 눈이 내린 날은 여러 가지가 걱정이다. 오토바이를 타고 가다가 넘어지는 이는 없을까? 무사히 배달을 끝낼까? 오전 5시 30분에는 빨리 배달을 끝낸 배달원이 돌아온다. 가장 늦은 배달원도 오전 6시까지는 돌아온다. 그때부터 아침식사를 한다. 예전에는 가게에서 생활하고 함께 아침식사를 했지만, 요즘은 그런 시대는 아니다. 예전에 사용했던 안쪽 식당은 지금은 사용하지 않는다. 아침식사가 끝나고 나서 드디어 한숨 쉰다. 석간이 있으니까 자는 배달원이 많다. 석간이 가게에 도착하는 게 오후 2시 30분. 이번에는 석간 배달이다. 석간을 배달했다고 해서 끝난 건 아니다. 이번에는 신규 독자를 획득하기 위한 영업과 수금 시간이다. 모든 일을 끝내고 판매소에 돌아오면 오후 8시 30분이나 9시가 된다.
　신문을 배달하면서 학교에 다니는 신문 장학생은 늘 졸린 눈을 비비면서 공부를 했다.

그런 신문 판매소가 일본의 민주주의를 지탱하고, 일본의 국력을 지탱해왔다. 그걸 중단해서는 안 된다.

소에다가 학교에 가서 신문을 학생들 손에 쥐어주기 위한 활동을 시작한 건 이런 경위에서였다.

"신문 스크랩 수업은 이제 할 수 없습니다."

소에다가 그런 말을 들은 2008년은 일본에서 처음으로 소프트뱅크가 아이폰을 판매하기 시작한 해였다.

6월 9일에 발매돼 나중에 스마트폰으로 불리게 된 그 통신기기는 순식간에 사람들 사이에 퍼졌고, 소에다 같은 이들의 성실한 노력을 가로막게 된다.

> **주요 참고 문헌·증언자·취재협력자**
> 소에다 요시타카, 시바마 히로키
> 기타구 구의회 소식지
> 요미우리신문사보

제2장

중심이 없는 네트워크

후일 '일본 인터넷의 아버지'로 불리게 되는 게이오기주쿠대의 무라이 준(村井純)은 이 기술이 산업의 모든 분야에서 변혁을 일으키게 되리라고는 꿈에도 생각하지 않았다.

무라이 준은 1970년대 후반 게이오대 공학부 수리과에서 컴퓨터에 대해 배울 때, 컴퓨터가 너무 싫어서 견딜 수 없을 지경이었다.

커다란 호스트 컴퓨터가 중앙에 떡 하니 자리잡고 있고, 거기서 방사형으로 회선이 뻗어나갔다. 회선 끝에는 단말이 있고, 거기서 사람들이 작업을 했다. 방사형으로 모인 많은 사람들이 동시에 작업할 수 있는 것처럼 보이는 것은 '시간분할 다중활용'이라는 개념을 이용해 잘게 시간을 쪼개서 호스트 컴퓨터를 독점하는 것처럼 보이게 하고 있기 때문이다.

하지만 이래서는 인간이 컴퓨터를 사용하는 게 아니라, 컴퓨터가 인간을 사용하는 게 아닐까?

자유로운 무라이에겐 중앙집권적인 시스템이 맞지 않았

다. 절대적인 권위가 중심에 있고, 그곳에 연결되는 사람들, 이건 대학에서도 학문의 세계에서도 마찬가지 아닐까? 연구는 원래 좀 더 자유로운 것이어도 좋을 텐데. 권위에 도전하는 사상 덕분에 새로운 학문의 길이 열리기 마련이다. 무라이는 그렇게 생각했다.

그런 무라이가 컴퓨터와 컴퓨터를 연결하는 네트워크에 대해서 알게 됐을 때 컴퓨터에 대한 생각이 변했다.

그것은 미국의 대학 사이에서 시작됐다. ARPAnet[23]이라고 하는 그 네트워크에서는 각 대학의 컴퓨터가 연결돼 통신을 할 수 있었다. 그 네트워크를 지탱하는 기술은 인터넷 프로토콜이라는 기술이었다.

이것은 정보를 패킷으로 묶어서, 거기에 태그를 붙여서 보내는 것이다. 이렇게 하면 중심이 없어도, 이 정보는 태그를 주소 대신 사용해서 목적한 장소에 도착할 수 있다.

무라이가 무엇보다 흥분한 것은 중심이 없다는 점이었다. 이것은 누가 잘났다고 하는 시스템이 아니며 비교해가는 시스템이다. 그 비교 안에서 다양한 것을 할 수 있게 된다. 그렇게 생각하고, 일본에서도 이 '넷'과 '넷'을 연결하는 '인터넷'에 컴퓨터를 연결해야겠다고 강하게 생각했다.

---

[23] 미국 국방부와 각 연구기관, 국방 관련 사업체의 정보 공유를 지원하기 위해 추진한 ARPA(The Advanced Research Project Agency) 프로젝트로 개발된 컴퓨터망의 연동망. 1969년 가동된 후에 1986년까지 인터넷의 근간망을 이룸. 1990년 미국 국방부의 결정으로 해체됨.

1984년에 박사 과정을 수료한 무라이는 도쿄공대 종합정보처리센터 조수가 된다. 여기서 우선 게이오대의 컴퓨터와 도쿄공대 컴퓨터를 연결하는데 성공했다.[24] 이렇게 쓰면 아주 간단한 일처럼 보이지만, 당시에는 전화회선은 전화에만 사용해야 한다고 법률로 정해져 있었던 시대였다. 그걸 연결하기 위해서는, 전전(電電)공사라는 반관반민(半官半民) 조직과 여러 단계의 협상을 해서 허가를 받아야 했다.

게이오대와 도쿄공대의 컴퓨터를 연결한 뒤에는 도쿄대와도 연결할 수 있었다. 이건 JUNET(Japan University Network)이라고 불리는 일본 인터넷의 효시가 된다.

인간은 모두 그쪽 세계로 갈 것이다

무라이는 컴퓨터와 컴퓨터를 연결하는 이 '인터넷'이 확산됨으로써 인간은 모두 그쪽, 즉 인터넷 세계로 가게 될 것이라고 당시부터 생각했다. 그러나 1980년대에는 이 정도로 격렬하게 산업의 기반을 흔들거나, 모든 업종에서 변화를 일으킬 기술혁신이라고는 생각하지 못했다. 무라이가 처음에 생각한

---

24) 도쿄공대 종합정보처리센터 조수로 있던 무라이 준(村井純, 1955년생)이 도쿄공대와 게이오대 컴퓨터를 연결해서 'JUNET'이라고 부른 게 일본 최초의 '인터넷 프로토콜 패킷 통신'이었다. 한국은 일본보다 2년 빠른 1982년 5월 구미 전자기술연구소와 서울대 컴퓨터를 처음 연결한 SDN이 인터넷의 시초였다. 이것을 시도한 사람들은 전자기술연구소의 전길남(1943년생) 책임연구원(현 카이스트 명예교수)과 손유익, 차의영 등이었다.

것은 다양한 연구자의 논문이나 연구가 '인터넷'으로 연결됨으로써 서로 참조하기 쉬워지고, 사고의 경쟁이 가속할 것이라는 정도였다.

처음에는 누구도 이해하지 못했다. 인터넷이 왜 필요한지 설득할 수 없었다. 이건 상당히 분한 일이었고, 힘들었다. 누구도 이메일을 사용하지 않았고, 누구도 컴퓨터 네트워크가 뭔지 몰랐다. 그런 상황에서 컴퓨터를 서로 연결해야 한다고 설득해야 했다. 자기 손을 움직일 수밖에 없었다. 맨홀을 열고, 게이오대 캠퍼스의 지하에 기어들어가서, 하루 종일 온몸이 새까매진 채 배선을 만졌다. 혹은 밤중에 빌딩에 숨어들어가서 전화교환기를 조사하고, 비어있는 회선에 접속하거나 전선을 연결하려고 천장 위로 올라가서 드릴로 구멍을 뚫기도 했다.

컴퓨터 연구라고 하면 아직 다른 나라의 논문을 일본어로 소개하는 것이 주류인 시대였다. 실제로 컴퓨터를 연결하려고 뛰어다니는 무라이의 방식은 학회 높은 분들의 반감을 샀다.

"무라이가 하는 건 연구가 아니다. 통신사업자가 할 일이다."

"무라이를 도와준다고 해도 논문은 쓸 수 없다. 출세가 늦어질 뿐이다."

인터넷에 관한 논문을 써도 그걸 발표할 곳이 없었다. 학회에서는 아직 메인 프레임 컴퓨터에 관한 연구가 주류였던 시대다.

또 통신에는 막대한 돈이 들어가는 시대이기도 했다. 전화회선이 아니라 전용선을 사용할 수 있으면 가장 좋을 것이다. 그러나 그 전용선을 사용하려면 회선업자에게 막대한 돈을 지불해야 했다.

무라이는 일본에서 인터넷을 전용선으로 이용하려면 연간 5,000만 엔이 들 거라고 계산했고, '1개사에 500만 엔씩 10개사'라는 생각으로 자금을 모았다. 이 프로젝트는 WIDE(Widely Integrated Distributed Environment)라고 불렸다. 오므론, 소니, 일본 썬마이크로시스템즈, 아스키, CSK, 미쓰비시전기, 도시바, 일본전기, 일본IBM 등 쟁쟁한 회사가 이 요청에 응했고, 최종적으로는 16개사가 초기 투자를 했다.

무라이는 JUNET과 이들 기업을 연결하는 일에 착수했다. 이때 무라이는 도쿄대로 옮긴 상태였다. 도쿄대와 민간 기업을 직접 연결하는 것은 아직 어려운 시대였다. JUNET은 도쿄대와 도쿄공대, 게이오대를 연결하는 네트워크니까 큰 문제가 없었다.

신성한 학문의 전당과 이익을 추구하는 민간기업을 회선으로 연결하는 것은 더러운 일이라고 생각하는 도쿄대 교수들도 많았다.

무라이는 친한 이와나미서점의 편집자에게 부탁해서 이와나미서점을 설치의 거점으로 삼는 데 성공했다. 당시 이와나미서점의 브랜드 이미지는 도쿄대 교수들에게 확실한 믿음을 줬다. 이렇게 해서 WIDE 프로젝트가 시작된 것이 1988년.

그러나 아직 이 시절에는 통신의 규제, 비싼 통신료 등의 이유로 일반인이 인터넷이라는 말을 알게 되는 것은 훨씬 후의 일이다. 사람들이 뉴스를 접하는 제1의 수단은 매일 자택 우편함에 꽂히는 신문이었다. 그것이 가장 신뢰할 수 있고, 값싼 방법이었다.

게이오SFC의 탄생

무라이는 이 때부터 게이오대가 새로 만들려고 하는 새 학부 창설에 관여하게 된다. 국철을 여러 회사로 나눠서 민영화하는 데 이론적 기반을 제공한 게이오대 경제학부의 가토 히로시(加藤寬)와 일본 컴퓨터 연구의 창시자인 게이오대 공학부의 아이소 히데오(相磯秀夫)가 중심이 되어 미래 지향적인 학교를 만들고자 했다.

가토 히로시는 컴퓨터 전문가는 아니었지만, 앞으로의 시대는 이 언어를 습득한 이가 개척할 거라고 믿고 있었다.

가토는 이 새로운 학교를 '미래에서 온 유학생'이 모이는 학교로 만들겠다고 생각했고, 당시 이런 문장을 남겼다.

'미래에서 온 유학생이 가장 필요로 하는 건 뭘까? 우리

눈 앞에 와있는 21세기에는 아마도 컴퓨터가 크게 주도적인 역할을 할 것임에 틀림없다. 그래서 그들은 컴퓨터를 전기나 물이나 가스처럼 자유자재로 쓸 수 있는 인간이 되어야 한다. 컴퓨터라고 하면 특별한 사람만이 사용하는 것처럼 생각하는 지금 상태로는 도저히 이 새로운 시대에 적응할 수 없을 것이다. 그래서 그들에게 필요한 것은 컴퓨터 교육, 즉 인공언어의 교육이다.'

아이소는 아이소 나름대로 컴퓨터를 읽기, 쓰기, 셈하기처럼 사용할 수 있는 인간을 길러내야 한다고 생각했다.

이런 경위에서 새로 만들어진 학교에서는 1990년 개교 당시부터 2학년까지 컴퓨터 사이언스가 어학과 함께 모든 학생이 이수해야 하는 필수과목이었다.

새로 만들어진 학교에는 2개 학부를 만들기로 했다. 종합정책학부와 환경정보학부이다. 2개 학부는 마치 이과·문과로 나뉘어있는 것처럼 보였지만, 실은 이수 과목이 거의 같았다. 필수인 어학과 컴퓨터 사이언스 외에는 경제학, 법학, 회계학, 국제법, 시스템공학, 도시계획, 비교문학, 인지공학, 언어학, 인공지능, 영화, 디자인, 건축 등 여러 과목을 이수할 수 있었다. 즉 이 학교는 경제학부, 정치학부, 건축학부 같은 전문교육을 하는 게 아니라 이들 학문이 교차하는 '학제'를 배우는 인재를 길러내겠다는 의도였다. 컴퓨터 사이언스 필수와 학과간 담장을 없앤 '학제' 교육, 이 두 가지를 기본 개념으로 삼은 2개의 학부는 기존 게이오대의 미타, 히요시 캠퍼스에서 멀리 떨어진 에노시마에 가까운 쇼난다이의 넓은 토지에 만들어졌다.[25]

1990년에 개교한 그 학교를 게이오쇼난후지사와캠퍼스, 게이오SFC라고 불렀다.

2000년대 들어 게이오SFC의 독특한 교육을 받은 인재들이 미디어 세계에서도 커다란 변혁을 일으키게 되지만, 그건 나중 이야기고, 지금은 무라이에 대해서 더 얘기 해보자.

의미를 생각하는 사람이 아니다

'학제'라는 건 무라이에게도 큰 영향을 미쳤다. 게이오대 공학부나 도쿄공대, 도쿄대에서 연구를 하던 때에는 자신이 다루는 기술이 사회를 어떻게 바꿔갈지 등의 문제를 진지하게 생각한 적은 없었다. 앞으로 어떻게 변할지 알고 싶다, 컴퓨터 네트워크를 서로 연결하면 어떻게 될까, 해보고 싶다. 그런 소박한 욕망을 따라 움직였을 뿐이었다. 대부분의 사람이 무라이가 뭘 하는지 이해하지 못했다.

---

[25] 게이오대의 캠퍼스는 대학본부가 있는 미타(三田) 캠퍼스(도쿄 미나토구), 히요시(日吉) 캠퍼스(가나가와현 요코하마시), 야가미(矢上) 캠퍼스(요코하마시), 시나노마치(信濃町) 캠퍼스(도쿄 신주쿠구), 쇼난후지사와 캠퍼스(가나가와현 후지사와시), 시바코리쓰(芝共立) 캠퍼스(도쿄 미나토구) 등이 있다. 쇼난후지사와 캠퍼스에는 현재 종합정책학부와 환경정보학부 외에 간호의료학부(1·2·4년차 과정)가 있다.

그런데 1993년에 미국 국립 슈퍼컴퓨터 응용연구소가 모자이크라는 검색 소프트웨어를 개발했을 때쯤부터 분위기가 변했다. 모자이크는 상업용 네트스케이프라는 회사로 이어졌다. 그리고 마이크로소프트가 1995년에 윈도우즈95를 발표, 누구나 PC를 사용하기 쉬운 인터페이스가 등장하자 세상이 이 새로운 기술에 흥분하기 시작했다.

일본 신문사가 인터넷에 홈페이지를 만들어서 뉴스를 싣기 시작한 것도 이때쯤이었다. 너나 할 것 없이 인터넷을 이야기하는 상태가 됐고, 무라이에게 조언을 구하는 이들이 문전성시를 이뤘다.

하지만 무라이는 이때쯤 인터넷을 농업에 응용할 방법 등을 물으러 온 이들에게 이런 식으로 대답했다.

"저는 신택스(구문·문법)를 만들고 있을 뿐 시맨틱스(의미)를 생각하는 사람이 아닙니다"

즉 기술자는 기술에 대한 걸 생각할 뿐, 그 기술이 어떻게 응용될지 생각하지 않는다는 소리다. 하지만 무라이는 어찌됐든 시맨틱스(의미)에 휩쓸려 들어가게 된다.

어느 날 종합정책학부 동료 교수인 다케나카 헤이조(竹中平藏)가 열심히 신택스를 위한 작업에 몰두하는 무라이에게 이렇게 중얼거린 게 계기였다.

"일본의 인터넷이라는 건 왜 이렇게 조잡한 거지?"

고개를 돌려서 소리가 난 쪽을 말똥말똥 바라봤다. 무라이는 영문을 알 수 없었다. 경제학이 전공인 이 남자가 뭐라고 떠드는 거야?

무라이는 서구 연구자와 교류하며 7비트 기준의 한자를 표시하거나 입력할 수 있는 표준을 만들고 있었고, 일본 연구자가 차세대 인터넷 프로토콜에 크게 공헌하고 있다는 걸 알고 있었다. 그래서 다케나카가 하는 말의 의미를 알 수 없었다.

"바보 같으니라고, 뭐라고 떠드는 거야?"

무라이가 그렇게 말대꾸를 하자 다케나카는 시맨틱스의 문제를 꺼내 들었다. "무라이 선생님, 일본의 인터넷은 경제 분야에서 사용되지 않고 있어요. 금융의 세계에서도 사용되지 않고 있죠. 학교에서도, 정부에서도 사용되지 않아요. 투표도 인터넷으로 할 수 없는 걸요. 아무것도 할 수 없는 것 아닌가요?"

무라이가 응용 문제에 대해서 알고 있는 건 납세 소프트웨어의 매출이 확정신고 기간이 되면 갑자기 늘어난다는 정도였다. 자신은 기술을 연구할 뿐, 사회에 미치는 영향에는 전혀 관심이 없었다. 허를 찔린 기분이었다.

"자, 어떻게 하면 되는 거지?" 무라이가 묻자, 다케나카가 한마디 했다. "총리한테 갑시다"

이것이 다케나카의 수법이었다. 무라이는 다케나카에게 이끌려 오부치 게이조(小淵惠三) 총리에게 갔고, 이것이 2007년 7월 모리 요시로(森喜朗) 내각에서 출범하는 IT전략회의에 참가하는 계기가 됐다.

무라이는 경제학의 다케나카 헤이조, 법학의 다무라 지로(田村次朗) 등과 논의하면서 기존의 '공학 only'라는 생각에서 벗어나 그 기술이 어떻게 해서 사회나 경제에 영향을 미치게 되는지 생각하게 됐다. 이건 게이오SFC에 있지 않았다면 불가능했을 일이었다. 만약 공학부에만 있었다면 평생 기술만 생각하다 끝났을 것이다.

기술혁신은 사회를 바꾼다. 거기에 영향받는 직업이 있다. 인터넷은 산업의 여러 분야에서 변화를 일으켰다. 그리고 무라이도 좋든 싫든 그 흐름에 휩쓸려가게 됐다.

게이오SFC는 기술과 사회가 교차하는 장소에 다양한 인재를 보내게 됐다.

구텐베르크가 활판 인쇄를 발명함으로써 그때까지 일부 특권층의 점유물이었던 서적이 사람들 사이에 확산되고, 이에 따라서 일어난 변화, 즉 16세기에 일어난 대중사회의 매스커뮤니케이션 성립이라는 대변혁과 같은 변화가 일어나려고 하고 있었다.

그 변화를 일본에서 선도한 것은 전문 판매소가 각 가정에 종이 신문을 배달한다는 혁신적인 아이디어로 세계적으로 유례가 없을 만큼 많은 판매부수를 자랑하게 된 신문사가 아니었다.

윈도우즈95가 발매된 1995년 11월에는 아직 일본에 존재하지도 않았던 야후 재팬이라는 회사였다.

> **주요 참고 문헌·증언자·취재협력자**
> 무라이 준, 가게야마 다쿠미(影山工)
> 『인터넷』 무라이 준, 이와나미서점, 1995년
> 『게이오쇼난후지사와캠퍼스의 도전…당신들은 미래에서 온 유학생』 가토 히로시, 동양경제신보사, 1992년
> 야후 재팬 사내용 사사(社史) 『야후로그 - 야후 탄생 비화』
> 「무라이 준…고뇌하는 '인터넷의 아버지'」 문예춘추, 2003년 5월호
> 「현대의 초상 무라이 준…제2, 제3의 무라이는 아직일까」 다키다 세이이치로(滝田誠一郎), 『AERA』, 2004년 2월 2일호
> 「전후 70년을 생각한다…인터넷의 주역은 사람이어야…무라이 준」 요미우리신문, 2015년 5월 12일 조간

제3장

청년은 황야를 지향한다[26]

2016년에 요미우리, 아사히, 닛케이를 모두 합친 매출보다 더 큰 매출을 올리게 될 야후 재팬이 설립된 건 1996년 1월이었다. 기존 미디어에서 일하던 젊은 이들이 모여들었다.

"인터넷이라고 알아?" 훨씬 나중에 야후 재팬의 2대 사장이 되는 미야사카 마나부(宮坂学)가 아직 UPU라는 PR 회사의 오사카 지사에 근무하던 1994년쯤의 이야기이다. 도쿄 본사에 근무하는 회사 선배가 놀러 와서 자사가 발행하는 무크지[27] 한 권을 건네줬다.

표지에 『정보기술과 미래조직: 디지털 테크놀로지와 네트워크의 생산성』이라고 적힌 그 무크지에는 게이오SFC의 무라이 준과 손 마사요시(孫正義)의 동생인 손 타이조(孫泰蔵)가 '인터넷'에 대해서 얘기하고 있었다.

미야사카는 그 인터뷰를 정신없이 읽었다. 앗, 뭔가 PC통

---

26) 이쓰키 히로유키(五木寛之)가 1967년에 발표한 청춘소설 제목. 같은 제목의 노래, 드라마도 나왔다.
27) 무크지(mook誌). '무크'는 '잡지'를 뜻하는 '매거진'(magazine)과 '책'을 뜻하는 '북'(book)이 합쳐진 말. 주로 컬러사진을 이용하며, 대개 시리즈물이나 기획물, 계간지에 자주 쓰인다.

신이나 DTP보다 굉장한 것이 나타났는 걸.[28)]

도시샤대(同志社大) 출신인 미야사카는 원래 마이니치신문 입사가 내정돼 있었다. 내정자 모임에 나갔을 때 운젠후겐다케(雲仙普賢岳)[29)]에서 동료를 잃은 기자가 눈물을 흘리며 슬픔을 토로하는 걸 듣고 가슴이 아프긴 했지만, 미야사카는 그때 이미 고교 시절에 처음 들은 애플 컴퓨터라는 회사를 잊지 못하고 있었다. TV아사히가 방송하던 '베스트 히트 USA'라는 프로그램에서 사회자 고바야시 가쓰야(小林克也)가 'USA 페스티벌'이라는 록콘서트를 소개했다. 미이즘이 흘러 넘친 1980년[30)]대 미국에서 다시 한번 우드스톡같은 공동체 문화가 재현되길 바라는 단 한 사람이 돈을 내서 그 콘서트가 열리고 있다고 고바야시 가쓰야는 말했다. 그 남자의 이름은 스티브 워즈니악(Steve Wozniak). 스티브 잡스(Steve Jobs)와 함께 아름다운 애플 컴퓨터라는 개인용 컴퓨터(PC)를 만들고 있다고 했다.

매킨토시, 맥이라고도 하는 애플 컴퓨터는 당시 첨단 유행에 민감한 젊은이들을 사로잡았다. 무엇보다 디자인이 아름다웠다. 그 매킨토시를 입사자 전원에게 지급한다는 회사의 구인광고를 발견했다. 그것이 UPU라는 인사 파트 담당자 채

---

28) desktop publishing. 개인용 컴퓨터를 이용하여, 출판물의 입력과 편집·인쇄 등의 전 과정을 컴퓨터화한 전자 편집 인쇄 시스템. CAP(computer aided publishing)라고도 한다.
29) 일본 나가사키현에 있는 화산.
30) Meism. 1980년대 미국 거품경제 당시 월스트리트에 등장한 여피(yuppie)족들의 철저한 자기중심적 생활을 가리키는 말.

용에 특화된 편집 프로덕션형 PR회사였다. 미야사카는 마이니치신문 입사를 포기하고, UPU에 들어갔다. 매킨토시를 사용해서 잡지를 만들어보고 싶다는 생각뿐이었다. 1992년의 일이었다. 아직 인터넷은 일반인에게 보급되지 않았고, PC통신의 시대였다.

PC통신은 예를 들어 후지쓰의 '니프티' 서비스 회원이 되면 회원 간에 메시지를 주고받거나 게시판에 글을 쓸 수 있다. 회원의 컴퓨터가 커다란 메인프레임형 호스트컴퓨터에 방사형으로 연결된 단말에 접속하는 구조다. 회원 간의 의사소통은 그 호스트 컴퓨터를 통한 것이었다. 하지만 다른 회사가 운영하는 PC통신 회원과는 소통할 수 없었다. 그 정도였다.

미야사카가 읽은 무라이의 인터뷰에 따르면 그 닫힌 PC통신의 네트워크마저 연결하는 네트워크가 출현한 듯했다.

잡지 기사를 읽은 미야사카는 인터넷이라는 걸 실제로 보고 싶어졌다. '학술기관에 연결돼있다'는 부분을 보고, 두꺼운 NTT의 전화번호부를 펼쳐서, 학술기관 비슷한 곳의 전화번호를 찾아 모두 전화를 걸었다.

"인터넷 있나요? 보여주실 수 있나요?"

대부분의 학술기관은 그런 갑작스러운 전화에 진지하게 응해주지 않았지만, 센리추오(千里中央)역 앞에 있는 센리추오[31)]

---

31) 오사카부 도요나카시에 있는 전철역.

재단이라는 곳에서 수락하는 대답을 받았다.

실제로 재단에 가서 연결되는 장면을 지켜봤다. 정말로 미국 백악관 홈페이지가 화면에 스륵스륵하고 표시됐다. 닭살이 돋았다.

미야사카는 '인터넷을 일로 하고 싶다'고 심각하게 생각하게 됐다.

HTML 언어를 독학했고, UPU에서 다른 기업의 홈페이지를 만드는 일을 시작하게 됐다. 산요전기나 일본전산이라는 기업의 첫 홈페이지는 미야사카의 손으로 만든 것이다.

그러는 동안 DTP와 인터넷 일을 같이 하는 게 아니라 인터넷 일만 하고 싶다고 생각하게 됐다. 희망에 가득 차서 취직한 UPU였지만 거품경제가 붕괴하자 실적이 악화됐고, 보너스는 한 번도 받지 못한 상태였다.

그 때 마주한 것이 야후라는 기묘한 이름의 회사였다.

야후의 근원은 '분류'

한참 시간이 지난 2018년, 닛케이가 연재기사로 야후에 대해 쓴 적이 있었다. 나중에 구글로 옮겨간 야후 재팬의 제1호 사원인 아리마 마코토(有馬誠)의 말을 인용해서 결국 야후는 인력에 의존했고, 기술에 의존하는 회사가 아니었기 때문에 구글에 졌다고 썼다.

그러나 이 설명은 적어도 일본에서는 맞지 않다. 야후는 인력에 의존하는 회사였기 때문에, 일본에서만 번창했던 것이다.

야후는 스탠퍼드대에서 전기공학을 배우던 제리 양(Jerry Yang)이 1994년에 시작한 인터넷 포털 사이트이다.

야후가 출범 당시 미국에서도 잘 성장할 수 있었던 것은 분류하는 일에 노력을 아끼지 않는 스타트업이었기 때문이다. 아르바이트 학생을 고용해서 인터넷을 돌아다니며 재미있을 것 같은 페이지를 골라내서 분류해갔다.

이 분류는 우선 '예술', '비즈니스와 경제', '컴퓨터와 인터넷', '엔터테인먼트', '건강', '뉴스', '레크리에이션', '참고', '지역정보', '자연과학', '사회과학', '사회와 문화'라는 대분류로 나뉘었다. 예를 들어 '뉴스'를 클릭하면 더 상세한 트리가 표시됐다. '세계', '오늘 일어난 일', '핫한 화제'라는 식이다. 찾아낸 홈페이지 주소를 그 분류에 맞도록 등록해갔다. 그 역할을 맡는 게 '서퍼'라고 불리는 이들이었다.

이건 '편집' 작업과 매우 닮아 있었다. 뭐가 유익한지, 재미있어 보이는지를 인간이 판단해서 분류해가는 것이다. 사람의 노력이 들어갔다. 당시만 해도 인터넷상의 정보를 모두 분류할 수 있을 거라고 믿고 있었다.

반면에 같은 스탠퍼드대에서 컴퓨터 사이언스를 배운 래

리 페이지(Larry Page)와 세르게이 브린(Sergey Brin)이 1998년에 시작한 구글은 모든 걸 자동화하는 걸 목표로 삼은 검색 엔진 회사였다. 각 홈페이지가 다른 페이지에서 얼마나 많이 참조됐는지 순식간에 판단해서 늘어놓는 검색 엔진을 개발해서 그 검색 결과로 사람들을 만족시키는 걸 목표로 삼았다. 사람이 직접 페이지를 등록하고 분류하는 건 전혀 믿지 않았다. 모든 걸 알고리즘에 의해서 자동화한다, 그 앞에 승리가 있을 것이라고 생각했다.

세계적인 경쟁으로 보면 미국 야후는 이 '검색'을 경시한 채 스스로 포털의 지위를 버리고 미디어가 되려고 했기(이게 무슨 말인지는 나중에 적겠다) 때문에 2000년대에 구글이나 페이스북과의 경쟁에서 졌고, 2016년 7월에는 버라이즌 커뮤니케이션즈에 팔려 단독회사로서의 수명을 끝냈다.

하지만 소프트뱅크의 손 마사요시가 만든 야후 재팬만은 예외였다. 창업 당시의 투자 비율은 소프트뱅크 60%, 제리 양의 야후가 40%였다. 정식 회사명은 야후 주식회사. 이 책에서는 미국 야후와 구별하기 위해서 야후 재팬이라는 통칭을 주로 사용하겠다.

야후 재팬은 2000년대에 걸쳐 점점 성장했고, 모회사인 소프트뱅크의 경영을 도왔다. 2018년도에는 9,547억 엔의 매출을 올릴 만큼 성장했다. 이 매출은 아사히신문, 요미우리신문, 닛케이신문의 매출을 모두 합친 금액보다 크다.

일본만 예외가 된 이유는 야후 재팬이 미국 야후의 창업 당시의 정신, 즉 '사람에 의한 편집의 힘을 중시한다', '플랫폼에 집중한다', 이 두 가지를 충실하게 지키는 경영을 해왔기 때문이었다.

일본의 대기업을 제치다

야후가 미국에서 유명해지기 시작한 1995년 당시, 소프트뱅크보다 먼저 야후에 찾아가서 일본에서 하지 않겠느냐고 제안한 기업이 스미토모상사를 비롯해 여럿 있었다. 종합상사는 대부분 찾아갔다. NTT도 갔다. 그러나 스탠퍼드대 학생이었던 제리 양 입장에선 일본 대기업의 제안은 어느 것이든 불편했다. 쓸데없이 이야기가 거창했다. 사원 수백 명을 투입해서 조인트 벤처를 설립하자고 했다. 영화 '맨인블랙' 등장 인물처럼 검은색 양복을 입은 일본인은 누구나 비슷해 보였다. 그리고 사업을 시작할 때까지 걸리는 시간을 물으면 무척 긴 시간이 필요하다고 얘기했다. 6개월간 테스트 마케팅을 한 뒤에, 그로부터 1년 후에 시작하자는 식이었다.

제리 양 등 대학원생이 만든 야후는 사원 수 8명 정도인 회사였다. 문화가 너무 달랐다.

뒤늦게 찾아온 것은 아직 소프트뱅크의 사원이었던 이노우에 마사히로(井上雅博)와 가게야마 다쿠미였다. 두 사람 모두 도쿄이과대학의 수학과 출신으로, 개발자 마인드를 갖고 있었다. 1995년 크리스마스 직전인 12월 18일이었다.

무엇보다 제리 양이 안심한 것은 이 두 사람이 양복을 입고 오지 않았다는 점이었다. 제리 양과 마찬가지로 청바지 차림으로 창고 같은 사무실을 방문했다.

제리 양이 이노우에에게 "어떻게 하면 좋을 것 같나요"라고 물었을 때 이노우에는 "우선 일본에선 (이노우에와 가게야마) 두 사람 정도로 시작합시다"라고 농담으로 대답했다. 제리 양은 그 조크가 마음에 들었다. 이어서 "어느 정도 시간이면 시작할 수 있겠는가"라고 묻자 이노우에는 이번엔 진지한 얼굴로 "6개월"이라는 숫자를 거론했다.

6개월!

야후 재팬의 서비스는 실제로는 더 빠른 1996년 4월 1일, 즉 3개월 조금 지나서 시작되는데, 이런 속도감은 다른 일본 기업에는 없었다.

이 때 소프트뱅크는 아직 매출이 1,000억 엔에도 못 미쳤다. 하지만 손 마사요시라는 경영자가 이끄는 이 회사는 이렇게 해서 즐비한 일본 대기업을 제치고 야후를 손에 쥐게 됐다.

야후 재팬은 곧 급성장해서 스미토모상사가 운영하던 라

이코스나 인포시크, NTT가 운영하던 구(Goo) 등의 포털사이트를 제치게 되는데, 손이 야후 재팬 경영을 맡긴 이노우에 마사히로의 재능이 크게 기여했다는 건 두말할 필요도 없다.

인터넷 일을 하고 싶다고 애를 태우던 오사카의 미야사카 마나부는 이 이노우에의 면접을 거쳐서 1997년 6월 2일에 야후에 입사했다. 사원번호는 53번. 아직 하코자키(箱崎)[32]의 빌딩 한 켠에 있었던 불면 날아갈 것처럼 작은 기업이었다.

정답은 모두 신문에 있다

1995년부터 2000년에 걸쳐서 사람들이 PC를 사고 인터넷을 이용하기 시작했다. 이 때 포털사이트의 승패는 어떻게 해야 사람들이 그 회사의 페이지를 최초의 '시작 페이지'로 등록하게 해서 톱페이지가 될 수 있을지에 달려 있었다. 그렇게 하면 그 사이트를 보는 PV[33] 숫자가 올라가서 광고료를 높게 설정할 수 있기 때문이다.

야후 재팬의 최고책임자였던 이노우에 마사히로는 독특한 측면에서 합리적이었다. 미야사카는 이 무렵 이노우에가 이런 말을 한 것을 선명하게 기억하고 있다.

"무엇이 인기 있을지 너희들의 바보 같은 머리로 생각하지

---

32) 도쿄 주오구의 지명.
33) page view. 사용자가 특정 웹페이지를 열람한 횟수.

마. 그 답은 모두 신문에 있어. 왜냐면 신문사 사람들이 몇 십 년에 걸쳐서 검증해왔기 때문이지. 역사의 검증을 견딘 정답이 신문에 있어. 그러니까 신문에는 없고 인터넷에만 있는 걸 스스로 생각하려고 건방 떨지 말고, 신문에 있고 인터넷에 없는 걸 하란 말이야."

미야사카는 입사 직후 첫 업무로 '야후 파이낸스'의 종가 속보[34] 담당을 맡았다. 조간 신문에는 도쿄증권거래시장 등의 주식 종가 표가 실린다. 인터넷에서도 분명히 그 수요가 있을 것이다. 이런 생각에서 시작한 서비스였다.

미야사카가 담당하게 된 1997년은 마침 도쿄증권거래소가 그 주가 데이터를 외부에 개방하려고 한 때였다. 그때까지는 니혼게이자이신문사와 각 증권사가 투자해서 만든 퀵(QUICK)이라는 회사가 도쿄증권거래소의 주가 신호를 독점했다. 그런데 로이터나 블룸버그 같은 외국계 미디어가 개방 압력을 가하면서 평등하게 외부 업체에도 개방하자는 움직임이 생긴 것이다.

하지만 퀵도, 로이터도, 블룸버그도 금융기관이 월 10만 엔 전후의 돈을 지불하고 주가나 다른 금융정보를 표시하는 단말기를 계약해서 보는 기업용 서비스였다. 그런데 야후에 개방하면 일반 투자자도 자유롭게 볼 수 있게 된다. 여기에 커

---

34) 해당 기간 주식의 마지막 거래가. 반대로 시가는 최초 거래가.

다란 차이가 있고, 어려움이 있었다.

이노우에는 미국의 나스닥 주가정보가 20분 지연돼서 개방된다는 점, 미국 야후가 그걸 이용해서 주가의 리얼타임 정보를 일반 투자자에게 알려주고 있다는 걸 알고 있었다. 일본도 결국 그렇게 될 거라고 생각했는데, 드디어 그런 움직임이 일본에서도 생기려고 한다는 정보를 파악한 것이었다. 담당하게 된 미야사카에게 야후에도 도쿄증권거래시장의 신호를 개방하게 하라고 지시했다.

"절대로 지지 마. 지면 용서하지 않을 거야."

미야사카는 이 '20분 지연'의 신호 개방에 대응할 수 있는 시스템을 만들기 위해서 개발자, 디자이너와 함께 3명에서 불철주야로 노력했다.

여기서 이노우에는 그 후 몇 번이나 야후 안에서 되풀이하게 될 명언을 내뱉는다. 그것은 "소프트웨어에 불가능은 없다. 그러나 지금의 기술로 할 수 없는 건 있지. 그렇다면 포기하지 말고, 수고를 아끼지 말고 수작업으로 하라."라는 말이었다.

예를 들어 미국 야후에서는 그 기업의 티커 부호를 입력하면 최신 주가가 나오는 방식이었다. '야후'라고 하면 'YHO'라고 넣는 식이다.

일본에는 티커 부호는 없지만 기업에는 각각의 번호가 부여돼있다. '일본수산'은 '1332' 같은 식으로. 미야사카는 처음에 그 숫자를 입력하면 주가가 나오는 시스템을 만들려고 했다. 하지만 그걸 안 이노우에는 호통을 쳤다.

"바보야, '일본수산'이라고 입력해도 나오지 않으면 불편하잖아. 더 줄여서 '일수'라고 해도 나오게 만들란 말이야. 입력할 말로 생각할 수 있는 패턴은 모두 대응하게 하라고."

미야사카는 도쿄증권거래시장에 상장한 기업명을 모두 목록으로 만든 뒤 대응 검색어 테이블을 수작업으로 만들었다. 매일 회사명을 노려보면서 이용자가 어떤 이름으로 입력할지 상상하는 나날이 시작됐다.

또 일본의 주가 추이의 경우 미국 주가 추이에는 없는 표기 방법이 있었다. 미국이라면 차트만 만들면 된다. 하지만 일본에는 '캔들 차트(음양선)'라는 독특한 표기법이 있었다. 차트상에서 시간이 지남에 따라서 주가가 어느 정도 상승(하강)했는지 한 눈에 알 수 있는 일본의 독특한 표기방법이었다.

"일본에서는 주가라고 하면 캔들 차트야. 그걸 표시하도록 해."

이노우에가 말했다. 이런 걸 외부 업체를 사용하지 않고, 모두 내부 개발자가 만들었다. 무엇보다 돈이 없었고, 사원 전원이 아마추어였기에, 아마추어인 사원이 만들 수밖에 없었다.

이노우에는 종가와 관련해서는 표기가 맞는지를 "모든 데이터를 대조하고 나서 퇴근해"라고 지시하기도 했다.

결국 집에는 전철 막차 시간이 되기 전에는 돌아갈 수 없었다. 전철로 이동하는 시간도 아깝다고 회사 바닥에서 자면서 밤샘 작업을 하는 사원도 있었다.

하지만 모두 즐겁게 일했다. 모두 이 새로운 산업으로의 커다란 변화에 가슴 벅차하면서 수고를 아끼지 않고 사이트를 만들어냈던 것이다.

'헛수고로 끝난 교도통신 계약' 사건

신문에 있고, 인터넷에 없는 것. 그 중에서 가장 중요한 것. 그것은 뉴스였다.

1996년 1월에 스타트한 야후 재팬은 우선 로이터통신에서 기사를 공급받았다. 그리고 로이터를 통해서 마이니치신문에 접촉, 마이니치의 뉴스를 볼 수 있게 됐다. 하지만 처음에는 마이니치신문이 신칸센 전광 게시판에 내보내는 걸 받았기 때문에 90자라는 짧은 내용이 노출됐을 뿐이었다.[35]

설립된 직후 뉴스 부문 책임자는 오가와 아쓰미(小川敦巳)였다. 닛케이BP사에서 '닛케이 로지스틱스'의 편집을 하던 그는 1997년에 야후로 옮겼고, 1998년에 초대 '뉴스 프로듀서'가 됐다. '뉴스 프로듀서'라고 하면 듣기엔 좋지만 결국 야후 재팬

---

35) 일본 신칸센은 한국 KTX와 달리 객차 중간 천장에 매달린 스크린이 아니라 양 출입구 위쪽에 달린 게시판에 문자로만 이뤄진 뉴스 제목이 흘러간다.

의 뉴스 디렉토리로 들어오는 것은 뭐든 혼자서 담당해야 했다. 부하 직원도 없었다.

특히 이노우에가 지시한 것은 더 많은 뉴스 소스와 계약하라는 것이었다. 오가와는 교도통신을 노렸다. 이유는 교도통신은 지역지가 커버할 수 없는 중앙의 뉴스나 해외의 뉴스를 취재해서 공급하는 사단법인이었기 때문이다. 이 사단법인에 돈을 모아주는 건 지역지이다. 그러니까 교도통신과 계약하면 중앙·해외의 뉴스뿐만 아니라 지역지와 계약도 할 수 있을지 모른다고 생각했다.

도라노몬(虎ノ門)[36]에 있던 교도통신사에 수 차례 찾아간 끝에 드디어 계약이 성사됐다.

그런데 계약을 체결하고, 드디어 기사를 공급받기로 약속한 그날 기사가 공급되자마자 교도통신 담당자가 전화를 걸어왔다.

"죄송하지만, 기사 공급을 중단하는 게 좋겠다. 이 얘기는 없었던 걸로 하면 좋겠다."

"이제 와서 그럴 순 없죠."

교도통신의 담당자는 하코자키의 야후 재팬까지 달려왔다.

"어떻게든 중단했으면 좋겠다. 정말로 죄송하다."고 머리를 바닥에 대다시피 하며 애원했다.

---

[36] 교도통신의 구 사옥이 있던 곳. 현재 교도통신은 신바시(新橋) 사옥으로 이전했고, 도라노몬 구 사옥은 사우회관으로 사용하고 있다.

교도통신 뉴스가 야후 재팬에 뜬 걸 본 주니치신문과 홋카이도신문이 항의했다는 것이다. "이런 얘기는 들은 적 없다. 원래 교도가 공급하는 기사는 가맹지에 보내는 것이지 않냐." 두 신문사는 이렇게 화를 냈다는 것이다. 결국 가맹지를 제대로 설득하지 않은 채 담당자가 OK 사인을 했다는 소리였다. 입씨름을 하고 있자 이노우에 마사히로가 나와서 "할 수 없지, 오가와, 그만둡시다."라고 정리했다.

　이노우에는 넘어진 김에 제사라도 지내는 사람이었다. 그 교도통신의 담당자로부터 홋카이도신문, 가호쿠신포, 주니치신문, 교토신문, 주고쿠신문, 서일본신문의 담당자 이름과 연락처를 받았다.

　이노우에는 교도통신의 담당자가 물러간 뒤 오가와에게 이렇게 말했다.

　"좋아, 이거 전부 계약해와."

　"전부라고요?"

　"블록지와 직접 계약하는 거야. 전국을 도는 거야. 다 계약할 때까지 돌아오지 않아도 좋아."

　오가와는 그날부터 혼자서 삿포로, 센다이, 나고야, 교토, 하카타를 돌기 시작했다. 11월의 삿포로에서는 이런 말을 들었다. "예년 같으면 눈이 왔을 거예요. 이 신발로는 걸을 수 없었을 걸요."

홋카이도신문은 10명, 주니치신문은 7명의 사원이 오가와를 맞이했다. 오가와는 필사적으로 야후에 기사를 실으면 어떤 장점이 있는지 설득했다.

센다이에 있을 때 나고야의 주니치신문에 전화를 걸어 약속을 잡고 건너갔다. 이런 식으로 여행에서 여행으로 이어지는 강행군을 계속한 끝에 결국 주고쿠신문에 갔을 때에는 감기로 쓰러져서 의무실에서 약을 받아먹기도 했다.

오가와는 한달 정도 걸려서 이들 신문사를 설득해서 야후에 뉴스를 공급하는 것에 대한 양해를 얻어냈다.

1998년 6월 1일에는 홋카이도신문, 가호쿠신포, 주니치신문, 교토신문, 서일본신문의 기사가 야후에 실리기 시작했다.

구 미디어에서 야후로 몸을 던지는 젊은이들

초창기 야후에는 구 미디어에서 젊은이들이 잇따라 옮겨왔다. 일본의 신문사나 방송국, 출판사는 다양한 진입 장벽이 있는 만큼 급여 수준이 높았다. 따라서 야후로 옮기면 급료가 절반으로 줄어드는 경우도 있었다. 그래도 요미우리신문사, 도카이TV, 닛케이BP사, TBS, 중앙공론사 등 일본의 쟁쟁한 미디어의 20대, 30대 젊은이들이 이 조그마한 회사에 몸을 던졌다.

요미우리신문에서 6년간 일한 오쿠무라 미치히로(奧村倫弘)도 그랬다.

오쿠무라는 이른바 '사쓰마와리'라고 하는 경찰 출입기자 생활이 싫어서 견딜 수 없었다. 매일 밤낮으로 경찰 간부의 기분을 살펴가며 집에 찾아가서 진행중인 사건에 대해서 얘기를 끄집어내는 일이었다. 필사적으로 그 정보를 들어서 다른 신문에 앞서서 보도했다고 해도 거기에 무슨 의미가 있는 걸까? 조간에 써도 다른 신문은 석간에서 따라온다. 거기에 무슨 차이가 있는 걸까?

오쿠무라도 매킨토시 팬이었다. 최초 부임지인 후쿠이에서 매킨토시 컴퓨터를 인터넷에 연결했다. 후쿠이 원전의 가동 상황을 리얼타임으로 볼 수 있다는 사실에 우선 놀랐다. 나라 지국을 거쳐서 오사카 경제부에 배치됐다. 여기서 드디어 세상의 커다란 움직임을 취재할 수 있겠다며 기뻐했지만, 경제부에서 하는 일도 기본은 사쓰마와리와 다를 게 없었다. 철강과 화학을 담당했지만, 여기서도 밤낮으로 관계자를 찾아가야 했다. 그렇게 해서 필사적으로 취재하는 것이 큰 의미도 없으니 아무래도 좋은 것 아닐까 하는 생각을 떨쳐낼 수 없었다.

오쿠무라는 시작한 지 얼마 지나지 않은 야후의 페이지를 사용하고 있었기에 야후의 구인 정보를 곧바로 알 수 있었다. 그래서 응모했고, 이노우에, 아리마의 면접을 거쳐서 채용됐다.

급료는 40% 줄었지만, 하코자키의 그 회사에 다니는 것이 좋아서 어쩔 줄 모를 정도로 즐거웠다.

우선 양복을 입지 않아도 된다는 게 이렇게 자유로운 건가 하고 놀랄 만큼 숨이 트이는 것 같았다.

그리고 오쿠무라가 맡은 건 '서퍼'라는 일이었다. 하루 종일 인터넷을 배회하며 재미있을 것 같은 사이트가 있으면 등록하고, 분류해가는 작업이었다. 좋아하는 인터넷을 하루 종일 만지작거리기만 하면 급료를 받을 수 있다니, 이렇게 멋진 일이 또 있을까라고 29살의 오쿠무라는 생각했다.

드디어 가게야마 다쿠미의 아이디어로 '서퍼'인 오쿠무라가 분류해서 골라낸 기사 8편을 게시한다는 '풀커버리지'라는 서비스가 1998년 1월부터 시작됐다.

이것이 후일 '야후 토픽스'(약칭 야후토피)의 원형이다.

오쿠무라가 분류를 했다는 게 중요하다. 요미우리신문이라는 일류 미디어에서 뉴스 감각을 갈고 닦아온 사람이 편집자로서 현재 무엇이 중요한 뉴스인지를 게시하기 때문이다.

당시에는 아직 야후 뉴스와 계약한 매체사가 적었기 때문에, 공급되는 기사만 게시하는 게 아니었다. 계약하지 않았어도 각 신문사의 기사에 링크를 걸어서 제목을 게시했다.

초창기 야후 멤버들은 이 '하이퍼링크'라는 것이 인터넷의 커다란 발명이라는 걸 잘 꿰뚫어보고 있었다. '주가 정보'를 담당해온 미야사카 마나부가 그랬고, 오쿠무라가 그랬다. 오쿠무라의 일은 원래 '서퍼'이고, 재미있을 것 같은 페이지를 발견하면 그 링크를 끌어와서 야후에서 분류하는 일이라서 뉴스의 세계에서도 그 수법을 사용했다. 야후가 공급을 받든 받지 않든, 중요한 뉴스는 링크를 끌어와서 이용자가 그걸 눌러서 신문사 사이트에 가서 보면 되는 것이다.

조촐하게 시작한 '야후토피'는 순식간에 지지를 받아서 PV를 끌어왔고, 톱페이지의 우측이라는 중요한 장소를 차지하게 됐다. 2008년에는 톱페이지 중앙에 오게 된다. 이른바 야후의 얼굴이 된 것인데, 그렇게 되기 위해서는 어느 중요한 신문사와 계약할 필요가 있었다.

1997년에는 교도통신이 빠져나간 뒤 전국지는 마이니치신문 뿐이었다. 게다가 마이니치신문은 리얼타임으로 뉴스를 보내오는 게 아니라 종이 신문의 조간과 석간이 원고를 마감한 시간에 한꺼번에 보내오는 것이어서 조간이 배달되는 시간대 이후가 아니면 야후에 노출해서는 안 된다는 전제가 있었다.

통신사처럼 뉴스가 발생하는 그곳에서, 실시간으로 원고를 보내오는 강력한 소스가 필요했다. 그것을 자사 사이트에서 제공하고 있는 유력지가 있었다.

요미우리신문이다.

주요 참고 문헌·증언자·취재협력자

미야사카 마나부, 가게야마 다쿠미, 오가와 아쓰미, 오쿠무라 미치히로
야후 재팬 사내용 사사(社史) 『야후로그 – 야후 탄생 비화』
야후 주식회사 통합 보고서
야후 주식회사 연차 보고서 2017년 3월기

제4장

요미우리와 계약하라

점점 치열해지는 포털사이트간의 경쟁 속에서 '요미우리 온라인'은 절실하게 필요한 콘텐츠였다. 야후가 뒤처지자 이노우에 마사히로는 화가 났다.

2000년대에 들어 후지쓰나 소니, 스미토모상사, 일본마이크로소프트 등 유명한 기업이 PC의 시작페이지로 자사 계열의 포털 사이트를 등록하려고 필사적이었다. 포털사이트 입장에서 뉴스는 생사를 결정하는 콘텐츠라고 해도 좋을 정도로 중요했다.

그 중에서도 인기가 있었던 것은 요미우리신문의 뉴스를 공급받는 것이었다.

요미우리신문이 운영하는 뉴스 사이트 '요미우리 온라인'은 사건사고 기사가 빨랐다. 사건 발생과 거의 동시에 사이트가 갱신될 정도였다.

그 이유는 2000년 가을에 요미우리신문이 편집국과 '요미우리 온라인'을 운영하는 미디어전략국 사이에 '뉴스 배신(配信)[37] 센터'라는 부서를 설치한 데 있었다.

이미 이때부터 요미우리는 기자가 인터넷 속보용으로 기사를 쓰고 있었다. 그렇게 해서 만들어진 기사는 이 '뉴스 배신 센터'를 통해서 미디어전략국으로 보내졌다. 편성부가 지면 게재를 전제로 한 기사를 골라낸 뒤에 미디어전략국으로 기사를 보낸 것이다.

'요미우리 온라인'에 실리는 생중계 뉴스는 2000년대 초에 하루 160건에서 200건으로 늘어났다.

이 '요미우리 온라인'에 실리는 뉴스를 받을 수 있으면 포털 사이트 입장에선 타사를 제칠 수 있는 커다란 무기로 쓸 수 있었다.

이미 2000년 들어서 마이크로소프트가 운영하는 'MSN', 후지쓰 계열의 '니피', 소니 계열의 '소넷'이 요미우리신문의 뉴스를 받기로 하는 데 성공했다.

야후는 골리앗이 아니다

야후 재팬의 사장이었던 이노우에 마사히로는 이런 상황에 화가 나 있었다. 어떻게든 요미우리신문과 계약해야 했다.

---

37) '배신(配信)'은 뉴스통신사·신문사·방송사가 자신이 입수한 정보나 기사를 다른 언론사나 관청·기업에 보내는 재전송 행위를 가리킨다.

이때쯤 야후 재팬은 이미 야후 메일이나 야후 옥션, 야후 파이낸스 등의 폭넓은 서비스로 사용자의 마음을 사로잡았고, 다른 포털 사이트를 크게 앞서기 시작했다.

요미우리신문의 미디어전략국의 당시 분석으로는 "이미 야후는 걸리버 같은 지위를 굳히기 시작했다. 다른 포털사이트를 1이라고 하면 10의 트래픽을 갖고 있다"고 볼 정도였다. 그런 경위에서 야후에 대한 경계심이 있어서 외부 기사 공급을 담당하는 미디어전략국의 사업부는 좀처럼 야후와 교섭하려고 하지 않았다.

하지만 이것은 웹을 다루는 미디어전략국만의 이야기였다. 편집국 간부 중 상당수, 와타나베 쓰네오 등 임원의 상당수는 야후를 신경 쓰지 않았다. 2000년은 요미우리신문의 판매부수가 1,020만부를 넘어서 정점에 다가가는 시기이기도 했다. 종이신문이야말로 왕자였다. 인터넷 등은 부수물에 불과했다. 관심 자체가 없었다고 하는 게 맞다.

미디어전략국의 사업부는 신칸센 등의 전광 게시판 기사 공급 계약 등을 담당하고 있었다. 종이신문 편집국 간부들은 웹 포털사이트도 그것과 마찬가지라고 생각했다.

웹 세계의 '걸리버'라고는 해도 아직 2000년 당시 야후의 사원수는 339명. 하코자키의 사무실을 나와서 오모테산도(表参道)로 옮기긴 했지만 접수 데스크에는 사람이 없고 내선전화가 한 대 놓여 있는 정도의 중소기업이었다.

골리앗은 요미우리이고, 야후는 골리앗에게 도전한 양치기 다윗 같은 존재라고 할 수 있었다.

요미우리 핵심부 눈에는 잘 보이지도 않는 존재. 하지만 역으로 야후 입장에서 보면 요미우리는 어떻게 해서라도 계약하고 싶은 상대라는 뜻이다.

이노우에는 2000년이 되자 미야사카 마나부에게 뉴스 부문을 담당하게 했고, 부하 직원도 여러 명 두게 했다.

미야사카 밑에서 이 교섭을 담당하게 된 것은 3대 뉴스 프로듀서인 고바야시 사토시(小林聰史)였다. 고바야시는 원래 중앙공론사의 편집자였다. 이시노모리 쇼타로(石ノ森章太郞)나 마쓰모토 레이지(松本零士) 등 만화가를 기용해서 히트작을 몇 작품 만들었다. 그러나 중앙공론사는 종합출판사로서 역할이 끝났고, 경영이 기울기 시작한 상태였다. 고바야시도 PC 소년으로 인터넷에 매혹됐지만, 곧바로 인터넷 회사로 옮긴 게 아니라 '이치타로(一太郞)'라는 워드프로세서 프로그램을 만들어 대히트를 한 저스트시스템이라는 회사로 우선 옮겼다. 그 '이치타로'도 마이크로소프트에 밀려서 기울기 시작한 것을 계기로 야후로 옮긴 것이 2000년의 일이다. 옛 직장인 중앙공론사는 이미 그 전해에 요미우리신문사에 흡수됐다.

고바야시는 보통 이노우에가 아니라 그 부하인 미야사카

와 가게야마에게 보고했지만, 요미우리와의 교섭은 이노우에로부터 직접 지시를 받을 때도 있을 만큼 중요한 안건이 됐다.

밤낮 취재의 대가

요미우리측의 교섭 상대는 이이오 스스무(飯尾晋)라는 남자였다. 듣자 하니 2000년의 인사 이동으로 광고에서 미디어전략국의 사업부로 옮겨왔다고 했다. 이이오가 오랫동안 광고를 담당해왔다는 점은 이 교섭에서 커다란 포인트가 됐다. 교섭은 양측의 최초 제안에 차이가 너무 커서 난항을 겪었다.

이이오가 주장한 것은 "요미우리신문의 기사는 기자들이 밤낮으로 매일 돌아다니며 취재한 중요한 정보이다. 기사 한 건 한 건에 막대한 경비가 들어간다"는 것이었다. 그러니까 이 경비도 고려해서 정보제공료를 달라고 했다.

한편 고바야시는 들어오는 광고료를 고려할 때 정보제공료의 한계가 있다고 주장했다. 가게야마나 오가와가 처음에 야후 뉴스를 시작했을 때 각 신문에 지불하는 정보제공료는 월 20만 엔 정도였다.

처음 시작할 때 야후 뉴스는 광고 수입도 나빴고, 뉴스만 보자면 적자라는 게 고바야시의 주장이었다.

게다가 그에 덧붙여서 고바야시는 이렇게 말했다.

"야후는 뉴스의 중요도를 고려한 배신(配信)을 원합니다"

즉 요미우리 측이 기사를 보내줄 때 중요하다고 생각하는 뉴스에 표시를 해달라는 것이었다.

2001년 2월부터 시작된 교섭은 격렬한 공방을 벌여가며 연일 교섭으로 이어졌다. 상대인 이이오는 광고 근무 시절 음악업계와의 계약을 여러 건 체결한 경험도 있어서 힘든 협상 파트너였다. 결국 고바야시는 약한 소리를 했다.

"우리 쪽 이노우에가 정말로 신경 쓰고 있어서 어떻게든 요미우리의 공급을 받으라고 거세게 압력을 가하고 있어요. 다른 포털사이트는 계약을 했는데 왜 야후만 계약을 안 하는 거냐고 상당히 초조해하고 있거든요. 어떻게 안될까요?"

정보제공료는 야후측의 첫 제안보다 훨씬 올라가 있었다. 그러나 상한이라는 게 있었다.

여기서 이이오가 광고 출신이기에 나올 수 있었던 해결책은 야후가 정보제공료 외에 요미우리신문에 광고를 낸다는 안이었다. 요미우리신문에 좋은 것은 요미우리그룹에도 좋다는 뜻이었다.

야후측은 요미우리신문에 매달 1,040만 엔의 광고를 싣는다. 요미우리가 야후에 광고를 내는 것도 교환 조건으로 계약에 넣기로 했고, 이쪽은 매달 1,400만 엔 상당의 광고를 싣기로 했다.

정보제공료는 당시로선 파격적인 금액인 월 530만 엔을 야후가 요미우리에 지불한다는 걸로 결론이 났다.

또 계약기간은 1년으로 정해졌다. 이 1년 단위 계약에 따라서 요미우리는 언제든 계약을 중단할 수 있었고, 이걸 지렛대 삼아서 조건을 더 좋게 할 수 있었다(실제로 그 후 이 1년 단위 계약이라는 조건을 지렛대 삼아 요미우리는 더 좋은 조건을 획득하게 된다).

이렇게 해서 계약의 개요가 대부분 정리된 것이 1개월 후인 2001년 3월이었다.

실제로 양사의 임원회의 결재를 거쳐서 계약을 체결한 것은 8월 20일의 일이었다. 계약서에는 요미우리는 미디어전략국장 다카타 고지(高田孝治), 야후는 사장인 이노우에 마사히로가 직접 서명날인했다. 이렇게 해서 요미우리가 야후에 기사를 제공하기 시작됐다.

계약을 체결한 다음날인 8월 21일부터 요미우리의 뉴스가 야후에 공급되기 시작했다.

PV가 훌쩍 올라가다

고바야시 후임으로 뉴스를 담당하게 된 가와세 다쓰야(川瀨達也)는 요미우리에서 들어오는 뉴스를 보고 깜짝 놀랐다. 빨랐다. 현재 진행 중인 사건의 기사가 잇따라 들어왔다.

인터넷에서 중요한 것은 얼마나 빨리 업데이트되는지이다. 요미우리가 들어온 덕분에 야후 뉴스는 리얼타임 뉴스 느낌을 주게 된다.

그리고 요미우리의 뉴스가 게재될 때마다 PV가 쑥쑥 올라가는 걸 알 수 있었다.

'야후 뉴스 토픽스'에서 중요한 뉴스를 고르던 오쿠무라도 옛 직장이 보내오는 뉴스의 속도와 정확성을 보고 자랑스러운 기분이 들었다. 특히 사회부 기사가 강하다는 걸 잘 알 수 있었다. 당연히 야후토피에서 픽업하는 일도 늘어났다.

이렇게 해서 요미우리를 얻은 야후는 뉴스 포털사이트로서도 굳건한 지위를 구축하게 된다.

불길한 한 걸음이 되지 않을까?

한편 요미우리신문에서는 야후에 뉴스를 내보내는 것이 어떻게 받아들여졌을까? 종이신문을 만드는 편집국 내부의 사람들은 거의 관심을 두지 않았다. 어차피 주변부의 이야기이니 자신들에게는 상관없었다. 하지만 종이 신문에서 미디어 전략국으로 옮겨온 예리한 사원 중에는 일말의 불안을 느끼는 이도 있었다.

이건 불길한 한 걸음이 되지 않을까?

당시 도쿄 본사의 간부였던 다키하나 다쿠오(滝鼻卓雄)가 조수이(如水)[38]회관에서 열린 한 심포지엄에서 발언했을 때 야후 뉴스 제공에 대해서 질문을 한 요미우리 사원이 있었다. "야후에 제공하는 데 대해서는 찬반 양론이 있었다고 생각하는데, 어떻게 생각합니까?" 다키하나는 "야후에 기사를 제공한 덕분에 요미우리의 지명도가 올라가고, 본지의 구독에도 연결되고 있다"고 안심시켰지만, 실은 기세를 돋우려고 한 말일 뿐이고, 확실한 증거가 있어서 한 말은 아니었다.

인터넷에서 뉴스는 '무료로 읽을 수 있는 것'이라는 습관이 사람들에게 생기기 시작했다.

이 때쯤 아사히신문의 '편집국장 보좌'[39]를 맡았던 다나카 다쿠지(田仲拓二)는 요코하마의 판매소 점주들과 만났을 때 이런 경험을 했다.

원래는 온화한 식사 자리에서 환담을 나누는 자리가 될 터였지만, 가장 큰 가게의 경영자가 아사히닷컴의 기사를 프린트한 다발을 가져와서 테이블 위에 턱하고 올려놓았다. 모두 그날 아침의 아사히닷컴에서 읽을 수 있었던 기사를 프린트한 것이었다.

"다나카씨, 편집국은 대체 무슨 생각인가요? 당신들이 쓴 기사는 신문을 읽지 않아도 아사히닷컴에서 모두 공짜로 읽

---

38) 히토쓰바시대 동창회관.
39) 편집국장을 보조하는 자리로, 편집국 넘버2에 해당한다.

을 수 있게 돼 버렸어요. 돈을 내고 신문을 받아보는 이가 줄어드는 건 당연하지 않겠어요? 이거 모두 오늘 아침의 아사히닷컴에서 읽을 수 있었던 기사를 프린트한 거예요. 어떻게 좀 해주세요."

인터넷에서 공짜로 신문 기사를 읽을 수 있는 탓에 더는 신문을 받아보지 않아도 된다고 하는 이들이 잇따라 나타나고 있었다.

그 무렵 각 신문사의 뉴스 사이트는 아사히도, 요미우리도 종이 신문에 실을 기사의 상당 부분을 사이트에서도 읽을 수 있게 하고 있었다.

무료로 하고 웹 광고로 돈을 벌고, 또 본지의 구독 안내도 함께 실어서 신문 구독으로 연결하게 하는 선전 효과로 수익성을 올리는 전략이었지만, 신문판매소의 경영자들은 자신들에게 심각한 위협이라고 생각했다.

당시 인터넷에서 정보는 공짜인 게 당연하고, 공짜가 아니면 안 된다고 생각했다. 1984년에 처음으로 열린 해커톤 대회에서 미래학자 스튜어트 브랜드(Stewart Brand)가 애플의 스티브 워즈니악과 논의하던 중에 한 말이 여러 차례 인용됐다.

'Information wants to be free.'

정보는 해방되고 싶어한다는 의미와 정보는 공짜로 유통되고 싶어한다는 중의적인 말이다. 2006년에 『웹 진화론』을 쓴 우메다 모치오(梅田望夫)도 당시 내게 같은 말을 했다. 산케이의 스미다 나가요시(住田良能) 사장에게 웹 전략을 조언한 우메다는 "어찌됐든 전부 공짜로 보여준다면 웹을 통해서 종이신문의 구독으로도 연결될 것"이라고 자신 있게 권했다고 한다.

스튜어트 브랜드가 1984년의 해커톤 대회에서 한 말이 또 하나 있었는데, 이걸 중요하게 생각하는 이는 거의 없었다. 스튜어트 브랜드는 실은 이어서 이렇게 말했다.

'Information also wants to be expensive.'

스튜어트 브랜드는 기술이 정보 유통을 무료로 만들겠지만, 다른 한편 어떤 정보는 오히려 가치가 커질 것이라고 강조했다. 그 정보는 점점 복잡해지는 사회 속에서 사람들이 미래의 생활을 잘 설계할 수 있게 하는 통찰을 포함한다.

브랜드의 서로 모순되는 듯한 두 가지 말은 그 후 신문사의 운명을 생각할 때 매우 시사적이다. 독자는 이 책의 후반에서 그 의미를 더 깊이 이해하게 될 것이다.

하여튼 이렇게 해서 요미우리신문은 야후라는 거대 포털사이트에 뉴스를 제공하기 시작했다. 사람들은 공짜로 읽는 데 점점 더 익숙해져 갔다.

'Information want to be free.'가 현실화된 것이다.

대형 포털사이트에서 무료로 자사의 기사를 읽을 수 있는 것. 요미우리의 그 '최초의 한걸음'은 과연 올바른 것이었을까?

주요 참고 문헌·증언자·취재협력자

미야사카 마나부, 고바야시 사토시, 가와세 다쓰야, 오쿠무라 미치히로, 다나카 다쿠지, 다키하나 다쿠오

『미디어국의 개요』 2016년 7월, 요미우리신문 관리부

'Information wants to be free…and expensive' 제니퍼 레이(Jennifer Lai), 포츈, 2009년 7월 20일

'Information wants to be expensive' 고든 크로비츠(Gordon Crovits), 월스트리트저널, 2009년 2월 23일

이 밖에도 요미우리 사내에서 익명으로 협력해준 여러 사람이 있었음을 기록해둔다.

제5장

라인토픽스 소송 1심

> 하이퍼링크라는 인터넷 최대의 발명을 사용해서 다양한 비즈니스가 꽃을 피웠다. 고베의 작은 회사가 시작한 '라인토픽스'라는 서비스도 그 중 하나였다.

인터넷 최대의 발명은 하이퍼링크이다. 이걸 누르면 전혀 다른 페이지로 넘어갈 수 있다. 이건 종래의 종이나 활자와는 전혀 다르다. 종이 책이라면 참조한 자료가 있어도 그걸 적어놓을 뿐 그 책이나 자료로 날아갈 수는 없다.

  야후 서비스 초기에 분류가 있었다는 건 앞서 거론했다. 이것도 재미있을 것 같은 페이지 링크를 연결해서 분류하고, 사용자가 그 페이지로 넘어갈 수 있게 한 것이다.

  오쿠무라가 시작한, 현 시점에서 가장 중요한 기사 8편을 골라서 표시하는 '야후 뉴스 토픽스'(통칭 야후토피)도 야후가 공급받지 않은 기사일지라도 재미 있는 기사이기만 하면 링크를 연결해서 제목을 표시하고, 그걸 누르면 그 페이지로 연결되게 한 것이라는 점도 앞서 언급했다.

인터넷에서는 야후 외에도 이 페이지 링크를 사용하는 벤처가 다양하게 생겨났다.

2000년에 고베의 20대 형제가 창업한 디지털얼라이언스라는 회사가 주목한 것도 이 하이퍼링크를 사용한 비즈니스였다. 형인 아리모토 데쓰야(有本哲也)는 간사이은행 출신, 동생인 아리모토 다케지(有本武司)는 개발자였다.

이 회사는 홈페이지 제작·운용 회사로 출발했다. 2000년 말에 손 댄 고베정보라는 회사의 사이트에 매일 뉴스 속보를 보내려고 했다가, 그런 서비스가 없다는 걸 발견하고 자신들이 하면 되지 않을까라고 생각해서 시스템을 개발하기 시작했다.

다운로드하면 화면 위쪽에 바가 나타나고, 그곳에 뉴스 제목이 흘러간다. 그걸 누르면 하이퍼링크를 따라서 야후 뉴스로 연결되면 어떨까?

이쪽은 야후 뉴스를 보며 제목을 수동 입력해서 링크를 연결해두면 된다.

인터넷 광고는 PV수로 결정되는 만큼, 야후가 외부에서 유입되는 이 서비스를 싫어할 리 없지 않을까? 야후 뉴스의 헬프 페이지에 기사 링크에 관한 항목이 있었는데, 그곳에는 '기사 링크는 문제없습니다'라고 적혀 있었다. 아리모토는 만일을 대비해서 야후 고객 서비스센터 앞으로 '지역 정보 발신 콘텐츠에 그 날의 뉴스 제목을 싣고 그걸 클릭하면 귀사의 기사로 링크되게 하고 싶다'는 내용의 메일을 보냈고, '제목'을 약간 바꿔도 괜찮겠느냐고 물었다.

다음날인 2000년 10월 17일에는 '기사 본문의 내용과 동떨어진 표현이 아니라면 다소간 조정은 할 수 있습니다'라는 답장이 왔다.

아리모토 형제는 이걸 보고 양해를 얻었다고 생각했고, 동생이 시스템을 개발해 '라인토픽스'라는 서비스를 시작했다. 이 '라인토픽스'의 소프트웨어를 다운로드하면 자신의 홈페이지 화면 위쪽에 바가 생기고, 거기에 뉴스 제목이 흘러가는 구조였다. 제목을 클릭하면 야후 뉴스의 해당 뉴스 페이지로 넘어가서 본문을 읽을 수 있었다.

아리모토 형제는 당초 1년간은 이 '라인토픽스' 서비스로 돈을 벌 생각이 없었다. 아리모토 형제는 사업을 하려고 한 게 아니고, 정보 공유라는 생각으로 출발했다고 말했다. 3편의 기사 제목이 흘러간 뒤에 1편의 광고를 흘려보내는 식으로 수입을 얻게 된 것은 서비스를 시작한 지 1년 후의 일이었다. 하지만 이 서비스로 얻을 수 있는 광고 수입은 1년에 160만 엔에 불과했다.

그러나 사용자가 3,500명이나 되자 젊은 형제는 만족했다. 사원수가 5명에 불과한 고베의 작은 회사였지만, 형제는 앞으로의 희망에 가슴 벅차했다. 인터넷이라는 새로운 기술의 조류를 타고 정보를 공유하는 서비스를 하고 있노라면, 언젠가는 크게 비약할 수 있는 때가 오겠지. *Information wants to be free.*

2002년 크리스마스에 갑작스러운 통보를 받을 때까지는 그랬다.

요미우리신문이 소송을 걸었다

그 해 크리스마스 선물은 갑자기 걸려온 언론사의 전화였다.

"요미우리신문이 귀사의 서비스를 제소한 데 대해서 얘기를 듣고 싶은데요."

처음에는 도대체 무슨 얘기를 하는 건가 싶었다. 하지만 곧바로 2001년 6월에 야후 법무부에서 내용 증명이 왔다는 사실을 떠올렸다.

그것은 야후 법무부장 벳소 나오야(別所直哉)라는 사람이 보낸 것이었다. 거기에는 라인토픽스의 서비스가 규약 제15항에 위반된다고 적혀 있었다. 이 제15항에는 콘텐츠 제공자의 허락을 받지 않은 채 콘텐츠를 복제·수정하는 것을 금지한다고 적혀 있다.

그러나 아리모토 데쓰야는 그 때 곧바로 야후 고객 서비스 센터에 "야후 뉴스 기사의 표현을 그대로 이용할 경우 이용 규약을 저촉한다"는 지적을 받았는데, 그러면 어떻게 제목을 표시하면 되는 거냐고 문의했다. "링크로 연결된 사이트를 운영하는 분의[40] 방침도 존중할 테니 번거롭지만 의견을 들려주시면 좋겠습니다"

이렇게 물었지만 야후의 답변은 없었다.

전화를 걸어온 기자의 말에 따르면 제소한 것은 야후가 아니라 지금까지 한 번도 이쪽에서 먼저 접촉하거나, 반대로 상대방이 먼저 접촉하려고 한 적도 없는 요미우리신문 같았다.

자신들이 '요미우리 온라인'의 기사 제목을 무단 복제해서 요미우리신문의 저작권을 침해했고, 또 영업활동에 대한 불법행위를 했다고 한다.

그리고 손해배상과 기사 제목 복제의 중단을 요구했다.

손해배상 청구액은 6,825만 엔.

출범한 지 2년쯤 되고 사원수가 10명도 안 되는 젊은 회사 입장에서는 도저히 지불하기 어려운 금액이었다.

육법전서를 품에 안은 코난

요미우리신문에서 이 '라인토픽스' 소송을 지휘하게 된 주인공은 법무팀에서 법무부로 승격된 직후에 법무부장을 맡은

---

40) 요미우리를 가리킴.

야마구치 도시카즈(山口壽一)였다.

나중에 즐비한 선배들을 제치고 와타나베 쓰네오로부터 그룹 본사의 대표이사 사장으로 지명되는 야마구치는 원래 두드러지지 않은 사법 담당 기자였다.

1980년대 후반부터 1990년대에 걸쳐 사법 기자클럽은 각종 사건이 흘러 넘치는 곳이었다. 넨지코렌사건[41], 평화상호은행사건[42], 리크루트사건, 담합 의혹, KSD사건[43], 은행 접대 사건 등등. 각 사는 에이스 기자를 사법 기자클럽에 보내서 이들 사건을 쫓았다. 아사히신문의 무라야마 오사무(村山治), NHK의 오마타 잇페이(小俣一平), 교도통신의 우오즈미 아키라(魚住昭) 등 성깔 있는 기자들이 도쿄지검 특수부나 사건 관계자에게 달려들어 누군가는 특종을 하고, 누군가는 낙종을 하는 치열한 보도 전쟁을 펼치고 있었던 것이다.

1979년에 요미우리신문에 입사한 야마구치는 이들 명물 기자들이 활약하던 마지막 시기에 사법 기자클럽에 배치됐다. 아사히의 무라야마는 1년 정도 야마구치와 사법 기자클럽에

---

41) 넨지코렌(撚糸工連)은 일본연사공업조합연합회. 넨지코렌사건은 일본연사공업조합연합회의 전 경리과장이 벌인 횡령 사건을 계기로 불거져 도쿄지검 특별수사부가 1985년 9월부터 1986년 5월에 걸쳐서 적발한 전후 일본의 뇌물 사건이다. 통상산업성 간부 2명이 수뢰 혐의로 구속되는 등 모두 11명이 구속됐고, 이중 현직 국회의원 2명을 포함한 9명이 기소됨.
42) 1986년에 적발된 평화상호은행의 부정 회계 사건. 평화상호은행은 이후 스미토모은행에 흡수합병됨.
43) 재단법인 'KSD중소기업경영자복지사업재단'(현 안심재단) 창립자 고세키 다다오(古関忠男)가 '제조업대학'을 설치하겠다며 자유민주당 의원을 상대로 벌인 뇌물 사건. 도쿄지검 특수부가 2000년 11월 고세키 다다오를 구속함.

서 마주친 것을 기억하고 있다.

눈에 띄는 특종을 하지는 못했지만, 검사들의 신뢰가 두터운 좋은 기자였다. 검사들 중에서 사이다 구니타로(齊田國太郞), 공정거래위원회에 있었던 고하라 노부오(鄕原信郞) 등과 친했다. 구마자키 가쓰히코(熊崎勝彦)[44]도 야마구치를 무척 마음에 들어 했다.

야마구치가 사법 기자클럽 반장이었던 시절에 후배로 있었던 시미즈 준이치(清水純一, 1988년 입사)는 야마구치가 자신들처럼 검사들에게 "○○ 정보를 달라"고 접근하는 게 아니라 검사들이 고심하는 문제를 같이 논의하던 모습을 선명하게 기억하고 있다. 야마구치는 당시 시미즈에게 "내가 기자 일을 하는 것은 사회 정의를 위해서다"라고 말했다고 한다. '물을 먹였다'[45], '물을 먹었다'는 식에서 벗어나서 사건의 진행 방향을 읽어내거나 사건에 관련된 문제에 대해서 검사와 논의했다. 멀리 돌아가는 것처럼 보였지만 시미즈는 그것이 신뢰로 연결되고 있다고 느꼈다.

야마구치는 이 사법기자클럽 시절에 알게 된 검사나 변호사 인맥을 활용해 1998년에 배치된 법무팀에서 뛰어나게 두각을 드러냈다. 그렇다고는 해도 2000년의 법무팀은 팀장과

---

44) 구마자키 가쓰히코(熊崎勝彦·1942~2022). 도쿄지검 특수부장 시절에 거물 정치인 가네마루 신(金丸信·1914~1996)의 거액 탈세 사건 등을 수사함.
45) '물을 먹이다'는 특종기사를 쓰는 것, '물을 먹다'는 낙종을 하는 것을 뜻하는 기자 세계의 은어. 원문의 표현은 '抜いた、抜かれた'지만, 어감을 살리기 위해서 한국 언론계의 은어를 사용함.

야마구치 2명뿐인 작은 부서였다.

법무팀장은 경제부를 거친 사람이었기에, 물고 물리는 현장은 경험한 적이 없었다. 주간지에 대한 명예훼손 소송 같은 일은 그 경제부 출신 팀장이 배치되기 전부터 야마구치가 담당했다.

회의에는 반드시 육법전서를 들고 참가했다. 안경까지 걸친 모습이 만화 '코난'과 닮았다고 해서 '육법전서를 품에 안은 코난'이라고 불리기도 했다.

야마구치는 도쿄돔에 드나들며 사설 응원단이 외야석을 독점하지 못하게 하는 문제를 다루게 되는데, 그것과 동시에 담당한 것이 이 '라인토픽스' 소송이었다.

2002년 7월에 요미우리신문의 미디어전략국이 핫링크라는 서비스와 계약을 하려고 했을 때 '라인토픽스'라는 비슷한 회사가 요미우리에 대가를 지불하지 않은 채 사업을 하고 있다는 걸 알게 된 것이 계기였다.

이때 신문사나 뉴스통신사는 인터넷의 사업 잠식에 속이 부글부글 끓고 있었다. 먼저 라인토픽스를 문제 삼은 것은 교도통신이었다. 역시 야후에 공급하는 기사 제목을 '라인토픽스'가 차용해서 야후로 연결하는 것을 문제시했다.

교도통신 담당자가 야후 법무부에 "어떻게 해결할 수 없느냐"고 화를 내며 쳐들어간 것을 계기로 2001년 6월 야후 법무부장 명의의 내용증명을 '라인토픽스'를 운영하는 디지털얼라이언스에 보낸 것이었다.

야후 법무부의 잔다르크

각 언론사에서 "어떻게 해결할 수 없느냐"는 문의를 받은 야후는 곤혹스러워하고 있었다.

야후 법무부에서 이 문제에 대응한 것은 2000년 9월에 야후에 입사한 이마코 사유리(今子さゆり)였다. 1995년에 와세다대 정치경제학부를 졸업하고, 미쓰이물산의 엔지니어링 계열회사나 노에비아 화장품에서 지적재산권을 담당한 걸 계기로 야후 법무부의 4번째 사원으로 채용됐다.

야후 뉴스의 프로듀서로부터 "교도통신이 격노했다. 어떻게 하면 좋겠는가?"라는 상담 의뢰를 받은 것이 계기였다 그때는 '헛수고로 끝난 교도통신' 사건으로 야후를 이탈했던 교도통신도 다시 계약해서 뉴스를 내보내고 있었다.

뉴스 프로듀서는 "어떻게 하면 좋겠느냐"고 했지만, 이마코는 "음, 이거 어떻게도 할 수 없겠어요"라고 대답했다. 그렇게 답변한 이유는 우선 링크를 연결하는 것은 인터넷에서 자유라는 점이었다. 가령 제목에 저작권이 있어서 그걸 이용하는 것이 저작권 침해에 해당한다고 해도 저작권의 소유자는 야후가 아니다. 그러니까 야후의 입장에서는 예를 들어 기사 본문을 베꼈다고 해도 할 말이 없다. 이렇게 대답했다.

그러는 사이에 교도통신 사람이 쳐들어왔다. "야후가 허락한 거냐"고 화를 냈다. "아니오"라고 답변하자 "그쪽(야후)에서 어떻게 할 수 없는 거냐"고 화를 냈다.

이야기를 잘 들어보면 신문사·뉴스통신사 측에는 "이건 무단 도용 아니냐"는 분노가 있다는 걸 알 수 있었다. 자신이 통제할 수 없는 상태에서 누군가가 콘텐츠를 사용하는 걸 허용할 수 없다는 것이었다.

'(언론사들이) 인터넷에 익숙하지 않구나'라고 이마코는 생각했다. 야후는 여러 사람이 여러 콘텐츠를 접하는 공간을 제공하는 만큼 '라인토픽스'의 방식도 이해할 수 있었지만, 신문사 쪽은 그걸 용납할 수 없었던 모양이다.

일종의 타협책으로 법무부장인 벳소 명의 통지서(내용증명)를 썼다. 작성자는 이마코였다. 그런 내용증명을 보내서 교도통신의 분노가 누그러들면 좋겠다는 판단에서였다.

요미우리의 법무부장인 야마구치 도시카즈도 부하인 가토 다카노리(加藤隆則)와 함께 야후에 찾아왔다. 이들을 대응한 사람들이 당시 야후 뉴스의 프로듀서였던 가와세 다쓰야와 법무부의 이마코였다.

"라인토픽스가 내보내는 제목을 누르면 야후 기사로 연결된다. 그리고 그것은 요미우리 온라인이 야후에 제공하는 기사이다. 이건 곤란하지 않겠느냐. 왜 그만두게 하지 않는 거냐."

가와세는 이렇게 답변했다.

"라인토픽스가 컴퓨터로 크롤링[46]해서 야후 기사 링크를 가져간 거라면 몰라도, 수동 입력으로 제목을 넣고 있는 듯한데요. 그렇다면 어떻게 할 도리가 없거든요."

이렇게 되자 요미우리신문은 '라인토픽스'를 운영하는 디지털얼라이언스를 제소하기로 한 것이다.

요미우리 사내에서는 이 안건을 YOL[47] 소송이라고 부르게 된다.

왜 사전 교섭을 하지 않았을까?

그런데 요미우리는 왜 사전에 디지털얼라이언스와 교섭하려고 하지 않은 채 갑자기 제소라는 수단을 선택한 걸까?

야마구치는 이렇게 신문사 콘텐츠를 '무단 도용'하는 서비스는 라인토픽스 뿐만 아니라 앞으로도 잇따라 나타날 거라고 생각했다. 따라서 개별적으로 디지털얼라이언스에 연락해서 해결을 모색해봐야 별로 의미가 없다. 야마구치는 내 취재

---

46) 크롤링(crawling). 웹사이트, 하이퍼링크, 데이터, 정보 자원을 자동화된 방법으로 수집, 분류, 저장하는 것.
47) '요미우리 온라인'이라는 의미.

에 응했을 때 "근본적으로 해결하려면 하루빨리 사법 판단을 받아서 새로운 법규범을 분명히 할 필요가 있다고 생각했기 때문"이라고 말했다.

다윗과 골리앗

고베에서 변호사 사무실을 개설한 지 얼마 안 된 시바타 마리(紫田眞里)에게 디지털얼라이언스사의 아리모토 데쓰야로부터 전화가 걸려온 것은 제소를 당한 직후의 일이었다. 시바타는 1997년에 변호사 등록을 했고, 고용변호사를 거쳐서 아리모토와 마찬가지로 2년 전에 독립한 아직 33세의 신인 여성 변호사였다.

요미우리신문에 제소를 당했는데 변호를 맡아달라고 했다.

시바타는 고용변호사 시절에 그 법률사무소의 파트너 변호사가 게임 회사의 고문을 맡았던 관계로 저작권 사건에 두어 번 관계한 적이 있었지만, 혼자서 처리한 적은 없었다.

시작한 지 2년 된 회사여서 그다지 돈을 내놓을 수도 없을 테니 누군가에게 도움을 받을 수도 없어서 혼자서 해야 했다.

그런데 아리모토는 전화로 이렇게 말했던 것이었다.

"실은 지인으로부터 저작권으로 유명한 오사카의 변호사에게 의뢰하라고 충고를 받았습니다. 하지만 그런 유명한 분에게 부탁하면 제가 생각한 것을 말할 수 없을 테니 제 생각을 알아줄 분에게 부탁합니다."

그런 생각이라면 수임을 해볼 만하다 생각했다.

"아, 그렇습니까? 해볼까요? 다만 출장비는 좀 들어갈 것 같은데요."

이것은 다윗과 골리앗의 싸움이 될 것이다. 한쪽은 지금 막 창업한 사원 수 10명도 안 되는 회사이고, 상대는 주요 6개사(그룹본사, 도쿄본사, 오사카본사, 서부본사, 요미우리 자이언츠, 중앙공론신사)를 거느리고 총 매출 4,896억 엔, 1,000만부를 넘는 세계 1위의 부수를 자랑하는 요미우리 기업군이었다.

승패는 시작하기 전부터 알 수 있다… 적어도 요미우리는 그렇게 생각하고 있었던 것 같다.

요미우리측의 자만심을 느끼다

그 증거로 요미우리측은 첫 재판 날이 되어도 증거를 제출하지 않았다. 어떤 증거를 낼지 목록은 제출했지만, 증거 자체는 제출하지 않았다. 라인토픽스측 변호사인 시바타 마리는 "얕보고 있구나"라고 느꼈다.

야후 법무부의 이마코도 요미우리의 자만심을 느꼈다.

요미우리신문이 야후측에 교도통신의 요청으로 디지털얼

라이언스에 보낸 통지서(내용증명)를 달라고 한 것은 요미우리가 제소한 이후의 일이었다. 보통은 제소하기 전에 말할 텐데. 너무 자신만만한 게 아니었을까?

디지털얼라이언스측의 변호사 시바타 마리도, 야후 법무부의 이마코 사유리도 예상하지 못하고 놀란 것은 요미우리의 변호단에 다케다 미노루(竹田稔)의 이름이 들어있다는 사실이었다.

지적재산권을 공부해온 이마코나 시바타에게는 이 다케다라는 이름은 지적재산권 법무에 통달한 판사로서 너무나도 유명한 남자였다. 1983년에 도쿄고등법원 지적재산권부 소속의 판사가 된 뒤 지적재산권에 관한 수많은 사건을 맡아온 이로, 법원의 지적재산권 재판부 부장도 지냈고, 1998년 판사를 퇴임한 후로는 변호사가 된 사람이었다.

요미우리의 변호인단은 이 다케다 미노루를 필두로 변호사 6명으로 이뤄져 있었다.

반면에 디지털얼라이언스측은 여성 변호사인 시바타 혼자였다.

이마코는 이런 포진이라면 자신만만해지는 것도 무리는 아니겠다고 생각하면서도 이 사건은 요미우리에 운이 나쁜 게 아닐까라고 느꼈다.

우선 이 재판의 쟁점은 기사 제목에 저작권이 있다는 걸 법정에서 인정받아야 하고, 그래야만 불법행위가 성립한다는 구조였다.

그런데 기사 제목에 저작권이 있다고 인정받기는 상당히 어려울 것임이 분명했다. 애초에 신문 기사의 한 줄 제목 자체에 '저작권'이 인정된다면 인터넷 검색 서비스 자체가 성립할 수 없게 된다. 검색은 제목을 찾아내서 표시할 수밖에 없기 때문이다.

또 요미우리측은 디지털얼라이언스가 하이퍼링크를 이용해서 야후 페이지에 연결하는 것 자체를 문제시했는데, 인터넷은 하이퍼링크로 이뤄진 것이다. 그것이 만약 법정에서 안 된다고 인정된다면 야후 자신이 곤란해진다.

요미우리측은 야후 법무부장 벳소의 진술서를 달라고 했다. 계약처인 만큼 받아들였다. 벳소의 진술서 초안은 요미우리측이 쓰겠다고 했다.

요미우리가 보내온 초안을 다듬는 건 이마코의 일이었다. 진술서 초안은 요미우리의 제목에 저작권이 있다는 건 자명하고, 이 서비스는 부당하다는 등 요미우리쪽 사람이 썼다는 게 너무 역력했다. 이마코는 이걸 다듬어서 될 수 있는 한 사실 경과만을 보여주는 내용으로 바꿨다.

변론준비절차가 시작됐다. 변론준비절차라는 건 쟁점을 정리하기 위해서 판사와 양측 당사자가 한 방에 모여서 협의하는 걸 말한다. 고베에서 혼자서 상경한 시바타는 여기서 우선 놀라게 된다. 이쪽은 자기 혼자 뿐인데, 요미우리측은 변호사 전원과 요미우리신문의 사원이 여럿 나와있었다. 변론 준비는 변론 준비실이나 화해실에서 하기 마련인데, 그리 넓지 않은 방이었다. 판사가 있고, 시바타 변호사 혼자 앉아있었다. 나머지는 요미우리측 변호사와 요미우리 사원이 이를 둘러싸는 모양새가 됐다. 책상 앞에 앉지 못한 요미우리 사원은 뒤에 의자를 놓고 앉게 됐다. 그 중 한 명이 시바타의 뒤쪽에 앉으려고 했다.

"제 뒤에는 앉지 말아 주세요"라고 부드럽게 양해를 구했다. 자신이 뭔가 메모하는 걸 뒤에서 보기라도 하면 큰일이기 때문이었다.

이렇게 해서 시바타 마리는 요미우리의 대규모 변호인단과 혼자서 맞서게 됐다.

밤낮으로 취재해서 모은 정보인 것이다

요미우리측의 변론은 구체적인 '요미우리 온라인'의 제목을 거론하며 그 제목이 같은 시점에 보도된 타사 제목과 어떻게 다르고, 저작권의 요건인 '창조성'이 있는지 강조하는 것이었다.

예를 들어 2002년 10월 16일에 업데이트된 매너 관련 서적의 불법 복제본을 쓴 의대 교수가 처분을 받은 사건에 대해 '요미우리 온라인'은 '매너를 모르는 대학 교수, 매너 책 불법 복제본 만들어 판매'라는 제목을 달았다.

지지닷컴 제목은 '복제본 판매, 교수를 경고 처분…고치 의대'였다. 요미우리는 "매너 책을 쓴 교수의 자기 모순이라는 특이성을 현저하게 전달했다는 점에서 창작성이 있다"고 주장했다.

교도통신이 재판 기간 중에 '디지털얼라이언스'에 대해 경고문을 보냈고, 이것도 요미우리측의 증거로 제출됐다.

하지만 무엇보다 인상적이었던 것은 실제로 이런 제목을 붙이는 미디어전략국 편집부의 50대 기자가 제출한 진술서였다.

여기에는 요미우리의 분노가 소박한 형태로 나타나 있었다.

1970년에 입사한 그 기자는 1975년부터 1990년까지 정리부에서 제목을 붙여온 베테랑 교열 기자였다. 그 진술서는 우선 자신이 지방 지국 시절에 얼마나 고생해서 정보를 모았는지를 세세하게 쓰는 것으로 시작됐다.

"심야 시장의 자택 부근에 차를 멈추고 눈치채지 못하도록 엔진을 끄고 난방도 켜지 않은 채 아침까지 여러 시간 떨고 있었던 적도 있습니다. 5시간 이상 무작정 대기하거나, 관계자를 찾아서 주택지를 발이 닳도록 계속 걸어 다녔던 것은 신문기자라면 누구나 경험했을 것입니다. 신출내기 시절에 선배 기자로부터 입에 단물이 나오도록 들었던 말은 '무조건 현장으로 가라. 현장에 가야 보이는 것이 있다.' 또는 '자신이 감동하지 않은 걸 쓴다고 해서 독자에게 호소력이 있겠느냐'는 것이었습니다."(도베 쓰네오(戶部恒夫) 진술서 중에서)

그렇게 신문기자가 정보를 취합하기 위해서 얼마나 노력을 기울였는지를 강조한 다음에 자신이 붙인 제목을 잇따라 거론하며 그것이 얼마나 독창적인지 호소했다.

예를 들어 후쿠오카에서 일가 4명이 참살당한 사건의 영결식[48] 제목을 이렇게 붙였다.

"'히나짱~' 슬픔 어린 목소리, 살해당한 4명과 작별"

"저는 '히나짱~'이라는 동급생들의 외침이 희생당한 소녀에 대한 추도의 심정을 잘 표현하고 있다고 느꼈습니다. '히나'라는 이름이 주는 어감도 정감에 호소하는 느낌이 들었습니다."

그리고 결론을 이렇게 맺었다.

"디지털얼라이언스가 하는 사업은 고생해서 정보를 모아온 취재기자와, 그것에 적확한 제목을 붙이려고 세월을 거치며 단련해온 편집기자의 공동 작업에 무임 승차하는 것이고, '비겁

---

48) 永訣式. 장사 지내기 전에, 죽은 사람을 영원히 떠나보낸다는 뜻으로 행하는 의식.

한 비즈니스'라는 것이 제 솔직한 인상입니다."

규칙이 변했다

'전세계에 배치된 기자가 모두 비슷하게 고생하며 모아온 정보다. 그런데 그것을 무임승차하다니… 얼마나 밤낮으로 고생하는지 알기는 하는가?'라는 주장이었다.

하지만 기자클럽에 아침부터 밤까지 죽치고 있으면서 심야나 이른 아침에는 경찰관이나 관료의 자택을 돌며 정보를 수집하는 그런 행위 자체에 어떤 의미가 있는지 회의하는 젊은이가 요미우리신문 안에도 있다고 앞서 언급했다. 일례가 야후로 이직한 오쿠무라 미치히로이다. 그런 체제 자체가 결국 관료나 경찰관이 갖고 있는 정보를 '시간차 단독' 보도한 것에 불과하다고 예리하게 지적하는 지식인도 있었다.

그러나 거대 신문사 안에서 그런 의견은 '풋내 나는 서생의 주장'으로 묵살됐고, 신문사는 이 베테랑 교열 기자가 표현하는 논리 속에서 살아가고 있었다.

그러나 이는 이른바 내부 논리일 뿐이고, 밖에서 보면 비상식적인 주장으로 보였다. 이 점을 조직 내부의 사람이 아니고, 경영자로서 혼자서 이 재판에 응하고 있는 아리모토 데쓰야는 이렇게 표현했다.

예를 들어 기사 제목에 저작권이 인정된다고 한다면, 누군가가 아침에 신문 기사를 보고 뭔가 표현하고 싶어도 할 수 없게 되는 것이 아닐까?

"저는 지금까지 TV 등에서 매스컴 각 사가 '보도의 사명', '표현의 자유'를 방패 삼아 여러 사안에서 싸우는 모습을 보고 있었습니다만, 이번 재판에서 원고가 전달하려고 하는 건 자신들에게는 '표현의 자유'가 있지만, 자신들의 '표현의 자유'를 위협하는 인간에게는 '표현의 자유'가 없다는 자기 모순적이고 오만한 견해라고 생각합니다."

그리고 교도통신의 내용증명을 증거로 제출한 것은 압력을 가하는 것이나 마찬가지라고 주장했고, 베테랑 교열 기자가 진술서에서 주장한 '현장의 노력과 시간'에 대해서 이렇게 단언했다.

"그러나 극히 당연한 것이지만, 표현의 창작성, 저작물 해당성이 있는지는 표현 자체를 객관적으로 검토해서 판단할 일이지, 거대 매스컴의 견해나 '이마에 구슬땀'을 흘렸다는 식의 논조로 흘러서는 안 됩니다."

그리고 가장 중요한 문제제기는 인터넷이라는 거대한 기술혁신에 의해서 정보 전달의 규칙이 변했다는 점이었다. 아리모토의 주장은 이랬다.

인터넷은 널리 정보를 세상에 전달한다는 의미에서는 신

문이나 TV 등 기존 매체와 마찬가지다. 그러나 양자에는 결정적으로 다른 점이 있다. 그것은 예를 들어 신문은 신문사가 만들어서 독자가 이걸 읽을 뿐인 일방통행인 반면, 인터넷은 월드와이드웹의 구조에 따라 전 세계의 컴퓨터가 거미줄 모양으로 연결되고, 정보의 실이 그물처럼 펼쳐지는 세계다.

여기에 정보를 내놓으면 그 순간부터 그 거미줄을 통해서 전세계에 정보가 전달된다.

아리모토는 또 요미우리의 가장 큰 약점을 이렇게 추궁했다.

"원고는 '재산적 가치가 있다'는 정보를 무료로 뿌리고 있지 않은가?"

야후에 기사를 내보낸다는 '최초의 한 걸음'은 올바른 것이었는가? 더 나아가서 신문 독자가 월정액 구독료를 내고 보는 정보를 웹상에서는 '요미우리 온라인'이 무료로 내보내고 있다. 그건 올바른 일이었는가?

이에 대해 요미우리측은 무료로 내보내는 게 아니고, 광고료라는 대가를 얻은 뒤에 내보내는 정보라고 반론했다. 하지만 소비자 입장에선 무료이긴 마찬가지였다.

제1심 판결

1년 이상 재판이 이어지는 동안 아리모토는 6,825만 엔의 손해배상소송에 대처하느라 사업을 확대할 수 없었다. 한편 야마구치 도시카즈는 프로야구계 폭력단 배제 문제로 바빴다. 이 '라인토픽스' 소송에는 별로 신경을 쓸 수 없었는지도 모른다.

하지만 연전연승을 달리는 요미우리 법무부가 지휘한 재판에서 질 리가 없으리라고 모두 생각했다.

1년 3개월간 이어진 재판이 끝나고, 판결의 날이 왔다.

2004년 3월 24일 도쿄지방법원.

법정 안에 판사가 주문을 읽는 소리가 울려 퍼졌다.

'주문

원고의 청구를 모두 기각한다.

소송 비용은 원고의 부담으로 한다.'

설마 했던 골리앗, 요미우리신문의 완전한 패소였다.

주요 참고 문헌·증언자·취재협력자
무라야마 오사무, 시미즈 준이치, 이마코 사유리, 가와세 다쓰야, 시바타 마리, 나가오카 나오토, 야마구치 도시카즈
도베 쓰네오 진술서
아리모토 데쓰야 진술서
『시진핑(習近平) 암살 계획 특종은 왜 묵살당했나』 가토 다카노리, 문예춘추, 2016년 2월

요미우리신문 측에서 익명으로 증언해준 이가 있었다는 점을 기록해둔다.

제6장

싸우는 요미우리 법무부

지키기만 하는 게 아니라, 공격하지 않으면 안 된다. 야마구치의 신념에 따라 요미우리 법무부는 변해갔다. '라인토픽스' 소송 항소심. 구글 상륙으로 판돈은 뛰어올랐다.

예전에 야마구치와 함께 일한 적이 있는 사원은 그를 이렇게 평했다.

"그 사람만큼 침착한 사람은 없다."

야마구치 아래서 요미우리 법무부는 큰 변화를 이룩했다. 보통 보도기관의 법무부라는 곳은 자신의 보도와 관련된 민원을 처리하는 대응형 업무를 하는 게 일반적이었다. 명예훼손으로 제소 당하면 대응하는 식이다.

그런데 야마구치 밑에서 요미우리 법무부는 수비만 하는 게 아니라 적극적으로 움직여서 다양한 일을 하는 형태로 변해갔다.

야마구치는 당시 부하였던 가토 다카노리에게도 법무부는 수비만 해선 안 되고 공격을 해야 한다고 말했다.

주간지의 요미우리신문이나 와타나베 쓰네오에 대한 기사에 대해 역으로 요미우리측이 제소한다는 대처가 그 한가지 사례였다.

주간문춘의 사진팀 카메라맨이 와타나베 쓰네오가 가운을 입은 채 구단(九段)[49]의 자택 아파트 베란다에서 쉬는 모습을 길에서 찍어서 보도한 일이 있었다. 와타나베는 이것이 사생활 침해라고 화를 냈다. 와타나베 쓰네오는 문예춘추와 주간문춘 편집장을 제소했는데, 이전의 법무부라면 직접 법정에 나가서 자신의 생각을 진술하고 싶어하는 와타나베를 어떻게든 말리려고 했을 텐데, 야마구치가 법무부장이 되고 나서부터는 달라졌다. 위에 나오는 사원은 야마구치가 와타나베에게 이렇게 말하는 걸 듣고 눈이 번쩍 뜨이는 느낌을 받았다.

"좋습니다. 주필께서 나가 주세요."

와타나베 쓰네오는 법정에 출정해서 생각한 바를 그대로 말했고, 결국 승소하게 된다.

또 법무부 차장 시절에 시작한 프로야구에 모여든 폭력단 배제 등은 '침착한' 대처의 전형적인 사례였다.

도쿄돔에서 응원단이 외야석을 점거한 탓에 아무리 빨리 줄을 서도 자유석 티켓으로는 앉을 수 없다는 불만이 요미우리신문에 잇따라 접수됐다. 사장실장인 다키하나 다쿠오에게

---

49) 도쿄 지요다(千代田)구의 지명.

서 대처 지시를 받은 것이 야마구치가 폭력단 배제 운동에 몰두하는 계기가 됐다.

야마구치는 후일의 재판에서 이렇게 말했다.

"어느 날 잊을 수 없는 장면과 마주쳤습니다. 여름의 어느 연휴, 도쿄돔 우익수 쪽 입구 앞에는 오전부터 긴 줄이 생겨났는데요. 그 줄 앞쪽에서 유치원생 정도 된 남자아이가 '피곤해'라고 불만을 터뜨리자 엄마가 "조금만 더 기다리면 안에 들어갈 수 있어. 안에 들어가면 앉을 수 있을 테니까."라고 달래는 소리를 들었습니다. 남자 아이는 목에 작은 물병을 걸고 있더라고요.

전 너무 가슴이 아프더라고요. 그 모자는 뙤약볕 아래서 문이 열릴 때까지 5시간 정도 더 기다려야 했죠. 줄 앞쪽에 있으니까 문이 열리기만 하면 앉을 수 있다고 믿고 있었지만, 실제로는 앉을 수 없다는 걸 알았으니까요."

왜냐면 외야석은 사설응원단이 구장 경비원의 도움을 받아서 사실상 대부분의 자리를 맡아두고 있었기 때문이다. 그 자리는 자신들의 동료에게 주거나 자신들이 기획한 버스투어의 고객 등에게 고액을 받고 넘겨줬다. 사설응원단이 구장의 직원까지 부리는 비상식적인 일이 벌어진 것은 사설응원단이 폭력단과 관련이 있기 때문이었다.

"전 무척 화가 나서 이런 일을 방치해선 안 된다고, 반드시 바로잡아야겠다고 굳게 결심했습니다. 이런 생각이 저의 프로야구 폭력단 배제 활동의 원점이 됐습니다."

야마구치는 이렇게 해서 폭력단 배제 운동에 착수했는데, 그 방식은 철저했다.

야마구치는 7월의 어느 토요일에 버스투어로 온 40명 정도가 표도 없이 외야석으로 들어가는 걸 목격했다.

이날 구장에는 법무부의 야마구치뿐만 아니라 사회부 기자 다수도 구장 안에서 대기하고 있었다. 반사회세력이 관련돼 있다면 보도할 가치가 있다는 사장실장 다키하나의 판단으로 편집국을 통해서 지원을 요청했다.

야마구치는 외야석 담당자에게 연락해서 표 없이 입장한 40명이 어느 자리에 앉는지 특정했다. 야마구치와 사회부 기자는 경기가 끝나자 이 40명을 추적해서 어디로 가는지 확인했다. 한꺼번에 주차장에 있던 대형버스에 탔다. 그 버스 몸체에 적힌 버스 회사명을 확인한 뒤 앞 유리창에 적힌 '○○투어 일행'이라는 문자를 메모했다.

그 후 버스 회사 간부나 버스투어 손님을 상대로 조사를 벌인 것은 야마구치 등 법무부 직원들이었다. 응원단원과 암표상인 폭력단 조장, 그리고 도쿄돔 경비원이 공모해서 정규 표를 높은 가격으로 거래하는 암표 거래를 했다는 걸 입증하기 위해서 버스투어 손님을 설득해서 진술서를 작성했다.

야마구치는 이렇게 해서 암표 행위를 경시청에 고발했다.

사설응원단의 간부가 구속됐다.

그러나 개인을 대상으로 해서는 문제를 근본적으로 해결할 수 없다는 걸 곧바로 알아차렸다.

'개별 대상·단기간·1개 구장 한정'이라는 종래의 처분 방법으로는 개선을 기대할 수 없었다. '단체 대상·장기간·전구장 해당'이라는 식으로 철저하게 하지 않으면 의미가 없다. 야마구치는 그렇게 생각했다. 12개 구단이나 각 구장이 연합해서 이 문제에 대처하기 위해서 프로야구 폭력단 배제 대책협의회를 설립하도록 뛰어다녔다.

폭력단과 결탁한 사설응원단은 이미 상당한 규모의 세력으로 커졌고, 본거지뿐만 아니라 각지의 구장에 폭력과 이권의 뿌리를 넓혀가고 있었고, 선수들과의 접점도 만들려고 하는 상태였다.

자택에 협박전화가 걸려 오다

아사히신문의 무라야마 오사무는 2004년에 전 도쿄지검 특수부장인 구마자키 가쓰히코에게서 이런 전화를 받았다.

"야마구치가 곤란해하고 있나 봐. 좀 도와주지 그래."

야마구치가 법무부에 가서 처음으로 손댄 큰 일이 도쿄돔에서 폭력단을 추방하는 일이라고 했다. 그러나 요미우리만으로는 잘 되지 않으니, 아사히의 도움이 필요하다고 구마자키는 말했다.

곧바로 야마구치를 만나보니 얼이 빠졌다고 할까, 파랗게 질려 있는 듯이 보였다.

"집에 협박전화가 걸려와서 큰일이야."

폭력단은 우선 자택의 주소를 알아내고 전화를 거는 등 협박을 한다. 실제로 자택뿐만 아니라 회사에도 수상한 전화가 걸려왔다.

"당신의 회사 임원이 언제 습격을 당해도 이상할 게 없을 걸요."

"목숨이라는 건 소중한 것 아닌가요."

"경찰청장조차 습격당하곤 하니까요."

무라야마는 "이건 협력해야 할 일이군"이라고 곧바로 판단했다.

보통 아사히와 요미우리는 천적이라고 할 정도로 사이가 나빴다. 그러나 이 문제는 별개다.

무라야마는 경시청 기자클럽의 캡인 나쓰하라 이치로(夏原一郞)에게 상의했다. 무라야마는 데스크인 조 노리토시(長典俊) 등과 함께 야마구치와 "어떻게 하면 야마구치가 하는 운동이 주목을 받을 수 있을까"라는 점을 상의한 끝에 연재 기사를 기획했다. 결국 연재 기사로는 다루지 못했지만 석간 신문 1면 기사로 다뤘다.

"폭력단의 프로야구 응원단 관여를 근절하려고 경찰청과 각 구단이 만드는 대책 협의회가 각 구단이나 구장에 관한 실태조사에 착수했다"는 리드로 시작하는 기사였다.

무라야마는 야마구치가 순수한 정의감에서 이 운동에 몰두한다는 걸 잘 이해했다. 그렇지 않다면 이렇게 자신의 신변까지 위험에 노출되는 일을 하겠는가.

야마구치 자신이 폭력단원과 대면하는 일도 있었다. 글자 그대로 몸을 던져서 이 문제에 몰두했다.

하지만 무라야마가 가장 감탄한 것은 야마구치의 방법론이었다. 검사나 변호사뿐만 아니라 경찰도 동원하고, 그리고 타 언론사까지 사용해서 야구계에서 폭력단을 추방하려고 했다. 그 철저함에 감탄했다.

야마구치는 나중에 신문협회에도 드나들며 업계의 다양한 문제에 대처하게 되는데, 뭔가 문제에 부닥칠 때에는 종종 연합군이 될 타사의 도움을 요청했다. '라인토픽스' 소송에서 교도통신이나 지지통신의 협력을 요청한 것도 그런 일환일 것이다.

이 폭력단 배제 운동에서 볼 수 있듯이 목적을 이루기 위해서라면 모든 수단을 강구하는 그 '철저함'이 야마구치의 큰 특징이었다. 이 '철저함'은 좋은 의미에서든 나쁜 의미에서든 요미우리 법무부의 성격이 됐고, 나중에 그것은 회사 전체로 확대된다.

변호사를 전원 교체하다

야마구치는 그런 엄혹한 폭력단 배제 운동에 몰두하던 와중에 '라인토픽스' 소송도 지휘하게 된다.

그러나 1심 결과는 완패였다.

판결은 요미우리가 저작권이 있다고 거론한 기사 7건의 제목을 한 건씩 검토한 뒤 모두 "흔하디 흔한 표현이어서 창작성을 인정할 수 없다"고 저작권을 부정했다. 그런 뒤에 요미우리 온라인 기사 제목 일반에 대해서도 판단을 내렸다.

"본건 모든 증거를 살피더라도 요미우리 온라인의 기사 제목이 각별히 궁리한 표현을 사용했다고는 인정할 수 없는 만큼 요미우리 온라인의 기사 제목은 저작물이라고 할 수 없다"고 했다.

그리고 불법행위에 대해서도 "요미우리 온라인의 기사 제목은 원고 스스로 인터넷상에서 무상으로 공개한 정보여서 저작권법 등에 따라 원고에게 배타적인 권리가 인정되지 않는 만큼 제3자가 이용하는 것 자체는 본래 자유라고 할 수 있다"고 전면 부정했다.

야마구치 자신은 제소하기 전부터 저작권 침해로 이 재판을 이기기는 어렵다고 생각했다고 한다. 오히려 이긴다고 하면 라인토픽스라는 서비스가 있는 탓에 요미우리의 비즈니스가 부당하게 침해당했다고 하는 '불법행위' 쪽이 아닐까라고 생각했다. 그러나 법원은 이것도 전혀 인정하지 않았다.

야마구치는 판결문을 정독했다. 그런 끝에 자신들의 재판 대처 전술이 저작권 쪽에 너무 치우쳐 있었던 게 아닐까라고 생각하게 됐다.

같은 변호인단으로 항소심도 싸우는 게 일반적이다. 그러나 야마구치는 이때 1심의 변호인단을 전원 해촉한 뒤 교체했다.

항소심에서 주장의 중점을 불법행위로 바꾸려고 하면 1심의 연장이 아니라 새로운 발상으로 재편해야 한다. 새로운 주장을 하려면 단호하게 변호 체제를 쇄신할 필요가 있다고 생각한 것이다.

2심을 담당하게 된 것은 나중에 요미우리의 소송을 다수 담당하게 되는 'TMI종합법률사무소'라는 곳이었다.

구글 뉴스의 상륙

2심에서 요미우리측의 주장은 확실하게 변했다.

요미우리신문의 재력과 물량을 충분히 활용했다. 우선 아오야마가쿠인대(靑山學院大) 등에서 실제로 기사를 읽게 한 뒤 제목을 붙여보라는 식으로 앙케트 조사를 해서 증거로 제출했다. 사람마다 붙이는 제목이 서로 다르다는 점을 근거로 제목에도 창조성이 있다는 인상을 주려고 했다.

또 야마구치는 요미우리신문사와 관계가 있는 국내외 미디어 20개사(교도통신, 지지통신사, 니혼게이자이신문, 워싱턴포스트, AP, AFP, 로이터 등)에도 앙케트 조사를 했다. 20개사 중 17개사가 1심 판결에 대해서 "문제가 있다"고 답변한 결과를 증거로 제출했다. '철저함'은 야마구치의 성격이었다. 미디어로 끝나지 않고, 보도기관에서 뉴스 계약을 맺고 공급받는 야후의 경쟁 7개사(니피, NTT커뮤니케이션즈 등)를 상대로도 앙케트 조사를 했다. 그 결과 7개사 중 6개사가 만약 1심 판결이 확정된다면 "요미우리와의 거래에서 계약금액의 인하 등 계약조건 수정을 요구할 수도 있다"고 답변했다고 주장했다.

실은 1심 제소 시와 결정적으로 달라진 점은 구글 뉴스가 상륙했다는 점이었다.

구글 뉴스는 야후 뉴스와는 결정적으로 달랐다. 야후 재팬은 각각의 보도기관과 계약을 체결해서 기사 공급을 받고, 야후 도메인상에 그 기사를 표시한다. 그런데 구글 뉴스는 컴퓨터가 인터넷 공간을 자동으로 크롤링하고 검색해서 뉴스를 수집한다. 그 링크를 제목과 기사의 첫 부분 몇 줄과 함께 표시한다. 미국이나 유럽에서 이 서비스를 시작한 구글은 기사 사용료를 지불하려고 하지 않았다. 그 이유는 디지털얼라이언스와 마찬가지로 링크를 보여주는데 불과하다는 것이었다.

일본에 상륙한 구글은 비슷한 안건이 요미우리신문과 디지털얼라이언스 사이에서 재판으로 번졌다는 걸 알고 있었다. 그래서 구글 뉴스에 싣지 않기를 바란다는 회사에 대해서는 그 의향을 존중해서 구글 뉴스의 크롤링 대상에서 제외했다. 요미우리신문은 주요 보도기관 중에서 마지막까지 구글 뉴스에 대해 'No'라고 말했던 회사였다. 요미우리 사내에서 구글과의 계약에 대해 보류를 지시한 인물이 바로 야마구치였다.

디지털얼라이언스 측은 재판 중에 요미우리만이 구글 뉴스에 게재되지 않는다며 구글 뉴스 화면을 인쇄한 걸 증거로 제출했다. 인터넷의 커다란 조류를 거스르려고 하는 바보 같은 회사라는 인상을 주려고 했다.

실제로 구글 홍보 담당자는 미디어의 취재에 대해 이렇게 답변했다.

"인터넷에서 공개된 정보는 공공의 것이라는 기본적인 생각에 따르고 있다. 다만 분쟁중인 재판도 있는 만큼 논의의 여지가 있다."

즉 구글은 이 항소심에서 요미우리가 진다면 허락을 받지 않은 채 구글 뉴스를 계속해 나가겠다는 것이었다.

이제 소송은 요미우리 1개사만의 문제가 아니게 됐고, 판돈은 몇백 배로 뛰어오르게 된 셈이었다.

재판의 흐름이 바뀌다

요미우리의 변호인단은 제목의 저작권을 인정받기는 좀처럼 어렵다고 생각했다. 그렇다고 하면 제목의 저작권을 인정받지 못하더라도 라인토픽스가 요미우리의 비즈니스에 타격을 주고 부당하게 이익을 빼앗아가고 있다는 불법행위 쪽으로 싸울 수밖에 없었다.

그렇게 방침은 정했지만, 과연 어떻게 하면 될 것이냐는 문제가 남았다. 협의는 암초에 부딪혔다. 야마구치는 그럴 때마다 분위기를 바꿔보려고 "의지로 극복합시다"라고 격려하기도 했다.

그런 야마구치가 어쩌면 재판의 흐름이 바뀌었는지도 모르겠다고 느낀 것은 항소심 막바지에 재판장이 이런 말을 했을 때였다.

"재판부는 요미우리의 청구를 기각했을 경우에 어떤 문제가 발생할 가능성에 대해서 신중하게 협의하고 있습니다"

이건 앙케트 조사를 한 의미가 있었다고 야마구치는 생각했다.

한편 시바타 마리는 이런 요미우리의 물량을 동원한 법정 전술에 맞서서 필사적으로 싸우고 있었다.

요미우리는 디지털얼라이언스의 경쟁사로부터 진술서를 받아서 증거로 제출했는데 이에 대해 예리하게 이렇게 반론했다.

"항소인(요미우리)과 같은 거대 기업으로부터 (기사 사용) 허가 신청을 하라고 요구 받은 이는 법적으로 사용 허가가 필요한지 여부에 관계없이 이걸 거부하면 실제로 제소당할 수 있다는 공포를 느끼리라는 점은 확실하다. 왜냐면 항소인을 포함한 거대 매스컴에 제소당하면 대개 도쿄에 있는 법원에서 응소할 수밖에 없고, 가령 승소하더라도 결론과는 관계없이 항소 대리인 변호사의 선임 등에 막대한 경제적 부담을 지게 된다. 게다가 제소를 당하는 피고 측 단체 등은 일반적으로 경제력이 부족한 벤처, 영세기업 등이어서 소송을 위해서 용이하게 종업원을 동원할 수 있는 항소인 같은 거대 기업과 달리 소송 수행을 위한 작업 부담도 클 수밖에 없다. 이런 격차가 있는 와중에 이미 소송을 제기한 항소인 같은 기업에서 (기사 사용) 허가 신청서를 제출하라고 요구받고, 사용료가 월 1,000엔 정도라고 적혀 있는 걸 본다면 본심은 어떻든 간에 '소송을 당하는 것보다야 정신적, 경제적 부담이 훨씬 적다'는 경영 판단에서 타협하고, 신청서를 제출하고, 사용료 지불에 응할 수밖에 없다.

항소인이 제출한 (기사 사용) 허가 신청서나 진술서 등에는 분명히 '어떻게든 사용 허가 체제를 만들겠다'는 항소인의 의도와 '소송을 당하면 곤란하다'는 상대 측 판단이 짙게 반영돼 있다."

시바타도 재판의 종반에 흐름이 변했다는 걸 깨달았다.

판사가 양측 변호사를 불러서 이야기를 들을 때 이런 식으로 시바타를 위로한 적이 있기 때문이다.

"확실히 주장을 하고, 서면도 제대로 작성했네요. 쉽지 않은 일이었을 텐데요."

하지만 그 후에 이어진 판사의 말에 시바타는 얼어붙었다.

"다만 피고의 활동을 전면적으로 허용하는 건 불가능할 듯해요."

즉시 시바타는 이렇게 반론했다.

"그러면 제목의 저작권을 인정하시는 건가요?"

"그건 아니고요. 다만 뉴스의 신선도가 높을 때 무임승차하는 것은 솔직히 말해서 허용할 수 없습니다."

화해의 권고가 이어졌다. 시바타는 "돈을 지불해도 좋겠는가"라는 질문을 받고 "네"라고 대답했다.

이렇게 답변한 것은 원래 아리모토가 시바타에게 "만약 요미우리신문이 제소를 하기 전에 돈을 내고 계약하길 바란다고 했다면 응했을 것이다"라고 말했기 때문이었다. 아무래도 회사를 도산 위기에 처하게 하면서까지 항소심에서 싸우는 리스크를 떠안을 필요는 없었기 때문이었다.

그러나 항소심이 열린 지금, 구글이 상륙해서 요미우리만의 문제가 아니게 됐다는 점은 앞서 언급했다. 요미우리 입장에서는 판결문이 필요했다.

재판은 판결로 이어졌다.

항소심 판결

2005년 10월 6일 항소심 판결이 도쿄에서 선고됐다.

요미우리가 제소한 지 약 3년 지났을 때였다.

항소심 판결은 1심보다 길고 복잡했다. 하지만 요약하면 다음과 같다.

제목의 저작권은 역시 인정되지 않았다.

그러나 불법행위는 인정했고, 디지털얼라이언스 측은 23만7,741엔을 요미우리에 지불해야 했다.

판결에서는 365건의 기사 제목에 대해 "어느 것이든 저작물로서 보호받기 위한 창조성이 있다고는 할 수 없다"고 했다. 그리고 요미우리측이 구체적으로 주장한 제목에 대해서도 "이들 YOL의 제목 표현에 창작성이 있다고는 도저히 말할 수 없다"고 했다. 또 요미우리 온라인의 제목 일반에 대해서도

"저작물성이 인정되어야 한다는 항소인의 주장은 받아들이기 어렵다"고 덧붙였다.

여기까지는 1심과 마찬가지로 요미우리의 완패였다.

하지만 불법행위에 대해서는 다음과 같은 판단을 내렸다.

"뉴스 보도에서 정보는 항소인 등 보도기관에 의한 막대한 노력, 비용을 들인 취재, 원고작성, 편집, 제목 작성 등의 일련의 나날의 활동이 있기에 인터넷상에서 유용한 정보가 될 수 있다"

그런 만큼 요미우리 온라인의 기사 제목은 "법적으로 보호할 만한 가치가 있다"고 했다. 그것이 23만 엔 정도의 손해배상의 근거였다.

요미우리신문은 다음날 조간에서 판결 요지를 넣어서 상세히 보도했다. 그 제목은 '인터넷 기사의 제목 무단 게재는 위법…첫 사법 판단…요미우리신문 역전 승소/지적재산권고등법원'이었다.

그러나 이 항소심 판결은 다음과 같은 형태로 디지털얼라이언스와 시바타에게도 메시지를 보냈다.

"항소인(요미우리)이 본 재판부가 판단한 것과 같은 금액을 지불하라고 요구하는 등 적절하게 사전 교섭을 했다고는 할 수 없다. 따라서 피항소인(디지털얼라이언스)에게 항소인이 부담한 변호사 비용을 부담하게 하는 것은 옳지 않다."

"소송비용의 부담에 대해서는 본 소송의 소송금액이 금지 청구부분과 손해배상 청구부분을 합산하면 4억 엔을 넘는 것인 반면, 인정 금액은 손해배상의 극히 일부에 불과하고, 게다가 본 소송에서 주장 입증의 대부분은 저작권에 근거한 청구에 대한 것인데, 이 점에 대해 항소인(요미우리)은 패소했고, 피항소인(디지털얼라이언스)는 먼 곳에서 와서 응소했다는 점, 항소인이 적절한 사전교섭의 조치를 강구하지 않았다는 점, 화해 권고 시에도 피항소인은 상당 금액을 지불할 의사가 있다고 시사했다는 점 등을 고려하면 소송비용의 부담 중에서 제소 및 항소 제기 수수료의 1만분의5를 피항소인 부담으로 하고, 나머지 소송비용을 모두 항소인의 부담으로 한다."

재판부는 판결문에서 요미우리신문이 어떤 사전 절충도 없이, 고베의 작은 회사를 갑자기 제소한 점을 두 번이나 지적했다. 그런 뒤에 요미우리측의 변호 비용 청구를 기각했고, 소송비용도 거의 전액을 요미우리가 지불해야 한다고 한 것이다.

시바타는 이 판결문을 읽고 법원이 자신들에게 재판 비용의 확정 신청을 하라는 메시지를 보냈다고 생각했다. 곧바로 법원에 소송비용 확정 신청을 했다. 교통비나 다른 소송비용을 계산해서 인정받았고, 46만794엔을 요미우리측이 부담하게 돼서 그 비용을 받게 된다.

즉 금액 면에서 보면 디지털얼라이언스측은 23만 엔을 지불하고, 46만 엔을 돌려받은 것이다. 이걸 보고 아리모토 데쓰야도 수긍했다고 한다.

'승리의 기억'이 된 소송 기록

양측 모두 항소심 판결에 대해 상고하지 않아서 판결은 확정됐다.

야마구치는 애초의 목적인 '규범을 만드는 사법 판단'을 받아냈다는 점에 만족했다.

디지털얼라이언스는 이걸 계기로 '라인토픽스' 서비스를 중단했다. 아리모토는 항소심이 확정된 덕분에 드디어 크게 숨을 쉴 수 있게 됐다. 지금까지는 4억 엔이 넘는 부채를 안게 될지도 모르는 가운데 비즈니스를 확대하려고 해도 확대할 수가 없었다.

그 후 디지털얼라이언스는 디지얼라홀딩스로 이름을 바꿨고, 건축 자재 인터넷과 점포 판매를 병행하는 사업을 벌여 2019년 현재는 종업원 185명에 이르는 회사가 됐다.

시바타는 혼자서 요미우리신문의 변호인단과 이 재판을 싸운 실적을 인정받아서 현재도 고베에서 개업하고 있다. 이 '라인토픽스' 소송은 시바타에게는 독립 직후의 잊을 수 없는 재판이 됐다. 이 판결은 잡지에서 '판례 100선'을 꼽을 때 반드시 포함되는 유명 판결이 됐고, 사법연수생이 시바타의 변호사사무소에서 연수를 할 때에는 이 재판의 자료를 반드시 읽게 됐다.

1심, 2심의 증거와 답변서, 판결 등을 묶은 그 파일은 지금도 고베의 시바타 사무소가 소중하게 보관하고 있다. 모퉁이는 닳고, 페이지 곳곳은 손때가 묻어서 더러워졌다. 하지만 그것은 시바타에게 있어서 '승리의 기억'을 떠올려주는 기록이다.

최초의 한 걸음이 틀린 걸까?

요미우리와 야마구치에게 이 재판은 커다란 숙제를 남겼다. 가까스로 이기긴 했지만 디지털얼라이언스와 시바타가 서면으로 한 질문, 즉 애초에 야후에 무료로 기사를 제공하는 것 자체가 틀린 게 아닌가라는 질문은 야마구치의 마음 속에 깊숙이 박혔다.

"애초에 요미우리 온라인이 있는데도 불구하고, 야후가 만든 웹페이지(야후 뉴스)에 기사를 제공한 것은 항소인(요미우리) 자신이다. 즉 항소인은 자신의 손으로 만든 웹페이지(요미우리 온라인)와 야후 뉴스에 동시에 기사를 싣고 있다. 그 결과 독자가 거대 검색 엔진 사이트에만 접근하고, 자신은 광고 수입을 얻을 수 없게 된 상황, 정보 기사가 자유로이 링크되는 상황을 스스로 만들어낸 셈이다."

"항소인은 스스로 광고 수입을 위해서 PV를 늘리고 싶다고 하면서 딥링크[50] 제한으로 오히려 PV를 줄이는 모순된 행위를 하고 있다. 피항소인이 원심에서 주장한 것처럼 새로운 세계에서 비즈니스를 하려는 자는 해당 세상의 특성을 음미한 뒤에 거기에 참가해야 한다는 것은 당연한 일이다.

이 점에 관해 항소인은 기묘하게도 '최초의 한 걸음이 틀렸다'고 하고 있다. 하지만 자신의 비즈니스 방법에 의해서 생겨난 결과가 자신의 뜻에 맞지 않는다고 해도 그건 자기책임으로서 감수해야지, 타자에게 손해배상을 요구하는 것은 잘못된 것이다."

신문협회가 펴내는 주간신문 '신문협회보'의 2004년 7월 20일 호에는 이 소송에 대한 장문의 기사가 게재됐다. 여기에 적힌 요미우리신문 미디어전략국의 가와우치 도모아키(川內友明)의 이런 비명과도 같은 코멘트가 눈길을 끌었다. 가와우치는 일반인들이 신문사 뉴스 사이트는 무료라고 생각한다는 현상을 거론한 뒤 이렇게 말했다.

"최초의 한걸음은 틀렸다. 어느 회사도 손을 쓸 수 없는 지경이 됐다. 유료화를 장래의 일로서 진지하게 생각해야 한다."

---

50) 모바일 애플리케이션에서 특정한 내부 콘텐츠로 바로 연결할 수 있게 하는 기술.

최초의 한 걸음을 틀린 것일까?

이것은 요미우리에게 있어서 중요한 질문이었다.

야마구치 도시카즈는 2005년에 법무부장 겸 사장실 차장을 겸임하게 됐다. 회사의 전반적인 정책을 사장실의 넘버2로서 살피게 된 것이다. 그 야마구치가 이 문제에 매달리기 시작한다.

> **주요 참고 문헌·증언자·취재협력자**
> 무라야마 오사무, 시바타 마리, 나가오카 나오토, 이마코 사유리, 야마구치 도시카즈, 다키하나 다쿠오
> 「프로야구에서 폭력단 배제」 제14회 폭력단 추방 도민대회 특별강연, 야마구치 도시카즈, 2005년 11월 9일
> 진술서 야마구치 도시카즈 2009년 6월 26일
> 「이끌어낸 지적재산권 고등법원의 승소 판결」 야마구치 도시카즈 「신문연구」 2005년 12월호
> 「신문협회보」 2004년 7월 20일호
>
> 이밖에 복수의 요미우리신문 사원이 익명을 조건으로 협력해줬다는 점을 적어둔다.

야마구치는 내가 취재할 때 법무부의 존재의의는 "기자의 활동을 지키는 것"이라고 강조했다. 자신이 자랑스러워하는 일로 예를 들어 중의원 의원 고바야시 고우키(小林興起) 중의원 의원이 제기한 명예훼손 소송을 거론했다.

요미우리신문이 고바야시 의원의 '소개'에 대해 보도한 적이 있었다. 고바야시 의원의 소개 덕분에 한 중국인 여성이 입국심사 시 단순 노동하는 객실 종업원이 아니라 통역 체류 자격을 인정받았다는 기사였다. 고바야시는 요미우리신문을 명예훼손으로 제소했다. 야마구치는 이 재판을 담당했는데, 단지 진실로 믿을만한 상당한 이유가 있었다고 주장하는데 그치지 않고, 보도의 내용이 진실이라고 주장해서 승소 판결을 받아냈다.

제7장

닛케이는 내지 않는다

각 사가 자사 사이트나 야후에 거의 모든 기사를 노출하는 와중에도 닛케이만은 30% 룰을 설정해 제한하고 있었다. 이 점이 디지털 유료판으로 향하는 중요한 디딤돌이 된다.

아사히나 요미우리, 산케이, 마이니치 같은 전국지가 자사의 웹사이트나 야후에 자기 신문 기사를 무료로 거의 전부 내보내고 있던 2000년대 전반. 유일하게 다른 길을 가는 신문사가 있었다.

니혼게이자이신문이다.

닛케이만은 '닛케이 넷(NIKKEI NET)'에서 '30% 룰'이라는 규칙을 정해서 무료로는 본지에 게재된 기사의 30%만 읽을 수 있게 했다. 나머지는 닛케이 넷 편집부의 독자 취재로 메웠다.

이 '30% 룰'을 만든 것이 1990년대 닛케이 디지털 부문을 줄곧 지켜봐 온 스기타 료키(杉田亮毅)였다.

2003년에 대표이사 사장 자리에 앉은 스기타 료키는 닛케이 기자가 흔히 그렇듯, 활기찬 사람이었다.

그는 일이 진전되어가는 측면을 보는 사람이었다. 어떤 사람과도 꺼리지 않고 만났다. 사내 토론을 통해 모두의 의견에 귀를 기울였다.

기자, 편집자로서도 우수했다. 예를 들어 1981년부터 1984년까지 닛케이 비즈니스 편집장을 하던 시절에는 "기업 수명 30년 설'을 주창했고, 그걸 지면에 대대적으로 보도했다. 1961년에 요코하마국립대를 졸업하고 닛케이에 입사한 스기타는 30년에 가까운 세월 동안 자신이 취직할 때 대기업으로 인기가 있었던 회사가 흔적도 없이 사라지고, 그 당시에는 존재가 희미했던 중소기업이 대기업이 되어가는 걸 보고 그걸 뒷받침할 자료를 찾았다.

편집부원 중 한 명이 드디어 그 자료를 찾아냈다. 미쓰비시 종합연구소에 메이지 시대 이래로 114년에 걸쳐 각 기업의 매출과 이익 추이를 기록한 자료가 있었다. 전후의 자료는 통산성(通産省)[51]에 있었다. 그 자료를 사용해서 10년마다 베스트 100 개사를 추출했다. 그렇게 하자 대체로 3차례, 즉 30년마다 그 순위에서 어느 기업이든 사라져가는 걸 알 수 있었다.

이 '기업 수명 30년'의 연재는 닛케이 비즈니스의 명성을 높였고, 학회에서도 높이 평가받았다.

그 스기타가 1996년 6월에는 상무로서 종합전자 미디어 담

---

51) 현재의 경제산업성의 전신인 일본 중앙행정부처. 한국의 산업통상자원부, 중소벤처기업부 등에 해당한다.

당이 되어 막 출범한 '닛케이 넷'을 살펴보게 된다.

1996년 4월에 시작된 닛케이 넷은 산업부에 있던 나카시마 오사무(中島修)와 세키구치 와이치(関口和一) 등 5명이 구상해서 사내 공모로 모은 팀에서 출범한 무료 사이트였다. 무료로 닛케이 기사를 싣고 광고를 넣어서 그 광고료로 운영해갔다.

스기타는 이 무료 사이트에 30% 룰을 엄격하게 적용했다.

스기타는 처음부터 정보를 무료로 노출하는 데 대해 큰 저항감을 갖고 있었다.

"아무것도 아닌 것처럼 보이는 기사라도 기자들이 밤낮으로 고생해서 모아온 정보로 이뤄진 것이거든. 그러니까 무료로 보여주는 건 아무래도 동의할 수 없어."

"그러니까 전부 노출하는 건 안돼. 특히 전문 매체 기사는 (닛케이 넷에) 실으면 안 돼. 그래서 본지 기사의 30%가 어떨까?"

스기타는 PV를 올리는데 몰두하는 닛케이 넷의 편집부에 그렇게 말하며 타일렀다. 닛케이 넷 편집부 뿐만 아니라 편집국 부국장에게도 닛케이 넷에 기사를 너무 많이 내보내고 있지 않은지 매달 체크하게 했다.

이런 30% 룰은 닛케이가 고액의 DB 서비스인 닛케이 텔레콤을 가지고 있기 때문이기도 했고, 당시 추진하던 AOL[52]과 제

---

52) 미국의 인터넷 서비스 기업.

휴를 유지하기 위해서도 필요했다.

다른 신문사 사이트가 전부 공짜로 지면 기사를 올려놓는 와중에 닛케이 넷만은 30% 밖에 내지 않았다는 점은 나중에 중요한 의미를 갖게 된다.

무료가 아니라 유료인 전자신문

스기타는 1990년대 후반에는 이미 유료 결제 사이트를 만들 생각을 하고 있었다. 스기타는 종합전자 미디어 담당인 전무 시절(1997~1999년), 몇 명의 젊은이와 장래의 닛케이를 논의하는 기회를 만들었다. 여기서 편집위원이었던 세키구치 와이치가 이런 말을 했다. "닛케이의 생존 여부는 유료인 전자정보를 만들어낼 수 있을지에 달려 있다"

세키구치는 닛케이에서도 가장 빨리 '인터넷이 활성화되면 미디어가 어떻게 변하는가'라는 문제를 취재한 기자로 '사이버스페이스 혁명'이라는 연재를 맡고 있었다.

당시 디지털 유료판을 만든 신문사는 세계적으로 1개사밖에 없었다. 월스트리트저널(WSJ)이다.

아직 루퍼트 머독(Rupert Murdoch)의 뉴스코프에 흡수당하기 전의 월스트리트저널은 유료 결제 사이트를 1996년에 만들었다.

초창기에 유료 전자판을 이끈 것은 고든 크로비츠라는 '조용한 천재'였다. WSJ가 지면의 기사 정보를 무료 사이트에 싣는 게 아니라 유료 결제 사이트를 만들게 된 데에는 WSJ를 발행하는 다우존스가 금융 프로 상대로 금융정보를 유료로 내보낸 역사가 있기 때문이었다. 텔리레이트라는 금융정보 단말기 사업도 했다. 크로비츠도 1990년대에 홍콩에서 아시아 금융기관을 상대로 이 단말기를 판매한 경험이 있었다.

텔리레이트는 은행이나 증권회사, 보험회사 등의 금융기관에 전세계 주가나 채권, 통화 등의 가격을 속보로 내보냈고, 다우존스라는 통신사 부문의 기자가 보내오는 금융정보 기사를 전용 단말기로 내보내고 있었다.

실은 닛케이도 퀵(QUICK)이라는 회사를 필수 주주로서 가지고 있었다. 도쿄증권거래소에서 붙은 가격을 독점적으로 속보로 전하는 단말기를 파는 회사였다.

이 전문 금융기관 상대 단말기 사업으로 대당 월 10만 엔이라는 고액의 정보제공료를 얻을 수 있었다.

그런 점에서 크로비츠는 WSJ도 디지털화했을 때 유료화하는 게 자연스럽다고 생각했는데 닛케이도 마찬가지였다.

그 점을 세키구치가 스기타에게 말했다.

언젠가 신문도 발행하던 회사가 되고 싶다

닛케이가 '신문을' 발간하는 회사에서 '신문도' 발간하는 회사가 되려고 사업 양태의 전환을 모색한 것은 일찍부터였다. 이미 1970년대에 엔조지 지로(圓城寺次郞)라는 명(名)경영자 아래에서 커다란 변모를 겪었다.

우선 그때까지 납 활자로 짜던 조판을 IBM과 함께 컴퓨터화했다(ANNECS 계획). 활자를 컴퓨터로 바꿨다는 것도 중요하지만, 거기서 전자의 형태로 바뀐 정보가 생겼다는 점이 중요하다. 왜냐면 그건 보존해서 회선을 통해서 보낼 수 있기 때문이다.

1968년 3월부터 1976년 3월까지 니혼게이자이신문의 사장을 지낸 엔조지는 업계지 중에서 조금 나은 정도의 존재였던 니혼게이자이신문을 '경제에 관한 종합정보기관'이라는 전혀 새로운 개념으로 근본부터 바꾸려고 했다.

엔조지가 스스로 기초해서 1969년에 경영계획에 포함한 '경제 종합정보기관'이라는 개념은 말하자면 경제에 관한 정보를 일어난 순서대로 내보낼 뿐만 아니라 다양한 매체를 통해서 팔겠다는 것이었다. 신문은 지면에 제한이 있고, 하루 2회 밖에 전달할 수 없다. 그러나 주가는 시시각각으로 움직인

---

53) 조간과 석간을 가리킨다. 일본 메이저 신문은 보통 조간과 석간을 함께 발행한다.

다. 이걸 알고 싶어하는 독자가 있다. 이건 증권거래소가 전산(컴퓨터)화하면 리얼타임으로 공급할 수 있다. 이 사업을 닛케이가 하면 된다(닛케이 퀵).

독자가 과거의 일을 알고 싶다고 생각할 때 신문에서는 축쇄판을 넘겨볼 수밖에 없다. 그러나 신문제작 공정을 컴퓨터화해서 기사를 자기테이프에 보존해둘 수 있다면 컴퓨터로 이걸 검색할 수 있다. 이 데이터베이스도 닛케이가 만들면 좋겠다(닛케이 텔레콤).

엔조지는 "언젠가 신문도 발행하던 회사가 되고 싶다"고 하는 것이 꿈이었다. 이 엔조지가 비장의 무기로 길러내서 초대 데이터뱅크 국장이 된 모리타 야스시(森田康)는 1982년에 사장이 되자 더욱 이 '경제 종합정보기관'이라는 개념을 추진해서 일본-미국-유럽 3국 편집 체제를 갖췄고, 로이터통신과 경쟁하며 세계적인 금융정보 사업을 펼치려고 했다.

모리타가 리크루트의 미공개 주식을 취득했다는 스캔들로 1988년 7월에 실각하며 이 종합정보화 노선은 일단 후퇴한다.

하지만 엔조지 시대에 입사해서 모리타 시대에 30대, 40대의 한창 일할 때를 보낸 닛케이의 사원들은 "언젠가 신문도 발행하던 회사가 되고 싶다"는 의지를 이식받은 것이다.

1994년 3월에 사장실장이 된 스기타 료키 밑에서 멀티미디어 사업을 담당하게 된 쓰보타 도모미(坪田知己, 1972년 입사)도 그런 이 중 한 명이었다.

쓰보타는 스기타 료키에게 종종 "제2의 엔조지가 되어야 합니다"라고 말했다고 한다.

닛케이 넷이 시작된 1996년 시점에서 PC로 이용할 수 있는 유료 데이터베이스(DB) 서비스 '닛케이 텔레콤'이 시작된 지 12년이 흐른 후였다. 또 닛케이 편집국은 이미 닛케이 퀵에 하루 1,600건의 리얼타임 전자정보를 내보내고 있었다.

'유료화'의 기반은 갖춰진 셈이었다.

닛케이 넷

산업부 기자 출신인 쓰보타는 인터넷이 일본에 들어오기 전부터 PC통신에 빠져서 디지털이야말로 닛케이의 미래를 열어줄 거라고 믿고 있었다. 쓰보타는 1996년 3월에 신설된 멀티미디어국의 기획개발부장이 됐고, 4월에 시작된 닛케이 넷의 영업 책임자가 됐다.

1996년에 시작된 닛케이 넷은 사내벤처이기도 해서, 닛케이에서 처음으로 공모로 사람을 모았다.

하지만 편집 부문에서 손을 든 사람은 한 명도 없었다.

쓰보타는 인사부장에게서 그런 말을 듣고 진심으로 실망했다. 할 수 없이 판매나 광고, 사업, 출판 등 다른 부문에서 인재를 모으게 됐다. 즉 기자로는 초짜들이다. 그러나 그런 인재가 독자적인 기사를 열심히 써서 30%의 닛케이 기사 외의 기사로 사이트를 메우고 있었다.

당시는 인터넷은 영문 모를 주변 사업으로 간주됐기 때문에 편집국의 경제부·산업부 같은 본류에서 일부러 나서서 하려는 사람은 없었다.

처음에는 닛케이 넷에 광고가 모이지 않아서 고생했지만, 순조롭게 성장해서 2000년에 월간 1억 PV를 넘었고, 2004년에는 월간 2억6,000만 PV, 연간 매출도 20억 엔 가까이 됐다.

그런 상황에서 쓰보타는 사장이 된 스기타의 호출을 받았다.

2005년 8월 중순의 일이었다.

여기서 스기타는 쓰보타에게 어떤 일을 상담했다.

스기타는 신문사의 장래가 디지털에 있다는 걸 전제한 뒤 유료 전자판 창간을 생각하고 있다고 털어놨다. 그 준비를 시작하겠다고 한 것이다.

"여기서 고민하는 건 그걸 누구에게 시킬까 하는 점이다. 현재의 닛케이 넷 부서에 맡겨야 할까, 아니면 전자신문의 새로운 부서를 만들어야 할까 의문이었다."

쓰보타는 주저하지 않고 "편집국을 중심으로 새로운 부서를 만들어야 합니다"라고 말했다고 한다.

스기타는 그 말을 받아들여서 새롭게 창설하는 부서의 책임자로 산업부의 에이스 기자인 도쿠타 기요시(德田潔)를 앉히게 되는데, 이것은 중요한 결단이었다.

일반적으로 생각하면 쓰보타 자신이 손을 들 타이밍이었다. 실제로 쓰보타도 이전부터 유료 전자판으로 이행을 거론하던 참이었다. 하지만 이 때 이미 55세. 게다가 유료 전자판을 만든다고 하면 편집국 한복판에 있는 사람이 하지 않으면 절대로 무리였다. 자신처럼 일단 편집국을 떠나서 사내의 주변이라는 의식이 있는 인터넷 부문을 해온 사람이 맡아도 할 수 있는 역할은 한정되어 있었다. 이것은 전사적인 사업으로 하지 않으면 성공할 수 없다.

이 때 도쿠타 기요시는 닛케이MJ(유통신문) 편집장에 막 취임했을 때였다. 쓰보타와 도쿠타는 이전에 닛케이산업소비연구소에서 함께 일한 적이 있었다. 쓰보타가 닛케이 넷에 몰두하던 1990년대 후반에도 여러 가지를 얘기했다고 한다. 이제부터는 디지털의 시대가 될 것이다. 도쿠타가 PC통신을 좋아하고 닛케이산업신문의 포럼을 PC통신에 만들기도 했다는 걸 쓰보타는 잘 기억하고 있었다.

쓰보타는 일주일 전에 사장인 스기타로부터 "할 얘기가 있다"는 전화를 받았을 때부터 유료 전자판을 만들려고 하는 낌새를 눈치 챘고, 그래서 인사 상담을 할 것이라고 예측했다.

그래서 사장을 만나기 전날에는 편집국장인 사이토 시로(齊藤史郞)를 만나서 "스기타씨를 만나서 인사 얘기를 하게 될 듯한데 도쿠타의 이름을 거론하려고 한다"고 말해뒀다. 그리고 도쿠타를 만나서 이런 식으로 설득했다.

"이대로 산업부에 있어도 갈 곳은 시골 방송국의 임원이겠지. 그런 것보다 여기서 역사적 사업에 매달려서 기개를 떨쳐 봐."

이 인사 얘기에는 다른 얘기도 관련되어 있다.

세키구치 와이치도 편집국장인 사이토 시로로부터 타진(打診)을 받았지만, 기자 일을 계속하고 싶어서 거절했다. 시간 순서대로 보면 세키구치가 거절했다는 이유도 있어서 도쿠타가 하게 된 것이라고 할 수도 있다.

장기경영계획

니혼게이자이신문에는 엔조지 지로가 시작한 '장기경영계획', 약칭 '장계'라는 훌륭한 시스템이 있다. 이것은 국에 상관없이 우수한 젊은이, 중견 사원을 발탁해 다양한 과제를 반년간 조사하고, 경영진에게 방안을 제출하는 것이다. 닛케이 사원은 이 '장계' 덕분에 국간 장벽을 넘어서 기술혁신에 따른 시장의 변화를 각각의 입장에서 논의할 수 있었다. 그리고 그 결과를 경영진에게 발표할 수 있었다.

이것은 젊을 때부터 눈 앞의 일만 쫓는 게 아니라 장기적인 관점에서 자신들의 일을 어떻게 바꿔나갈지를 생각하는 것과 같은 의미였다. 타사 기자가 그날그날의 뉴스 처리, 밤낮 취재에 지쳐서 자신들이 서 있는 곳, '종이 신문' 자체의 장래성에 대해서 생각하지 못할 때에, 닛케이 기자들은 저 멀리 앞을 내다보는 훈련을 하고 있었다.

실제로 도쿠타 기요시는 2005년에 경영진에게 제출하는 장계의 멤버로 뽑혀서 '2010년의 닛케이'라는 리포트를 상무이사 세키야마 도요나리(関山豊成), 경리국 차장인 무라카미 이치노리(村上一則), 편집국 차장인 오카다 나오토시(岡田直敏)와 함께 정리했다.

이 '2010년의 닛케이' 속에도 유료 전자판을 만들자는 제안이 포함돼 있었다.

이곳엔 그렇게 적혀 있다.

"신문의 전자화에서는 우선 전문지부터 출발해 그 후 독자나 판매점 등의 반응을 살피면서 닛케이 본지의 전자판 서비스에 연결한다. 원칙적으로 유료로 하고, 현재의 닛케이 넷과는 구별한다."[54]

편집국장인 사이토 시로가 도쿠타에게 정식 인사 예고를 했다. 도쿠타는 처음에 "에~, 전자신문입니까? MJ의 편집장

---

54) 강조는 저자

쪽이 좋은데요."라고 얼굴을 찌푸렸지만, 사이토는 "받아들이게"라고 할 뿐이었다. 그 후 "누가 필요하지?"라고 물었다.

"말하면 화내지 않으실 거죠?"

도쿠타가 거론한 이름은 '니이노미 스구루(新実傑)'였다. 경제부라는 핵심 부서의 에이스 기자였다. 당연히 거부당할 거라고 생각하고 말한 거였지만, 사이토는 이렇게 대답했다.

"뭐, 그럴 거라고 생각했어."

이렇게 해서 2006년 3월에 닛케이 안에 조용히 디지털 편집본부라는 부서가 만들어졌다. 본부장은 도쿠타 기요시, 부본부장은 니이노미 스구루. 겨우 6명인 부서였지만, 산업부, 경제부의 에이스 기자가 배치된 만큼 전사적으로 아무래도 회사는 진심으로 전자신문 유료화를 하려나 보다라는 메시지를 발신하게 됐다.

주요 참고 문헌·증언자·취재협력자
스기타 료키, 세키구치 와이치, 쓰보타 도모미, 도쿠타 기요시, 후지타 이치(藤田俊一)
『승부의 갈림길』 시모가와 스스무, 가도카와, 2002년 1월
『인생은 자연력이다!! 나의 니혼게이자이신문사 생활 37년』 쓰보타 도모미, 고단샤, 2010년 10월

제8장

진주 목걸이 같은

2005년은 전환점이 된 해였다. 야후의 매출이 1,000억 엔을 돌파했다. 경계심을 높인 신문 각 사는 자신들이 포털 사이트를 만들면 어떨까라고 생각하기 시작했다.

요미우리신문 사내에는 사장실 차장이었던 야마구치를 중심으로 한 극비 프로젝트팀이 만들어지고 있었다. 2005년 9월의 일이다. 편집국뿐만 아니라 광고국이나 미디어국에서 인재를 모아서 외부의 DOE라는 컨설팅 회사와 함께 비밀 회합을 했다.

테마는 '야후를 대신할 포털 사이트를 신문사 독자적으로 만들 수 있을까'였다.

오차노미즈의 야마노우에 호텔 방을 빌려서 여기서 숙박하며 각 부문에서 의견 청취를 했다. 마치 해커톤(Hackathon)[55] 같았다고 한다.

실은 항소심 판결 후 요미우리신문에 지적재산권부가 생겼

---

55) 소프트웨어 개발 분야 프로그래머나 그래픽 디자이너 등이 모여서 정해진 시간 안에 결과물을 만들어내는 소프트웨어 관련 이벤트.

다. 그 부장도 야마구치가 겸임하게 됐다. 야마구치는 야후 본사를 방문해서 야후와의 계약서에 제목에 대해서도 요미우리가 권리를 갖는다는 취지를 명기해달라고 요청했다.

응대한 것은 '법무부의 잔다르크' 이마코 사유리와 당시 요미우리신문을 담당한 나카시마 게이유(中島惠祐)이다.

이마코로선 받아들일 수 없는 상담이었다.

왜냐면 판결로는 항소심에서도 제목에 저작권이 없다고 확실히 단언했기 때문이었다.

그걸 지적하자 야마구치는 "우리는 판결에는 불만입니다"라고 응답했다.

이마코는 이렇게 카운터펀치를 날렸다.

"그러면 대법원에서 다투면 되지 않습니까"

야마구치는 쓴웃음을 지으며 칼날을 거둬들였다고 이마코는 말했다.

야후의 성장세는 눈부셨다. 2000년 6월에는 월간 PV가 30억, 이것이 2001년에는 50억이 됐고, 요미우리가 참가한 후인 2002년에는 93억이 됐다. 그리고 2004년에는 224억 PV를 달성, 완전한 걸리버가 됐다. 그 당시 요미우리 온라인의 월간 PV는 2억을 막 넘었을 뿐인 상태였으니까 인터넷상에서는 야후의 100분의1 이하 영향력 밖에 없다고 할 수 있었다.

야마구치는 2004년부터 2005년에 걸쳐서 구글 뉴스나

라인토픽스의 건 등으로 구글이나 야후 사람들과 협의할 기회가 많았다.

야마구치는 이들 플랫폼 사업자들이 신문사와는 많이 다르다는 인상을 받았다. 차근차근 수작업으로 신문을 계속 만들며 특종 기사를 쓰기 위해서 모든 힘을 쏟아 붓는 신문기자와는 전혀 다른 종류의 인간들이었다. 새로운 기능, 새로운 서비스, 새로운 커뮤니케이션을 만들어내는 일에 주력했고, 정작 콘텐츠의 내용이나 미디어의 책임 같은 문제에 대한 관심은 희박했다.

야후는 각 사에서 뉴스를 제공받은 덕분에 포털사이트로서 큰 영향력을 갖게 됐고, 막대한 광고비를 얻고 있다. 걸리버라는 입장을 이용해서 그 이익은 밤낮으로 취재활동에 애쓰는 신문사가 아니라 플랫폼인 야후로 대부분 귀속된다.

이 문제를 해결하려면 신문사가 연합해서 포털사이트를 만들 수밖에 없는 것 아닐까?

야마구치는 당초에 지역지도 포함해서 광범위하게 신문사가 연합하는 포털사이트 구축을 생각했다.

야마구치는 처음에 교도통신에 상담했다. 요미우리의 여러 이사들과 함께 교도통신을 방문해 제안했다.

하지만 거절당했다.

이미 지역지는 교도통신이 주도한 비슷한 프로젝트를 조

용히 진행하고 있었다.

이번 장에서는 47개 도도부현의 지역지가 교도통신과 연합해서 포털사이트를 만든다고 하는 '욘나나(47)뉴스'의 탄생에 대해서 쓰도록 하자.

덴쓰 신문국

2005년은 전환점이 된 해였다.

이 해는 덴쓰 신문국 사원들이 일제히 지역지를 돌며 "야후에 뉴스를 내보내는 것을 그만두라"고 이야기하기 시작한 해였다.

그런데 각 현의 현청 소재지에 있는 지역지의 본사를 돌고 있었던 건 덴쓰 신문국뿐이 아니었다. 야후 영업 파트 사람들도 돌고 있었다.

야후측은 거꾸로 "야후에 뉴스를 내보내지 않겠습니까?"라고 권하며 지방을 순회하고 있었다.

덴쓰 신문국은 초조해하고 있었다. 덴쓰에서 신문국은 핵심 중의 핵심이다. 역대 사장은 대부분 신문국 출신이었다. 원래 도메이(同盟)통신이 갈라져서 교도통신과 지지통신, 그리고 광고회사인 덴쓰가 된 만큼 출발 시부터 신문 광고를 취급하

---

56) 광역 지방자치단체. 한국의 시·도에 해당한다.

는 신문국은 회사의 권력 중추를 차지하고 있었다. 사내의 주요 포스트도 신문국 출신이 차지했다.

그런데 그 중요한 신문 광고가 2000년 1조2,000억여 엔을 정점으로 내려가더니 2005년에는 1조 엔을 겨우 넘는 숫자가 됐다. 대신 늘어난 것은 인터넷 광고비로 2000년에는 거의 없었던 인터넷 광고비가 2005년이 되자 3,000억 엔 가까이에 이르렀다.

야후와 덴쓰 신문국에서 정반대 이야기를 들은 지역지 간부들은 매우 당황했다. 어떻게 하면 좋겠느냐고 상담하기 위해 찾아간 곳이 교도통신이었다.

교도통신은 이른바 지역지가 돈을 모아서 만든, 지역지를 위한 취재 조직이었다. 지역지는 예를 들어 도쿄에 전국지가 갖고 있는 정치부나 사회부, 경제부 같은 부서가 없다. 지역지가 총리관저나 나가타초[57] 기자클럽에서 중앙의 정치 흐름을 쫓고, 사법 기자클럽에서 도쿄지검 특수부가 수사하는 사건을 취재하는 기자를 독자적으로 배치하는 것은 무리였다. 그래서 전국지에 대항하기 위해서 연합해서 돈을 모아 교도통신이라는 사단법인을 만들었다.

취재를 위한 조직으로 시작된 교도통신이긴 했지만, 인터넷이라는 것이 생기자 가맹지가 어떻게 대응하면 좋을지를 같

---

57) [옮긴이주] 나가타초는 국회가 있는 곳이고, 나가타초 기자클럽은 국회 기자클럽을 가리킨다.

이 생각할 필요가 생겨났다. 그 역할을 맡은 것이 교도통신의 오가타 가쿠야(小片格也)였다.

2000년의 사이타 이치로

인터넷에 의해서 통신사의 역할이 크게 변할 것이다. 이것은 엄청난 변화가 될 것이다. 처음에 이걸 눈치챈 것이 1998년 6월부터 2002년 12월까지 교도통신의 사장을 지낸 사이타 이치로(齊田一路)였다.

사이타가 교도통신사도 이 커다란 변화에 대해 대응해야 한다고 행동을 시작한 계기는 내가 1999년 말에 고단샤에서 펴낸 책 '승부의 갈림길'을 읽고 나서였다고 오가타 가쿠야는 말했다.

하긴 나는 그 책을 내고 나서 2차례 톈안먼(天安門) 사건을[58] 커버한 유일한 기자인 이토 다다시(伊藤正)의 중개로 사이타 사장과 식사를 한 적이 있었다.

사이타 이치로는 지쿠시 데쓰야(筑紫哲也)와 함께 데이비드 핼버스탬(David Halberstam)의 책 '미디어의 권력'을 번역한 적도 있어서, 아직 30대였던 나는 크게 기대하고 그 식사 자리에 나갔다.

---

58) 1976년과 1989년 중국 톈안먼에서 발생한 중국 정부의 시민 무력 진압 사건. 1989년 사건이 더 많이 알려져 있다.

그러나 식사 도중에 사이타는 거의 아무 말도 하지 않았다.

그래서 '인터넷이 등장하기 전부터 일어난 기술혁신에 의한 미디어의 변모를 로이터, 닛케이, 블룸버그, 지지통신을 무대로 그려낸 그 작품에 정말로 관심이 있는 건지 의심스럽네'라고 실망한 기억이 있다.

그런데 이번에 이 책의 취재차 오가타를 만났을 때 그는 "사이타씨는 당신의 책을 대량으로 구입해서 임원 전원에게 읽힌 걸요"라고 말했다. 그 말을 듣고서야 역사라는 건 시간이 흐른 뒤에야 알게 되는 것도 있다고 생각했다.

하여튼 그 사이타 이치로에게 당시 역시 30대였던 오가타가 불려간 것은 2000년 3월이었다.

외신부장으로부터 사장이 오쿠라호텔 바에서 기다리고 있다는 말을 듣고, 오가타는 당시 오쿠라호텔의 바로 옆에 있었던 교도통신[59] 사옥에서 달려갔다.

바에 들어가자 카운터에 사이타가 앉아있었다. 재즈가 흐르고 있었다.

사이타는 장식 손수건이 달린 고급 양복을 입은 채 얼음 탄 버본 위스키를 마시고 있었다. 더블 자켓의 주머니에서 종이를 꺼내더니 이런 얘기를 했다.

"인터넷 때문에 신문은 엄청난 변화에 직면할 거야. 그럴

---

59) 교도통신은 이후 시오도메의 신사옥(현재의 사옥)으로 이전했고, 오쿠라호텔 옆 건물은 사우회관으로 사용하고 있다.

때 통신사가 어떤 역할을 하면 좋을지, 우선 미국의 AP통신부터 조사했으면 해. AP가 가맹사를 위해서 어떤 걸 하고 있는지, 그리고 가맹사가 AP에 어떤 걸 바라고 있는지 조사해줘. 내가 AP 사장 앞으로 편지를 써뒀어."

그가 꺼내든 종이는 AP통신 사장에게 보내는 편지였다. 이렇게 해서 본 특파원으로서 보스니아전쟁을 취재하고 귀국한 지 얼마 지나지 않은 오가타에게 AP통신 조사 임무가 부여됐다.

AP는 교도통신처럼 미국 전국 각지에 흩어져 있는 지역지가 운영비를 내는 통신사였다. 그래서 교도와 매우 닮아있었다.

통신사가 취재한 기사 내용을 웹상에 그대로 노출하는 행위는 가맹지에게는 배신 행위였다. 통신사의 기사 내용은 그 지역지를 읽지 않으면 알 수 없다는 게 지역지 입장에선 중요했다.

웹상에서 무료로 볼 수 있게 되어버리면 지역지의 국제뉴스나 정치 관련 뉴스 등은 일부러 신문을 읽지 않아도 상관없어지기 때문이다.

그래서 AP가 한 것은 우선 AP가 취재한 사항의 기사는 짧게 요약한 패키지를 만들어서 그걸 야후 등 플랫폼에 보내는 것이었다.

그리고 또 한가지, AP는 가맹지의 기사 제목을 모은 사이트를 만들었다. 뉴스는 때때로 갱신된다. 야후와 다른 점은 그 제목을 클릭하면 그 지역지의 도메인 기사로 연결돼서 내용을 볼 수 있게 한다는 점이었다. 야후의 경우에는 기사 자체를 제공받기 때문에 자신의 도메인에 연결되고, 야후 도메인 안에 유저가 머물게 된다.

AP처럼 하이퍼링크로 연결하는 방식을 '링크 허브사이트'라고 불렀다.

이 AP의 '링크 허브사이트'가 나중에 교도통신과 덴쓰가 중심이 되어서 만든 지역지의 뉴스 포털사이트 '47뉴스'의 원형이 된다.

진주 목걸이 같은 사이트를 만들다

오가타는 "사내에서 사내정치를 속닥속닥 하는 건 너무 싫거든. 그런 걸 할 시간이 있으면 외부 사람과 사귀는 게 낫지."라고 공공연히 말하는 사람이어서, 그 인품에 반한 회사 밖 사람이 많았다. 그건 지역지도 마찬가지였고, 오가타는 야후 등의 디지털 기업 사람과도 폭넓게 사귀었다.

지역지 간부가 덴쓰와 야후 양쪽의 방문을 받았을 때 상담한 사람도 교도통신에서는 당시 사장실에 있었던 오가타였다. 2005년 12월에는 디지털전략팀이 사장실에서 분리되는 형태로 만들어졌다. 오가타는 이 디지털전략팀의 주요 멤버로서 가맹지 15개사가 모이는 디지털사업연구회를 설립하게 된다.

목적은 지역지가 연합해서 야후에 대항하기 위한 포털 사이트를 만드는 것이었다.

제1회 모임은 2006년 1월에 열렸다. 사업국은 교도통신이 맡았다. 첫 모임에는 교도통신에서는 이시카와 사토시(石川聡) 사장, 후쿠야마 마사키(福山正喜) 상무이사가 참석했다. 가맹지 쪽은 홋카이도신문사, 가호쿠신포사, 주니치신문사, 서일본신문사 등 유력 블록지와 주고쿠신문 등 현 신문의 디지털 담당 임원, 국장이 참가해 검토를 시작했다.

"진주를 꿰어서 목걸이를 만든 것 같은 사이트를 만들고 싶다."

이렇게 발언한 지역지 간부가 있었다.

덴쓰 신문국도 동시에 지역지의 브랜드를 살린 상품판매 사이트를 이 사이트의 형제 사이트 관계로 설립하는 방안을 서둘렀다. 뉴스와 쇼핑을 겸비한 야후에 대항하는 사이트의 형태가 서서히 자리를 잡아가게 된다.

우리는 신문 배달 소년입니다

　1998년부터 야후에서 뉴스를 담당하게 된 미야사카 마나부는 신문사를 돌 때면 언제나 자기보다 10살 이상 나이가 많은 신문사의 디지털 담당자에게 자신의 이미지를 이렇게 설명했다.
　"우리는 신문 배달 소년인 걸요."
　요컨대 야후는 신문사의 콘텐츠를 독자 앞에 전달하는 신문 배달 소년과 마찬가지 역할을 맡고 있습니다. 우리는 신문 배달 소년입니다 라는 것이었다.
　오사카의 UPU라는 회사에서 야후로 옮긴 미야사카가 주가 정보 담당자를 거쳐서 뉴스를 담당하게 된 경위는 앞서 적었다.
　미야사카는 아웃도어파 산 사나이였고, 술도 곧잘 마셨다. 술에 취해서 도로에서 그대로 잠드는 바람에 동료가 집에까지 데려다 주느라 고생하는 등의 일도 있었다. 하지만 신문사의 선배 디지털 담당자들은 그런 미야사카를 귀여워했다.
　그러나 그건 야후가 아직 하코자키, 그리고 오모테산도에 있던 시절의 이야기였다. 2003년에는 신축된 롯폰기힐즈 빌딩에 제1호 입주사로 들어갔고, 주식도 자스닥에서 도쿄증권거래소 1부로 승격되자 날이 갈수록 사원 수가 늘었고, 야후가 사용하는 층도 늘며 사무실이 커져 갔다. 더 이상 중소기업이라고 부를 수 없는 규모로 성장했다.

미야사카가 신문사의 경계심을 처음으로 피부로 느낀 것은 야후에 기사를 제공하는 매체의 담당자들을 모아서 대접하는 모임을 열었을 때의 일이었다. 2005년 5월 13일의 일이다.

'콘텐츠 파트너 콘퍼런스'라고 이름 붙인 이 모임은 야후의 방침을 매체 측에 설명하고 기사 제공에 감사한다는 취지로 마련된 모임의 첫 미팅이었다. 여기에는 아직 야후에 기사를 제공하지 않는 회사도 초대됐다.

이 때 미야사카는 부장이 돼 있었고, 매체사와의 절충은 부하에게 맡겨두고 있었다. 늘 그랬던 것처럼 "우리는 신문 배달 소년입니다"라고 활기차게 인사를 시작했다.

의기양양하게 야후가 얼마나 성장했는지, 얼마나 영향력이 있는지를 설명했다.

그런데 반응이 얼음처럼 차가웠다. 질의응답 시간이 됐다.

"당신들 자랑은 이제 됐으니까 우선 얼마나 지불할지를 얘기해라!"

그런 질문이 나올 정도로 이 파트너 콘퍼런스는 파트너라고 하기에 부끄러울 정도로 분위기가 거칠어졌다.

미야사카는 처음으로 상황이 지금까지 한 것처럼 "잘 부탁 드립니다"라는 영업 패턴으로는 대처할 수 없게 됐다는 걸 알아차렸다. 야후 재팬의 매출은 2000년 3월기에는 57억 엔밖에 안됐지만, 그 후 매년 배로 늘어서 2005년 3월기에는 1,178억 엔을 기록하기에 이르렀다. 더는 중소기업이 아니다. 신문사도 그런 생각으로는 대해주지 않을 것이다.

100kg의 명영업맨

미야사카는 이 사건을 계기로 좀 더 매체사를 세심하게 보살펴야겠다고 생각하기 시작했다. 그때까지는 뉴스 프로듀서가 매체사의 영업도, 계약도 모두 담당했다. 하지만 매체사 수가 늘어나면서 미야사카가 한 것처럼 신문사 사람과 식사를 하러 가거나 술을 마시러 가는 횟수가 줄었고, 회사에 따라서는 계약 갱신을 할 때조차 이메일로 주고받고, 상대 측 담당자와 전혀 만나지 않는 일이 늘어났다.

매체사 개척과 유지에 특화된 부서를 만들고 사람을 늘리자고 이노우에 사장에게 제의한 끝에 비즈니스개발부가 생긴 것이 2006년 4월의 일이었다.

생긴 지 얼마 안 된 비즈니스개발부에 배치된 것이 2005년 6월에 요미우리TV에서 야후로 옮긴 나카시마 게이스케(中島惠祐)였다.

원래 나카시마는 1992년에 대졸 신입사원으로 TBS에 들어가서 라디오 PD로 시작했다. 처음에 손 댄 프로그램이 당시 청취율 넘버원이었던 '모리모토 다케로(森本毅郎) 스탠바이!'라는 프로그램이었다. 프로그램의 캐치프레이즈는 '듣는 조간'이었다.

그러나 나카시마는 갑자기 라디오의 퇴조를 체감하게 된다. 거품 경제가 붕괴하고, 전국 스폰서가 잇따라 '약한 미디어'에서 광고를 거두기 시작했기 때문이다.

우선 도요타자동차가 빠졌다. 그리고 나서 도요타 딜러가 빠져나갔다. 이건 견딜 수 없을 것 같다고 생각했다. 그러나 TV 쪽으로 옮겨줄 기미도 없었다. 그러기는커녕 분사화 움직임까지 생겨서 자신은 이대로 라디오에서 벗어나지 못할 수도 있겠구나 라고 생각해 요미우리TV로 옮겼다.

여기서는 TV 업무를 할 수 있었지만, 그 과정에서 진짜 성장은 인터넷에 있는 게 아닐까라고 생각하게 됐다.

야후에 입사한 나카시마는 미야사카가 보기에 강인하고 사랑받을 만한 캐릭터였다. 예를 들어 예전 요미우리신문 담당자는 좀처럼 사람을 잘 사귀지 못하거나, 마음의 병을 얻는 사원이 있을 정도로 안정되지 않았다. 이걸 나카시마에게 담당하게 했다.

'라인토픽스' 소송 후의 어려운 시절이었지만, 나카시마는 물러서지 않을 곳은 물러서지 않으면서도 사람을 잘 사귈 수 있었다.

요미우리뿐만 아니라 교도통신, 지지, 산케이 등 주요 매체는 모두 나카시마가 담당하게 됐다.

100kg이 넘는 거한. 튀김류를 좋아하고, 돈가스를 매우 좋아했다. 늘 뭔가를 먹고 있었는데, 그 에너지를 일의 힘으로 바꿀 줄 아는 명(名) 영업맨이었다.

정보가 빨랐다.

그 나카시마가 아무래도 교도가 이탈을 검토하고 있는 듯하다는 정보를 가져왔다.

비즈니스개발부가 생기고 난 뒤 이 부서 안에서 정례회의가 열리게 됐다. 어떤 의미에서는 이 회의가 각각의 미디어 대응을 결정하는 중요한 계기가 됐다. 그 당시 야후는 웹상에서 압도적인 힘을 갖고 있었기 때문에 나중에 야후의 3대 사장이 된 가와베 겐타로(川邊健太郎)가 말한 것처럼 "미디어의 생사를 결정하는 회의"였다. 실로 중심 속의 중심인 회의였다.

당시 미야사카는 거래처인 미디어의 인터넷 담당자를 출세시키자는 말을 자주 했다. 즉 회사 안에서 인터넷에 대해 잘 아는 사람들이 중추적인 지위를 차지하지 않으면 일이 진행되지 않는다고 생각했다.

그런 태도로 대했기에 상대 기업의 담당자와 동지적 연대감이 생겨났고, 서서히 정보가 들어오게 됐다. 특히 나카시마의 능력은 발군이었다.

그 나카시마의 정보에 의하면 교도가 이탈을 검토하고 있다고 했다. 야후 내부는 긴장했다.

교도통신 이탈

그 즈음에 교도통신의 담당자가 야후를 방문해 미야사카와 나카시마에게 이런 말을 했다. 2005년 9월 5일의 일이었다.

"교도가 인터넷 포털사이트에 기사를 공급하기 시작한 지 4년 지났다. 야후에는 3년 됐다. 그러나 현상을 살펴보면 지역지의 부수가 줄어들고, 지역지 웹사이트의 PV도 좋지 않다. 도쿄의 IT기업 실적은 쑥쑥 올라가고 있다. 지역지는 지금 화를 내고 있다. 자사 사이트 액세스 향상과 정보제공료 인상을 강하게 요구하고 있다."

덴쓰 신문국도 "미야사카라는 자는 적이냐, 우리 편이냐"고 화를 내고 있다는 소문이 미야사카의 귀에도 들어왔다. 이미 교도통신 내부에서는 '47뉴스'의 설립 준비를 지역지와 함께 착착 진행하고 있었다.

2006년 4월 18일에는 덴쓰 간부도 야후에 찾아와서 미야사카에게 일부러 이런 말을 했다. 그때까지 만난 적도 없는 사람이었다.

"덴쓰가 돕고 지역지도 하니까요. 야후가 여러 가지로 애써도 어려울 거라고 생각합니다."

그리고 그 3개월 후인 7월 5일 드디어 교도통신에서 간부가 야후를 방문해 '47뉴스'를 설립하는 만큼 교도는 야후에서 빠지겠다고 통보했다.

미야사카는 이건 큰 일이라고 생각했다. 교도통신 측은 "지금까지 거래를 하고 있었는데 할 수 없게 됐습니다. 죄송합니다."라고 저자세였다. 미야사카는 롯폰기힐즈의 사무실에서 "우리가 부족한 점이 뭐였을까요?"라고 당황해서 물었다.

야마구치 도시카즈는 이렇게 해서 '47뉴스' 설립이 추진되는 움직임을 보고 요미우리신문 사내에서 야후를 대체할 포털 사이트를 신문사 독자적으로 만들더라도 지역지는 포함할 수 없겠다고 깨달았다.

그러면 어떻게 하면 될까?

다른 전국지와 손을 잡으면 되지 않을까?

야마구치는 닛케이를 다음 표적으로 삼았다.

요미우리신문이 2006년 봄에 정한 중기경영계획에는 다음 구절이 포함됐다.

"대두하는 인터넷에 대항하기 위해서 새로운 수익 모델을

서둘러 확립할 필요가 있다. 신문·TV의 사이트는 인터넷 메가 포털사이트의 힘에 눌려있는 만큼 고객 흡인력, 수익성, 브랜드 가치 등의 과제를 극복할 수 있는 인터넷 사업을 실현해야 한다."

> **주요 참고 문헌·증언자·취재협력자**
> 야마구치 도시카즈, 와타나베 도루(渡部徹), 오가타 가쿠야, 미야사카 마나부, 나카시마 게이스케, 가와베 겐타로, 사토 도모후미(佐藤知文)
> 「교도통신사 70년사」, 교도통신사 사사간행위원회, 2016년 11월
> 요미우리신문사 사보
> 『일본의 광고비』, 덴쓰미디어이노베이션랩, 미디어이노베이션연구부, 2019년 3월

제9장

아사히, 닛케이, 요미우리가 연합하다

나중에 '아라타니스'로 결실을 맺는 아사히, 닛케이, 요미우리의 공통 포털사이트 아이디어는 요미우리에서 시작됐다. 처음엔 판매 협력 논의로 출발했고, 3사 사장의 줄다리기가 이어졌다.

전후 도쿄의 블록지였던 요미우리신문이 전국지가 되고, 아사히를 제치고 부수 1위가 된 것은 무타이 미쓰오라는 판매의 천재가 있었기 때문이다.

무타이는 전문 판매소에 의한 신문 부수 확장이라는 독특한 방법으로 요미우리를 성장시켰다.

판매소는 지역 유지 등이 스스로 가게를 소유한 채 경영한다. 요미우리신문사는 일정 구역의 신문 판매 독점권을 인정하는 것이다. 판매소를 인정한 다음에 신문을 보내준다. 신문이 팔리면 본사가 67%를 차지하고, 판매소에는 33%의 수입이 생긴다. 또 신문에 끼워 넣는 지역 슈퍼마켓의 전단지 광고는 광고료의 80%가 판매소 수입이 됐다.

즉 판매소 입장에서 보면 부수를 늘리면 늘릴수록 판매

수입과 광고 수입으로 매출이 늘어나 생활이 풍족해진다는 의미였다.

도쿄의 블록지였던 요미우리신문이 전국지가 되어가는 과정에는 당연한 일이지만, 각 지역의 블록지와 지역지 사이에 치열한 판매 전쟁이 벌어졌다.

지역지의 아성(牙城)[60]에 요미우리의 전문 판매소가 생기려면 본사에서 나름의 지원이 없으면 안 될 일이었다.

1970년대 후반부터 1980년대에 걸쳐서 그 공격부대 역할을 맡은 것이 신문확장단이라는 조직이었다. 이들은 전문 판매소의 종업원도, 요미우리신문의 사원도 아니었다. 프리랜서인 확장단은 전국 각지의 전문 판매소를 위해서 세일즈를 해서 3개월이나 6개월짜리 구독 계약을 체결했다. 그렇게 계약을 맺으면 판매소에서 장려금을 받는 구조였다.

예를 들어 니가타의 경우가 그렇다.

니가타는 니가타일보라는 현 지역지가 압도적으로 강해서 당시 55%라는 점유율을 자랑하고 있었다. 여기에 요미우리신문이 1979년부터 1981년에 걸쳐서 대대적인 공세를 가했다.

이제 니시구라고 불리는 신흥 주택가가 표적이 되었다.

---

60) 아주 중요한 근거지.

요미우리신문 VS 니가타일보

2018년에 니가타일보의 전무에서 물러나 현재는 니가타일보 서포트사의 사장이 된 호시노 스미오(星野純朗). 그가 입사 6년차로 마침 판매 담당 직원이었던 1979년의 일이었다.

판매부장으로부터 이런 지시를 받았다.

"어이, 호시노, 니시구에 요미우리의 확장단이 들어왔나 보니까 살펴보러 가세"

판매부장은 운전을 못 했다. 호시노가 모는 차를 타고 판매부장과 함께 니시구로 향했다.

판매부장은 신문공정거래협의회라는 판매 정상화를 위한 업계 조직의 니가타현 회장도 겸하고 있었다.

실제로 니시구의 넓은 주차장에 신문확장단이 있었다. 각지를 휩쓸고 다니던 '구보만(クボマン)'이라고 불리는 요미우리 계열의 확장단이었다. 80명 규모로 니가타현으로 침입해서 니시구에 진을 친 것이었다.

주차장에는 2톤 트럭과 마이크로버스가 여러 대 늘어서 있었다. 트럭 짐칸에는 자전거 80대, 오토바이 등 판촉용 물품이 산더미처럼 쌓여 있었다. 맥주, 간장, 버터 등의 상품권부터 수건, 주판이 붙어있는 전자계산기, 체중계, 디지털시계까지 갖가지 가정용품이 쌓여 있었다.

이걸 신문확장단 단원들이 짐칸에서 내려서 자신의 오토바이나 자전거에 싣고 잇따라 주택가로 흩어져갔다. 계약을 체결하는 것을 이 업계 용어로 '카드를 제출한다'고 하는데, 단원들이 3개월이든 6개월이든 도장이 찍힌 계약 카드를 갖고 돌아온다. 그러면 두목 격인 남자가 다시 세제를 건네주고, 단원은 그걸 가지고 다시 주택가로 사라진다. 그런 판촉을 몇 번이고 되풀이하고 있었다.

판매부장은 신문공정거래협의회의 니가타 회장도 겸하고 있는 만큼 "판촉용품을 사용해서 판촉을 하는 건 규칙 위반입니다"라고 핸드마이크로 소리를 쳤지만, 신문확장단 보스는 이쪽을 말똥말똥 쳐다보더니 "웃기지 마"라고 고함을 쳤다.

'구보만'이 지나간 뒤에는 아무것도 남지 않는다고 들은 적이 있는 젊은 호시노는 그저 멍하니 보고 있을 수밖에 없었다.

요미우리신문의 사원인 담당자에게 연락해서 "규칙 위반 아니냐"고 다그쳤다. 담당자는 일단 "하지 말라고 하겠다"고 대답은 했지만, 그 후 "이야, 내가 하는 말은 듣지도 않는 걸"이라고 우물쭈물할 뿐이었다.

신문확장단은 요미우리신문의 판매소 사원도, 요미우리 사원도 아무것도 아니다. 다만 세일즈를 해서 계약을 체결하면, 그 카드를 판매소에 건네주고, 6개월 구독 계약이라면 건당 6,000엔의 금액을 받을 뿐이다.

이러면 판매소는 어떻게 해서 돈을 버는 걸까라고 이상하게 생각할지도 모르겠다. 1개월 조·석간 세트 구독료가 2,600엔이라면 반년에 1만5,600엔이다. 이래서는 확장단에게 주는 카드료와 판촉비용만으로도 남는 게 없지 않을까? 그러나 비밀은 전단지 광고에 있었다. 이건 80%가 가게의 수입이 된다. 그렇다면 전단지 광고 장당 요금이 3엔이라고 하면 2엔40전이 가게 수입이라는 의미다. 하루 전단지 광고가 20건 들어오면 신문 1부당 48엔의 수입이 생긴다. 3,000부 배달한다고 하면 하루 14만4,000엔. 한 달에 432만 엔, 1년이면 5,184만 엔의 수입이 생긴다.

그래서 판매소는 신문확장단을 이용하고, 본사는 다양한 판매 장려금으로 지원하는 것이다.

니가타일보는 지면으로 응전

니가타일보에는 요미우리같은 재력이 없기 때문에 판매소에 판촉용품을 공급할만한 장려금을 낼 수 없었다. 그래서 니가타일보의 판매소는 판촉용품도 없이, 게다가 아르바이트로 신문을 배달하는 주부가 맨주먹으로 싸울 수밖에 없었다.

참다 못한 니가타일보는 1981년 7월 4일에 이런 기사를 지면에 실었다.

'신문확장단이 횡행…니가타…강권 권유에 불만'

"최근 니가타시를 중심으로 대량의 세제나 디지털시계 등의 경품을 사용해서 강압적으로 사기 비슷하게 신문 구독을 권유하는 확장 그룹이 횡행하고 있어 일반시민이 눈쌀을 찌푸리고 있다"라는 문장으로 시작되는 기사에는 'Y신문'이라고 이니셜로 표기돼있긴 하지만 요미우리의 강압적인 판매 공세를 구체적인 사례를 여럿 들어가며 규탄했다.

"'니가타일보입니다'라며 들어와서 세제 등 경품을 놓고 가더니 30분 후에는 다른 확장원이 와서 '실은 ○○신문이다. 물건을 받았으니까 신문을 구독하라.'고 위협하며 인감을 찍게 했다."

"남편이 아직 돌아오지 않은 저녁에 폭력단 같은 남자가 3, 4명 와서 '신문을 구독하라'고 세제가 들어있는 종이박스를 내밀었다. 아무리 거절해도 듣지 않은 채 입씨름을 하는 동안에 세제를 놔두고 '내일 도장을 받으러 오겠다'고 돌아갔다. 밤에도 불안해서 잠이 오질 않는다."

이 기사에는 니가타일보가 발행 본사인 요미우리신문에 지도를 요청했다는 점도 기록돼 있다. 그러나 "관계자가 선처하겠다고 대답은 했지만, 아직도 확장단이 눌러 앉아있는 탓에 불만이 제기되는 실정이다"라고 덧붙였다.

요미우리신문의 공세는 1979년부터 1981년까지 이어졌다.

그 결과 니가타 니시구에서만 니가타일보는 요미우리에 7,000부 정도를 뺏기게 됐다.

사환에서 출발

그러나 이런 판촉용품과 확장단을 사용한 요미우리의 전국 제패 정책은 차츰 무리한 측면이 도드라지게 됐다. 2004년에 요미우리신문 그룹본사의 사장이 된 우치야마 히토시(內山齊)는 이 점에 대해 위기감을 느끼고 있었다.

우치야마는 니혼대 학생이었을 때 요미우리신문의 정치부에서 사환이라고 불리는 잡무 아르바이트를 시작했고, 그대로 요미우리신문에 채용됐다. 1957년의 일이다. 당시 정치부에 있었던 와타나베 쓰네오가 앞장서서 정치부원들이 우치야마를 뽑길 바란다는 연판장[61]을 작성해서 편집국장에게 제출한 끝에 채용됐다[62]. 우치야마가 배치된 것은 지방부였다.

지방부라는 건 요미우리신문의 각 지방 현판(縣版)의 지면을 메우는 부서였다. 사내에선 가장 주변부 부서로 간주되는 곳이었지만, 실은 무타이가 추진한 요미우리의 전국 제패 정책과 궤도를 같이해 온 부서이기도 했다. 이유는 지역지와 싸

---

61) 連判狀. 여러 사람이 도장을 찍거나 서명한 문서.
62) 『군명유소불수(君命有所不受)…와나나베 쓰네오…나의 이력서』와타나베 쓰네오, 니혼게이자이신문출판사, 2007년 11월

우려면 그 현의 현판을 충실하게 만들어야 하기 때문이다.

우치야마는 나중에 와타나베 쓰네오의 최후의 라이벌이 되는 마루야마 이와오(丸山巖)라는 판매국장의 귀여움을 받아서 전국 판매소 회의에 동행해서 인사를 했다. 지방 판매소의 목소리를 들으라는 의미였다. 거기서 부고기사를 늘려달라는 소리가 나왔다. 그 말을 듣고 기사를 늘렸다. 그러나 1년 후 부수가 늘지 않았다면 그 지구에 가서 우치야마는 말했다. "당신들이 부고기사를 늘리라고 해서 늘렸는데, 부수가 늘지 않지 않았는가"

현판에 빠져서는 안 되는 것이 부고와 장례정보이다. 요미우리신문은 그 부고에 장례 일자와 장소, 그리고 상주 등의 이름을 넣고 있었다. 그런데 도카치마이니치신문은 여기에 덧붙여서 장의위원장이[63) 누구인지도 조사해서 넣고 있는 걸 알게 됐다. 이걸 알게 된 우치야마는 장의위원장도 취재하라고 지방부 부원들에게 지시했고, 각 현의 지국에도 요청했다.

이처럼 판매와 호흡을 맞춰서 활동을 해왔다는 점이 무타이의 눈에 들었다.

우치야마가 지방부 주임을 할 때 무타이에게 지방 분산 인쇄를 제안했다. 무타이는 그 요청을 들으려고 하지 않았다.

우치야마는 이렇게 말하며 덤벼들었다.

---

63) 일본의 장의위원장은 한국의 호상(護喪)과 비슷하게 장례를 돕는 이를 말한다. 장의위원장은 그 지역의 유지가 맡을 때가 많다.

"무슨 말씀을 하시는 겁니까? 무타이씨의 고향인 나가노가 조금 일찍 나온 석간 같은 걸로 되는 겁니까? 사장은 그걸로 나가노현민을 만족시킬 수 있습니까? 사장은 나가노현민을 바보로 여기는 것 아닌가요?"

도쿄에서 인쇄를 하는 한 나가노에는 급행으로 판매소에 전달할 수밖에 없었고, 나가노에 도착하는 요미우리신문은 마감이 빠른 판을 가져다줄 수밖에 없었다. 무엇보다도 요미우리 자이언츠의 야간 경기 최종 결과를 넣지 못할 때가 있었다. 무타이는 1년 후 우치야마에게 이렇게 말했다.

"그때 당신 말을 들으면 좋았을 걸. 어이, 분산 인쇄 진행해줘."

이 지방 분산 인쇄의 성공 덕분에 우치야마는 지방부 출신이면서도 차츰 중추적인 지위를 차지하게 된다.

우치야마는 나중에 맹주가 될 와타나베 쓰네오를 충실한 하인처럼 모셨다. 와타나베는 자신의 저서에서 우치야마에게 사장실장, 노무 담당, 제작국장 등 요직을 "역임하게 했다"고 적었다. 1990년에는 이사 제작국장이 됐고, 1991년에는 상무로서 사장실장을 맡았고, 1998년부터는 부사장으로서 판매를 담당했다.

확대노선의 그늘

우치야마가 요미우리신문 그룹 본사의 사장이 된 것은 2004년 1월의 일이다. 하지만 사장이라고 해도 실제 권력은 회장 겸 주필인 와타나베 쓰네오에게 있었다. 우치야마에게는 인사권이 없었던 것이다. 부장 이상의 인사는 모두 와타나베가 정했다고, 우치야마 자신이 나와의 인터뷰에서 답했다. 부장은커녕 그 아래까지도 와타나베가 인사권을 쥐고 있었다고 한다.

"그러면 사장은 뭘 할 수 있었던 건가요?" 그렇게 묻자 정책의 입안과 집행에 대해서는 어느 정도 자신에게 맡겼다고 한다.

우치야마는 무타이·와타나베로 이어진 확장주의에 한계가 오고 있다는 걸 느꼈다.

그건 자신이 판매와 가까운 길을 걸어왔기에 알 수 있었다.

예를 들어 판매소가 확장단은 필요 없다고 말하게 됐다. 우치야마에 따르면 당시 다양한 계약의 형태가 있었는데, 계약 카드를 한 장 받아내면 판매소는 6,000엔을 확장단에게 돌려줘야 했다. 그러나 여기에 판촉품에 대한 경비로 2,000~3,000엔을 더하면 적자가 되는 상황이 됐다.

우치야마에 따르면 자신이 그룹 본사 사장이 된 2004년에는 전단지 광고 수입이 거품 경제 시기의 절반까지 떨어진 영향이 컸다고 한다. 이래서는 확장단을 동원해서 부수를 늘려도 적자가 된다고 판매소가 호소하기 시작했다.

본사는 판매소에 대한 지원을 강화할 수밖에 없었다. 우치야마가 사장일 때에는 판매소의 종업원 급료를 보전하는 비용을 본사가 판매보조금이라는 형태로 지급하게 됐다고 우치야마는 말했다. "3분의 1을 본사가 지원할게요. 작은 가게는 절반까지 지원할게요."

확대 노선을 취하는 건 더는 불가능하다고 생각했다. 안정 노선을 취할 수밖에 없다.

우치야마는 언제까지고 전문 판매소를 늘려가는 전략을 고쳐서, 산간벽지⁶⁴⁾에서는 지역지 전문 판매소에 신문을 맡기는 방안을 생각해냈다.

아사히의 아키야마 고타로

판매소에는 전문 판매소와 합동 판매소가 있다. 전문 판매소는 요미우리 계열이라면 요미우리신문밖에 팔지 않는다. 합동 판매소는 다른 신문도 판다. 본사는 판매 경비가 들지 않는 반면, 진짜로 자기네 신문을 팔고 있는지 불안해지게 된다.

---

64) 山間僻地. 산간 지대의 구석지고 후미진 산골.

그러나 우치야마는 대를 위해서는 소를 희생할 수 있다고 생각했다.

고생을 하며 성장한 우치야마는 타사의 경영자와도 사이가 좋았다.

당시 아사히신문은 아키야마 고타로(秋山耿太郎), 니혼게이자이신문은 스기타 료키가 사장이었는데, 3명의 호흡은 잘 맞았다. 그 중에서도 우치야마는 아키야마와 사이가 좋았다.

아키야마는 2005년 사장이 되기 전 2년 정도 판매 담당 임원을 맡았다.

아키야마는 정치부 출신 엘리트였다. 정치부장, 편집국장을 경험한 사장 후보 제1번이라서 판매를 담당해보라고 제안을 받았는데 그때까지는 전혀 판매 경험이 없었다.

자연히 지방부 시절부터 판매를 살펴본 우치야마에게 상담을 하는 일이 많았다. 예를 들어 아키야마는 실제로 판매소에 가서 확장단과 함께 자신도 신문 구독을 권유해보기로 했다. 그때의 체험을 우치야마에 털어놓기도 했다.

그곳은 오이즈미학원의[65] 판매소였다. 자신도 세일즈를 해보고 싶다고 하자 "실직한 직장인 차림을 하고 오라"고 했다.

점퍼를 입고 판매소에 가서 준비된 자전거를 타고 구역 안을 돌았다. 신문확장단의 연상 남성이 지도를 맡았다. 과거 독

---

65) 도쿄 네리마구의 지명.

자 일람표를 건네준 뒤 "이 사람들을 한 명 한 명 만나러 간다"고 했다.

그러나 실제로 돌아보자 어느 집이든 냉담하게 거절당한다는 걸 알 수 있었다. 우선 낮에는 집에 아무도 없는 경우가 많았다. 집에 누군가 있어도 문을 열어주는 곳은 극히 일부였고, 문을 열어주더라도 "우리는 요미우리전 티켓이[66] 없으면 안 되는 걸요"라고 거절했다.

확장단의 남성이 "'오키칸'을 해야겠네"라고 말했다.

"아키야마씨 당신은 저쪽에 가 있어요"라고 했다. 그건 현금을 잠재 독자에게 건넨 뒤 "이걸로 구독을 해달라"고 하는 세일즈였다. 2만 엔을 주고 "3개월 분 구독을 해주세요"라고 권유하는 것이었다. 그 금액을 웃도는 판매비가 나오니까 성립되는 세일즈였다.

마지막에 "당신 혼자서 해봐"라는 말을 들었다. 낡아빠진 아파트에서 벨을 누르자 필리핀인 여성과 아이가 나왔다. 그 여성은 "그런 걸 받으면 남편에게 혼나요"라고 했다. 곤란해하고 있자니 옆에서 확장단 남성이 도와줬다.

"어디서 물건을 사시나요?"

"저기 슈퍼마켓이요."

"그러면 이 상품권 사용할 수 있겠네요."

---

[66] 요미우리신문 구독자에게 주는 야구경기 티켓을 가리킴.

"그래도 남편의 허락을 받아야 해요."

"괜찮아요."

그러자 그 여성이 사인을 해줬다. 드디어 한 집 계약을 했구나 라고 아키야마는 기뻐했다.

그런데 며칠 지나서 그 확장단의 보스를 만났더니 이런 말을 했다.

"아키야마씨, 그 계약 카드는 쓸모가 없었어요. 도장을 찍어야 해요. 사인은 안돼요. 법원에 가면 통하지 않는 걸요."

이런 지저분한 현장에서 자신들의 취재비가 나오는 거구나라고 깨닫자 아키야마는 머리를 들 수 없었다.

나중에 우치야마와 만났을 때 아키야마는 문득 이런 말을 했다.

"우치야마씨, 아사히신문은 지면 덕분에 팔린다고만 생각했어요. 하지만 그렇지 않다는 걸 판매 담당이 되어보고 나서야 처음으로 알았네요. 요미우리가 일본 1등 신문이 된 이유도 처음으로 알았고요."

"확장단과 함께 돌아다녔는데, 가는 집마다 '요미우리 보고 있어요'라는 말을 들었어요. 확장단 사람은 '아키야마씨, 무료 구독을 권유하는 걸로는 팔리지 않아요. 뭔가 주지 않으면 안 돼요.'라고 하던걸요. 그렇게 하면 요미우리랑 마찬가지가 아니냐고 하자 '그러니까 요미우리는 늘어나는 거죠'라고 하던걸요."

이렇듯 두 사람이 속을 털어놓는 관계였기에 지역지에 대한 판매 협력 요청을 시작할 수 있었다.

전국 판매국장 회의

그러나 이건 좀처럼 잘 진행되지 않았다. 지역지는 니가타 일보 뿐만 아니라 어느 곳이든 지금까지 요미우리에게 줄곧 당해온 것이다. 신문 각 사의 판매국장이나 담당 임원이 모이는 '전국 판매국장 회의'라는 회의가 2004년 초여름에 규슈에서 열렸다.

여기서 우치야마는 현청 소재지 외의 장소는 판매소를 통합하고, 합동 판매소에 맡기자고 지역지에 호소했다.

"요미우리는 산간벽지의 경우에는 지역지 전문 판매소에 신문을 맡기겠다."

"안심해달라. 판촉 물품도 사용하지 않겠다. 겨우 서비스품 정도일 것이다. 이걸 해온 본인이 말하고 있는 거다. 걱정하지 말아 달라."

그러나 지역지 측의 경계는 강했다. 야마우치는 상부끼리 합의해도 현장에서 뒤집히는 게 판매라는 말을 듣기도 했다.

아사히의 아키야마를 설득하다

지역지를 끌어안는 전략은 교도통신이 지역지를 확실하게 붙잡고 단결시키고 있는 만큼 잘 이뤄질 것 같지 않았다. 요미우리신문은 교도통신의 가맹지가 아니다.

그런 상태 속에서 우치야마는 아사히의 아키야마와 협력해야겠다고 생각했다. 우치야마가 그룹 본사 사장일 때 사장실 차장에는 야마구치가 있었다.

여기서 야마구치는 닛케이와 협력해서 포털사이트를 신문사 독자적으로 만들어간다는 안을 우치야마에게 설득했다.

이렇게 말한 것은 2006년 크리스마스 이전에 야마구치 도시카즈가 니혼게이자이신문의 전자미디어 부문 책임자인 오사다 고헤이(長田公平)를 만나서 나중에 '아라타니스'라는 형태로 결실을 맺는 신문사 독자적인 포털사이트 이야기를 했기 때문이었다.

이렇게 해서 요미우리, 닛케이, 아사히의 3사 연합의 윤곽이 서서히 확실해지게 된다.

우치야마의 관심은 판매에 있었다. 판매 협력의 이야기를 아사히의 아키야마에게 했다.

아키야마는 그 이야기를 처음 들었을 때 이렇게 생각했다고 한다.

우치야마 히토시는 신뢰할 수 있다. 그러나 조직으로서 요미우리를 신뢰할 수 있을까?

아키야마에게는 막연한 형태밖에 안 보이는 판매 협력 이야기보다도 아사히와 요미우리가 협력해서 포털사이트를 만든다는 이야기 쪽이 깊게 인상에 남았다.

그래서 당연한 의문을 입밖에 냈다.

"그러나 우치야마씨, 요미우리는 야후를 그만둘 수 있나요?"

이 시점에서 아사히는 야후에 기사를 내보내지 않았다. 포털사이트를 만들 거라면 우선 요미우리가 야후를 포기해야 한다. 요미우리가 그런 사내 합의를 할 수 있느냐는 의문이었다.

"언젠가는 그만둬야지."

우치야마는 그렇게 대답한 뒤 실은 닛케이도 동료에 끼워 넣을 생각이라고 야키야마에게 말했다.

"아사히와 요미우리 2개사만으로는 신뢰를 받을 수 없다. 닛케이도 들어와서 쐐기를 박아준다면 블록지, 현 신문 사람들도 들어올 것이다."

이렇게 해서 우치야마는 우선 아사히의 아키야마의 동의를 얻은 뒤에 니혼게이자이신문 사장을 맡고 있던 스기타 료키를 방문하게 됐다.

요미우리는 야후 뉴스 공급을 중단할 수 있을까?

스기타 료키는 우치야마의 이야기를 처음에 들었을 때 역시 '요미우리는 야후를 그만둘 수 있을까?'라고 생각했다.

그러나 우치야마는 아키야마의 동의를 얻은 만큼 꼭 닛케이도 참가해달라고 강하게 설득했다.

스기타는 아키야마와 똑같은 질문을 했다.

"그러나 요미우리는 야후 기사 공급을 그만둘 수 있나요?"

"현재 야후에서는 20억 엔 매출을 올리는데, 이걸 장래에는 제로로 만들겠다"고 우치야마는 말했다.

스기타는 사내로 이 이야기를 가져갔다. 그러자 사내 의견은 반대가 거셌다.

"우리에겐 장점이 하나도 없는 걸요. 아사히는 고사하고, 요미우리에서 디지털로 배울 건 한가지도 없어요."

게다가 연합체가 생기면 닛케이 사내에 사무소를 두어야 했다.

또 이때 이미 도쿠타 기요시와 니이노미 스구루가 중심이 되어 유료 전자판을 위한 새 부서를 만든 뒤였다. 이것은 회사 밖에는 비밀이지만, 언젠가 유료판을 만들 거라면 포털사이트에 무료 기사를 내보내는 것 자체가 불가능하게 된다.

그러나 스기타는 최종적으로 이 우치야마의 이야기를 수용하기로 결심했다. 이유는 오키나와였다.

오키나와 현지 인쇄를 하고 싶다

스기타는 니혼게이자이신문의 오키나와 현지 인쇄를 하고 싶었다. 그 배경에는 스기타가 나카이마 히로카즈(仲井眞弘多) 오키나와현 지사에게 추궁당한 괴로운 경험이 있었다. 나카이마 지사가 취임 직후에 도쿄 출장 길에 닛케이를 방문해서 스기타에게 이렇게 말했다.

"닛케이는 오키나와를 너무 바보 취급하는 것 아닙니까? 닛케이는 방콕에서도, 대만에서도, 상하이에서도 아침 8시면 읽을 수 있지 않나요? 오키나와에서는 오후 3시 전에는 읽을 수 없어요."

당시 오키나와에 배달하는 닛케이는 후쿠오카에서 인쇄한 것을 아침 비행기로 나하에 가져가서, 거기서 운송회사에 의뢰해서 배달하고 있었다. 그렇게 하다 보니 각 가정이나 회사 구독처에 신문이 도착하는 것은 아무래도 오후 3시쯤 돼버리는 것이었다.

나카이마는 이렇게 말을 이어갔다. "최근에 오키나와 부흥을 위한 경제심포지엄이 열렸는데요. 여기서 이런 말을 들

없어요. '닛케이를 그 날 저녁에나 읽을 수 있는 형편인데, 경제 부흥이라니 당치도 않다. 지사는 우선 닛케이 사장한테 가서 오키나와에서 인쇄를 부탁해보라'라고 하더군요."

스기타는 아무 소리도 하지 못했다.

그런 일이 있었기에 우치야마의 이야기를 들었을 때 이건 기회라고 생각했다. 즉 이 3사 연합에 참가하는 교환조건으로 오키나와 현지 인쇄를 인정받는다는 것이다.

류큐신포에 인쇄를 의뢰하든, 오키나와타임즈에 의뢰하든, 아사히와 요미우리의 양해를 얻을 필요가 있었다. 그 이유는 닛케이의 전문 판매소가 도쿄와 오키나와의 극히 일부에만 있고, 나머지 대부분은 아사히나 요미우리의 판매소를 통해서 신문을 배달하고 있기 때문이다. 양해를 얻지 않은 채 현지 인쇄를 시작하면 어디서 마찰이 생길지 몰랐다.

그래서 우치야마와 다시 만났을 때 이런 이야기를 했다.

"우치야마씨가 제게 그렇게 부탁한다면, 저도 부탁이 있습니다. 오키나와 현지 인쇄를 하고 싶은데요. 참가 조건에 오키나와 현지 인쇄를 넣어주시겠습니까."

"우리는 좋아요, 우리는 오키나와에서 부수가 겨우 700~800부 밖에 안되니까요. 요미우리는 오키나와에서 제로가 되어도 상관없어요. 아사히가 문제겠네요. 스기타씨, 그 문제는 아키야마씨와 조정하셔야겠는데요."

당시 오키나와에서 닛케이 부수는 4,000부. 아사히는 1,500부였다.

이번에는 스기타가 아사히의 아키야마를 찾아갈 차례였다.

"저는 사내의 반대를 누르고라도 참가해야겠다고 생각하는데요. 우리가 하고 싶어하는 것에 협력해주시지 않으면 곤란하겠는데요."

"그게 뭔가요?"

"오키나와 현지 인쇄입니다."

처음에 아키야마는 "당치도 않다"며 좋은 표정을 보이지 못했다.

"제가 좋다고 해도 판매국 사람들이 '에도의 적을 나가사키에서 베려는 거냐'[67] 고 반발할 수도 있어요."

"신중히 생각해보는 게 좋지요."

최초의 만남은 소득 없이 끝났다.

그러나 2회, 3회 만나는 와중에 아키야마의 태도가 부드러워지더니 마지막에는 "닛케이가 하는 말이 일리가 있습니다"라고까지 했다. "우리도 멀지 않아 쫓아가겠습니다. 아사히, 요미우리의 협정에 닛케이도 참가하게 해주세요."

"알았습니다. 협력하실 수 있도록 사내의 반대를 눌러보겠습니다."

---

67) 한국 속담 중 '종로에서 뺨 맞고 한강에서 눈 흘긴다'는 것과 비슷한 말. 엉뚱한 곳에 화풀이를 한다 혹은 앙갚음을 한다는 뜻.

이렇게 해서 3사 연합이 성립됐다. 이 3사간의 연합을 3사의 영문 머릿글자를 따서 '애니(ANY)'라고 했다.

아사히, 닛케이, 요미우리, 이 3대 강자가 연합해서 판매에 협력하고, 그리고 공통의 포털사이트를 만든다고 한다. 그때까지 아사히와 요미우리의 관계를 생각하면 전대미문의 일이었다.

그러나 숙제가 한가지 남았다. 그것은 요미우리의 야후 이탈이었다.

> **주요 참고 문헌·증언자·취재협력자**
> 호시노 스미오, 다카하시 미치에이(高橋道映), 우치야마 히토시, 아키야마 고타로, 스기타 료키, 나가타 고헤이
> 「새로운 협조 모델로」 다카하시 미치에이 『신문연구』, 2009년 10월호
> 니가타일보, 1981년 7월 4일
> 『군명유소불수(君命有所不受)…와타나베 쓰네오…나의 이력서』 와타나베 쓰네오, 니혼게이자이신문출판사, 2007년 11월
> 『니가타일보 140년…강을 거슬러 올라가라 바다를 건너라』 니가타일보사편, 니가타일보사업사, 2017년 11월

제10장

'아라타니스' 패배

> 포위망에 둘러싸인 야후, 필사적인 반격을 시작한다. 요미우리는 강력한 미디어전략국장이 탄생하고… 아사히의 다나카, 닛케이의 오사다의 압박에 요미우리 야마구치는 곤란한 처지에 놓이게 되는데…

왜 미국의 야후는 망하고, 일본 야후는 번영했던 것일까? 제3장에서도 언급했던 이 문제와 관련해서 한 에피소드를 얘기하는 걸로 이 장을 시작해보자.

'야후토피'를 궤도에 올린 요미우리신문 출신의 오쿠무라 미치히로의 제안에 관한 이야기다.

인터넷의 다양한 페이지를 '서핑'해서 재미있는 페이지를 찾아내 등록하고 분류해간다. 이 서퍼 업무로 야후에서 경력을 시작한 오쿠무라는 '야후토피'에는 안성맞춤인 사람이었다. 요미우리신문에서 몸에 익힌 저널리즘 감각이 있어서 무엇이 재미있는지 잘 알았다. 수많은 뉴스 중에서 그 시점에 최적인 기사 8건을 골라내서 게재해간다.

이 '편집'의 힘이 없었다면 야후는 이만큼 성장할 수 없었을 것이다.

다음 단계는 뭐가 좋을까? 외부에서 오는 뉴스를 분류해서 픽업하는 것뿐 아니라 스스로 취재한 기사를 작성해서 내보내는 건 어떨까?

야후에 제공되는 뉴스는 스트레이트 뉴스였다. 해설이나 분석 등 호흡이 긴 기사는 오지 않는다. 그것만이라도 스스로 편집부를 만들어서 취재 분석해서 내보내면 안 될까?

이런 제안이 이노우에에게 몇 번이나 올라왔다.

그러나 이노우에는 고개를 끄덕이지 않았다. 야후 스스로 취재해서 기사를 쓴다는 건 야후가 플랫폼에서 미디어로 변신한다는 뜻이다. 실제로 미국 야후는 이 미디어로 변신하는 길을 걸었다. ESPN 출신 기자를 고용해서 스포츠 기사를 내보냈고, 동영상 콘텐츠를 만드는 PD, 음악 콘텐츠를 만드는 디렉터를 잇따라 채용해 독자적인 콘텐츠를 내보내기 시작했다.

이노우에는 오쿠무라에게 왜 안 되는지 솔직하게 설명했다.

"당신 말이야, 그런 걸 해서, 스스로 기사를 써서, 그래서 요미우리가 빠져나가면, 당신, 책임질 수 있겠어?"

야후가 취재를 시작하고 독자적인 기사를 내보내기 시작하는 순간 기사를 제공하는 언론사와 경쟁 관계가 된다. 그렇게 되면 어디든 동등하게 대하는 걸로 성립된 플랫폼 지위가 흔들리고 언론사는 이탈할 것이다. 이노우에는 이 점을 가장 두려워하고 있었다.

"돈을 내고 제대로 된 콘텐츠를 가져온다. 그게 우리 일인 거야. 스스로 만드는 건 해서는 안 돼."

어느 신문사 인수 안건이 사내에서 논의됐을 때도 마찬가지였다. 이노우에는 "해서는 안 된다. 인수하는 순간 지금 기사를 제공하는 회사를 똑같이 대할 수 없게 된다."고 단언했다.

그 점이 2000년대 초에 후지TV를 인수하려고 한 라이브도어나 TBS를 통합하려고 한 라쿠텐과 결정적으로 다른 점이었다.

어디까지나 포털의 역할을 철저히 하는 것이야말로 성공의 비결이며 처음부터 끝까지 다 한다는 주장은 언뜻 옳은 것 같지만 그렇지 않다는 게 이노우에의 직감이었다.

결론부터 말하면, 이노우에의 이 전략이 옳았다는 것은 역사가 증명하고 있다. 라이브도어도, 라쿠텐도 민영방송을 흡수할 수는 없었다.

미국 야후는 검색에서 구글에 뒤처졌고, 뉴스도 주요 언론사와 계약을 못한 탓에 독자적인 편집부를 만들어서 커버하려고 했다. 하지만 점점 PV가 줄었고, 광고 수입도 감소해서 최종적으로는 2016년에 버라이즌에 인수됨으로써 기업으로서 명맥이 끝났다.

2000년대 중반에 일본에서 일어난 신문 각 사나 뉴스통신사의 움직임은 야후 재팬 최대의 위기라고 할 수 있었다. 신문 각 사나 뉴스통신사가 독자적으로 포털사이트를 만들어서 야후에 기사 공급을 중단하면, 이노우에가 두려워한 '플랫폼으로서의 종말'을 맞이하게 된다.

교도통신이 지역지와 함께 47뉴스를 만들고, 야후에서 이탈했다. 그리고 지금 요미우리, 닛케이, 아사히 최강 3개지가 단결해서 독자적으로 포털사이트를 만들려고 하고 있었다.

"나는 야후가 싫어"

야후에선 미야사카 마나부가 '야후 볼런티어'를 담당한 가와베 겐타로를 주목하고 있었다.

야후 볼런티어는 볼런티어를 위한 정보 포털을 지향하며 만들어진 서비스였다. 페이지 성격상 배너 광고를 붙이지 않았다. 그래서 야후 사내에서는 '야후 내부의 좌익'이라고 불리며 한가한 부서의 대표주자로 꼽혔다. 미야사카가 보기에 모바일 사업에서 밀려난 가와베가 재능을 썩히고 있는 듯했다.

"당신, 야후 뉴스에 오지 않을래? 지금 야후 뉴스가 곤란한 지경이거든."

가와베는 이렇게 미야베에게 설득당해 2007년 1월 야후 뉴스로 이동했다. 옮기자마자 처음부터 그 곤란함의 실체에 맞닥뜨렸다.

전임자에게서 인수받은 언론사인 닛칸스포츠에 갔을 때의 일이다. 닛칸스포츠 담당자는 입을 열자마자 이런 말을 했다.

"나는 야후가 싫어."

명함을 건넸지만, 받으려고 하지 않았다.

명함을 받기는커녕 담배 연기를 가와베에게 내뿜었다.

"기존 미디어가 격분해서 곤란한 지경에 빠졌다"는 건 당시 비즈니스개발부의 공통된 인식이었다.

비즈니스개발부의 정례회의에는 가와베도 참가했다.

거기서 100kg을 넘는 거구 영업맨 나카시마 게이스케가 보고했다.

"가와베씨, 급보예요. 급보. 47뉴스에 이어서 엄청난 음모가 꾸며지고 있어요."

아사히, 닛케이, 요미우리가 웹 포털과 같은 것을 만든다는 이야기가 그 회의에서 거론됐다.

가와베 생각에는 나카시마에게 정보를 준 회사는 마이니치, 산케이처럼 이 3개사에 포함되지 않은 회사인 듯했다.

아사히, 닛케이는 지금도 야후에 기사를 공급하지 않으니까 상관없다. 하지만 요미우리도 교도통신에 이어서 야후 기사 공급을 중단해버리는 걸까? 공포 비슷한 느낌이 미야사카를 시작으로 야후 뉴스를 휩싸기 시작했다.

야마구치 도시카즈가 움직이다

요미우리, 닛케이, 아사히의 웹 공동사업은 실제로는 어떻게 해서 모양새가 갖춰진 걸까?

니혼게이자이신문에서 전자미디어국장을 지냈고, 상무이사로서 전자미디어 총책임을 맡고 있었던 오사다 고헤이에게 '요미우리신문 사장실차장 야마구치'라고 하는 사람으로부터 전화가 걸려온 건 2006년 말쯤이었다고 오사다는 기억하고 있다. 닛케이는 다음해부터 닛케이 넷과 닛케이텔레콤 등 전자부문을 분사하기로 정해놓고 있었다. 오사다는 그 니혼게이자이신문 디지털미디어의 사장이 될 예정이었다.

처음 하는 통화였는데도, 상대방은 스스럼없이 오사다의 마음을 파고 들었다.

"이야기를 하고 싶은데요. 차라도 한잔하시겠어요?"

이렇게 해서 오사다는 데이코쿠호텔의 라운지에서 요미우리의 야마구치 도시카즈와 만났다.

야마구치는 "요미우리와 함께 인터넷 사업을 하지 않으시겠습니까?"라고 말을 꺼냈다. 요미우리와 닛케이가 공동으로 뉴스 포털사이트를 만들자는 아이디어를 꺼낸 것이다. 오사다는 곧바로 아사히를 떠올렸다. 아사히와는 DB 사업으로 함께 사업을 한 경험이 있기 때문이었다.

"아사히도 포함합시다."

"저희는 전혀 상관없습니다."

이렇게 해서 우선 요미우리와 닛케이가 연결됐고, 그 후 아사히의 디지털 담당자에게 연락했다.

아사히의 디지털 담당은 다나카 다쿠지였다. 이 책에선 제4장에 등장한 적이 있다. 요코하마의 판매소 주인이 아사히닷컴과 관련해서 "조간 기사를 전부 내보내면 어떻게 하자는 거냐"라고 항의했을 때 편집국장 보좌를 맡고 있었다. 닛케이의 오사다가 말을 건 2007년 1월에는 오사카 편집국장을 끝내고 도쿄 디지털미디어 본부장으로서 아사히신문의 디지털 부문 총책임자를 맡고 있었다.

오사다는 다나카에게 연락을 한 뒤 요미우리신문의 미디어전략국장 히로나카 요시미치(弘中喜通)와 함께 아사히를 방문했다. 히로나카는 6월 인사 이동으로 다른 곳으로 갔고, 다음 미디어전략국장은 모치즈키 노리오(望月規夫)가 됐지만, 그도 1년 만에 이동했다. 다나카가 실제로는 사장실장이 된 야마구치 도시카즈가 요미우리를 움직인다는 걸 알게 된 것은 조금 더 지난 뒤의 일이다.

닛케이의 오사다와는 이전부터 알고 지낸 사이여서 처음

에는 오사다와 자주 이야기를 했다.

아사히의 다나카도, 닛케이의 오사다도 처음부터 요미우리가 야후와 관계를 어떻게 할 것인지가 커다란 관심사였다.

다나카는 오사다로부터 "요미우리는 야후와 관계를 수정할 생각이다"라고 들었다.

"다나카씨, 요미우리도 야후에 관해서는 아사히, 닛케이와 같은 방침이 될 것 같아요. 함께 일을 추진해간다는 의미가 더 커지지 않겠어요?"

요미우리가 야후에 대한 기사 공급을 중단하고, 아사히, 닛케이, 요미우리가 공동으로 뉴스 포털사이트를 만들면 나름 큰 회사로 성장해가지 않겠느냐는 것이었다.

야마구치는 요미우리 경영진에게 오사다, 다나카와의 교섭 상황을 보고했고, 이에 따라 새 사이트 안건은 3사의 사장 간 협의사항이 됐다.

만약 모든 기사 공급이 중단되면 어찌 될까?

야후 안에서는 심각한 논의가 이뤄지고 있었다. 만약에 외부의 기사 공급이 전면 중단되면 어떻게 할 것인가? 교도통신이 이탈하겠다고 통보한 직후인 2006년 7월 19일 이노우에 사장 이하 간부가 모인 회의에서 이런 사고실험이라고도 할 수 있는 의제를 의논했다. 뉴스 최고 책임자인 미야사카 마나부도 출석했다.

교도통신이 나가고, 47뉴스를 시작하면 어렵게 획득한 지역지도 이탈할 우려가 있었다. 미야사카는 비장하게 이렇게 발언했다.

"만약에 한 곳도 기사 공급을 하지 않게 되면 우리 스스로 취재해서 뉴스를 내보낼 수밖에 없습니다."

"최악의 경우에는 스스로 기사를 써서라도 내보냅시다."

이에 대해 이노우에는 "꼬리 쪽이라면 할 수 있을지도 모르죠"라고 말했다.

이노우에가 말한 건 롱테일의 중간에서 아래쪽 정보라면 야후가 독자적으로 시작해도 괜찮을 것이라는 뜻이었다. 이것은 엔터테인먼트 정보나 IT 정보 등이다. 그 후 가와베 겐타로가 뉴스 책임자가 된 2007년 1월 이후에 전문 매체와 계약하는 형태로 실현된다.

"그러나 사건, 사고, 국정, 사법 등 롱테일의 머리 쪽 정보를 우리가 하는 건 무리다."

어떻게 하면 좋을까? 무거운 침묵이 회의실을 뒤덮었다.

ANY의 기자회견이 시작되다

2007년 10월 1일 도쿄도내 호텔에서 아사히신문 사장 아키야마 고타로, 니혼게이자이신문 사장 스기타 료키, 요미우리신문그룹 본사 사장 우치야마 히토시의 공동 기자회견이 시작됐다.

엄청난 반응이었다. 아사히, 닛케이, 요미우리의 '강자연합'은 국내외 미디어 67개사, 240명의 기자를 모이게 했다.

서두에 스기타가 이렇게 발언했다.

"인터넷 공동사업에서는 3사의 뉴스를 내보낼 수단을 제공하는 것을 검토하겠다. 새 서비스는 2008년 초 개시를 목표로 삼고, 순차적으로 메뉴를 확충하겠다."

아키야마가 이렇게 보충했다.

"야후나 구글 등이 내보내는 뉴스 부문에서도, 신문사가 기사를 취재해서 쓰는 경우가 압도적으로 많다고 판단하고 있습니다. 그런 가운데 인터넷 뉴스에서 신문사가 하는 역할을 다시 한번 많은 분들이 인식할 수 있도록 하려면 무엇이 필요할까라는 생각에서 시작한 것입니다."

회견에서는 이 3개사에서 제외된 마이니치신문, 산케이신문이 "다양성을 결여한 건 아닌가", "야후에 대한 기사 공급은 중단하는가"라는 등의 질문을 필사적으로 되풀이했다. 실제로 마이니치신문이 받은 충격은 컸다. 당시 사장 기타무라 마사토(北村正任)의 비서역이었던 오가와 하지메(小川一)도 이 기자회견에 참석했다. "결국 3사에서 배제되고, 버려지는 건가"라고 암담한 기분이었다고 한다.

마이니치에 대해서는 알리바이 만들기 비슷하게 말을 걸었을 뿐이었다. 우치무라가 기타무라에게 지나가는 얘기로 홋카이도에서 전국지가 손을 잡고 홋카이도신문을 밀어내자고 했다. 그러나 기타무라는 당시 신문협회 회장이라는 입장이었기에 홋카이도신문을 밀어내자는 생각에는 가담할 수 없다고 거절했다.

그 해 10월에 나가노에서 열린 신문대회에서 마이니치신문 상무인 아사히나 유타카(朝比奈豊)가 요미우리의 야마구치 도시카즈를 붙잡고 이렇게 몰아붙였다.

"야마구치, 이게 뭐야? ANY라는 게 뭐야? ANY 같은 게 될 리가 없잖아."

"불가능한 일이니까 하는 거야."

큰 소리를 내는 아사히나 옆에 처음엔 요미우리의 우치야마 히토시가 다가가고, 다음엔 와타나베 쓰네오까지 다가가서 달래는 장면이 벌어졌다.

마이니치의 아사히나 유타카는 그 때 이 3사 협정이 교도통신을 대체할 뉴스통신사 구상이 되지 않을까 걱정하고 있었다. 확실히 와타나베 쓰네오가 교도통신을 부수려고 뉴스통신사 구상을 세우고 있다고 업계에서는 소문이 돌았다. 하지만 이번만큼은 아사히나의 걱정은 기우였다는 것이 나중에 밝혀진다.

서버도 야후가 준비한다

미야사카는 필사적으로 교도통신, 요미우리신문, 아사히신문, 니혼게이자이신문 등의 포위망을 돌파하려고 손을 썼다.

교도통신이 안되면 지지통신이 있다. 패전 후 국책 통신사였던 도메이통신사가 해산해서 매스미디어용인 교도통신과 금융정보용인 지지통신으로 나뉘었다. 하지만 지지통신은 각 지역에서 2위인 신문을 중심으로 매스미디어를 상대로 한 서비스도 하고 있었다. 미야사카는 이때 지지통신에서 디지털 브레인 3명이라고 불린 사장실장 가야모리 데쓰오(栢森哲也), 디지털미디어사업본부의 도지쓰 모리오(東實森夫), 구시야 후미타카(櫛谷文隆)와 만나서 관계를 강화했다.

마이니치신문이나 산케이신문이 ANY측에 가지 않도록 마이니치와 산케이의 자사 서버도 야후 재팬이 마련하겠다는 방안을 제안해서 동의를 받았다. 마이니치와 산케이 입장에선 유지관리나 경비 측면에서 이점이 있고, 야후 입장에선 안

전보장의 의미가 있다. 서버까지 준비해서 지원을 해주면 야후에서 이탈하기 어려워지기 마련이다.

마이니치, 산케이, 그리고 지지통신이 있으면 어떻게든 교도통신 47뉴스나 ANY와 싸울 수 있다고 미야사카는 생각했다.

하지만 포위망 돌파의 열쇠는 그런 움직임 와중에 야후 뉴스가 크게 정책을 바꾸는 계기가 된 아이디어를 떠올린 것이었다.

야후토피포 명중

그건 이런 사건이 계기가 됐다.

류큐신포는 요미우리신문이 야후에 뉴스를 공급하기 시작한 2001년 8월에 야후와 계약했다. 류큐신포 웹 담당자가 도쿄로 출장 왔을 때, 담당인 나카시마 게이스케와 미야사카를 찾아와서 이런 항의를 했다.

"야후에 기사를 공급하는 의미를 전혀 찾을 수 없다."

류큐신포의 말은 이런 의미였다. 오키나와에선 지역지 2곳이 치열한 경쟁을 벌이고 있다. 류큐신포와 오키나와타임스다. 야후와 계약해서 기사를 내보내는 곳은 류큐신포. 류큐신포의 기사는 야후 뉴스의 페이지에 노출된다. 하지만 야후와 계약을 하지 않은 언론사 기사라고 해서 '야후 뉴스 토픽스'에 실리지 않는 게 아니다. 야후토피는 널리 뉴스를 찾아서 8편의 기사를 고르기 때문이다.

그렇게 하면 그 제목을 누른 사용자는 오키나와타임스 도메인의 페이지로 가서 거기서 기사를 읽게 된다. 당시 야후의 월간 PV는 150억 회를 넘었다. 야후토피에 기사가 포함되고, 그걸 누른 사용자가 오키나와타임스의 페이지로 가게 될 경우 그것만으로도 오키나와타임스의 PV는 류큐신포를 훨씬 웃돌게 된다.

오쿠무라가 편집권을 갖고 있는 '야후토피' 편집부에서는 야후 뉴스로 들어오는 류큐신포의 기사 대신 오키나와타임스 기사 링크를 8편 기사에 포함할 때도 있었다.

때때로 서버가 다운될 정도로 사용자가 몰릴 때도 있었기에 신문사 사람들은 이걸 '야후토피포'라고 불렀다.

"야후토피포가 오키나와타임스에 명중하면 그쪽 PV는 오르고, 우리 홈페이지 PV는 오르지 않는다. 이럴 거면 야후 뉴스에 기사를 내보내지 않는 게 낫다. 도대체 어디를 보고 일을 하는 거냐."

류큐신포의 담당자는 화를 냈지만, 그 얘기를 들으면서 미야사카는 점과 점이 이어지는 듯한 기분이 들었다.

포털(입구)에서 데스티네이션(목적지)까지

하이퍼링크를 사용해서 야후에 온 사용자를 돌려보내면 어떻게 될까?

미야사카는 이런 생각을 했다.

이노우에 사장이 이때 사내에서 내건 슬로건은 '포털(입구)에서 데스티네이션(목적지)까지'였다.

우선 야후를 PC 시작페이지로 만든 뒤 야후 안에서 이메일도, 쇼핑도, 옥션도, 뉴스도, 엔터테인먼트도 모두 즐기게 한다. 즉 사용자가 야후 도메인 안에서 돌아다니도록 사이트나 서비스를 설계한다는 것이었다. 그렇게 하면 PV도 늘고, 광고도 획득하기 쉬워진다. 실제로 2004년 7월부터 2005년 6월말까지의 조사에 따르면 사용자의 연평균 야후 체류시간은 접촉률 2위인 마이크로소프트의 31분 52초를 훨씬 넘은 20시간 45분 44초에 이르렀다. 실로 사용자는 '포털에서 데스티네이션까지' 야후를 사용하고 있었다.

오쿠무라가 담당한 '야후토피'는 '서퍼' 시절의 영향으로 태어난 서비스였기 때문에 야후 외의 사이트에 직접 링크를 걸고 있었지만, 야후 뉴스의 페이지는 모두 돈을 지불하고 제공받는 기사를 야후 도메인 안에서 전개하는 것이었다.

'포털에서 데스티네이션까지'라는 건 확실히 뛰어난 아이디어였다. 야후를 이만큼 성장시켰다. 그러나 그것은 계약자와의 에코시스템을 파괴하는 결과로 이어진 것 아닐까? 야후만 돈을 벌고 있다고 언론사가 느낀 결과 47뉴스나 ANY 같은 아이디어가 생겨나게 됐다.

언론사와 야후가 함께 성장하는 시스템을 고려할 필요가 있는 게 아닐까?

사용자가 처음에 읽는 기사는 야후 도메인 안에 있어도 상관없다. 하지만 사용자가 읽은 기사의 관련기사는 그 기사를 쓴 회사의 관련기사로 연결하면 어떨까? 그 회사 기사의 링크를 연결해서 제목을 누르면 그 회사의 도메인으로 가서 기사를 읽을 수 있게 하는 거다.

이렇게 하면 야후에 기사를 제공함으로써, 그 기사를 읽은 고객이 그 회사 페이지로도 유입된다. 그렇게 하면 기사를 제공하는 회사도 기뻐하지 않을까?

광고도 그 회사로 보내는 것으로 하자. 당시 야후 광고는 모두 싣기 어려울 만큼 신청이 들어왔다. 이 광고도 함께 보내서 광고요금은 절반으로 내리는 게 어떨까?

이 방식은 '트래픽 백'이라고 불리게 된다. 개별적으로는 하이퍼링크를 사용해서 사용자를 돌려보내는 시책을 '야후 미디어 네트워크'라고 하고, 광고도 그 미디어 네트워크를 사용해서 뉴스 제공자에게 보내는 시책은 '야후 애드 네트워크'

라고 한다. '트래픽 백'을 사용한 '미디어 네트워크', '애드 네트워크'는 교도통신이 47뉴스를 시작하는 2006년 말에 시작된다.

블랙박스를 이해하려고 하다

"원래 야후에 기사를 제공하는 건 신문사다. 그 신문사가 야후에 당하기만 하는 건 좋지 않다. 신문사가 연합해서 야후에 맞설 사이트를 만들자."

아사히신문의 디지털미디어본부장이 된 다나카 다쿠지가 엔지니어인 아마모리 다쿠지(雨森拓兒)에게 그런 얘기를 한 것은 2007년 7월의 일이었다.

아마모리는 1989년에 아사히신문에 입사했다. 그가 입사했을 때는 이미 아사히신문 조판이 컴퓨터를 사용하는 방식으로 바뀐 뒤였다. 활자를 조합하던 공원(工員)이 컴퓨터화에 따라서 필요 없어졌다. 처음에 엔지니어의 업무는 합리화를 위한 것이었다.

그러던 것이 인터넷이 도입된 1990년대 이후가 되자 아사히닷컴이 설립됐고, 수입을 얻기 위한 일로 변했다.

이번에는 요미우리, 닛케이와 함께 인터넷 사업을 한다고 했다. 거기에 엔지니어로서 참가해 달라고 아마모리에게 요청했다. 사업조합 형식으로 추진하고 아사히, 닛케이, 요미우리가 1년에 1억 엔씩 내서 사업을 진행하되, 사무소는 닛케이에 두기로 했다.

다나카 다쿠지는 새로 생기는 인터넷 사업조합의 이사가 된다. 이사장은 닛케이의 오사다 고헤이. 요미우리측 이사는 사장실장으로 승진한 야마구치 도시카즈. 아마모리는 집행임원으로 참가하게 됐다. 아마모리는 2007년 11월에 생긴 닛케이, 아사히, 요미우리 인터넷 사업조합이 있는 닛케이 11층 사무실에 드나들게 됐다.

그때까지 치열한 경쟁 상대였던 다른 회사 사람과 함께 일하는 건 즐거웠다. 특히 요미우리측 이사인 야마구치가 아마모리의 기억에 남았다.

야마구치는 기술 개발에 관해서도 의문이 있으면 철저히 물어봐서 이해하려고 했다. 그때까지 신문사에서는 편집국 출신 사람들은 기술에 관한 건 블랙박스 안에 놔둬도 상관없다며 관심을 갖지 않았다. 그런데 야마구치는 의문이 있으면 곧바로 아마모리의 휴대폰에 전화를 걸어서 물어왔다.

다른 요미우리 사원과는 분명히 다른 질문을 해서 눈이 번쩍 뜨일 정도였다.

다른 요미우리 사원은 진지한 표정으로 "장래의 사장 후보니까"라고 말했다.

요미우리의 사원이 아마모리에게 "타사 사람에게는 좋은지 몰라도, 우리 사원에게는 면도날처럼 무서운 존재"라고 한 걸 보면 일에 관해서는 엄격한 사람일 것이다.

요미우리신문에서 디지털을 담당하는 미디어전략국의 디지털 부문에 속한 사람은 대체로 편집국에서 갈 곳이 없거나, 쓸모가 없어서 쫓겨난 사람이 많았다. 디지털 일을 하고 싶어서 요미우리에 입사한 게 아니었다. 기자가 되고 싶어서 요미우리신문사에 들어갔지만, 40대, 50대가 되어서 갈 곳이 없어진 끝에 미디어국에 배치된 사람도 많았다.

국장 자체가 1년이나 2년 만에 잇따라 바뀌었다. 게다가 회사 내부적으로 미디어국 안에서는 니혼TV 계열의 지방 민방과 관련된 '네트워크 정책' 담당 부서를 중시했다. 국장은 임기가 끝나면 지방의 민방 사장으로 가는 경우가 많았다.

그렇다 보니 닛케이처럼 5년, 10년 계속해서 디지털 정책을 담당하는 사람은 없었다.

야마구치는 2002년부터 라인토픽스 소송에 관계한 경험도 있어서 플랫폼이 신문사에 미치는 영향에 대해서 잘 알았다. 사장실이라는 회사 전반의 정책을 다루는 스페이드의 에이스 같은 부서에 들어간 뒤로는 요미우리 안에서 유일하다고 해도 좋을 만큼 디지털 분야를 오래 지켜본 사람으로 꼽혔다.

2005년에 사장실에 있었던 야마구치의 제안으로 시작된 요미우리 사내의 브레인스토밍 회의가 지금 3사 연합이라는 형태로 꽃을 피우려고 하고 있었다.

요미우리 사내에서도 미디어전략국 사람들을 중심으로 이 인터넷 사업조합에 관한 아이디어가 제출됐다. 하지만 야마구치에 비하면 날카로움이 훨씬 떨어졌다.

예를 들어 경제부에서 미디어전략국으로 흘러온 야마구치보다 입사 선배인 사원이 '3사 인터넷 공동사업 아이디어'라는 문서를 제출했는데 읽어보면 대단한 내용은 적혀 있지 않았다.

"요미우리는 '자급자족주의'가 너무 강해서 뭘 하든 자사 안에서 하려고 한다. 요미우리라기보다 이건 신문기자의 습성일지도 모르겠다. 지금까지도 본사의 각종 기획의 네이밍은 대부분 사내 공모로 하거나 임원이 낸 아이디어로 결정했다."

결국 이 50대 사원은 자신이 이전에 미디어국이 벌인 사업에서 외부 회사에 네이밍을 의뢰해서 성공한 적이 있으니 이번에도 외부 회사에 네이밍을 의뢰하자고 주장한 것이다. 자신이 관계했던 서비스에 대해서 이야기한 뒤 다음과 같은 문장이 이어졌다.

"그러나 콘텐츠는 요미우리 사원이 생각했다. 그건 그것대로 중요하긴 하지만 결과로 만들어진 것은 '아마추어가 아마추어 나름대로 열심히 생각한 것'일 뿐이었다.

여기선 '프로가 프로로서 진심으로 생각한 것'이 필요하다. 우리는 신문기자로서는 프로라는 긍지가 있지만, 사이트 제작에서는 결코 프로가 아니다."

너무 에둘러 말한 탓에 뭘 이야기하려는 건지 알기 어려울 지경이다. 이미 신문기자가 아닌데도 불구하고, 더는 신문기자로 있을 수 없는 분통함을 내보이면서 결국 외부에 맡기자고 말하는 것처럼 들린다.

실은 웹에서 성공을 거두려면 일단 신문기자라는 의식은 버려야 했다. 하지만 이 3사의 사이트는 어디까지나 신문기자라는 의식을 전제로 하면서 그걸 세상이 읽어야 한다는 생각으로 만들었다는 게 실패의 큰 원인이 된다.

마치 정부 심의회 멤버인 것처럼

3사 스태프가 이야기를 나누는 와중에 사이트의 방향은 3사의 기사를 비교할 수 있는 사이트로 수렴되어갔다.

'3사 공동 기획안'이라는 내부문서에 따르면 그 사이트의 가치는 '비교하는 신문'이라고 붙여졌다.

그 기획안 첫머리에는 이렇게 적혀 있다.

"인터넷 세상에서 메가 포털의 뉴스 배급 영향력이 점점 커진다는 현상을 타파하기 위해서 진짜 뉴스 발신자인 신문사가 힘을 합쳐서 인터넷 미디어로서도 신문사의 영향력을 비약적으로 고조하는 걸 지향한다."

의지는 좋다. 처음에는 독자가 사설을 비교할 수 없을까 해서 2007년 10월 30일까지 11일분의 아사히, 요미우리, 닛케이 3사의 사설을 모두 비교해서 같은 테마를 다룬 것이 몇 건이나 있는지 세어보기도 했다.

사설을 비교하는 것만으로는 사이트를 채울 수 없어서 1면 톱기사, 사회면 톱기사 등을 비교하는 방안을 검토했다.

웹사이트의 디자인은 세로로 늘어놓아서 아사히, 닛케이, 요미우리 3사의 뉴스를 각각 옆에 놓고 비교할 수 있게 했다.

그러나 정작 중요한 기사는 이 인터넷 사업조합 페이지에서는 제목 정도만 볼 수 있게 하고, 링크를 연결해서 각 사 페이지에 가서 보도록 했다.

신문안내인이 칼럼을 쓰도록 했는데, 이 안내인에는 다음 인사들이 선정됐다.

- 이토 모토시게(伊藤元重, 도쿄대 대학원 경제학연구과 교수)
- 야스이 이타루(安井至, 전 국제연합대 부학장, 도쿄대 명예교수)
- 찰스 레이크(재일미국상공회의소 회장)
- 고바야시 요타로(小林陽太郎, 후지제록스 상담역 최고고문)
- 시라이시 마스미(白石真澄, 간사이대 정책창조학부 교수)
- 요시나가 미치코(吉永みち子, 논픽션 작가)
- 마스다 도모미(増田明美, 스포츠 저널리스트)

- 미즈키 요(水木楊, 작가, 전 니혼게이자이신문 논설주간)
- 노무라 아키오(野村彰男, 와세다대 대학원 공공경영연구과 객원교수, 전 아사히신문 논설부주간)
- 니시지마 유조(西島雄造, 저널리스트, 전 요미우리신문 예능부장)

신문사 사람들은 준비에 만전을 기했다고 생각했다. 그러나 웹을 사용하는 사람들이 사설 비교에 흥미가 있을까?

1면 기사의 비교에 흥미가 있을까?

신문안내인으로 선정된 이들은 마치 정부 심의회 멤버 같았다. 웹에서 활약하는 블로거는 한 명도 포함되지 않았다. 신초샤(新潮社)에서 나온 책 『웹 진화론』이라는 베스트셀러로 활자와 함께 웹에서도 커다란 영향력이 있는 우메다 모치오조차 없었다.

그렇다. 이 사이트는 종이 신문을 만들기 위해 만들어진 것이다. 종이 신문을 만들어서 웹에 올려놓으면 사람들이 봐줄 것이다, 안 보면 안 된다, 그런 생각으로 만들어진 이 사이트는 이름만큼은 앞서 등장한 50대 요미우리 사원이 제안한 것처럼 외부 회사가 담당해서 '아라타니스'라고 이름 붙여졌다.

그리고 2008년 1월말 사이트 오픈이 결정됐지만, 중요하고 큰 숙제가 남겨진 채였다. 요미우리는 야후에서 빠져나올 것인가?

야후 기사 공급을 중단하고 싶지만…

인터넷사업조합의 이사장을 맡은 닛케이의 오사다 고헤이는 처음에 말을 들었을 때부터 야마구치에게 이렇게 말했다.

"단 요미우리가 야후에 기사를 공급하는 걸 중단하지 않는 한 이 비즈니스는 성공하지 못할 거예요."

2007년 11월에 조합이 출범한 뒤에도 닛케이의 오사다와 아사히의 다나카는 이사회가 열릴 때마다 야마구치에게 야후 기사 공급을 중단할 수 없냐고 따져 물었다.

오사다 고헤이는 산업부에서 전기나 자동차를 담당했던 적이 있어서 기업이 유통을 장악하지 못하면 안 된다는 걸 뼛속 깊이 알고 있었다. 가전업체는 예전에 전국에 있는 가전 소매점을 계열화한 덕분에 어느 정도 가격을 통제하며 유통을 장악했다. 하지만 양판점으로 바뀐 뒤에는 업체와 소매점의 입장이 역전됐고, 결과적으로 일본의 생활용품 가전업계는 붕괴했다. 자동차 제조사가 어떻게든 계열 소매점을 무너뜨리지 않고 국내 시장을 유지한 것과는 대조적이다. 그런 이야기를 하면서 뉴스의 유통 부분을 "야후에 넘기는 건 바보 같은 짓"이라고 야마구치를 압박했다.

아사히의 다나카 다쿠지도 이사회가 열릴 때마다 야마구치에게 물었다.

"야마구치씨, 야후는 어떻게 할 건가요? 야후 사장인 이노우에라는 사람이 우리 아키야마 사장을 만나고 싶다고 몇 번이나 말을 건네 왔어요. 어떻게든 아사히의 콘텐츠를 받고 싶다는 것을 계속 거절해왔는데요. 요미우리가 야후 기사 공급을 중단한다고 해서 우리도 참아온 거예요."

야마구치는 오사다나 다나카의 거듭된 압박에 대해 괴로운 듯이 이렇게 대답했다.

"네, 중단하고 싶은데요. 우리 디지털 부문에 내부 반발이 있어서… 이건 사장인 우치야마가 말하면 진정될 테니까 좀 더 시간이 필요해요."

PV는 늘지 않고

2008년 1월 31일부터 시작된 '아라타니스'의 월간 PV는 300만~400만 PV 전후에 머물렀다. 블로거들의 사이트 평은 처참했다.

야후 재팬의 간부였던 가게야마 다쿠미도 한번 그 사이트를 보고는 "아, 이거라면 문제 없겠네"라고 안심했다고 한다.

아사히, 닛케이, 요미우리가 '아라타니스' 출범을 박스 기사로 다뤘고, 각각의 사이트에도 누르면 '아라타니스'로 연결되는 배너를 노출시키기도 했지만 PV는 오르지 않았다.

덴쓰가 이 '아라타니스' 광고를 모으기로 했는데, 그 또한 제대로 되지 않았다. '아라타니스'는 링크 사이트여서, 실제 기사는 '요미우리 온라인'이나 '아사히닷컴', '닛케이 넷'에서 읽게 돼있었기 때문에 체류시간이 너무 짧다는 결점이 있었기 때문이다.

다나카는 아사히신문의 5월 25일 인사로 아사히신문을 퇴사한 뒤 아사히방송 이사가 됐다. 인터넷 사업조합 이사직에서도 물러나게 됐다. 5월 30일 오후 이사회에 마지막으로 참석했다. 이 이사회가 끝난 뒤 야마구치가 한 말을 다나카가 수첩에 메모로 남겼다.

〈회의 종료 후 Y의 야후 관계에 대한 우려 재확인. Y 야마구치 씨는 '숙제는 잊지 않고 있다'고 한마디.〉

야마구치는 2008년 5월말 단계에서도 포기하지 않았다.

"숙제는 잊지 않고 있다"

야마구치 개인은 야후든, 구글이든 플랫폼에 대한 뉴스 제공에 관해서 경계심을 품고 있었다.

이 사이트를 이상적인 형태로 만들기 위해서라도 검토 단계부터 요미우리가 야후에 대한 기사 공급을 중단해야겠다고 생각했다.

하지만 야마구치가 회사 전체를 장악하고 있는 것도 아니었고, 사내의 다양한 사정이 야마구치에게 불리한 방향으로 움직이기 시작했다.

강한 미디어전략국장이 나타나다

요미우리신문사도 6월 인사가 있었다. 이 인사는 '아라타니스'의 운명에도 큰 영향을 주게 된다.

이 인사로 미디어전략국장이 모치즈키에서 오쿠보 요시오(大久保好男)로 바뀐 것이다.

그때까지 미디어전략국장은 누가 앉든 변화가 없었다. 다음 인사를 위한 대기석 같은 자리였다. 그러나 오쿠보는 달랐다. 2003년에 정치부장, 2005년에 편집국 차장을 지낸 오쿠보는 편집 센스를 갖춘 데다 매우 개방적인 인간이었다.

오쿠보가 지면을 만들던 시기의 정치면은 공명당을 축으로 삼아 정국을 추적하는 면에서나 연재 기사 등 그 전과는 확실히 달라졌다. 이걸 보며 출판사 편집자들은 신음을 토해냈다. 월간 문예춘추 편집부가 정치 칼럼 '아카사카타로'[68]를 써달라고 부탁한 적도 있었다.

미디어전략국장이 된 뒤에는 '2010년 10% 300억'이라는

---

[68] '아카사카'는 일본 국회 부근의 지명. '타로'는 예전에 일본 남자에 흔히 사용되던 말이었다. '아카사카타로'는 우리 말로는 '여의도군(君)'쯤으로 옮길 수 있을 듯하다.

슬로건을 만들어 그때까지 주변부 의식이 강했던 미디어전략국 사원들을 격려했다.

2007년도 요미우리신문 도쿄본사의 매출은 3,165억 엔. 그 10%인 300억 엔 매출을 미디어전략국이 올리자는 목표였다.

당시 야후에서 뉴스 책임자였던 가와베 겐타로(현 야후주식회사 대표이사 사장)가 기억하는 요미우리신문의 미디어전략국장은 오쿠보밖에 없다. 그때까지 국장은 전혀 기억도 나지 않고, 특징이 없는 관료일 뿐이었다. 오쿠보와는 '처음으로 이야기를 할 수 있는 사람'이라고 생각했다.

오쿠보는 당시 미디어전략국 안에서 연말로 다가온 계약 갱신 교섭을 앞두고 이런 식으로 분발을 촉구했다.

"양다리를 걸치는 건 엄청나게 유리한 거지. 우린 그만둬도 상관없거든."

사장실장인 야마구치가 면도칼 같은 인물이라고 하면, 미디어전략국장인 오쿠보는 손도끼 같은 인물이었다. 2005년부터 이 '아라타니스'에 관계한 한 사원은 "분명히 야마구치씨가 (오쿠보의 기세에) 눌리더라"라고 내게 증언했다.

게다가 우치야마마저 타협하게 된다.

"손 마사요시가 달려왔다"

닛케이의 스기타 료키와 아사히의 아카야마 고타로, 요미우리의 우치야마 히토시는 호흡이 잘 맞았다. 그 시절 각 사의 비서가 하는 일 중에는 3명이 술을 마신 뒤 가라오케에 갔을 때 함께 어울리는 일이 포함돼있었다. 스기타는 가라오케의 제왕이라고 불러도 좋을 만큼 노래를 잘 불렀다. 나가사키 출신인 스기타의 애창곡은 '나가사키에는 오늘도 비가 내렸다(長崎は今日も雨だった)'였고, 아키야마는 이시카와 사유리(今子さゆり)의 곡을 좋아했다. 아오모리 지국에 근무한 적이 있는 아키야마는 '쓰가루해협 겨울풍경(津軽海峡冬景色)'을, 우직한 홋카이도 출신인 우치야마는 똑바로 선 채 군가를 종종 불렀다.

그런 세 사람이었기에 솔직하게 털어놓고 여러 가지 이야기를 나눴다. 그 세 명이 만난 어느 날 우치야마가 이런 이야기를 했다.

소프트뱅크의 손 마사요시가 우치야마에게 달려와서 야후에서 이탈하지 말아달라고 부탁했다는 것이다.

우치야마에 따르면 "야후의 정보료를 50억이든 100억이든 드릴 테니까 야후 기사 공급을 그만둔다니, 그런 바보 같은

---

69) 1969년에 나온 '우치야마다 히로시(内山田洋)와 쿨파이브'의 데뷔곡이자 최대 히트곡. '우치야마다 히로시와 쿨파이브'의 리드 보컬이었던 마에카와 기요시(前川清)의 그룹 탈퇴 후 솔로가수 대표곡이기도 했다.
70) 1977년에 대히트한 이시카와 사유리(石川さゆり)의 대표곡.

일은 그만둬 주세요'라고 손이 직접 부탁하더라"라는 것이다.

"'당신네한테 그만큼이나 받을 수는 없다'고 한 뒤 45억 엔으로 하기로 했다"

스기타는 우치야마의 이야기를 듣고 요미우리는 야후 기사 공급을 중단할 수 없겠다고 예상하고 각오했다.

하지만 스기타는 애초에 '아라타니스'가 어떻게 되든 상관없었다. 원래 오키나와 현지 인쇄의 교환조건으로 수락한 사안이기 때문이다. 닛케이의 중심축은 이미 도쿠타와 니이노미가 연구를 시작한 유료 디지털판이었다.

야후에서 받는 돈이 "20억 엔이었던 것이 45억 엔이 됐다"는 말이 사실인지는 제쳐두더라도 오쿠보 미디어전략국장 시절인 2008년 말의 계약 갱신으로 야후의 요미우리 정보제공료가 두 배가 된 것은 틀림없다.

그 사실은 이 책의 취재로 당시 야후측에서 교섭을 담당한 미야사카 마나부와 가와베 겐타로도 확인한 사항이다.

두 사람 모두 손과 우치야마 사이에 그런 이야기가 오갔는지는 모르겠지만, 결과적으로는 그 해의 계약 갱신으로 요미우리측에 지불하는 금액이 두 배가 됐다고 내게 증언했다.

이 2008년의 계약 갱신부터는 그때까지 정액의 정보 제공료를 주던 것이 1PV당 종량제의 요금 체계와 정액을 합친 것으로 바뀌었다.

요미우리에 대한 종량제 요금은 1PV당 0.21엔으로 정해졌다. 이것은 마이니치나 산케이에 비해서는 2배, 지역지와 비교하면 10배였다.

파격적인 대우였다.

게다가 야후는 뉴스통신사처럼 빨리 기사를 보내주는 요미우리가 '트래픽 백' 관련기사를 실시간으로 실을 수 있도록 야후가 출자한 뉴스워치라는 회사를 소개했다. 이 회사의 기술을 사용하면 리얼타임으로 들어오는 기사에 관련 기사 링크를 자동적으로 만들어서 붙일 수 있었다.

이렇게 해서 요미우리 기사를 야후에 노출하더라도 '트래픽 백'으로 사용자를 '요미우리 온라인'으로 돌려보낼 수 있게 됐다.

이렇게 해서 야후는 요미우리와의 관계를 반석 위에 올려놓았고, 야마구치가 원했던 요미우리의 야후 이탈 꿈은 물거품이 됐다.

'아라타니스' 끝나다

'아라타니스'의 시도는 불과 4년 조금 지나서 막을 내렸다. 2012년 3월 1일 '아라타니스'의 사이트에 접속하려고 하면 '아라타니스 사이트는 종료됐습니다'라는 표시가 나타나게 됐다. 인터넷 사업조합도 해산했다.

개발자로 참가한 아사히신문의 아마모리 다쿠지는 지금도 닛케이의 구사옥과 신사옥에 다니던 나날을 그리워한다.

신사옥의 사무실은 북쪽에 있었지만 천장이 높고 넓은 방이었다. 창 밖으로 당시 건설 중이던 도쿄스카이트리가 나날이 높아지는 모습이 보였다.

그 닛케이 사무실에서 예전 같았으면 절대로 만날 리 없는 경쟁사의 사람들과 함께 일을 했던 것이다. 그 의의는 작지 않았다고 지금도 생각한다.

이사였던 다나카는 2013년 6월에 아사히방송 임원 임기를 끝내고, 정년 후 조용한 생활을 보내게 됐다. 정년 후 5년이 지난 2018년 봄에 게이오SFC 학생이 다나카를 찾아갔다. 듣자 하니 '아라타니스'에 대해서 묻고 싶다고 했다. 한번은 거절했지만 결국 만나보기로 했다.

마음 내키지 않는 만남이었지만, 이야기를 하기 시작하자 멈추지 않았다. 신문사의 역할에 대해서, 인터넷이 출현한 뒤의 고민에 대해서, 그리고 '아라타니스'의 도전에 대해서 긴 대화가 이어졌다. 역사 속 평가는 나쁠 거라고 알고 있었다. 하지만 이전에는 적대시하며 경쟁하던 신문사들이 힘을 모아서 밤낮으로 필사적으로 모은 정보를 플랫폼 사업자가 아니라 스스로의 손으로 내보내려고 한 것이다.

다나카의 이야기를 들은 학생은 나중에 이런 감상을 남겼다.

"내가 인터뷰했을 때, 다나카씨가 아라타니스는 '실패'하지 않았다고 생각한다는 걸 알고 조금 놀랐다. 그러나 동시에 동감할 수 있었다. PV는 늘지 않았지만 신문사의 장점, 프라이드를 내걸고 도전한 '아라타니스'라는 시도는 현명했고, 하지 않으면 안 되는 일이었다고 생각한다."

그리고 야마구치는 2019년 내게 '아라타니스'에 대해서 이렇게 회고했다.

"플랫폼 사업자에게 의존하지 않고 뉴스사이트를 구축하기에는 2008년은 늦었는지도 모르겠다. 또 신문사의 협업이라는 형태로는 설령 빨리 시작했더라도 목표에는 다가가지 못했을지도 모르겠다. 신문사의 기술력과 기업 풍토로는 플랫폼 사업자에게 대항하는 것이 처음부터 곤란했는지도 모르겠다."

> **주요 참고 문헌·증언자·취재협력자**
> 오쿠무라 미치히로, 미야사카 마나부, 가와베 겐타로, 나카시마 게이스케, 다나카 다쿠지, 아마모리 다쿠지, 야마구치 도시카즈, 우치야마 히토시, 스기타 료키, 아키야마 고타로, 오가와 하지메, 손 마사요시
> 『정보미디어 백서 2006』 덴쓰소켄 편집, 다이아몬드사, 2005년 12월

이밖에 요미우리신문사의 문서, 아사히신문 사보, 기자회견 자료, 인터넷사업조합의 내부자료 등을 참고했다. 익명을 조건으로 협력해준 증언자도 있다.

우치야마 히토시와 손 마사요시의 회담에 대해서는 양측에 그 사실을 확인했다. 우치야마는 "(손 마사요시와) 만난 건 기억하고 있지만, 상세한 건 기억나지 않는다"고 했다. 손 마사요시는 홍보를 통해서 우치야마와 야후 건으로 만난 건 인정했지만 "금액 이야기까지 했는지는 기억나지 않는다"고 답변했다.

제11장

언와이어드

인터넷은 유선으로 연결되지 않으면 볼 수 없었다. 그래서 이동 중에도 볼 수 있는 기술을 개발하려는 움직임이 있었다. 무라이 준은 거대한 변화를 예측했다.

1990년에 게이오쇼난후지사와캠퍼스가 개교했을 때 무라이 준이 우선 학교 설계에서 고민한 것은 학생이 가져올 PC를 연결할 전원과 회선을 각각의 책상에 연결하는 것이었다.

PC는 와이어드(Wired), 즉 회선에 연결해야 통신을 할 수 있었다. 전화회선을 사용하는 다이얼업 접속이라면 보낼 수 있는 정보량은 뻔했다. 그러던 것이 2000년대 초반에 브로드밴드가 도입되면서 대용량 데이터를 유선으로 보낼 수 있게 됐다.

그러나 무선에서는 그런 기술 혁신은 아직 일어나지 않았다.

제1세대 휴대전화는 아날로그 통신으로 음성을 전달하는 것밖에 할 수 없었다. 이것이 1990년대의 제2세대가 되자 디

---

71) 브로드밴드(broadband). 주파수 분할 다중화 기법을 이용해 하나의 전송매체에 여러 개의 데이터 채널을 제공하는 정보통신 용어.

지털로 바뀌었고, 간단한 문자도 전송할 수 있게 됐다. 그러나 컬러사진 등 데이터량이 큰 것은 무리였고, 기본적으로는 음성이 통신수단이었다.

2000년대에 들어서자 제3세대 이동통신이 등장했다. 이 덕분에 사진을 휴대전화로 보낼 수 있게 됐다.

이걸 이용한 것이 인터넷을 작고 간단하게 규격화함으로써 휴대전화의 작은 화면에서도 볼 수 있게 한 i-mode였다.

하지만 뉴스처럼 대량의 문자를 사진과 함께 볼 수 있게 하는 건 아직 어려웠다. 동영상은 도저히 불가능했다. PC의 유선 브로드밴드를 이용하면 그런 신문사 사이트를 볼 수는 있었지만 이건 와이어드(유선) 상태가 아니면 안 된다.

인터넷이 윈도우즈95를 계기로 단숨에 보급됐는데도, 2000년대 중반까지 신문 판매부수가 그다지 줄지 않았던 것은 인터넷으로는 이동하면서 읽을 수 없었다는 점이 컸다. 종이 신문이라면 들고 가기만 하면 통근 도중에도 읽을 수 있다.

무라이 준은 이 제3세대 전성기인 2000년대 전반에 앞으로 오게 될 제4세대 이동통신이 사회에 커다란 변화를 일으킬 것이라는 걸 예측하고 있었다.

유선의 속박에서 벗어나다

그 책은 2005년 4월 11일에 일본에서 임프레스라는 전문 출판에서 조용히 발매됐다.

감수 번역자에 커다랗게 '무라이 준'의 이름이 들어있었다.

제목은 『언와이어드』였다.

Unwired. 회선에 연결되지 않아도 괜찮다. 인터넷은 유선에서 해방된다. 그런 의미를 제목에 담았다. 부제는 '끝없는 인터넷의 미래…4G로의 시나리오'였다.

이 책은 알렉스 라이트먼(Alex Lightman)이라는 무라이의 친구가 2002년에 펴낸 책을 토대로 무라이가 편집한 책이었다. 서문과 제4장, 제5장은 무라이가 직접 썼다.

라이트먼이 2002년에 책을 쓴 단계에서는 제4세대 이동통신은 아직 구상 단계였고, 개발에는 착수하지 않은 상태였다. 그래서 기술 개발에 착수해야 한다고 적었다.

이 책이 나온 2005년은 개발이 구체화한 단계였다. 무라이는 4G의 특징을 당시의 슬라이드로 다음처럼 설명했다.

"디바이스 및 네트워크는 앞으로…여러 곳에서 IP로 인식된다. 집·회사·차 등 모든 장소에서 인터넷을 접속할 수 있게 된다."

즉 4G는 "이동을 의식하지 않는 이용환경"을 준비하게 된다고 그 본질을 예측했다. "현재 유선을 의식하지 않는 커뮤니케이션을 서포트하는 '기술'과 '사회적인 준비' 양 측면이 이미 마련됐다고 할 수 있다."

시맨틱스(의미)와 신택스(구문·문법)로 말하자면, 신택스는 "이동을 의식하지 않는 모바일 인터넷 시대가 온다"는 것이고, 시맨틱스는 "산업의 여러 분야에서 커다란 변화를 촉진할 것이다"였다.

유선의 속박에서 벗어나서 이동 중에도 자유롭게 인터넷을 사용할 수 있는 시대가 다가온다.

그 예측은 그것을 위해서 개발된 디바이스 즉 스마트폰에 의해서 적중한다.

첫 아이폰이 일본에서 발매되다

"됐어. 아이폰 계약했어. 엄청난 무기가 될 거야."

손 마사요시가 소프트뱅크 사내에서 이렇게 환호하며 나타난 것이 2008년 6월 5일의 일이다.

7월 11일에는 소프트뱅크가 일본에서 처음으로 스마트폰을 판매하기 시작했다.

사람들은 그 아름다운 디자인, 넓은 화면에서 볼 수 있는 인터넷, 다양한 소프트웨어를 다운로드 해서 화면 위에 표시

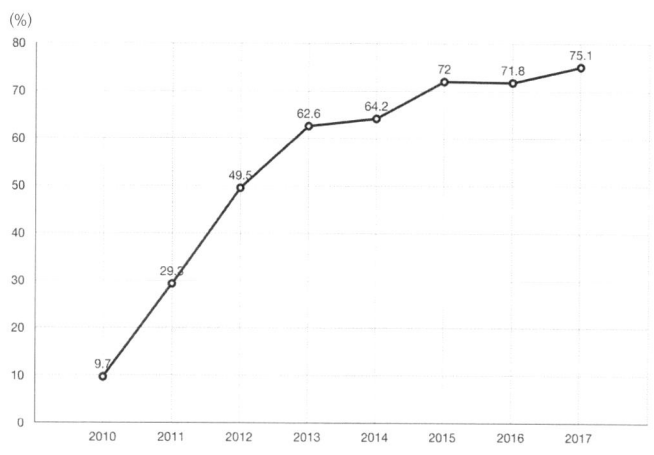

[총 세대에서 차지하는 스마트폰의 보급률] (출처: 총무청 통계)

할 수 있는 '앱'이라는 기능에 매혹됐다.

2010년에는 제4세대이동 통신기술이 실제로 실현됐고, 순식간에 일본에서 독자적인 발전을 이룬 폴더폰을 쫓아내고, 스마트폰이 사람들 사이에 보급되어 갔다.

사진이나 동영상을 움직이는 전철 안에서도 화면이 끊길 스트레스 없이 볼 수 있게 된 것이다. 2010년에는 9.7%였던 스마트폰 보급률은 2년 만에 약 50%, 총 세대의 절반이 갖게 됐고, 2017년에는 75%에 이르렀다.

통근 중에도 메일이나 뉴스를 체크할 수 있다. 통근 전철 안에서 신문을 펼치는 사람의 모습이 줄었고, 차 안에서도 전원이 스마트폰 화면을 보는 광경이 당연한 모습이 되어갔다.

그것은 동시에 종이 신문에 조종(弔鐘)[72]을 울리는 풍경이기도 했다.

> **주요 참고 문헌·증언자·취재협력자**
> 무라이 준
> 『언와이어드…끝없는 인터넷의 미래-4G로의 시나리오』알렉스 라이트먼 저, 무라이 준 감수 번역, 임프레스, 2005년 4월
> 야후 사내용 사사
> 총무성 '통신 이용 동향 조사'

---

72) 일의 맨 마지막을 고하는 증표나 신호를 비유적으로 이르는 말.

제12장

혁신의 딜레마를 깨트리다

"대기업은 기술혁신에 의해서 생겨난 새 시장에 나가려고 하지 않는다." 하버드대 교수가 주창한 '혁신가의 딜레마'에 요미우리는 사로잡혔고, 닛케이는 그 딜레마를 깨트리려고 했다.

스기타 료키는 와타나베 쓰네오보다 10살 이상 어렸지만, 1971년에 워싱턴 지국에서 근무한 시기가 겹친 인연으로 와타나베 쓰네오를 형님으로 모시면서 가족 동반으로 교류하게 됐다.

스기타가 사장이었던 시절인 2000년대 중반의 일이다. 두 사람이 얘기를 하던 끝에 와타나베에게 이렇게 말한 적이 있었다.

"요미우리도 전자 유료판을 하면 어떻습니까?"

와타나베는 전혀 흥미가 없다는 듯이 손을 흔들면서 이렇게 대꾸했다고 한다.

"IT 말이지. 그건 닛케이와 아사히에 맡길게요. 닛케이와 아사히가 잘되면 순식간에 따라잡을 테니까요."

"하지만 와타나베씨, 인재 육성이라는 건 시간이 걸리는 걸요."

"아녜요. 우리 회사의 인재는 우수하니까 그런 것쯤 간단해요."

와타나베의 인터넷관이라는 건 일관됐다.

와타나베의 사내 발언으로 추측해보자.

"휴대전화나 인터넷으로 다양한 정보를 발신할 수 있고, 신문을 웃도는 매체력을 갖고 있다는 주장이 있습니다만, 휴대전화나 인터넷에서 발신되거나 수신되는 정보는 나라를 올바른 방향으로 움직이는 일에는 거의 도움이 되지 않습니다." *(2008년 1월 7일 요미우리신문그룹 도쿄 본사의 신년 인사 교환회)*

"신문도 책도 읽지 않고, 인터넷 세계에 몰두하는 젊은이는 장래 일본을 지탱하는 지도력, 지성, 생산력, 윤리관 등을 익힐 수 없고, 국민의 문화나 민도(民度)[73]의 저하를 초래할 것이라는 점에서 걱정됩니다." *(2010년 4월 1일 도쿄본사 입사식)*

"전자 미디어는 앞으로도 발전해가겠지만, 그 안에서 체계적이고 이론적인, 장래를 내다보는 주장이 나올 리 없습니다. 블로그나 트위터는 모두 단편적이고 순간적인 것이어서, 어떤 면에서는 위험성을 내포하고 있습니다." *(2012년 4월 2일 도쿄본사 입사식)*

---

73) 국민의 생활이나 문화 수준의 정도.

"영상이나 인터넷만으로 인간의 지성을 갈고 닦을 수는 없습니다. 일본인의 민도를 낮추고 싶지 않다면 활자 문화의 상징인 신문 문화를 절대로 지켜야 합니다."(2018년 4월 2일 도쿄 본사 입사식)

와타나베의 연설 속에서 인터넷은 신문의 숭고한 국가적 사명을 더럽히는 적으로 등장했다.

와타나베가 신뢰하는 건 어디까지나 종이 신문이고, 그걸 지탱하는 전문 판매소에 의한 네트워크이다.

"호별 배달 제도를 기초로 구축된 요미우리신문의 전국 네트워크는 세계 최강이고, 이 네트워크가 붕괴하는 일은 있을 수 없습니다. 그런 일은 없겠지만, 예를 들어 일본의 신문이 모두 무너져도, 요미우리신문은 살아남을 겁니다."(2009년 4월 1일 입사식)

무타이가 쌓아 올린 전문 판매소 네트워크는 2014년 4월의 숫자를 보더라도, 전국에 3,900곳 있었다. 여기에 다른 신문도 취급하는 합동 판매소를 넣으면 그 수는 7,258곳에 달했다. 전국 방방곡곡에 펼쳐진 요미우리의 전문 판매소 수는 아사히나 마이니치에 비해서도 압도적으로 많았다.

이것은 종이 신문 시장이 커질 때는 최강의 무기였다. 하지만 종이 신문 시장이 축소되어갈 때는 어떨까?

혁신가의 딜레마

혁신으로 시장을 제패한 대기업이 그 혁신 탓에 새로운 시장에 진출하지 못하는 것. 디스크 드라이브 업계 기업의 흥망을 조사해 이걸 발견한 사람은 하버드 비즈니스 스쿨의 클레이튼 크리스텐슨(Clayton M. Christensen)이다.

크리스텐슨은 1970년대부터 1990년대의 디스크 드라이브 제조업체의 변천을 따라가는 와중에 재미있는 점을 깨달았다.

디스크 드라이브는 처음에 14인치 드라이브가 메인프레임 컴퓨터용으로 개발된다. 그런데 여기서 성공을 거둔 기업은 8인치 드라이브 개발과 시장 개척에 늦는다. 컴퓨터는 메인프레임형의 대형 컴퓨터에서 미니컴퓨터 시장으로 바뀌려고 하고 있었지만, 거기에 대응하려고 하지 않았다. 결국 신규 기업이 이 분야에 뛰어들고, 14인치에서 성공을 거둔 기업은 사라져 간다. 똑같은 일이 PC가 출현함에 따라서 대두한 5.25인치에서도 일어났다. 기존 시장에서 성공을 거둔 기업은 새 시장에 진출하려고 하지 않은 채 시장 자체가 PC로 바뀌는 데 따라서 도태되어 갔다. 또 랩톱 등 들고 다닐 수 있는 컴퓨터가 등장했을 때도 마찬가지였다. 여기에 대응하는 3.5인치 드라이브 기술을 개발해서 시장에 뛰어든 것은 신규 기업이었고, 기존 시장에서 성공한 기업은 새로운 시장에 나가는 데 늦었다.

각각의 규격 크기에서 기술을 개발한 혁신가들은 시장을 바꾸려고 하는 파괴적인 혁신이 일어나고 새로운 시장이 대두하려고 할 때 그 새 시장에 뛰어들지 않는 것이다.

그걸 크리스텐슨은 '혁신가의 딜레마'라고 이름 붙였다. 크리스텐슨은 디스크 드라이브 업계뿐만 아니라 파괴적인 기술 혁신이 일어나고 시장 자체가 변할 때에 대응할 수 없었던 기업의 예는 다른 곳에서도 발견할 수 있다고 했다.

예를 들어 메인프레임형의 대형 컴퓨터에 비해 파괴적인 기술이었던 미니 컴퓨터를 개발해서 그 시장을 만들어낸 DEC라는 회사는 PC라는 다음의 파괴적 기술이 출현했을 때에 그 시장에도 진출하려고 했다가 실패했다.

그 원인은 사내에서 자원 배분 결정을 하는 사람이 아직 미성숙한 PC 시장에서는 이익률이 낮아서 자본을 투입하기를 꺼렸기 때문이었다.

요미우리신문에서 일어난 일은 실로 이 '혁신가의 딜레마'였다.

전문 판매소의 전국 네트워크라는 혁신은 종이 신문 시장이 확대될 때는 좋았다. 하지만 그 종이가 스마트폰이라는 이동 가능한 인터넷으로 바뀌려고 할 때에 이 '혁신'이 거꾸로 디지털 시장에 진출하는 데 속박이 된 것이다.

전문 판매소 입장에서 디지털 유료판은 전혀 관여할 수 없는 상품이다. 게다가 가령 디지털 유료판만 구독할 수 있게 되면 종이 신문 구독을 중단하고, 디지털 유료판으로 옮기는 독자도 확실히 있을 것이다. 그렇지 않아도 무료 기사가 웹상에 넘쳐나는 가운데, 신문 판매소가 취급하는 종이 신문 부수는 더욱 줄어들 것이다.

게다가 더 문제인 것은 이 디지털 시장에서 성공을 거둔 일본 신문사가 없다는 점이었다. 크리스텐슨의 연구에서도 파괴적 기술혁신에 의해서 생겨난 시장에선 처음에는 어떻게 매출을 올리면 되는지 알 수 없는 탓에 기존의 대기업은 일부러 그 시장에 진출하려고 하지 않는다는 것을 알 수 있다.

"단일 조직에서 주류 시장의 경쟁력을 유지하면서 파괴적인 기술을 정확하게 추구하는 건 불가능하다는 결론은, **의욕적**인 경영자에겐 불편한 사실이다." (『혁신의 딜레마』)

이 제로의 시장에 일부러 도전하려고 한 것이 니혼게이자이신문이었다.

TV로 전자신문을 읽는다?

도쿠타 기요시와 니이노미 스구루가 시작한 디지털 유료판을 위한 부서는 처음에는 어둠 속을 더듬어가며 앞으로 나아갔다. 6명이 속한 부서지만, 정해진 일이 없어서 어쩔 줄 몰라 했다. 밤이 되면 매일같이 술집에 모여서 미디어란 무엇이며, 신문이란 무엇인가에 대해 유치한 논의를 되풀이했다.

이 부서가 생긴 2006년만 해도 아직 스마트폰은 나오지 않았을 때였다. 미래 신문의 모습으로 예상된 것은 e페이퍼라는 것이었다. e페이퍼는 신문처럼 얇고 부드러운 것으로, 전자매체로서 활자를 표시한다고 해서 당시 왕성하게 연구됐다.

미래의 신문은 이 e페이퍼를 주축으로 삼아서 변해갈 것인가?

혹은 (이쪽은 스기타의 집착이 작용했는데) TV로 신문을 보게 될 것인가라고 오랫동안 생각하기도 했다. 당시는 벽걸이TV가 나오기 시작했을 때였다. 스기타가 상상한 건 가족이 거실에서 TV를 보듯이 TV로 전자신문을 읽는 것이었다.

도쿠타는 오히려 사람들이 정보를 흡수하는 방식이 개인화될 것이라고 생각했지만, 사장의 생각인 만큼 최초 2년간은 TV에 전자신문을 띄우는 방법을 꽤나 연구했다.

2008년 베이징올림픽 때 경기장 화면에 전자신문을 띄우려고 했지만, 중국측이 거절했다. 그 대신 도쿄역과 우메다역에서 액정TV에 신문을 띄워서 사람들에게 보여주는 실험을 했다.

그러나 TV에 있는 CPU에는 한계가 있어서 하이퍼링크로 연결한다는, 인터넷 고유의 기능을 좀처럼 탑재할 수 없었다. 또 작은 글씨를 표현하는데 TV 화면으로는 한계가 있었다. 그러나 스기타의 생각에는 e페이퍼가 실현되면 결국 그곳에 활자가 모이겠지만, 과도기 단계에선 TV라는 하드웨어가 널리 보급한다는 측면에서 매력적이라는 것이었다.

도쿠타는 TV상의 전자신문은 어렵다고 판단, PC와 폴더폰 쪽으로 나아가려고 했다. 하지만 2009년 당시의 PC의 CPU로도 글자 크기를 편리하게 확대하기는 어려웠다.

임시 이사회를 열다

스기타는 자신의 경영자로서 역할은 디지털 유료판 시대를 구축하는 것이라고 결심했다. 처음에는 신문협회에서도, 사내에서도 '페이퍼 위드 IT$^{(Paper\ with\ IT)}$'라는 표어가 자주 인용되었다. 인터넷을 이용해서 종이신문을 발전시킨다는 의미이다. 이때는 아직 종이신문을 중시할 때였다. 그러나 도쿠타 등의 부서를 새로 만든 2006년 3월 31일의 전$^{(全)}$부장회의에서는 다음과 같이 말했다.

"신문력 강화를 위해서 페이퍼 위드 IT를 향해서 노력하고 있습니다만, 여기에 덧붙여서 종이로 읽고 싶은 사람에겐 페이퍼로, 디지털 매체로 읽고 싶어하는 사람에겐 디지털로 전달하는 Paper and IT라는 생각도 필요해지는 국면을 시야에 둬야 합니다."

인터넷을 종이의 부속물로 보는 게 아니라 처음으로 병렬적인 존재로 내세운 것이다. 다음해에는 한 발 더 나아갔다.

"신문이 디지털 혁명에서 살아남으려면 전자신문 대처를 강화해야 합니다. 나는 2008년 이후에 언제든 시장에 투입할 수 있게 연구개발을 진행해야 한다고 말해왔고, 준비를 가속할 수 있는 인재 배치를 중시했습니다."(3월 1일의 인사이동 신고회)

이처럼 적극적인 발언을 한 것은 그 전해에 부서를 만들기는 했지만, 유료 디지털판에 대한 사내의 저항 목소리가 거셌기 때문이었다. 당시 인터넷으로 기사를 유료로 읽게 한 곳은 세계 신문 중에서 월스트리트저널뿐이었다. 파이낸셜타임스도 아직 시작하지 않았다. 뉴욕타임스도 무료로 달리고 있을 뿐이었다.

아사히, 요미우리, 마이니치도 무료였다. '닛케이만 하는 건 좀…'이라는 사내 반대 여론이 많았다.

스기타는 2007년 3월부터 4월에 걸쳐서 사내에서 대대적으로 논의를 하게 했다. 무료냐, 유료냐.

당시 이사회에는 20명 정도가 참여했는데, 임시 이사회를 열어서 2시간 동안 이 문제를 논의한 적도 있었다.

우선 닛케이 넷의 장래를 걱정하는 목소리가 나왔다. 닛케이의 무료 사이트 닛케이 넷은 당시 50억 엔 가까이 매출을 올리고 있었다. 그걸 유료화 때문에 없애자는 건가?

"위축될 겁니다."

"축소 전략을 취하는 사장의 판단은 틀렸습니다."

그 당시 편집국이나 전자미디어국 대부분의 의견이었다.

"정보의 유료화에는 리스크가 있다. 인터넷 정보 대부분이 무료인 시대에 기사를 유료로 판다는 건 무리다."

퀵이나 닛케이 텔레콤의 예가 있지 않느냐고 하면, 그건 기업이 계약을 하는 것이지만 이번 상대는 일반 소비자이므로 유료로 하는 것은 무리라고 반박했다.

"종이 신문 부수가 줄어들 거다. 그건 어떻게 할 거냐?"는 목소리도 있었다.

스기타는 그런 의견이 다 나오기를 기다렸다가 이렇게 말했다.

"무료로 이대로 간다고 해도 야후나 구글 등 보도기관이 아닌 곳과 경쟁하게 된다"

그리고 이렇게 물었다. "그런 곳에 이길 수 있을까?"

"주식 정보를 흘려보내는 것도 좋을 것이다. 또는 사이트에서 주식을 매매할 수 있게 하는 것도 좋을 것이다. 거기에 닛케이 뉴스를 실어서, 야후나 구글과 어느 쪽에 콘텐츠가 더 많은지 경쟁해야 한다는 이야기가 된다."

무료 사이트로 성공한 닛케이 넷을 버리고라도 유료판으

로 이행해야 한다.

그것이 이사회의 결론이 됐다.

차기 사장 인사

스기타는 이사회에서 그런 결론을 얻은 뒤 차기 사장 인사에 착수했다. 당시 사내의 하마평(下馬評)74)으로는 최유력 후보는 히라타 야스오(平田保雄), 대항마는 사이토 시로(齊藤史郎)가 거론됐다.

양쪽 다 경제부장·편집국장이라는 사내에서 가장 중요한 직책을 경험했다. 그 외엔 편집국장은 지낸 적이 없지만, 산업부장을 경험한 가마타 신이치(鎌田真一)가 있었다.

그런데 스기타의 마음은 다른 사람에게로 향했다.

스기타는 차기 사장은 실제로 유료 전자판을 론칭하고, 회사의 중추를 차지하게 해서 성공시켜야 한다고 생각했다.

그렇다면 히라타나 사이토, 가마타는 아니다. 세 명 다 종이 신문의 인간이다. 그들이 사장이 되면 역시 종이 신문을 제일로 생각하게 될 것이다.

스기타는 사내에선 누구나 설마 라고 생각할 인물을 의중에 두고 있었다.

---

74) 관직의 인사이동이나 관직에 임명될 후보자에 관하여 세상에 떠도는 소문이나 평판.

기타 쓰네오(喜多恒雄)이다.

과연 의외의 인물이었다. 기타는 경제부 출신이긴 했지만, 경제부장도 편집국장도 경험하지 않았다. 1995년부터 1998년까지는 정리부장이었다. 그 후에는 히라타가 편집국장일 때, 기타는 편집국 차장이나 편집국 총무를 지냈다. 신문에서 한차례 자리를 옮겨서 2002년부터 2003년까지 출판국장을 지낸 뒤에 2003년부터 2005년까지는 오사카 본사의 부대표를 맡았다.

게다가 오사카에 있던 시절에는 "가벼운 심근경색을 일으켜서 거의 업무에 도움이 되지 않았던 상태이고, 다카라즈카[75]에 다니면서 다카라즈카 전문가가 돼서 도쿄로 돌아왔다"고 스기타가 말했을 정도다.

사장실장으로서 돌아왔지만, 사내의 누구도 그를 경쟁자로 여기지 않았다. 정리부장이나 출판국장, 게다가 오사카 본사의 대표도 못 된 채 부대표를 지냈을 정도면 주변부 임원이라고 보는 게 당연했다.

게다가 사교에 서투른 스타일이었다. 스기타는 외부 사람들과 교류하는 걸 매우 좋아해서 실력파 사장이었던 쓰루타 다쿠히코(鶴田卓彦)가 "○○를 만나러 가는데 함께 갈 텐가?"라고 하면 두말없이 따라 나섰다. 그러나 기타는 스기타가 외부

---

75) 寶塚歌劇團. 효고현 다카라즈카시에 본거지가 있는 여성으로만 이뤄진 가극단.

사람과 만나는 자리에 오라고 해도 거의 응하지 않았다.

그래도 기타 밖에 없다고 스기타가 생각한 이유는 유료 전자판을 한다면 그가 가장 적임자라고 생각했기 때문이었다.

PC를 잘 다뤘다. 무엇보다 기타에겐 종이 신문을 상대적인 매체로 보는 냉정함이 있었다.

종이 신문에 애착이 있는 경영자가 유료 전자판이라는 신규사업을 하는 것은 불가능하다고 스기타는 생각했다.

이건 단순한 신규사업이 아니다. 종이 정기간행물이라는 서서히 쇠퇴해가는 시장에서 인터넷이라는 폭발적으로 확대하는 시장으로 보도의 장을 옮겨가는, 아직 일본에서는 아무도 시도하지 않은 어려운 사업인 것이다.

부사장인 아라이 준이치(新井淳一)와 유료 전자판에 대해 논의했을 때 누가 차기에 이걸 해낼 수 있을까 얘기하게 됐다.

"히라타는 종이를 포기할 수 없지. 사이토도 그렇지. 가마타는 이도 저도 아니지. 하지만 완전히 버릴 수는 없을 걸."

기타에 대해서는 실은 퀵으로 보내주면 좋겠다는 요청이 있었다. 이걸 보류하고 다음해 가마타를 보내야겠다고 스기타는 결심했다.

"문제는 있지만 기타 밖에 없겠지."

전자신문을 할 수 있는 남자

임시 이사회에서 유료냐 무료냐의 대논쟁을 벌인 2007년 봄, 스기타는 기타를 자신의 방으로 불렀다.

보통 본인에게 인사를 미리 알려주는 건 사장 인사라도 3개월 전에 하기 마련이다. 스기타가 쓰루타한테서 말을 들었을 때가 그랬다. 그러나 기타의 경우에는 1년 전에 알려주는 게 나을 것이다. 스기타는 5년 만에 사장직에서 물러날 생각이었다. 전례로 보면 6년간 해도 되지만, 신사옥 방 배정은 새 사장이 하는 게 나을 것이다. 무엇보다도 유료 전자판의 론칭은 새 사장의 손으로 해야 한다. 그걸 위해서 자신에게 기회가 올 거라고는 생각하지 않는 기타에게 준비를 시켜둘 필요가 있었다.

예상대로 기타는 깜짝 놀랐다.

"엇, 제가 할 수 있을까요?"

"할 수 있느냐 할 수 없느냐가 아니라, 해야만 해요."

이건 '전자신문'을 하기 위한 인사라는 것도 거기서 알려줬다.

"이제부터는 종이에서 전자로 제2의 기둥을 확립해야 하거든. 나보다는 당신이 PC를 잘 다루잖아. 나는 머릿속의 디지털이야. 그러니까 이제부터는 당신이 디지털을 구체적으로 실행해줘. 진두지휘 해줘."

이렇게 해서 그 해 7월에는 도쿠타의 부서와는 별개로 전사를 가로지르는 조직으로서 전자신문개발본부라는 조직이 생겼고, 사장인 스기타가 본부장, 당시 전무였던 기타가 부본부장에 취임했다.

이것은 2008년 3월말에 기타가 사장이 되기 위한 사전준비이기도 했다.

월스트리트저널의 크로비츠를 부르다

2007년 11월 닛케이 디지털미디어의 사장이었던 나가타 고헤이는 스기타의 요청으로 월스트리트저널의 발행인 고든 크로비츠(Gordon Crovitz)에게 메일을 보냈다.

이때 세계에서 유료 디지털판을 발행하는 곳은 월스트리트저널밖에 없었다. 게다가 월스트리트저널은 1996년부터 유료 디지털판을 인터넷상에서 시작해서, 2007년 11월에는 계약자수가 100만 명을 넘었다. 고든 크로비츠는 2000년대에 이 유료 월스트리트저널닷컴의 책임자였다.

나가타가 디지털 책임자였던 덕분에, 뉴욕에서 크로비츠에게 '닛케이 넷'은 월간 개인 방문자가 800만 명에 달하고, 매출은 50억 엔을 기록했다고 얘기한 적이 있었다. 크로비츠는 그 말을 듣고 이렇게 말했다.

"나가타씨, 그건 대단한 걸요. 곧바로 유료판을 시작해야 합니다. 그 중 5%가 유료판으로 옮긴다고 한다면, 계약자 40만 명이 생기는 거예요."

스기타 료키는 유일한 선행 사례인 월스트리트저널의 경험을 배우고 싶어했다.

나가타에게 지시해서 크로비츠를 도쿄로 초대해서 월스트리트저널이 어떻게 유료전자판을 만들고 운영했는지를 닛케이 사원에게 강의를 부탁했다.

주요 참고 문헌·증언자·취재협력자
시기타 료키, 도쿠타 기요시, 나가타 고헤이
요미우리신문 사보
「태양수(樹)」 니혼게이자이신문 사보
『혁신의 딜레마…기술혁신이 거대기업을 쓰러트릴 때』 클레이튼 크리스텐슨 저, 다마다　페이타(玉田俊平太) 감수, 이즈하라 유미(伊豆原弓) 역, 2001년 7월, 쇼에이샤(翔泳社)

기타 쓰네오에게는 서면으로 취재를 의뢰했지만, 홍보팀을 통해서 거절했다.

제13장

닛케이 전자판 창간

"또 하나의 닛케이를 만든다." 유료 전자판 개발 책임자였던 도쿠타 기요시는 그 정도로 어려운 사업이라고 각오하고 있었다. 어떻게 해서 혁신의 딜레마를 깨고, 제로의 시장으로 들어갔을까?

월스트리트저널은 어떤 의미에서 늦었다고 고든 크로비츠는 생각했다.

친구인 니혼게이자이신문의 나가타 고헤이를 통해서 크로비츠는 스기타 료키 사장으로부터 앞서 실행한 사람으로서의 생각을 듣고 싶으니, 도쿄에 와서 간부들을 상대로 세미나를 열어달라고 초대를 받았다. 그때는 2007년 11월, 이미 WSJ는 루퍼트 머독에게 팔리는 게 정해져 있었다.

12월 말까지 모든 매수 절차를 끝내고, WSJ를 발행하는 다우존스사는 머독이 이끄는 뉴스코프사에 합병된다.

크로비츠는 2008년 1월 11일 닛케이에서 할 세미나를 위해서 나리타행 비행기에 탔다. 크로비츠는 이때 이미 WSJ의 발행인이 아니었다.

다우존스는 머독의 수중에 떨어졌고, 크로비츠 자신은 그 절차가 끝난 시점에서 회사를 떠난 것이다.

크로비츠는 나리타공항으로 가는 비행기 안에서 WSJ이 걸어온 2000년대의 엄청난 역사를 돌아봤다.

WSJ는 가장 빨리 디지털화라는 파도에 대응했지만, 그래도 늦었던 것이다.

WSJ의 교훈

크로비츠는 2000년 초에 WSJ의 발행인이었던 피터 칸(Peter R. Kann)이 독자로부터 이런 편지를 받았던 것을 기억했다.

"매일 아침에 정원으로 배달되는 *WSJ*를 우리 집 개가 물어 오는데, 월요일에는 광고가 너무 많이 들어가서 개가 물 수가 없다."

하지만 이 상황이 단숨에 바뀌었다.

미국 신문 수입의 약 80%는 광고 수입이 차지하고 있었다. 다른 일반 신문은 그 지역의 클래시파이드 애드라고 불리는 구인정보나 부동산정보 등의 소액 광고가 대부분이었지만, WSJ는 금융기관이나 IT 관련 등의 내셔널 스폰서가 광고를 싣고 있었다. 금융기관이나 IT 관련 기업은 인터넷 발달에 따라서 신문 광고를 가장 일찌감치 중단한 업종이었다.

2002년쯤부터 비즈니스 계열 잡지의 수입원이었던 금융기관이나 IT 관련 기업의 광고가 한꺼번에 인터넷으로 빠져나가기 시작했다. 비즈니스위크, 포춘, 포브스 같은 잡지의 광고가 극단적인 커브를 그리며 줄기 시작했고, WSJ도 예외는 아니었다.

　　예전에 WSJ에 수천만 달러를 주던 IBM의 광고비 예산이 WSJ를 포함한 모든 종이 매체를 합쳐서 1천만 달러 이하로 떨어졌다. 비즈니스 잡지의 광고 페이지는 2001년부터 2005년에 걸쳐서 1만 페이지나 줄었다.

　　이런 광고의 급감으로 WSJ를 보유한 다우존스사의 경영 상태도 급격하게 악화했다. 2003년과 2004년에는 적자였다.

　　이런 상태에서 주가는 하락했고, 다우존스사의 주식을 보유한 뱅크로프트가(Bancroft family)의 불만은 고조됐다. 다우존스사는 찰스 다우(Charles H. Dow)와 에드워드 존스(Edward Davis Jones) 두 사람이 1882년에 뉴욕증권거래소 주변에서 종이에 쓴 뉴스를 나눠준 것이 시초였다. 1902년에 저널리스트인 클레런스 배런(Clarence W. Barron)이 매수했고, 배런이 죽은 뒤에는 배런의 일족인 뱅크로프트가가 회사 주식의 64%를 보유했다. 주식을 두 종류로 나눠서 의결권이 약하지만 배당이 높은 주식을 상장해서 자금을 모았고, 뱅크로프트가가 의결권이 강한 주식을 소유함으로써 WSJ의 전통과 편집권을 지켜왔다.

하지만 뱅크로프트가 2대, 3대, 4대로 이어지면서 이 전통과 편집권을 지키는 가문의 태도는 흔들렸다. 저널리즘과 거리가 먼 3대, 4대의 큰 불만은 자신들의 자산이 주가 하락에 따라서 점점 줄어든다는 점이었다. 기자 출신인 피터 칸이 오랫동안 다우존스의 CEO를 맡았는데, 저널리즘을 중시한 나머지 회사의 경영을 저공 비행시킨다는 비판이 서서히 생겨났다.

대표적인 것이 엘리자베스 고스였고, 포춘지가 이 고스의 말을 뉴스 소스로 삼아 다우존스를 둘러싼 뱅크로프트가의 내분을 기사화하기도 했다.

머독은 이 뱅크로프트가의 내분을 파고 들었고, 주당 35달러가량인 주식을 주당 60달러의 고액으로 사들이겠다고 제안한 끝에 다우존스를 사들인 것이다.

크로비츠가 책임자가 된 유료 디지털판은 1998년 손익분기점을 넘었고, 2007년에는 100만 명이 넘는 계약자를 획득함으로써 종이신문의 추락을 커버했고, 2006년과 2007년에는 다우존스사가 흑자로 전환했지만, 이미 늦은 후였다.

일족은 의견이 엇갈린 끝에 머독이 제안한 시장가 2배의 주식 매수를 받아들인 것이다.

닮은꼴인 두 회사

WSJ가 1996년, 즉 인터넷 초창기에 이미 유료판으로 뉴스를 내보낸 큰 이유 중 하나는 다우존스가 금융 프로를 상대로 금융정보를 유료로 공급하고 있었기 때문이라고 앞서 거론했다. 1990년에는 텔리레이트라는 주가 보도 회사를 사들여 이 단말기를 통해서 금융정보를 금융기관에 팔고 있었다.

크로비츠도 1996년에는 다우존스사의 홍콩 지사에서 이 텔리레이트 단말기를 파는 업무를 했다.

그 점에서 다우존스사는 니혼게이자이신문사와 매우 닮아있었다. 니혼게이자이신문사도 도쿄증권거래소가 전산화에 따라서 주가정보를 전자화한 덕분에 퀵이라는 주가 속보 회사를 수입원으로 갖고 있었다.

다우존스사는 금융이나 경제를 전문으로 하는 통신사를 갖고 있었고, 텔리레이트 단말기에 정보를 내보내서 고액의 계약료를 금융기관에서 얻고 있었다.

사람들은 복잡한 현대사회의 전망을 알려주고, 사람들의 생활을 좋게 하기 위한 정보라면 돈을 내고 읽는다는 것이 회사의 유전자 속에 있었다고 크로비츠는 생각했다.

하지만 '무료야말로 올바른 길'이라고 생각하는 인터넷 문화 전성기에 유료판을 만드는 것은 어려운 일이었다.

1990년대 후반에는 파티에서 종종 'Information wants to be free.'라는 말과 함께 이런 말을 들어야 했다.

"유료판이 성공할 리 없다."

"2000년까지는 유료판 시도는 대참사로 끝날 것이다."

그러나 인터넷 버블이 붕괴하고 광고비가 깎이게 된 2000년대에 들어서자 WSJ의 유료 모델은 재평가된다.

그래도 사람들은 아직 오해하고 있었다. 수많은 신문 관련자들은 여전히 종이 신문 기사를 웹에 올려놓으면 돈을 벌 수 있는 거냐는 잘못된 질문을 하고 있었다.

크로비츠가 '종이쪽 사람들(print folks)'이라고 부른 WSJ의 종이신문을 만드는 이들도 아직도 디지털을 오해하고 있었다.

종이 신문 편집부는 WSJ 구독자에게는 전원 디지털판을 볼 수 있게 해야 한다는 제안을 되풀이하고 있었다. 그렇게 하면 종이신문 부수 감소를 디지털판이 막아줄 수 있다는 취지였다.

크로비츠에게는 말도 안 되는 제안이었다. WSJ의 디지털판은 종이신문 기사 외에도 다양한 부가가치를 더해서 디지털판 나름의 의미를 갖도록 한 상태였다. 예를 들어 다우존스사는 통신사를 갖고 있어서 그 전문 기자가 1천명 규모였다. 그 기자들이 보내오는 기사를 적극적으로 업데이트했다. WSJ의 종이신문 기사는 디지털판의 극히 일부에 불과했다.

크로비츠는 디지털판 나름의 가치를 만드는 것이 디지털판을 성공시키는 비결이라고 생각했다. 종이신문의 기사를 그대로 웹에 올리는 것으로는 독자가 결국 계약을 중단하고 말 것이다.

이런 크로비츠의 가르침에 따라서 닛케이 전자판에서는 종이 신문이 하루 조석간에서 약 300건의 기사를 싣는 반면, 닛케이BP사나 TV도쿄, FT의 콘텐츠 등을 포함해서 전자판 독자적인 기사를 하루 600건 싣게 되는데, 이건 후일의 이야기다.

디지털은 종이신문의 부록이 아니다

2000년대 초까지는 종이신문 편집국 사람들과의 긴장관계가 늘 있었다. 디지털판과 종이신문 편집부 양쪽이 모이는 회의에서 책상 위에 왠지 토스터가 놓여있었다.

논의가 진행되는 와중에 종이신문 편집부 사람이 그 토스터를 알아채고 "왜 이런 곳에 토스터가 놓여 있는 거지?"라고 물었다.

크로비츠는 "이건 내가 가져왔지"라고 답했다.

토스터는 당시 은행에 신규 계좌를 개설하면 반드시 주는 경품의 대표격이었다. 크로비츠는 종이신문 편집부 사람들에게 이렇게 말했다.

"당신들은 우리 서비스를 이 토스터와 비슷한 것이 되라고 하고 있는 거야. 디지털판은 종이신문의 부록이 아니야. 그 자체로 종이신문에는 없는 다양한 부가가치를 붙여서 독자에게 제공해야만 해."

디지털 부문을 이끌던 크로비츠가 2005년에 WSJ 종이신문의 발행인을 겸하게 되면서 이 논쟁은 드디어 종지부를 찍었다. 디지털과 종이신문은 서로 다른 가치를 갖고 있다. 디지털판만 구독하는 독자가 있어도 좋다.

이렇게 해서 WSJ의 유료 디지털판은 100만 명이 넘는 계약자를 2007년까지 보유했다. 하지만 그 해 봄에 뱅크로프트가는 머독의 제안을 받아들여서 다우존스를 팔기로 한 것이다.

유료 디지털판은 종이 신문을 웹으로 바꾸기만 하는 게 아니라 독자적인 콘텐츠를 풍부하고 끊김 없이 제공해야 한다. 이것이 닛케이의 세미나에서도 꼭 강조하고픈 내용이었다.

크로비츠가 탄 비행기는 2008년 1월 12일 나리타공항에 도착했다. 닛케이가 예약해둔 로열파크호텔에 짐을 풀어놓은 크로비츠는 그날부터 이틀 반에 걸쳐 닛케이 간부들을 앞에 두고 연 세미나에서 자신이 가진 비결을 모두 털어놓게 된다.

닛케이에서는 편집국뿐만 아니라 판매, 광고 등 사내 각 부서의 간부 80명 정도가 구 사옥 세미나실에 모였다.

요미우리에는 토스터를 놓아둔 사람이 없었다

그런데 크로비츠는 2019년 요미우리에서도 토스터 일화를 되풀이하게 된다. 이 때 요미우리 사내에서 토스터를 회의실에 놓아둔 사람은 없었다. 요미우리신문은 그때까지도 디지털판만 구독하는 건 종이신문에 악영향을 준다고 해서 전국지 중에서 유일하게 하지 않고 있었다. 그래도 '요미우리 프리미엄'이라는 유료 디지털판을 종이신문 구독자에게는 매달 157엔이라는 추가 요금을 받고 제공하게 됐다.

그런데 2019년 2월 1일부터는 종이신문 구독자 전원에게 디지털판을 무료로 보여주는 걸로 바꿨다. 그 해 1월 1일부터 요미우리신문은 조석간 세트 요금을 4,037엔(세금 포함)에서 4,400엔(세금 포함)으로 인상하기로 했다. 그 인상에 즈음해서 "신문과 디지털이 손을 잡았다"고 대대적으로 선전하고, 종이신문 독자에게는 새로운 디지털판 '요미우리신문 온라인'에 접근할 수 있는 ID와 패스워드를 판매소에서 종이봉투에 넣어서 나눠준 것이다.

종이신문 독자 전원에게 특전으로서 디지털판을 읽게 해줌으로써 요금 인상에 따른 독자 감소를 조금이라도 줄이려는 요미우리의 정책을 나한테 전해들은 크로비츠는 "뭐 하는 짓이야. 종이신문에 집착해서 이익을 올리는 것은 매우 어려울 텐데."라고 탄식했다. 크로비츠에게는 WSJ가 약 20년 전에 지나간 관문 앞에서 주저하는 것처럼 보였을 것이다.

종이신문에 미래는 없다

닛케이의 이야기를 계속해보자.

크로비츠 앞에는 사전에 사무국이 모아둔 간부들의 질문지가 놓여 있었다. 그 중에서 눈을 끈 것은 "유료 디지털판을 시작하면 종이신문 부수가 줄어들지 않겠는가?"라는 질문이었다.

2008년 당시 신문사가 가장 걱정한 것이 이 '제살깎기' 문제였다. 가령 유료 디지털판 부수가 늘어나도 그것이 단지 종이신문 독자가 옮겨갈 뿐이라면 매출도 늘지 않고, 신문 판매소는 손해를 보게 되니 좋을 게 없지 않느냐는 걱정이었다.

이에 대해서 크로비츠는 이렇게 대답했다.

"종이신문 부수는 유료디지털판을 시작하든, 시작하지 않든 줄어든다. 이 점은 변할 수 없는 사실이다. 그렇다면 타사의 디지털판에 잠식당하느니, 자사의 디지털판에 잠식당하는 쪽이 좋은 것 아닌가. 종이신문에 미래는 없다. 디지털은 앞으로 더 큰 이익을 낳게 될 것이다."

그리고 이렇게 덧붙였다.

"디지털판에는 종이신문에는 없는 독자적인 콘텐츠를 포함해서 디지털판이 아니면 할 수 없는 가치를 부여하는 것, 그것이 가장 중요하다."

이틀 반에 걸친 세미나는 편집, 가격정책부터 판매정책, 광고 수주(受注) 등 다방면에 걸쳐 이뤄졌다.

- 어떻게 종이신문과 디지털의 기사를 나눌 것인가?
- 기자를 종이신문과 디지털 부문으로 나눌 것인가, 아니면 한 명의 기자가 양쪽을 하게 할 것인가?
- 동영상은 중요한가?
- 디지털판의 좋은 점은 고객 데이터를 모을 수 있다는 것이다. 그 데이터를 어떻게 사용할 것인가?
- 종이신문은 하루 1회로 마감된다. 디지털판은 24시간 내내 마감인가?
- 종이신문과 디지털을 통합한 경영이라는 것은 무엇인가? 어떤 기회가 있고, 어떤 도전이 필요한가?
- 광고, 영업, 개발, 편집 각 부문을 횡단하는 조직을 만들 것인가?
- 종이와 디지털을 병행함으로써 광고 기회는 얼마나 넓어질까?

그리고 "어떤 요소를 기준으로 디지털판 가격을 정할 것인가?"라는 질문도 있었다.

사원들은 열심히 크로비츠의 이야기를 듣고, 선배 격인

WSJ의 교훈을 흡수하려고 했다.

스기타는 세미나가 끝나기 전날 로열파크호텔의 일본식 레스토랑 겐지코(源氏香)에서 크로비츠와 저녁식사를 함께했다.

크로비츠를 불러서 전사적인 세미나를 개최한 것이 스기타가 사장으로서 마지막으로 한 일이다.

이 해 4월 기타 쓰네오가 사장, 스기타는 회장이 됐다.

두 가지 중요한 인사

2009년 4월은 니혼게이자이신문사가 드디어 디지털 유료판으로 이행하는 쪽으로 방향을 잡은 시기이다. 기타가 본부장을 맡았던 전자신문 개발본부는 사라졌고, 디지털편성국이 신설됐다. 이 편성국에서 디지털콘텐츠를 만들게 된다. 담당 국장으로 2006년 3월 이후 전자신문 개발에 주력해온 도쿠타 기요시가 취임했다.

디지털 관련으로 보면 이 밖에도 두 가지 중요한 인사가 있었다. 닛케이BP사에서 와타나베 히로유키를 이 디지털편성국의 차장으로 데려온 것이 그 하나였다.

와타나베는 와세다대 이공학부를 졸업한 뒤 닛케이에 채용됐다. 신문기자로 채용됐지만, 신입사원 때부터 닛케이맥그로힐(McGraw-Hill·후일의 닛케이BP사)에 배치된 뒤 이후 줄곧 닛케이BP사에 몸을 담았다. 닛케이PC의 편집장을 지낸 뒤 닛케이BP 내부의 디지털 미디어 통합을 이끄는 실적을 올렸다. 이대로 닛케이BP에서 정년을 맞을 거라고 생각했을 때 닛케이 본사로 끌어올려져 유료 전자판 창간에 투입됐다.

이 와타나베의 발탁 인사는 기타가 한 것으로 추정된다.

그리고 또 한가지 인사는 입사 후 줄곧 판매국에서 종이신문을 파는 일에 목숨을 바쳐온 사람을 전자신문을 파는 일에 투입한 것이었다. 1980년에 입사한 쓰카다 마사히코(塚田雅彦)이다. 와세다대 상학부를 졸업한 뒤 기자가 되려고 닛케이 입사 시험을 봤지만 판매에 배치된 뒤부터 29년간 판매의 한길을 걸어온 남자다.

판매의 한길을 걸어온 사람

니혼게이자이신문이 왜 크리스텐슨이 지적한 혁신가의 딜레마에 빠지지 않고, 제로의 시장인 유료 전자판을 창간할 수 있었을까? 그 이유 중 하나로 전문 판매소 수가 적었다는 걸 거론하는 이가 많다.

요미우리신문의 전문 판매소는 전국에 약 3,900곳 있었지만, 닛케이는 약 150곳 밖에 없었다. 150곳 중 상당수는 수도권과 오사카로, 후쿠오카에 10곳, 다른 현은 현청 소재지에 한두 곳 있을 뿐이었다. 나머지는 모두 다른 신문 판매소에 신문을 맡겨서 팔아왔다.

왜 그런 일이 가능했는가 하면, 경제지라는 점을 고려해 타사가 경쟁 관계로 보지 않았기 때문이었다.

쓰카다는 입사하자 나가노현 담당이 됐다. 1년의 절반은 나가노현에서 살았다. 나가노에는 닛케이 전문 판매소가 한 곳도 없다. 그래서 지역의 최고 딜러와 거래를 하는 식으로 판매소를 골라야 했다. 아사히, 마이니치, 요미우리, 시나노마이니치, 그리고 현의 남쪽에는 주니치신문이 들어와 있었다.

신문을 배달하고 수금을 하는 건 각각의 판매소가 해준다. 하지만 그 판매소에 신문을 오전 2시 30분까지 나눠주는 건 자신의 역할이었다. 시나노마이니치신문 외의 판매소에는 독자적인 트럭으로 신문을 날라야 했다.

당시 닛케이는 덤으로 읽는 신문으로 불렸다. 2개지를 볼 여유가 있는 사람이 닛케이를 본다. 가령 1개지만 본다고 해도 시나노마이니치신문은 끊지 않을 것이라는 자신이 있었기에 윤전기 시간을 나눠서 닛케이를 인쇄하고, 트럭으로 수송까지 해준 것이다.

시나노마이니치신문의 인쇄소가 닛케이의 현지 인쇄를 시작해서 야간 경기 결과를 닛케이 조간에 실을 수 있게 된 것이 1983년의 일이다.

전문 판매소가 없으니까 편하겠네, 남의 훈도시로 스모를 하는 셈이네라고 타사는 비아냥댔다.[76] 타사 본사에서 보면 그럴지도 모르지만, 나는 타사 본사와 일을 하는 게 아니라 개인 사업주와 일을 하고 있다는 생각을 쓰카다는 늘 하게 됐다.

닛케이 판매 부수가 2부나 3부에 불과한 판매소도 있었다. 신문을 나눠주는데도 돈을 주지 않는 곳도 있었다. "여기까지 직접 오면 돈을 줄게요"라고 해서 눈 속을 헤치고 수시간 가야 했다. 기분이 나쁘다며 돈을 던지는 이도 있었다.

"주울래요?"

흙바닥에 동전으로 뿌린 신문 대금을 주우려고 땅을 기어야 했다. 세어보니 10엔 모자랐다.

"10엔 모자란데요."

"아냐, 제대로 던졌는 걸."

니혼게이자이신문은 타사 계열의 판매소에 의뢰해서 신문을 배달하고 있다. 그래서 기다시피 해서 타사의 안방에서 일을 해야 했다.

여러 신문의 판매소와 일을 하다 보니 각 사의 특색이 잘 보였다. 쓰카다가 그 중에서도 감동한 것은 요미우리 판매가 매우 강하다는 점이었다.

우선 판매의 지위가 몇 단계나 높다고 느꼈다.

---

76) 남을 이용하여 잇속을 차린다는 뜻.

무타이가 우치야마의 제안을 받아들여서 나가노에서 요미우리 현지 인쇄를 시작하기 전의 일이다. 일기예보에서 다음날 간에쓰(關越)자동차도로가 눈으로 막힐지도 모른다고 나왔을 때였다. 우연히 쓰카다는 요미우리신문의 나가노 담당 판매국원이 나가노의 지국장(기자)과 함께 본사와 교섭하는 장면을 목격하게 됐다. 나가노 담당 판매국원 쪽이 편집국의 나가노 지국장보다 더 위세가 있었다. 본사 제작 파트에 신문 배달 트럭이 오후 6시부터 7시 사이에는 도쿄를 출발해야 한다고 교섭하고 있었다.

또 시간이 지나서 2000년대에 들어서의 일화이다. 도쿄에는 6개 신문의 판매소망이 있기 마련이다. 고층 아파트 단지에서 새벽 3시 30분부터 6개지 판매소가 경쟁을 벌이는 형편이었다. 이건 아무래도 낭비 아니냐고 해서 동별로 분담해서 배달하자는 움직임이 있었다. 그때에도 요미우리만은 타사에 자기네 독자 정보를 알려줄 수 없다며 참가하지 않았다. 요미우리는 그런 단지에서 배달하면서 어느 집에 어떤 신문이 배달되는지를 체크해서 판촉 활동을 하곤 했다.

---

77) 도쿄(네리마구)-사이타마-군마-니가타(나가오카시)를 잇는 고속도로. 도중에 나가노로도 연결됨.

전문 판매소를 담당하다

나가노에서 일할 때는 다른 신문사 판매소와 얼마나 잘 해나가느냐의 승부였다면, 도쿄에서의 업무는 전문 판매소를 담당했기 때문에 양상이 전혀 달랐다.

1986년의 일이다. 당시의 닛케이는 지금처럼 부수가 많지 않아서 판매소의 경영 자체가 어려울 때였다. 판매소는 구독 수입 중 일부와 전단지 광고 수입으로 운영되는데, 닛케이를 지정해서 들어오는 전단지는 없던 시대였다. 슈퍼마켓은 다른 일반지에 광고를 할 때였다.

전문 판매소의 수입원은 판매 수입뿐이었고, 그것이 광고료 수입을 토대로 거품 경제 시기에 매출을 늘린 본사와 다른 측면이었다. 게다가 판매소도 좋은 인재를 모집해야 했다. 영업만으로는 안 됐다. 사회보험을 보장하도록 설득해서 인재를 채용했다. 젊은 인력이 필요한 만큼 판매소 주인 스스로 고교를 돌아다니며, 일하면서 대학이나 전문학교에 다니는 육영장학생이 되라고 권유했다. 쓰카다는 그걸 도왔다.

닛케이는 부수가 적은 탓에 판매소 주인이 사재를 털어가며 전문 판매소를 시작하려고 하지 않았다. 그래서 다른 신문사와는 달리 전문 판매소라고 해도 토지도, 건물도 닛케이가 마련했다. 토지를 마련한 뒤에 점주를 데려와서 닛케이의 전문 판매소를 열게 했다.

닛케이 판매소가 복층 건물이 된 이유는 개인별 방을 갖춰야 했기 때문이다. 그렇게 하지 않으면 사람이 모이지 않았다. 네리마 판매소의 경우 개인별 방 30개가 필요했다. 여기에 점주의 거주 공간과 공용 욕실이 있었다. 배달용 자전거나 오토바이가 길에 놓여있으면 불만을 사기에 차고도 필요했다. 1층은 신문을 분류하는 곳이다.

배달원 기상 시간은 오전 2시에서 3시 사이였는데, 신문이 이 때 도착하기 때문이다. 그때부터 신문을 분류하고 배달 순서에 맞춰서 신문을 정리한다. 닛케이의 경우 본지뿐만 아니라 닛케이산업신문이나 닛케이MJ 등의 전문지도 있다. 그걸 배달하기 쉽게 정리해간다. 배달 출발은 신문 도착 1시간 후. 네리마의 경우 배달 시간이 오전 6시를 넘으면 불만을 살 수 있기 때문에 그 전에 배달을 끝내야 한다.[78] 오전 7시부터는 아침식사. 그 후 잠깐 잔 뒤에 오전 11시에는 다시 출근해야 한다. 그 사이 시간에는 당번을 둬서 배달이 안된 집에서 오는 전화를 받거나 전단지 광고를 접수한다.

오후 2시에서 3시 사이에 석간신문이 도착한다. 석간신문에는 전단지 광고를 넣을 필요가 없는 만큼 곧바로 배달에 나

---

[78] 네리마구는 도쿄 23구 중에서는 비교적 외곽에 있다. 서울에 비교하면 은평구 위치와 비슷하다. 조간신문 배달이 늦으면 회사원이 들고 출근하면서 읽을 수 없기 때문에 오전 6시 전에 배달해야 한다는 의미다.

선다. 회사에 배달할 경우 오후 5시가 데드라인이다. 그 후에 배달하면 필요 없다고 거절을 듣게 된다.

월말이 되면 밤에는 수금하러 가야 했다.

쓰카다는 그렇게 힘든 판매소 생활을 때로는 함께 했고, 전문 판매소 점주와 고락을 나눴다.

쓰카다는 판매국에서 부장을 거쳐서 국차장을 지내고, 타사와 판매 확장단의 계열화 논의를 좁혀가고 있을 때 신설된 디지털 편성국으로 불려간 것이다.

여기서 처음으로 쓰카다는 도쿠타로부터 유료 디지털판을 간행한다는 얘기를 듣게 됐다. 전혀 들은 적이 없는 얘기였기에 그저 놀랄 뿐이었다.

쓰카다 입장에서 유료 디지털판의 간행에 관여하는 것은 이들 판매소 주인과의 관계를 생각하면 매우 괴로운 일이었다. 유료 디지털판은 판매소에는 위협일 뿐이었기 때문이다.

도쿠타 기요시가 밀려나다

디지털 편성국이 만들어진 지 불과 3개월 후에 또다시 사내를 뒤흔드는 인사가 이뤄졌다. 2006년 3월에 디지털 편집본부가 생기고 난 뒤 사내에서 줄곧 전자신문 책임자였던 도쿠타 기요시를 국장에서 물러나게 한 뒤 노무라 히로토모(野村

裕知)를 후임 디지털 편성국장에 임명한 것이다.

이 인사는 기타가 주도했다고 스기타 료키는 증언했다. 기타는 취재에 응하지 않았다.

이 인사가 발령된 날의 일은 쓰보타 도모미(坪田知己)가 잘 기억하고 있다. 2005년에 스기타 료키에게 유료 전자판 프로젝트의 책임자로 도쿠타를 추천한 것이 쓰보타이기 때문이다.

쓰보타가 빈둥대다 저녁 때쯤 회사에 나갔을 때 사내 분위기가 이상했다. 어찌 된 일이냐고 묻자 디지털 편성국 사람이 "도쿠타가 얼굴이 파랗게 된 채 돌아왔다"고 대답했다는 것이다.

국장에서 상무 보좌로 형식상으로는 승진했지만, 이 자리에 실권은 없었다. 주로 전자판의 대형 고객을 상대하는 데 주력하려고 했지만 일다운 일을 하기도 전에 이 자리에서도 밀려났다.

전자판 가격 건으로 기타와 대립했다는 등 다양한 이야기가 흘러나왔지만, 도쿠타 자신은 내 취재에 이렇게 대답했다.

"내가 잘린 것은 판매국이나 광고국을 적으로 돌렸기 때문이에요. 역시 뭔가 시작할 때의 리더는 미치광이처럼 될 수밖에 없잖아요. '장난치지 마, 이 자식아' 같은 말을 썼으니까요. 그 일로 기타씨에게 3번 정도 경고를 받았죠."

도쿠타는 덴쓰 사람과 얘기를 할 때 이 유료 전자판을 시작하는 건 "또 하나의 닛케이를 세우는 거나 마찬가지다"라는 말을 듣고 고개를 끄덕인 적이 있다. 편집뿐만 아니라 신문사의 광고나 판매 방식을 근본부터 바꾸는 것이다. 알력이 당연히 생겨났다.

닛케이 넷을 폐쇄함으로써 50억 엔의 매출이 날아가는 만큼 광고 파트가 반발하는 게 당연했다.

도쿠타의 인사는 도쿠타가 말한 이유 때문만은 아닐 것이다. 그 후 도쿠타의 뒤를 이은 노무라 히로토모가 기타의 밑에서 유료 전자판을 론칭하고, 나중에는 파이낸셜타임스를 인수했을 때 통합의 책임자로 임명된 걸 생각하면 기타의 노무라에 대한 신뢰가 두터웠다는 측면도 있을 것이다. 결국 도쿠타는 스기타 시대의 인사인 것이다. 기타에겐 그런 비정함이 있었다.

가격 결정

복수의 컨설팅 회사가 유료 전자판의 가격조사를 했다. 인터넷에서 얼마라면 월정액 구독료를 지불할 것인지에 관해 조사를 하자 어느 회사든 월 500엔에서 800엔이라는 숫자를 제시했다.

WSJ의 당시 유료 전자판 가격이 연간으로 99달러. 당시엔 달러 환율(2009년 7월)로 환산하면 한 달에 800엔이라는 계산이 나온다.

그러나 당시 종이신문 월 구독료(조석간 세트)가 4,383엔이었기 때문에 800엔은 말이 되지 않았다.

이래서는 전문 판매소는 고사하고, 종이신문을 맡아서 배달해주는 타사 판매소가 닛케이를 취급하지 않게 될 것이다.

또 이래서는 전자판 자체로 곧바로 흑자를 내기는 어렵다. 나중에 밀려나는 도쿠타는 2,900엔 이상이라면 좋겠다고 생각하고 있었다.

이 가격 결정에는 디지털 편성국장인 도쿠타도, 그 뒤를 잇는 노무라 히로토모도 관여하지 않았다.

대표이사 사장인 기타 쓰네오와 이사로서 유료 전자판을 담당한 오카다 나오토시의 전권 사항으로 결정됐다.

기타는 2009년 9월 11일 전사 부장회의에서 "(가격에 대해서는) 판매소가 이해할 수 있는 가격으로 정한다는 전제로 작업을 하겠다"고 말했고, 더 나아가서 10월 2일에 열린 전국 지국장회의에서는 이처럼 한발 내디뎠다.

"*전자신문 요금이 종이신문의 가격과 크게 차이 날 경우 종이신문에서 전자신문으로 소비자층이 이동할 우려가 있다. 우리가 가장 중요하게 생각하는 것은 종이신문이고, 큰 변동이 일어나지 않는 형태를 생각하고 있다.*"

그 결과 정해진 가격은 다음과 같았다.

전자판만 따로 구독하는 경우 월 4,000엔, 종이신문 배달을 받으면서 전자판을 구독하는 경우 배달 구독료+월 1,000엔

후자는 배달 신문과 전자판 양쪽을 본다는 점에서 W플랜이라고 이름을 붙였다.

W플랜은 +500엔 안도 제시됐지만, 그래서는 전자판이 종이신문의 부록이 될 수 있고, 전자판에는 독자적인 가치를 부여할 필요가 있다고 2009년 1월에 고든 크로비츠가 알려준 점을 고려해서 +1,000엔으로 정했다.

그러나 이 가격이 발표됐을 때 사외뿐만 아니라 사내에서도 "괜찮겠느냐"는 소리가 여기저기서 나왔다.

당시는 아직 인터넷 기사는 무료로 읽는 게 당연하다고 여겨진 시대였다. 그럴 때 월 4,000엔이나 지불하는 독자가 있을 리 없다는 것이었다.

크로비츠조차 그 가격을 듣고 닛케이 간부에게 이메일을 보냈을 정도였다. WSJ조차 연간 99달러였다. 연간 527달러나 지불할 독자가 있겠는가?

닛케이BP에서 옮겨온 국차장 와타나베 히로유키(渡辺洋之)는 해외 친구로부터 "연간 500 달러나 받는 건 해외에서는 포르노 사이트밖에 없다"는 말을 듣기도 했다.

'이러다간 가격이 너무 비싼 탓에 인쇄, 종이, 배송비가 필

요 없다는 장점을 설명조차 할 수 없게 되는 건 아닐까'라는 불안감이 들었다. 결과적으로는 이 월 4,000엔이라는 가격이 있었기에 디지털 유료판의 독자적인 가치를 만들어내는 방향으로 전사가 단결했고, 이후의 경영적인 성공으로 이어진다.

그러나 이 시점에서는 누구도 성공 여부를 알 수 없었다.

판매소를 설득하다

판매소를 고려해서 전자판만 따로 구독할 경우의 가격을 월 4,000엔으로 정했지만, 최대 관문은 역시 종이신문을 배달하는 판매소를 어떻게 설득할 것인가였다.

그 일을 온 몸으로 떠맡게 된 것이 판매국에서 옮겨온 쓰카다 마사히코였다.

회사는 판매국을 둘로 나눠서 제1판매국은 종이신문 판매소를 담당하게 했고, 제2판매국은 전자판을 파는 부서로 정했다. 쓰카다는 제2판매국장이 됐다.

전자판만 구독할 수 있게 되면서 종이신문 독자가 그쪽으로 옮겨가는 '제살깎기'의 문제는 물론이고, 최대의 문제는 지금까지 판매소가 독자적으로 관리해온 독자 명부를 전자판 간행에 따라서 닛케이 본사도 관리하게 된다는 데 있었다.

구체적으로 설명하면 이런 문제다.

요미우리 판매소가 2000년대에 도쿄 고층 아파트 단지의 공동 배송을 거부한 최대 이유가 독자 명부를 일부라도 타사 판매소에 보여줄 수 없다는 데 있었다는 점을 떠올리길 바란다. 판매소의 가치는 그 지역의 독자에 대해 적은 명부인 것이다. 남성인지, 여성인지, 가족 구성은 어떻게 되는지, 단독주택인지, 아파트인지 등 계약자 이름 외에도 다양한 정보가 포함되어 있다. 그런 명부를 갖고 있는 판매소가 많았다.

전자판 온리가 생기면 그건 판매소 입장에선 일부분의 수입 감소로 연결된다. 하지만 구독자가 W플랜을 선택해도 닛케이는 신용카드 결제만 허용하는 만큼 판매소 명부에서 그 구독자는 사라지게 된다.

판매소 명부는 그걸 담보로 해서 융자를 받을 수 있을 정도로 가치가 있었다. 또 점주가 판매소를 다른 사람에게 팔려고 할 때, 그 가게의 가치를 좌우하는 것도 명부였다.

디지털 유료판으로의 이행은 이 명부가 판매소에서 니혼게이자이신문 본사로 옮겨진다는 것과 같은 뜻이었다.

신문 판매소에 설명한 것은 제1판매국 사람들이었다. 그러나 제2판매국장인 쓰카다도 35년간이나 현장을 다녔던 만큼 판매소 주인이 직접 쓰카다를 찾아오는 일도 있었다. 그렇게 되면 만나지 않을 수 없었다.

"디지털 판매를 하면 종이신문 독자가 줄지 않겠느냐? 게

다가 W플랜도 현금 결제는 받지 않는다고 하면, 명부가 본사 것이 돼버리는 것 아니냐?"

"배신자 같으니라고!"라고 하는 판매소 주인도 있었다.

"당신은 예전에 함께 신문을 팔았던 동료인데, 그래 놓고 디지털로 갈아타다니 배신자가 맞지 않는가." 그렇게 복받친 듯이 말하는 점주도 있었다.

독자가 종이신문에서 디지털판으로 바꿨을 경우 배상금을 달라는 판매소도 생겨났다.

"요미우리로 바꿨다면 그건 우리 책임이다. 그러나 닛케이 디지털로 옮겼다면 그건 영업 방해다."

이 점에 대해서는 미리 변호사에게 상담을 했다. 변호사는 경쟁상품을 출시하면 안 된다는 건 없고, 본사가 손해배상을 할 필요도 없다고 조언했다. 쓰카다가 판매소에 말한 것은 W플랜의 경우에도 종이신문을 판 것과 마찬가지로 이익을 판매소에 돌려줄 것이라는 점이었다.

독자가 W플랜을 선택했을 경우 일단 판매소에 종이신문 해당 금액인 4,383엔을 지급한 뒤에 본사가 원가 청구서를 판매소에 보내는 방식을 택했다.

게다가 이 W플랜은 판매소가 모금을 할 필요가 없으니 편리하지 않겠느냐고 설명했다.

또 종이신문은 월정액인데, 독자가 도중에 구독을 중단할 경우 남은 일수에 해당하는 금액을 독자에게 돌려줘야 했고, 그건 전액 판매소 부담이었다. 그러나 W플랜의 경우 하루라도 보면 월 1회 신용카드로 결제가 되기 때문에 판매소가 부담할 필요가 없으니 그것도 이득 아니냐고도 했다.

그래도 마지막까지 저항한 판매소는 있었다.

"본사가 독자 리스트를 가지고 있으면 다른 곳에 넘기려고 마음먹으면 실제로 할 수도 있는 것 아니냐!"

"그런 일은 하지 않습니다."

"자, 그럼 글로 써줘."

판매소의 권리는 구독 부수에 정가를 곱한 금액으로 거래된다. 판매소가 그 명부를 갖고 있지 않으면 그런 거래 자체가 성립하지 않게 되므로 재산가치가 훼손되고 경영권이 침해된다는 생각이었다.

전문 판매소뿐만 아니었다. 요미우리 계열의 판매소가 앞으로 닛케이를 취급하지 않게 되는 것 아니냐는 소문이 퍼지기도 했다.

쓰카다는 이런 판매소의 불평이나 불만을 하나씩 해결해 가면서 전자판이 발매되는 2010년 3월 23일을 맞이하게 된다.

늘어나는 닛케이 전자판 구독자

닛케이 전자판은 최악의 시기에 출발한 셈이었다. 2008년 9월 15일에 리먼브라더스가 파산하면서 시작된 세계 경제위기로 세계 신문사의 광고 수입은 일제히 떨어졌다. NYT는 2008년에는 19억 달러였던 매출이 2009년에 단숨에 15억 8,000만 달러로 떨어지는 바람에 유동성 위기를 겪을 뻔했다. 주가도 5달러까지 내려갔다. 도산 위기에 처하자 멕시코 대부호 카를로스 슬림(Carlos Slim)으로부터 고리의 자금을 NYT 주식 옵션을 담보로 빌려서 급한 불을 껐다.

닛케이도 2009년 12월기의 결산에서 37억 엔 적자를 냈다. 그런 와중에 전자판을 발매한 것이다.

기타 사장은 핫피를 입고,[79] 유라쿠초에서 전자판 캠페인에 직접 참가했고, 닛케이 본지도 연일 전자판 광고를 실었다.

2010년 2월 24일의 기자회견은 닛케이 사내에서 열렸다.

당시 '아라타니스' 프로젝트로 닛케이 사내에서 일하고 있었던 아사히신문의 개발자 아마모리 다쿠지(雨森拓児)는 이 회견을 보고 올 것이 왔구나 라고 느꼈다.

'아라타니스'는 닛케이 넷의 무료 기사로 연결되는 걸 전제로 만들어진 사이트였지만, 유료판이 시작되면 연결될 곳의

---

79) 일본에서 축제 참가자나 장인(직공)이 입는 전통의상. *法被*

기사가 점점 없어질 것이다. 이는 요미우리 주도로 시작된 이 프로젝트의 종료를 의미할 것이다.

실제로 '아라타니스'가 2012년 2월에 포털사이트로서의 수명이 끝났다는 건 앞에서 거론했다.

닛케이 전자판은 '4,000엔이면 성공할 리 없다. 포털사이트도 아닌데 그런 금액을 낼 리 없다'는 말을 줄곧 들었지만, 2010년 3월 23일에 창간되자 서서히 계약자 수가 늘어났다.

PC뿐만 아니라 스마트폰용 앱까지 출시되자 2010년에만 계약자가 4만7,454명에 이르렀다.

닛케이 전자판이 창간된 2010년은 마침 이동통신 기술이 제3세대에서 제4세대로 넘어가는 시기와 겹쳤다.

스마트폰에도 차트나 동영상을 실을 수 있게 된 것이다. 닛케이 전자판은 아이폰 앱을 만드는 등 스마트폰 대응을 서둘렀다.

닛케이 전자판의 구독자수는 2011년에는 10만6,788명, 2013년에는 25만 명을 넘었다. 2017년에는 50만 명, 그리고 2019년 6월에는 72만 명의 유료 구독자를 확보하기에 이르렀다.

이러는 사이에 닛케이의 종이신문 부수는 2009년 305만 부에서 2019년 234만부로 줄었지만, 닛케이 전자판의 72만 부로 상쇄된 덕분에 일본 신문사 중에서 유일하게 닛케이만

2009년 이후에도 매출을 유지한 회사가 됐다.

같은 10년간 오직 종이신문에만 매달린 요미우리신문과 비교하면 그 의미를 잘 알 수 있다.

요미우리신문은 2009년 1월에는 1,003만부였던 종이신문 부수가 2019년 2월에는 812만부까지 줄었다. 이러는 사이에 2007년도에는 주요 6개사에서 4,763억 엔에 이른 매출이 2017년도에는 3,650억 엔까지 축소됐다. 10년간 1,113억 엔, 4분의1 가까이 매출이 증발한 셈이다.

이 요미우리신문에서는 '아라타니스' 시도에 이어 야마구치 도시카즈(山口 寿一)가 2010년대에 와타나베 쓰네오의 뒤를 잇게 된다. 그러나 그 전에 아라타니스를 만든 우치야마 히토시의 퇴장과 어느 지방부 출신 기자의 반란이라는 사건을 목격하게 된다.

> **주요 참고 문헌·증언자·취재협력자**
> Gordon Crovits, 오사다 고헤이, 스기타 료키, 도쿠타 기요시, 쓰카다 마사히코, 쓰보타 도모미, 노무라 히로토모, 아마모리 다쿠지
> 『월스트리트저널…함락의 내막』, 사라 엘리슨(Sarah Ellison) 저, 히지카타 나미(土方奈美) 역, 마키노 요(牧野洋) 해설, 프레지던트사, 2011년 5월
> 'Information wants to be expensive' 고든 크로비츠 저, WSJ.COM, 2009년 2월 23일
> 니혼게이자이신문 사내보 『태양수』

제14장

우치야마 히토시 퇴장

와타나베 쓰네오가 자신의 저서에서 후계자 후보 1번이라고 확언한 우치야마 히토시가 퇴장하는 날이 왔다. 아라타니스의 협조 노선이 와타나베의 확대 노선과 맞지 않았던 것일까? 새로운 세대가 등장했다.

요미우리신문에서 와타나베 쓰네오의 후계자로 거론된 사람은 여러 명 있었다. 하지만 어느 후보든 결국 탈락하고 말았다.

예를 들어 에가와 스구루(江川卓)의 요미우리 자이언츠 입단을 가능하게 한 '공백의 1일'을 생각해낸 것으로 두각을 나타낸 정치부 출신의 미야마 히데아키(1969년 입사)는 비서부장, 정치부장 등을 거쳐서 '와타나베 쓰네오의 아들'이라는 말까지 들은 인물이었다. 하지만 2003년에 요미우리 자이언츠 구단 대표에 취임한 뒤 다양한 트러블에 휘말렸다. 요미우리의 스카우터가 메이지대 야구부 소속이던 이치바 야스히로(一場靖弘)에게 영양비라는 명목으로 200만 엔을 건넨 사실이 드러나

---

80) 요미우리 자이언츠가 1978년 11월 21일 에가와와 입단 계약을 하면서 "세이부 라이온스의 교섭권은 11월 20일에 종료됐고, 새 야구협약에 따라 다시 교섭권이 생기는 것은 11월 22일부터인 만큼 11월 21일 하루는 교섭권이 없는 요미우리도 에가와와 계약할 수 있다"고 주장한 것을 가리킨다. 요미우리는 당시 야구협약의 허점을 파고든 끝에 에가와와 계약하는 데 성공했다.

구단 대표에서 해임됐다. 이후에는 지방의 TV 방송국을 전전하며 사장 경쟁에서 이탈했다. 혹은 사회부 출신인 다키하나 다쿠오(滝鼻卓雄, 1963년 입사). 그는 도쿄 본사의 대표이사 사장을 지냈고, 2004년에는 요미우리 자이언츠 구단주, 2007년에는 도쿄 본사의 대표이사 회장까지 올라갔지만, 탈락했다.

그러나 이런 후보자 중에서도 우치야마 히토시(內山齊, 1957년 입사)는 선두 중의 선두로 간주됐다. 지방부 출신이지만, 판매를 잘 이해했고, 무엇보다도 요미우리의 무타이·와타나베로 이어진 확장노선을 현장에서 지원해온 사람이었기 때문이다. 2002년에 그룹 본사 이사 총괄, 2004년에는 그룹 본사 대표이사 사장에 취임했다.

와타나베 쓰네오는 닛케이 사장이었던 스기타 료키의 권유로 2006년 12월 1일부터 31까지 닛케이 지면에 '나의 이력서'를 연재했는데, 그것이 『군명유소불수(君命有所不受)』라는 책으로 출판된 것은 2007년 11월의 일이다.

이 책에는 닛케이 연재 시에는 없었던 '후계자'라는 항목이 일부러 가필됐다.

와타나베는 여기서 입사 이후 우치야마의 이력과 지방 분산 인쇄를 무타이 사장 이하 임원들에게 제안한 건을 자세히 쓴 뒤 이렇게 적었다.

"우치야마군에게는 이런 선견지명이 있어서 사장 실장, 노무 담당, 제작국장 등의 요직을 역임하게 했는데, 모두 완벽하게 성과를 거뒀다. 그는 상사에게 아부도 하지 않고 확실히 말을 하는데, 특히 내게는 정치부 시절의 은혜가 있다며 매우 성실하고 구체적으로 내가 모르는 사내 행정의 각종 문제에 대해 직언해줬다. 내가 요미우리신문을 5개 회사를 산하에 둔 지주회사로 변신시켰을 때 그를 도쿄본사 대표이사 사장에 발탁하고, 또 지주회사인 요미우리신문 그룹 본사의 대표이사 사장에 취임하게 한 것은 인정에 휩쓸려서가 아니라 다면적으로 정밀한 판단 능력을 정확하게 평가했기 때문이다. 지금은 사내의 누구든 내 후계자 제1 후보가 우치야마군이라는 점을 인정할 것이다."

와타나베 쓰네오가 이렇게 만천하에 쓴 만큼 누구나 우치야마가 후계자가 될 거라고 생각했다. 그런 뒷받침이 있었기에 우치야마가 ANY 공작도 추진할 수 있었던 셈이다.

2009년 6월에는 일본신문협회의 회장에도 선출된다.

"우치야마 사장이 비난을 받았다"

그게 이상하게 변했다는 게 드러난 것은 2010년 10월 'FACTA'라는 회원제 정보지에 "요미우리 '나베쓰네 후계'에 이변…84세의 상왕에게 75세의 '제1후보' 우치야마 사장이

---

81) 와타나베 쓰네오의 줄임말

비난을 받았다"라는 기사가 실리면서부터다.

이 기사에서는 2010년 6월 인사에서 도쿄본사 이사 겸 부사장인 기술·제작 담당 사쿠라이 고이치로(櫻井孝一郎)가 물러나 기술 고문이 된 점을 우선 언급한 뒤 '우치야마의 오른팔 갑자기 퇴진'이라고 썼다.

사쿠라이는 우치야마와 마찬가지로 지방부 출신으로, 제작국장, 부사장으로 승진했다. 그는 Y3라는 사내의 새로운 업무 시스템 도입을 추진했는데, 기사에서는 이 Y3에 대해서 이렇게 적었다.

사쿠라이는 도쿄본사의 업무 시스템 책임자로서 거의 독단으로 총액 100억 엔 이상을 투입했는데 현장에서 '결함투성이에 쓸 수 없을 지경인 시스템'이라는 혹평을 받았다. 게다가 컨설팅 회사에 수십억 엔이라는 규정 외의 컨설팅 비용을 지불하는 계약을 맺은 탓에, 이걸 알게 된 와타나베 회장이 격노해서 관계자에 따르면 '사쿠라이를 즉시 잘라버려!'라고 소리를 질렀다고 한다.

이 기사는 우치야마가 와타나베로부터 비난을 받은 것은 6월 중순의 도쿄돔 특별관람실에 지역지 사장들을 초청해서 개최한 간담회 석상이었다고 덧붙였다.

기사에서는 우치야마가 홋카이도 출신이다 보니 지방부 출신자와 홋카이도 출신자를 우대했다고 적은 뒤 "와타나베도 '저 녀석에게 맡겨두면 임원이 지방부 출신투성이 될 것'이라고 불평한 적이 있다"고 썼다.

다만 기사는 종반부에 어느 간부 출신 OB와 익명 소스를 인용해서 이런 식으로 우치야마를 두둔했다.

"'입이 거친 나베쓰네[82]씨한테 수십 년간 '너, 이 자식'이라는 소리를 들어온 만큼 우치야마씨도 그리 간단하게 물러나지는 않을 걸요. 나베쓰네씨도 우치야마 일파의 전횡(專橫)은 허용하지 않겠다며 부하 한 명에게 뒤집어씌운 것 아닐까요?"

이 'FACTA'라는 잡지는 닛케이의 천재 금융기자라고 불린 아베 시게오(阿部重夫)가 2006년 4월에 창간한 잡지이다. 아베는 닛케이를 그만둔 뒤 '선택'이라는 회원제 정보지의 편집장을 거쳐서 이 잡지를 창간했는데, 각 미디어에 광범위한 인맥을 갖고 있다. 요미우리에 대해서도 여러 소스를 갖고 있다.

그렇다고 해도 회원제 정보지의 기사에 불과한 데다가, 기사 종반부에서는 우치야마를 두둔하기도 해서 우치야마에게 심각한 사태가 될지 여부는 잘 모르겠다는 것이 업계의 관측이었다. 사실 우치야마는 2기째 신문협회 회장 임기에 의욕을 불태우고 있었고, 부회장 인사도 아사히의 아키야마 등과 추진하고 있었다.

---

82) 와타나베 쓰네오의 줄임말

어디까지 와타나베의 동의를 받은 걸까?

일본신문협회는 신문사 각 사가 부수에 따라 갹출금(醵出金)[83]을 내서 운영하는 사단법인이다. 사무국은 80명 정도이고, 이들 중 최고위직은 전무이사이다.

나중에 요미우리 출신자가 일본민간방송연맹의 전무이사를 모두 차지한 것과는 달리 신문협회는 어디까지나 각 신문사에 중립적인 조직으로 운영됐다.

신문협회 회장은 1기 2년이고, 보통 2기 4년은 하는 걸로 생각됐다. 신문협회 안에서 다양한 일을 실질적으로 정하는 운영위원회라는 게 있고, 그 안에 회장 선출소위원회를 둔다.

2011년에는 마이니치신문 사장인 아사히나 유타카(朝比奈豊), 시나노마이니치신문 사장인 오사카 겐스케(小坂健介), 홋카이도신문 사장인 무라타 마사토시(村田正敏) 등이 위원을 맡고 있었다.

2월에 열린 이 소위원회에서 2기째도 우치야마가 하는 게 좋겠다고 의견이 모아져서 전무이사인 도리이 모토요시(鳥居元吉)가 요미우리신문사로 우치야마를 찾아가서 소위원회의 결론을 전달했다.

우치야마는 흔쾌히 받아들였고, 거기서 연임이 결정된 거

---

[83] 같은 목적을 위하여 여러 사람이 나누어 내는 돈.

나 마찬가지였다. 남은 것은 3월 16일에 열리는 운영위원회에서 내정하고, 이사회에 보고하면, 그걸 이사회가 승인하는 절차뿐이었다.

그러나 그 해 3월 11일에 동일본대지진이 일어나서 운영위원회도, 이사회도 열릴 수 없었다. 우치야마의 신문협회장 연임 승인은 4월 20일 수요일에 개최될 이사회로 미뤄졌다.

그런데 4월 18일 월요일 저녁 신문협회에 전화 한 통이 걸려왔다.

"회장님이 도리이 전무이사를 찾으시는데요"

우치야마가 전화를 거는 일은 거의 없었기에 도리이 전무는 이상하다고 생각했다. 전화를 받자 우치야마는 이렇게 말했다.

"나도 몸이 안 좋고, 아내도 안 좋아져서 요미우리 사장을 그만두기로 했네. 그래서 협회장도 그만둘 수밖에 없게 됐네."

우치야마씨가 요미우리의 사장을 그만둔다고?

도리이는 당황했다.

"모레 운영위원회, 이사회에서 자세한 걸 보고해야 합니다. 제가 지금 요미우리로 찾아가겠습니다."

그렇게 말했지만, 우치야마는 이렇게 대답했다.

"지금부터 다른 용무가 있어서 외출할 거야."

20일 우치야마는 도쿄 우치사이와이초의 프레스센터 빌딩에 있는 신문협회에 찾아왔다.

우선 운영위원회가 열렸다.

여기서 우치야마는 운영위원회에 참가한 각 사 사장에게 도리이에게 말한 것과 같은 얘기를 했다.

"신문협회 회장 연임은 할 수 없습니다. 이유는 요미우리 사장을 물러나기 때문입니다."

여기서도 자신의 건강 문제와 아내의 병을 이유로 들었다.

니가타일보 사장인 다카하시 미치에이는 충격에 휩싸인 채 우치야마가 그렇게 말하는 걸 듣고 있었다.

정말로 아내의 병이 이유인 걸까?

그건 그 자리에 있는 누구나가 생각한 것이었다.

니가타일보의 다카하시 미치에이는 지역지와 '협조'를 한다는 우치야마의 정책이 결국 와타나베의 신임을 받지 못한 게 아닐까 생각했다.

니가타일보의 다카하시와 우치야마는 둘 다 니혼대 출신이다. 우치야마는 이 니혼대 동문의 인연에 의지해서 다카하시에게 '협조 전략'에 협력해달라고 요청했고, 2009년 7월에는 니가타일보가 요미우리신문 조간을 일부 수탁 인쇄한다는데 기본 합의했고, 2010년 가을부터 인쇄가 시작됐다.

제9장의 앞부분에 자세히 쓴 것처럼 요미우리신문의 니가

타 '침략' 경위를 생각하면 요미우리와 손을 잡는다는 건 도저히 생각할 수 없다는 게 니가타일보 사내나 니가타일보 판매소 다수의 의견이었다. 그걸 누르고 이 기본합의에 이른 것은 다카하시가 우치야마의 '협조' 노선을 신뢰했기 때문이었다.

하지만 그것이 어디까지 와타나베의 동의를 얻은 것이었는지 알 수 없다고 다카하시는 생각했다.

아사히의 아키야마도 마찬가지였다. 차기 부회장까지 스스로 고르고 있었던 우치야마가 갑자기 "아내의 병을 이유로" 요미우리 사장을 그만둔다는 걸 아키야마는 믿을 수 없었다.

우치야마의 연임 의지는 "수시간 사이에 무너졌다"고 아키야마는 내게 증언했다.

그러나 요미우리 사내에서 무슨 일이 일어났는지는 타사 사장이 알 수는 없는 일이었다.

결국 4월의 이사회에서도 차기 신문협회 회장을 정하지 못하는 이상사태가 벌어졌다.

우치야마 본인의 증언

도리이는 다음달 이사회 문제도 상담할 겸 요미우리신문에 전화를 걸었지만 비서부에서 "줄곧 나오지 않고 계십니다"라는 답변을 들었다. 요미우리의 다른 사람들에게 물어도 "우치야마씨는 줄곧 회사에 오지 않고 있습니다"라고 하니 손을 쓸 도리가 없었다.

6월 7일 요미우리신문 그룹 본사에서 주주총회와 이사회가 열려 우치야마 히토시 퇴임이 결정됐다.

퇴임 후 직함은 '고문'이었다. 오사카 담당 이사인 나카무라 히토시(中村仁)도 퇴임했는데, 그도 역시 '오사카 본사 이사 최고 고문'이라는 걸 생각하면 이 '고문'이라는 건 말하자면 그 후에도 돈을 준다는 의미밖에 없었다.

나중에 3대 주간지가[84] 이 우치야마의 퇴임 이유가 와타나베의 확대노선과 대립했기 때문이라고 보도했다. 이에 대해 요미우리신문사는 "본인 및 가족의 건강 문제 등으로 사임을 요청했다"고 항의한 뒤 기사 내용은 "사실무근"이라고 하는 통지를 보냈다.

실제로는 어땠을까?

나는 우치야마 히토시 본인과 부인인 가즈코씨를 2018년 9월 25일에 스가모 자택에서 직접 만나서 이야기를 들었다.

왜 2011년 6월에 그룹 본사 사장 자리에서 물러나서 회사 일에서 모두 손을 떼게 된 것인지 물었을 때 우치야마는 담담하게 이렇게 대답했다.

"아내가 세계에서 2, 3 케이스밖에 없는 백혈병에 걸렸어

---

84) 보통 주간문춘, 주간신초, 주간현대를 가리킨다.

요. 의사에게서 '수술하지 않으면 2년 안에 죽습니다. 수술해도 성공률은 50%입니다.'라는 말을 들었죠. 수술은 7시간 반이나 걸렸어요. 이런 어려운 수술은 한 적이 없다고 의사도 말할 정도였죠."

그 수술이 성공해서 가즈코는 그 후에도 살아남았고, 지금 우치야마의 옆에서 인터뷰하는 걸 듣고 있었다.

"와타나베씨에게도 내가 이야기했습니다. '세계적으로 2, 3 케이스밖에 없는 병입니다. 출장에서 돌아왔더니 아내가 죽어있더라는 건 싫어서 아내의 간병을 하는 김에 회사를 그만두겠습니다.'라고 했죠.

'이야, 그래? 나도 아내가 병에 걸려서, 자네 심정은 잘 알겠네. 알았어.'

후임은 나베쓰네씨가 정한다고 해서…"

그러나 그래서는 시간 순서로 볼 때 2011년 2월 시점에서 신문협회 전무이사인 도리이 모토요시가 신문협회 회장 연임을 타진했을 때에 '알았다'고 한 것과 앞뒤가 맞지 않는 것 아닌가? 두 번째 인터뷰를 했을 때 다시 물었다.

2018년 11월 15일 목요일 정오가 조금 지났을 무렵 집에 찾아갔을 때 "15분 후에는 나가려고 하던 참이었다. 간다(神田)의 헌책방 거리를 걷는 게 취미"라고 하면서 기꺼이 두 번째 취재를 받아들였을 때의 대답이다.

"도리이씨가 신문협회 회장을 한 번 더 해달라고 부탁했을 때에는 수술을 받아서 살아났을 때였다"

그렇게 말하길래 "그러면 연임을 받아들여도 괜찮지 않았나요"라고 묻자 당황한 듯이 "이야, (도리이씨가 온 것은 아내의) 수술 전이었다"고 정정했다.

그 후에는 같은 이야기가 되풀이됐다. 수술 성공 확률은 50%였다는 것. 세계적으로 2, 3 케이스밖에 없는 병이었다는 것.

실제로는 가즈코의 수술은 2010년 봄, 즉 우치야마가 도리이에게 신문협회 회장 연임 타진을 받기 약 1년 전에 준텐도(順天堂) 대학병원에서 받았다.

"우치야마씨가 협조 노선을 추구한 반면, 와타나베씨는 판매 제일주의로 밀고 가서 1,000만부를 달성했다. 그 노선 대립이 사임의 배경에 있었던 게 아닌가요?"

"그건 업계의 억측일 뿐이고요. 지금 아내는 건강하지만, 그때는 심각한 상황이었고, 그래서 끝인가라고 생각했어요."

그렇게 대답한 뒤 뭔가 각오한 듯이 이렇게 내게 이야기했다.

"사장까지 한 사람이 험담을 할 수는 없어요. 뭔가 있었다고 해도. 역시 그런 점은 노코멘트예요. 사원이 해고됐다면 앙갚음으로 뭔가 쓰거나 말하거나 할지 몰라도 사장까지 한 사람이 그런 걸 할 수는 없죠. 상식적으로 생각할 수 없는 일이죠. 뭔가 안 좋은 일이 있었더라도 내가 아내의 병을 이유로 그만둔 걸요." 우치야마씨에게 이 문제를 더 이상 추궁하는 건 의미가 없을 것이다.

우치야마가 사임하기 전, FACTA의 기사가 나오고 사내 외에 다양한 소문이 흘러 퍼졌다. 우치야마가 프랑스의 레지옹도뇌르 훈장을 받은 게 주필의 심기를 건드렸다느니, 우치야마가 홋카이도 출신의 신인 엔카 가수 CD를 홋카이도 요미우리신문의 판매소 주인에게 사게 했다가 불만을 샀다느니… (실제로 이 엔카 가수인 하시리 유노스케(走裕介)의 2010년 10월 15일 네리마 문화센터 콘서트에 조호쿠(城北)요미우리회가 협력했고, 11월 11일에는 우치야마가 본사에서 하시리와 만난 적도 있다).

와타나베 자신은 주주총회 1개월 후 요미우리 7일회, 도쿄요미우리회의 합동 총회에서 다음과 같이 우치야마의 퇴임에 대해서 언급했다.

"우치야마 전 사장은 작년 봄에 사모님이 큰 수술을 받은 뒤 상태가 좋지 않아서 그 충격으로 본인도 살짝 정신적 불안을 느꼈고, 특히 3·11 대지진 후의 회사 업무에 거의 관계하지 않게 된 끝에 제게 부인의 간호에 전념하고 싶다며 사표를 제출했습니다.

우치야마군은 내 오랜 충성스러운 부하이고, 내게는 만감이 교차할 수밖에 없었습니다만, 신문사로서 긴급 비상 사태이므로 그 사표를 수리했습니다."

사사에 우치야마는 없다

2004년부터 2011년까지 7년이라는 장기간에 걸쳐서 그룹 본사의 사장을 지냈고, 신문협회 회장으로도 활약했지만, 현재 요미우리에서 우치야마의 존재는 없었던 것과 마찬가지다.

2015년 3월에 요미우리신문은 140년사를 펴냈다.[85] 거기에는 색인이나 본문을 아무리 찾아봐도 우치야마의 이름은 한 번도 나오지 않는다.

권말의 역대 수뇌부 표 속에 작은 글씨로 2번 나올 뿐이다. 우치야마가 그룹 본사의 사장이 되기 전인 1994년에 간행된 120년사조차 3곳에 걸쳐서 본문에 우치야마 히토시에 관한 기술이 있었는데도 말이다.

우치야마의 주소를 찾는데 매우 고생했다. 그룹 본사의 사장을 하던 때 살던 이치반초의[86] 자택 아파트는 이미 부서진 뒤였다. 내가 오랫동안 알고 지낸 요미우리의 전 임원에게 물어도 "현 임원에게 물어봤는데, 그건 가르쳐줄 수가 없다네요"라고 할 뿐이었다. 겨우 찾아낸 자택에 편지를 보낸 뒤 방문했을 때 본인은 없었고, 부인이 나와서 이렇게 말했다.

"남편은 당신의 편지를 읽고 눈물을 흘렸습니다."

부인은 봉투를 열고 내 편지를 읽던 우치야마가 갑자기 눈

---

85) 요미우리신문은 1874년에 창간했다.
86) 이치반초(一番町). 도쿄 지요다구의 지명.

물을 흘리는 걸 보고 "왜 그래요? 당신, 안 좋은 거라도 적혀 있나요?"라고 당황해서 묻자 우치야마는 이렇게 말했던 듯하다.

"처음으로 내가 한 것을 평가해서 찾아오겠다는 사람이 있군."

내가 보낸 취재의뢰의 편지 속에는 '지금도 신문협회 회장을 할 때의 일을 추앙하는 다른 신문사 사장이 있다'는 문장이 포함돼 있었다. 단 한차례 임기의 협회장이었지만 이때의 이사회에 참석한 사장들의 결속은 그 후에도 굳건해서 1년에 한차례 10월에 반드시 모여서 사장을 그만둔 뒤에도 친교를 다지고 있었다. 10년이나 지나는 사이에 그 중에는 몸이 점점 약해지는 이도 있었다. 마지막 모임이 된 2017년에는 시나노마이니치신문의 고사카가 병으로 앓아 누워서 움직일 수 없다고 해서 우치야마나 아키야마, 그리고 니가타일보의 다카하시 미치에이 등이 신슈에서 모임을 열었다.

가즈코는 그런 모임이 열릴 때마다 반드시 우치야마와 함께 출석했다. 우치야마가 골절상을 입었을 때에는 가즈코가 우치야마를 부축해서 이전 동료들이 있는 장소에 나갔다.

가즈코는 우치야마가 사장일 때 친구들에게 요미우리신문 구독을 권유하는 편지를 쓰는 게 일과였다. 그 편지의 수는 3,000통을 넘었다. 그래서 가즈코는 우치야마가 사장을 그만둔다고 들었을 때 "아, 이제는 판매소 모임에 가지 않아도 되겠네. 편지를 안 써도 되네"라고 안심했다고 한다.

우치야마는 다시 한번 인생을 살더라도 역시 신문기자를 하고 싶다고 부인 앞에서 말했다.

지방부는 큰 사건이 벌어졌을 때는 반드시 응원하러 각지의 현장에 갔다. 기자 일을 할 때에는 며칠이나 집에 돌아가지 못하는 일도 많았다.

그러나 그것이 우치야마에게도 가즈코에게도 행복한 시절이었다.

우치야마가 물러난 2011년 상반기 ABC 부수에서 요미우리는 1994년 이후 유지해온 1,000만부대를 처음으로 밑돌았다. 스마트폰 보급이 시작된 지 3년, 드디어 커다란 변화가 일어나려고 하고 있었다.

우치야마 퇴임 인사는 새로운 이사 승진과 동시에 이뤄졌다. 야마구치 가즈토시는 54세 젊은 나이에 드디어 그룹 본사 이사로 승진했다. 니혼TV의 이사였던 오쿠보 요시오도 동시에 요미우리신문 그룹 본사의 이사로 승진했다. 이 두 사람이 2010년대 이후 요미우리 그룹을 이끌어가게 된다.

야마구치는 사장실장 겸 컴플라이언스 담당이 업무였다. 이 해 말에 법무팀 시절부터 법무와 컴플라이언스를 담당해온 야마구치에게 커다란 시련이 기다리고 있었다.

세상에서 말하는 '기요타케의 난'이다.

주요 참고 문헌·증언자·취재협력자
우치야마 히토시, 우치야마 가즈코(內山和子), 도리이 모토요시, 다카하시 미치에이, 아키야마 고타로
「요미우리 '나베쓰네 후계'에 이변」FACTA 2010년 10월호
「주간지 3개지에 정정 요구」요미우리신문 2011년 12월 23일
『요미우리신문 140년사』요미우리신문그룹본사 2015년 3월
『요미우리신문 120년사』요미우리신문사 1994년 11월
요미우리신문사보

　　우치야마 가즈코는 취재 시에 "남편의 언동에 관해 요미우리 본사가 엄격하게 체크하고 있다. 1년 단위 계약을 한 고문이라고 해도 이런 취재가 있었는지에 대해서 보고를 해야 한다."고 미리 양해를 구했다.

제15장

'기요타케의 난' 다른 해석

예전 요미우리에는 자유롭게 외부의 인간과 만나서 세상의 목소리를 듣는 사회부 기자 계보가 있었다. 그 계보로 연결되는 최후의 기자가 반란을 일으켰다. 진압을 담당한 것이 야마구치였다.

게이오 SFC의 무라이 준이 '언와이어드' 시대를 예고한 지 6년이 지났다. 스마트폰 보급률은 29%에 이르렀고, 신문 부수는 2009년부터 급격하게 떨어지고 있었다. 이런 와중에 닛케이는 제로의 시장에 진출하는 형태로 유료 전자판을 창간했고, 2011년에는 계약자 수가 10만 명을 넘었다.

야후는 스마트폰 대응이 늦긴 했지만, 2012년 6월에 창업 시부터 줄곧 사장이었던 이노우에 마사히로가 물러났고, 미야사카 마나부가 사장에 취임했다. '스마트폰 퍼스트'라는 구호 아래 PC 시절의 우위가 초래한 혁신의 딜레마를 필사적으로 벗어나려고 하고 있었다.

기술혁신에 따른 그런 변화의 시대에 요미우리신문은 그것과는 전혀 관계없는 사내 갈등에 몇 년간 힘을 쏟아야 했다는 것이 커다란 불행이었다.

니혼게이자이신문 사장이었던 스기타 료키는 일찌감치 와타나베 쓰네오가 "야마구치가 다음 사장"이라고 하는 말을 들었다.

요미우리 후계자 문제를 생각할 때 연령 문제를 생각하면 이해하기 쉽다. 와타나베는 무타이와 마찬가지로 90세를 넘어서도 회사의 실권을 쥐고 있었다. 다키하나도, 우치야마도 와타나베에게 위협이 되지 않는다는 걸 중시했다. 하지만 그래서는 차기를 맡기기엔 불안했다. 무엇보다도 야마구치는 젊다. 와타나베와는 약 30살이나 연령차가 있었다. 그리고 정말로 우수했다.

그 야마구치가 와타나베의 다음 자리를 굳힌 것이 컴플라이언스 담당 이사로서 '기요타케의 난' 이후 발생한 8건에 이르는 소송을 전부 지휘했기 때문이라는 건 두말할 필요도 없다.

이 '기요타케의 난'은 요미우리 자이언츠의 단장이었던 기요타케 히데토시(清武英利)가 요미우리의 다음 시즌 수석코치 인사에 요미우리신문 그룹 본사 주필인 와타나베 쓰네오가 부당하게 개입했다고 고발한 데서 시작됐다. 기요타케는 2011년 11월 11일 문부과학성 기자클럽에서 독단적으로 기자회견을 열었다. 직전에 일어난 올림퍼스나 대왕제지의 불상사를 사례로 들어가며 와타나베의 행위에는 컴플라이언스상 중대한 문제가 있다고 비판했다.

자회사 임원이 그룹의 상왕을 저격했다. 그것도 사회부나 정치부 기자가 모인 문부과학성에서 마지막에는 손수건으로 눈물을 닦아내며 "부당한 맨 윗분의 한마디로 사랑하는 자이언츠를, 프로야구를 사유물처럼 다룬 행위를 용납할 수 없습니다"라고 쥐어짜듯 호소한 것이다.

당시 아사히, 마이니치, 산케이 등의 타사가 다음날부터 크게 보도했고, 그 주에 발행된 주간지가 모두 이 '기요타케의 난'을 다뤘다.

이 '기요타케의 난'은 합계 8건의 소송으로 이어져 2016년까지 요미우리에 커다란 부담을 안겼다.

이 재판에서 요미우리의 전적은 7승1패. 기요타케를 상대로 한 6건의 소송은 모두 이겼다. 1패는 주간문춘이 '하라감독 1억 엔'이라고 보도한 걸 두고 기요타케가 기밀 자료를 유출했다고 요미우리측이 지적한 명예훼손 소송이었다.

이들 재판 모두를 총지휘한 것이 그룹 본사의 컴플라이언스 담당 이사였던 야마구치였다.

야마구치의 요미우리 입사가 1979년, 기요타케는 1975년. 그 연차의 차이는 4년이지만, 나이는 기요타케가 7살 위였다.

최후의 사회부 기자

지금은 대부분 사람들이 잊어버렸지만, 요미우리 사회부에는 자유롭게 독특한 발상을 하는 기자 계보가 있었다. 조선(造船) 의혹 특종을 하고, 매춘 오직 사건 오보(1957년)로 명예훼손 혐의로 구속된 다테마쓰 가즈히로(立松和博). 매혈 실태를 파헤친 노란 피 캠페인(1964년)을 주도한 뒤 나중에 독립해서 『부당 구속』, 『유괴』 등의 논픽션 명작을 쓰게 되는 혼다 야스하루(本田靖春). 오사카 요미우리에서 '전쟁' 연재나 칼럼 '창' 등에서 반전평화, 항간의 사람들의 숨결을 지면에 담으려고 한 구로다 기요시(黒田清).

기요타케는 이 계보로 연결되는 마지막 사회부 기자였는지도 모르겠다. 그는 지역기자로 채용됐다. 당시 신문사는 전국 채용과 지역 채용으로 나뉘어 있었고, 지역 채용의 경우에는 정년 때까지 지역의 지국에서 근무해야 했다. 그런데 기요타케는 첫 근무지인 아오모리 지국에서 아오모리의 원자력잠수함 무쓰호 입항 등 특종 기사를 연달아 써서 도쿄 사회부에 발탁됐다. 경시청 수사 2, 4과를 담당했는데, 여기서도 특종 기사를 여러 편 썼다.

기요타케는 요미우리 이외의 미디어 사람들과도 적극적으로 사귀었다. 그 중에서도 속을 털어놓는 사이가 된 것이 스즈키 류이치(鈴木隆一)였다. 스즈키는 다치바나 다카시(立花隆)의 다나카 가쿠에이(田中角榮) 연구 취재반의 일원이었고, 신초샤(新潮社) 『FOCUS』 편집부로 옮긴 뒤에는 사건 담당 데스크가 됐다. 그는 나중에 출판사 WAC를 설립해서 '기요타케의 난' 때에는 중요한 역할을 맡게 된다.

기요타케는 국세청에도 깊이 파고들어서 수많은 특종기사를 썼다. 그 중에서도 노무라·닛코·다이와·야마이치의 4대 증권이 특정 거래처 운용과 관련해 손실을 보전(補塡)하고 있었다는 걸 밝힌 '4대 증권 손실보전 문제'의 1년간에 걸친 보도는 기요타케의 이름을 널리 떨치게 했다.[87]

기요타케는 팀을 짜서 이런 보도를 잇따라 내놓는다고 해서 타사 기자들은 '기요타케 군단'을 두려워하게 됐다.

기요타케의 독특한 점은 신문에서 특종 기사를 싣는 것뿐만 아니라 연재 기사를 쓴 뒤 그걸 책으로 묶어내는 것까지 염두에 두고 활동했다는 점이다.

다이이치권은(第一勸銀) 회장인 아라이 쇼케이(新井將敬)[88] 국회의원의 자살로 이어진 금융 스캔들에 대해 쓴 『회장은 왜 자살했나…금융 부패=저주의 검증』, 야마이치증권이 파탄에 이르는 과정을 그려낸 『회사는 왜 소멸했나…야마이치증권

---
87) 부족한 부분을 보태어 채움.
88) 아라이 쇼케이(新井將敬·1948~1998). 재일 조선인(박경재)으로 태어나 일본 국적을 취득한 뒤 국회의원이 됨.

임원들의 배신』 등을 '요미우리신문 사회부' 명의로 신초샤(新潮社)에서 출판했다. 요미우리신문에 있으면서 출판사 사람과도 사귀었다.

기요타케에게 물을 먹다[89]

거품경제 붕괴 후 일본 경제시스템을 청산해가는 과정에서 일어난 다양한 금융 사건에서 '기요타케팀'은 특종을 거듭했다. 타사 사회부 입장에선 이 '기요타케팀'의 움직임은 늘 주목의 대상이었다.

아사히신문의 사회부 기자였던 미나미지마 신야(南島信也)는 지금도 그 거품 경제 붕괴 후인 1990년대 후반의 사건 취재의 나날을 고통스럽게 기억한다.

'기요타케 군단'에게 당한 기억이다.

당시 아사히나 요미우리 사회부는 잇따라 발생하는 경제사건을 쫓기 위해서 히비야의 프레스센터 빌딩 8층에 양쪽 다 전선기지를 설치했다. 사법기자클럽이나 경시청 기자클럽은 너무 비좁았던 탓에, 다 쫓을 수 없을 정도로 잇따라 발생하는 사건을 별도 사무실을 설치해가며 쫓고 있었다.

대학 졸업 직후에는 후지은행의 은행원이었고, 이후 주니

---

[89] '물을 먹다'는 낙종을 하는 것을 뜻하는 기자 세계의 은어. 원문의 표현은 '抜かれる'지만, 어감을 살리기 위해서 한국 언론계의 은어를 사용함.

치신문을 거쳐 아사히신문에 경력직으로 입사한 미나미지마는 이 취재팀에 속해서 제5장에도 등장한 전설적인 사법 기자, 무라야마 오사무 밑에서 사건을 뒤쫓고 있었다.

1997년 12월 21일은 일요일이었다. 미나미지마는 이 일요일 밤의 일을 잊을 수 없다. 세상은 크리스마스 분위기에 빠져 있었고, 일요일에 움직이는 건 자신들 금융 취재팀 정도뿐이었다. 심야 12시 넘어서 일을 마치고, 프레스센터 1층의 흡연실에 들러서 한 모금 빤 뒤에 집에 돌아가야지 라고 생각하고 있었다. 거기서 미나미지마는 기요타케의 모습을 발견했다.

일요일 이런 시간에 기요타케가 있다!

이는 내일 뭔가 기사가 나온다는 뜻이다. 그 최종 확인을 위해서 여기에 남아있는 거다. 그런 공포에 가까운 감정으로 기요타케가 나가는 모습을 바라봤다.

실제로 이 날은 요미우리와의 가판(街販)신문[90] 교환이 없었다. 뭔가 특종 기사를 실을 때에는 평소에 하는 요미우리와의 가판 교환이 없어지기 마련이다.

아침 5시를 조금 지났을 때 요미우리 조간신문을 집어 들었다. 1면에 기사가 실려있었.

'닛코증권이 아라이 의원에게 이익 제공… 매매 일임 계좌

---

90) 신문사가 처음 찍어내는 초판 신문. 이후 몇차례 판갈이를 거쳐서 시내 배달판 신문을 만든다. 한국이나 일본 가판 신문은 보통 전날 저녁에 마감된 기사로 만들며, 시내 배달판은 새벽에 마감된다.

에 4,000만 엔…증권거래법 위반 혐의'라는 커다란 제목에 이렇게 리드문장이 이어졌다.

"증권업계 대기업인 '닛코증권'이 자민당 아라이 쇼케이 중의원 의원(49, 도쿄4구)에게 주식 등의 위법 일임 매매 거래로 올해 2월까지 약 1년반 동안 약 4,000만 엔에 이르는 이익을 제공했다는 것이 21일 관계자 증언으로 밝혀졌다. 일련의 거래는 아라이 의원의 지인 명의 계좌에서 이뤄졌지만, 닛코증권 관계자는 요미우리신문사에 이 계좌는 아라이 의원의 차명 계좌이고, 이 증권사의 자기매매이익을 이 계좌에 이체하는 등의 수법을 되풀이했다는 걸 인정했다. 도쿄지검 특수부도 이런 사실을 파악하고 증권거래법(이익 추가, 손실보전 금지 등)에 저촉된다는 혐의도 있다고 보고, 닛코증권 관계자들의 사정 청취를 진행하고 있는 모양새다. 4대 증권의 이익공여 사건과 관련해서 정치가에게 이익을 제공했다는 사실이 부상한 것은 처음이다."

타사는 아연실색(啞然失色)[91]했다. 미나미지마도 곧바로 추적 취재를 시작했다. 하지만 연말이 다가오다 보니 누군가의 얘기를 듣기가 어려웠다. 이럭저럭하는 동안 종무식(終務式)[92]이 끝나고 정월이 됐다. 점점 더 취재가 어려워졌고, 아사히는 제대로 된 속보를 쓸 수 없었다.

---

91) 뜻밖의 일에 얼굴빛이 변할 정도로 놀람.
92) 관공서나 회사에서 연말에 근무를 끝낼 때에 행하는 의식. 연초에 하는 건 시무식(始務式).

요미우리는 잇따라서 확실한 속보를 실었다. 그때부터 아라이 쇼케이가 자살하기까지 2개월간의 일은 미나미지마에게 있어서 너무나 괴롭고, 안개가 짙게 낀 듯해서 제대로 기억도 나지 않는다. 밤낮으로 취재하고 집에 돌아갔다는 부끄러운 기억밖에 나지 않는다.

아라이 쇼케이는 체포 동의 청구를 심사한 2월 18일 밤의 중의원 운영위원회에서 자신의 결백을 되풀이해서 강조했다. 그 후의 기자회견에서도 "내 최후의 말에 거짓은 없다"고 울먹이며 호소했다.

그 다음날 숙박처인 호텔 퍼시픽도쿄의 23층 객실에서 목을 매 자살을 선택했다. 검찰 수사는 그걸로 종결됐다. 미나미지마는 아라이의 죽음에 충격을 받은 한편, 솔직히 안도의 한숨을 내쉬었다. 이걸로 적어도 이 사건에 관해서는 '기요타케 팀'의 뒤를 쫓지 않아도 된다.

요미우리에서 이 닛코증권의 아라이 쇼케이 이익 제공을 쫓은 것은 기요타케 히데토시 외에, 라인토픽스 소송 때 법무부에서 야마구치 도시카즈 밑에 있었던 가토 다카노리가 검찰 담당이었고, 그리고 나중에 아사히신문으로 옮기게 되는 이치다 다카시(市田隆)였다.

요미우리는 요미우리대로 아사히 무라야마의 움직임을 경계했고, 휴일에는 프레스센터에 들어올 때 이름을 적어야 하기 때문에 그 명부를 체크해서 무라야마가 왔는지를 확인했다.

이 정도로 특종을 연발해온 기자였기에 장래에는 도쿄 본사 사회부장이 될 거라고 기요타케 본인도 생각했을 것이다. 그러나 실제로는 2001년 1월 1일자로 나고야 사회부장으로 발령 났다.

도쿄 본사의 사회부장이 되지 못한 것은 그의 행동이 너무 튀어서 조직을 중시하는 역대 사회부장이 꺼렸기 때문이라고 하는 사람도 있다.

나고야 사회부의 분위기는 기요타케가 가면서 확 바뀌었다. 기요타케의 지도는 엄격했다. 도쿄의 우수한 가토나 이치다 같은 부하라면 해낼 수 있었을 이야기도 그때까지 온탕에 몸을 담그고 있었던 기자들에게는 '직장 내 괴롭힘'이라고 밖에 생각할 수 없는 주문이었다. 화가 치민 나머지 졸도하는 기자도 있었다. 여러 명이 그만뒀기 때문에 기요타케의 관리직으로서 능력을 의문시하는 사람도 있었지만, 1998년에 입사한 이와나가 나오코(岩永直子)처럼 기요타케가 상사로 온 덕분에 눈을 뜬 기자도 있었다.

기요타케는 나고야 사회부장으로 발령 났을 때부터 눈여겨봐온 기획이 있었다. 도요타다.

도요타의 '수습공(修習工) 1기생' 명단을 입수하는 것으로 취재가 시작됐다. 하지만 홍보팀은 거치지 않았다. 취재기자에게 명단을 나눠주고, 금요일 밤부터 취재를 하게 했다. 자신도 명단에 나온 이들을 만났다. 토요일, 일요일. 홍보팀이 없을 때 다양한 이야기를 취재했다.

그걸 출발점으로 삼는 것이다. 도요타 홍보팀이 나중에 "기획안을 보여달라"고 해도, 그런 건 없고, 보여줄 수도 없다고 버텼다.

이렇게 해서 홍보팀을 통하지 않고 도요타맨이 생생하게 털어놓은 역사는 '도요타전(傳)…일본인은 무엇을 만들어왔나'라는 제목으로 1년 이상 이어진 연재기사가 됐고, 나중에는 신초샤(新潮社)에서 단행본으로 묶여 나왔다.

또 구로다 기요시(黒田清)가 제안한 칼럼 '창'을 방불케 하는 '행복한 신문'이라는 페이지도 기획했다. "이 신문에 슬픈 소식은 한 줄도 없습니다"라는 설명이 제목 밑에 들어간 이 기획은 매주 토요일에 실려 호평을 받았다.

딸의 병을 계기로 의료 일을 시작해서 카테터(catheter)[93] 업계의 정상에 오른 사람의 이야기나 가게가 전소된 걸 계기로 무연 로스터를 개발한 불고기 가게의 이야기 등 주옥 같은 단편 기사를 늘어놓은 시리즈였다. 그렇게 자신의 아이디어를 잇따라 실현해간 기요타케를 보고, 이와나가 나오코는 '신문기자라는 직업이 이렇게 자유롭게 생각하고 하고 싶은 걸 실

---

93) 의료용으로 쓰는 가는 관.

현할 수 있는 거구나'라고 눈을 뜬 것 같은 느낌이 들었다.

이와나가는 도요타의 오쿠다 히로시(奧田碩)가 필리핀에 좌천됐다가 돌아와 정상에 올라간 이야기를 쓰기 위해서 필리핀에 출장을 가기도 했다.

이와나가는 어떻게든 매스컴에 들어가고 싶어서 각 언론사 시험을 봤지만 떨어졌고, 취직 재수를 한 끝에 그때까지 별도로 채용했던 주부요미우리신문사에 흘러 들어갔다. 하지만 지역기자로서 활동이 한정돼있다는 데 울분을 느끼고 있었다.

그런 우중충했던 하늘이 기요타케의 등장으로 빛이 내리쬔 듯한 그런 해방감을 느꼈다. 이와나가는 나중에 이렇게 적었다.

"지방도시의 기자로서 답답함을 느끼고 있던 나는 한 명의 지도자의 등장으로 세상이 확 넓어져가는 듯한 희망을 느꼈다."

그 후 이와나가는 도쿄에 가서 요미닥터의 편집장을 맡았다. 거기서 기요타케와 같은 시련에 직면하게 되는데, 그건 또 후일의 이야기인 만큼 나중에 말하기로 하자.

센트럴리그 3연패

기요타케는 그 후 도쿄본사 편집위원으로 복귀했고, 2004년에는 스포츠부장이 됐다. 수개월간 스포츠부장을 한 뒤에 2004년 8월부터 요미우리 자이언츠 구단 대표 겸 편성본부장이 됐다. 마침 이치바 사건이 일어나서 구단 대표였던 미야마 히데아키(三山秀昭)가 해임됐고, 구단주였던 와타나베 쓰네오도 책임을 지고 사임한 뒤였다. 그 뒤를 이어서 예전 상사였던 모모이 쓰네카즈(桃井恒和) 전 사회부장과 함께 자이언츠를 담당하게 됐다.

기요타케는 그때까지처럼 돈을 듬뿍 쓰는 트레이드나 보강이 아니라 육성선수 중에서 선수를 키워나가서 활용하는 육성제도를 시작해 실적을 올렸다. 2009년까지 요미우리는 센트럴리그 3연패를 달성했다.

기요타케는 스타급 대표로서 미디어에 등장하게 됐다. 와타나베 쓰네오가 있는 요미우리그룹에서는 와타나베 외의 인간이 두드러지는 걸 극단적으로 싫어하지만, 기요타케는 상관하지 않았다. 아사히신문 주간지 『AERA』의 '현대의 초상' 코너에 등장하거나 자신이 주인공인 드라마 기획에 관계하거나(나다카 다쓰오<名高達男>가 기요타케 역을 맡은 그 드라마는 실제로 방송됐다) 화려하게 활동했다.

그런 와중에 2011년 말의 사건이 일어난 셈이다.

기요타케가 실제로 싸운 상대

기요타케는 모든 재판이 끝난 뒤인 2018년에 나고야 사회부장 시절의 부하이자 버즈피드(BuzzFeed)로 이적한 이와나가 나오코의 인터뷰에 응해서 자신이 '난을 일으킨' 이유를 이렇게 말했다.

"하지 않으면 안 되겠다고 생각해서 한 것일 뿐이고, 여기서 분명히 말할 걸 말하지 않으면 평생 후회할 거라고 생각해서 임원으로서의 책무를 다하려고 한 것이에요. 그리고 회사로서도 안 될 일이라고 생각했죠. 그때까지 신문기자 일을 하면서 '부정이나 이상한 게 있으면 분명히 지적하라. 고발하고 싸워라'라고 잘난 듯이 써온 셈인데요. 자신이 그런 입장에 처했을 때 오랫동안 말해온 걸 실천할 수 있느냐는 질문을 받은 것이라고 생각했죠."(버즈피드 2018년 2월 3일)

물론 주관적으로는 그런 측면도 있었을 것이다.

그러나 재판이라는 건 양측이 다양한 증거를 서로 제출하고 판사가 그 옳고 그름을 검증해서 판단해가는 과정이다. 8개 재판에 제출된 다양한 증거를 허심탄회하게 읽어보면 다른 측면도 보인다.

오카자키 가오루(岡崎郁)를 수석코치로 정하자고 와타나베 쓰네오에게 보고해서 동의를 받았는데도 결과가 뒤집어진 상황을 단장으로서 선수나 코치의 신변을 살피는 기요타케는 이해할 수 없었다. 이 사건이 기요타케가 기자회견까지 열어서 고발한 와타나베의 '컴플라이언스 위반'이었다.

하지만 냉정하게 생각해보면 와타나베는 요미우리 자이언츠의 모회사인 요미우리신문 그룹 본사의 대표이사 회장 겸 주필이다. 인사에 개입하는 건 당연하다는 게 당초부터 전문가의 견해였다. 기업 법무 전문인 우시지마 신(牛島信)은 기자회견 직후부터 기요타케 쪽이 아직 검토 중이었던 에가와 스구루(江川卓)의 이름을 공개한 것은 이사로서 비밀준수의무 위반에 해당한다고 지적했다.

기요타케가 이전에도 샐러리맨으로서 참아야 했던 장면은 여러 번 있었을 터다. 그런데도 기요타케는 왜 기자회견을 강행한 걸까?

기요타케는 지금까지 기자로서 자신이 테마를 정하고, 그걸 알기 쉽고 극적인 형태로 독자에게 제시한 것처럼, 이 '기요타케의 난'에서도 테마를 정했다. 그 테마는 거대 조직의 독재자의 횡포에 맞서 싸우는 정의의 전직 기자라는 테마였다. 기자회견을 한 2011년 11월 11일의 약 3주 후에 출판된 우오즈미 아키라(魚住昭)와의 대담집『Y의 비극』띠지에 적힌 '회사 보스의 뜻에 거슬러 신념을 관철한 남자'라는 앵글이었다.

하지만 기요타케가 실제로 싸운 것은 와타나베 쓰네오가

아니었다. 몇 수 앞을 내다보는 체스 플레이어처럼 법률을 구사해서 그 '기요타케 극장'의 화장을 벗겨내고, 알몸을 드러낸 야마구치 도시카즈였다.

안톤필러 명령(Anton Piller order)

싱가포르에서 부모와 함께 사는 유미의 집 벨이 울린 것은 2012년 10월 31일 오전 11시 20분이었다.

유미는 기요타케가 아직 요미우리 자이언츠 단장을 맡고 있을 때인 2011년 1월에 결혼했다. 둘의 인연은 유미가 아직 싱가포르국립대학에 다니던 19세 때 요미우리 연재 기사 '바다에서 부는 바람…아시아 인간 교차점'에서 일본 대학에 적응하지 못하고 싱가포르에서 다시 배움의 길을 택한 유미의 사례를 다룬 데서 시작됐다. 기요타케가 싱가포르 취재를 할 때 여러 사람을 거론했는데, 그때 유미가 취재를 도왔다. 2000년의 일이다.

이후 유미는 기요타케의 창조적인 일 처리를 존경해 틈날 때마다 취재를 도왔다. 기요타케는 결혼한 해 연말에 기자회견을 열고 와타나베 쓰네오와 대치하게 됐고, 자이언츠 이사에서도 해임됐고, 요미우리측과 총 6건의 소송을 벌이게 됐다. 하지만 유미는 이 문제에는 깊이 개입하지 않은 채 싱가포르에서 부모와 함께 조용하게 살고 있었다. 기요타케가 유미와 살 신혼 집을 찾으려고 싱가포르를 방문한 것은 유미가 사는 아파트 벨이 울리기 3개월 정도 전인 8월 9일부터 19일까지였다.

벨이 울리자 처음에는 유미의 엄마가 응대했다.

롱이라는 남자가 "고등법원이 내린 결정에 따라서 집 안을 수색하겠다"고 하는 걸 듣고 유미의 엄마는 경악했다.

싱가포르고등법원의 감독 변호사 저스틴 챈 예 롱(Justin Chan Yew Loong)이라는 그 남자는 요미우리신문사의 대리인인 변호사 여러 명과 함께 왔다.

유미의 엄마는 일단 거절했다. 하지만 롱 변호사는 자신이 고등법원 감독 변호사라는 중립적인 입장이라고 강조한 뒤 유미 본인에게 집안을 수색하는 이유를 설명하겠다고 말했다.

요미우리측 대리인은 물러나고, 롱 변호사와 통역만 집안에 들어왔다. 유미는 거실에 앉은 채 그 변호사의 설명을 듣기로 했다.

변호사는 영어로 된 명령 및 소환영장을 유미에게 보여줬다. 시계는 오전 11시 50분을 가리키고 있었다.

변호사의 설명은 다음과 같은 것이었다.

1. 유미를 상대로 소송이 제기됐다는 점.
2. 원고는 요미우리신문 도쿄 본사라는 점.

3. 원고(요미우리)의 주장은 요미우리가 보유하는 기밀 정보가 그녀(유미)의 손에 있다는 점. 그러나 법원이 그 주장을 인정한 건 아니라는 점.
4. 원고(요미우리)는 부지 내를 수색하겠다고 요청해서 인정을 받았다는 점.
5. 자신은 원고(요미우리)와 관계가 없는 제삼자라는 점. 원고측은 법원에 자신의 입회를 요청했지만, 자신의 역할은 법원이 내린 결정대로 수색이 이뤄지는지 확인하는 것이라는 점.
6. 안톤필러 명령에 따라 유미는 이 소송과 명령에 대해서 변호사가 될 사람 외에는 누구에게도 얘기하면 안 된다는 점.

야마구치 등 요미우리그룹측의 추궁은 매서웠다. 요미우리측은 이미 기요타케의 업무용 PC 속 데이터를 확인해서, 기요타케가 유미에게 스포츠부의 메모를 보냈다는 걸 파악했다. 메모는 나가시마 시게오(長嶋茂雄)에 관한 것이었다. 요미우리측은 기요타케와 유미가 이 스포츠부의 메모를 이용해서 저서를 출판하려고 한다고 주장했다. 요미우리신문측이 메모의 저작권을 소유하고 있는 만큼 저서 출판을 막겠다며 전날 싱가포르고등법원에 소송을 제기한 것이다.

여기서 요미우리신문측이 요청한 것은 '안톤필러 명령'이었다. 이것은 민사소송임에도 원고측이 증거가 보존되지 않을 경우 현저하게 피해를 본다는 걸 입증하기만 하면, 강제로 가택수색까지 할 수 있는 제도이다. 이 요청이 당일에 인정된 것이었다.

요미우리측은 이 나가시마 시게오 관련 메모를 유출한 것과 관련해서 도쿄지방법원에도 제소했다.

이미 요미우리는 기요타케가 해임된 날 종이박스 25개 분량을 지인인 스즈키 류이치가 대표이사 사장으로 있는 WAC 출판에 보냈다는 걸 파악했고, 이 안에 요미우리신문의 기밀자료가 있다며 압류·반환 가처분신청을 해서 인정받았다. 요미우리측이 가처분 대상 물건 리스트를 만들었고, 양측 변호사가 입회한 가운데 WAC 사무실을 수색해서 '새 전력 획득 비용 일람(발생시)이라는 제목이 붙어있는 자료'와 '2004년 7월 15일자 "노마구치 다카히코(野間口貴彦)님"이라는 제목이 붙어있는 서한', 이사회 자료 등을 발견했다.

또 요미우리는 관계기관을 통해서 기요타케의 외국 여행 이력을 조회했다. 그 결과 2012년 8월 9일부터 19일까지 싱가포르에 갔던 사실을 파악해 안톤필러 명령을 요청한 것이다.

그러나 유미가 이런 사정을 알 리 없었다. 갑자기 싱가포르고등법원의 변호사가 찾아오더니 집 안을 수색하겠다고 하고, 더구나 이 명령이 발령됐다는 사실 자체를 누구에게도 얘기해서는 안 된다고 하는 것이다. 기요타케에게 상담할 수도 없었다.

---

94) 요미우리 자이언츠 투수로 활약했던 전직 야구선수

그 싱가포르고등법원이 지명한 감독 변호사는 요미우리측 변호사나 수색팀이 밖에서 기다리고 있다고 알려준 뒤 유미에게 "2시간의 여유가 있다"고 말했다. 만약 자신의 변호사에게 연락해서 이 명령에 항고하고 싶으면 이 2시간 안에 하라는 것이었다. 그 사이에는 요미우리측 사람이 집 안에 들어오지 못하게 할 수 있었다. 유미의 엄마가 변호사를 찾겠다고 말했다.

낮 12시가 됐을 때 엄마가 유미의 핸드폰을 고등법원의 롱 변호사에게 건네줬다. 엄마가 찾아낸 탕 웨이 변호사에게 롱 변호사가 설명했다. 웨이 변호사에게 영장을 송신했다. 기한 2시간이 거의 다 지나가고 있었다. 오후 1시 20분. 롱 변호사는 "기한이 다가오고 있습니다"라고 알렸다.

유미와 부모는 자신들의 변호사가 이 수색에 입회할 필요가 있다고 주장했다. 이때쯤 엄마가 의뢰한 변호사사무소에서 변호사가 도착했다.

이렇게 해서 안톤필러 명령에 의한 유미의 집 수색이 시작됐다.

밖에서 대기하던 요미우리측의 디비야나단(Divyanathan) 변호사, 크리스틴 고(Kristine Koh) 변호사, 구보 고타로(久保光太郎) 변호사가 피터 무어라는 컴퓨터 포렌식 조사 전문가와 함께 집 안으로 들어왔다.

---

95) 저자는 이 기한이 오전 11시 20분부터 2시간, 즉 오후 1시 20분까지를 말한다고 설명했다.

컴퓨터 포렌식 조사라는 건 인터넷 열람 이력이나 이메일 데이터, 사진 데이터 등을 상세하게 해석 조사하는 걸 가리킨다. 무어는 '딜로이트 싱가포르'의 포렌식 부문 책임자로, 요미우리측에 고용됐다.

요미우리그룹의 사원 2명도 현지에 있었지만, 유미는 이들이 집에 들어오는 걸 거부했다.

전원이 자기소개를 한 뒤 각각의 역할에 대해 설명했다. 그리고 요미우리측 변호사가 집 안에 있는 모든 컴퓨터의 하드디스크를 복사해야겠다고 주장했다. 유미 측 웨이 변호사가 "그렇게 하면 수색영장에 적힌 것 외의 문서까지 유출될 위험이 있다"고 맞섰다.

이 문제는 일단 모든 하드디스크를 복사한 뒤에 유미 측 변호사와 고등법원 롱 변호사가 이걸 공유하고, 요미우리측 변호사에게는 관계가 있는 전자파일이나 데이터만 보여주기로 합의했다.

이렇게 해서 유미의 집안에 있던 PC 3대의 하드디스크 드라이브와 아이폰에 내장된 데이터를 복사하게 됐다. PC 1대는 유미의 방, 다른 2대는 부모의 방에 있었다.

유미의 야후 메일 어드레스와 비밀번호도 공개하라고 해서 할 수 없이 따랐다. 이렇게 해서 서버에 있던 이메일도 모두 복사했다.

데이터 양이 방대해서 그 날 복사를 끝낼 수 없었다. 양측이 협의해서 복제 장치를 집안에 두고 밤을 새워 '가동'하기로 했다. 수색팀 멤버는 장치를 회수하기 위해서 다음날 돌아오기로 했다.

그날 모든 멤버가 떠난 것은 오후 7시. 이미 이메일 계정에서 이메일도 모두 다운로드 된 뒤였다. 다음날 무어가 복제장치를 회수하러 왔다.

기요타케 자신의 메모에서

결과적으로 이틀간에 걸쳐 싱가포르에서 수색한 결과 복사된 하드디스크 속에서 기요타케가 8월에 싱가포르에 갔을 때 복사해 둔 파일 여러 건이 발견됐다. 요미우리측은 이걸 도쿄에서 열린 재판에 충분히 사용함으로써 소송에서 이길 수 있었다.

예를 들어 요미우리측은 기요타케가 기자회견을 한 이유가 이사로서 사명감 때문이 아니라 하라 감독과의 갈등 때문이라고 주장했다. 요컨대 기요타케가 오카자키를 수석코치로 임명하려고 한 반면, 하라 감독이 와타나베에게 호소해서 에가와 안을 관철시키자 기요타케가 격분했다는 것이었다. 왜 격분했는가 하면 편성권을 두고 두 사람이 빼도 박도 못할 만 큰 갈등했기 때문이라고도 주장했다.

요미우리측이 싱가포르에서 안톤필러 명령으로 입수한 데이터 중에는 음성 파일이나 기요타케 자신의 메모 등 다양한 것이 포함됐다.

진술서나 증인신문은 나중에라도 자기 뜻대로 준비할 수 있다. 하지만 자신이 잊지 않으려고 적어둔 메모나 녹음을 보면 그 당시 기요타케가 뭘 생각하고 있었는지 알 수 있었다.

예를 들어 이런 기요타케 자신의 메모가 있었다.

회견 직후에 상사이자 구단 오너인 모모이와의 대화를 이렇게 기록했다.

어제(2011년 11월 12일) 모모이는 나(기요타케)와 하라 감독 사이가 원만하지 않은 데 대해 "당신이 잘못한 거 아니냐?"라는 취지로 말했다. 그래서 내가 "오너인 당신(모모이)이 내(기요타케)가 안 된다고 했는데도 '00를 데려와 달라'느니 하는 제멋대로인 얘기를 들어주거나 '회장(와타나베)에게 얘기하는 것도 자유'라고 하는 게 문제죠. '단장(기요타케)의 업무에 관해서는 단장의 지시를 들어라'라고 하면 잘 풀릴 텐데, 그런 소리를 들어주니까 단장이 의미가 없어지는 거죠. 단장이 안 들어주면 오너, 오너가 안 들어주면 회장이라는 식으로 (하라 감독이) 응석을 부리게 된다니까요."라고 했다.

그랬더니 괴로운 표정으로 내게는 "하긴 그렇지"라고 했다.

"(중략) 감독이 작년에 '내게는 1군 인사권이 있다'고 했을 때 '당치도 않은 소리'라고 이메일을 보낸 건 모모이 사장 자신 아닌가.

신념이 전혀 없는 사람이다."
내(기요타케)가 엄중하게 말하자 어느새 자신(모모이)이 자이언츠로 내쫓겼다는 얘기만 했다.
"당신(기요타케)은 요미우리신문에서 스스로 여기에 왔지만, 난 (모모이) 신문을 그만두라고 해서 온 거야. 동기에 비해서 급료도 적고…"라느니 하는 소리를.
바보 같아서 들어주기가 어렵다.
그래서 이 날은 "아무튼 나(기요타케)는 12월말까지 업무를 해드리겠다. 그것이 내 성격이니까. 그러니까 내달(12월) 이후 1월부터는 그만둬도 상관없다."고 했다.
(기요타케가) "퇴직 공로금은 어떻게 되나요?"라고 묻자 (모모이는) "근거가 없는 돈은 줄 수 없다"고 했다.
그러더니 (모모이는) "다른 관련 회사는 어떨까?"라고도 했다.
(모모이는) 있을 생각이 없으니까 그런 얘기나 하는 것 같다.
기요타케는 재판 중에나 매스컴 취재에 응답할 때는 하라 감독과 사이가 양호했다고 주장했지만, 실제로는 그렇지 않았다는 점이 확실히 나타나 있다.

모모이는 자신의 진술서에 2011년 9월 25일에 하라 감독이 보낸 '다음 시즌을 앞두고'라는 이메일 내용을 공개했다.

면목 없습니다. 실례임을 알면서도 단도직입적으로 여쭙겠습니다. 기요타케 대표께서는 저를 신뢰하고 계신가요? 다음 시즌에도 정말로 제게 맡겨주실 건가요? 죄송합니다. 사실을 알려주세요. 물론 비밀은 엄수하겠습니다. 지시에도 따르겠습니다. 그러나 다음 시즌에도 제게 맡기실 거라면 원점부터 대화할 필요가 있다고 생각합니다.

이 메일은 코치를 둘러싼 인사안 다툼 1개월 전에 받은 것이었다.

"내부 자료를 유출했다고 인정된다"

요미우리측은 기요타케가 번복된 코치 인사안에 불만을 품고 기자회견을 하려고 한다는 정보를 입수하고 서둘러 기요타케와 연락을 취하려고 했다.

기요타케는 11월 9일에 그룹 본사 회장실에서 와타나베와 만났다. 와타나베는 이 만남이 끝나갈 때 기요타케에게 이렇게 말했다.

"1, 2년 후에 자네를 사장에 임명할 거야. 앞으로 자네의 정년은 68세까지 늘어날 가능성도 있어. 모든 걸 받아들이고, 전무, 구단 대표, 오너 대행으로서 업무를 계속해 주게."

기요타케로선 이렇게까지 말해도 자신이 정한 인사를 바꾸는 건 상대가 와타나베라고 해도 받아들일 수 없었다. 그것이 하라의 부탁 때문이라는 걸 알고 있었으니 더욱 그랬다. 그래서 11월 11일 기자회견을 강행한 것이다.

기자회견을 하는 날 아침에 와타나베가 기요타케에게 전화를 걸었다. 기요타케가 부재중 전화에 회신하는 형태로 이뤄진 최후의 대화에서 와타나베는 이렇게 타일렀다.

"가능하면, 회견 그만두지 그래. 그렇지 않으면 파국적인 해결 밖에 할 수 없게 돼. 나는 그건 조금도 바라지 않아."

"자네한테 매우 불리할 거야, 요미우리신문과 전면 전쟁을 벌이게 되는 거니까."

기요타케는 이 발언을 녹음했다. 요미우리는 그 음성 파일을 안톤필러 명령으로 입수한 데이터 속에서 발견했고, 전화 전후에 이렇게 말하는 기요타케의 음성이 들어있다는 걸 알아냈다.

"어차피 저는 잘리겠죠. 네, 하고 싶은 대로 하시죠. 한번 해보시죠."

"녹음됐지, 어때?"

이를 2014년 6월 5일 재판에서 공개했고, 같은 날 석간신문 지면에도 보도됐다.

또 기요타케가 기자회견을 열었을 때 마지막에 손수건으로 눈물을 훔치는 장면은 TV에서 여러 번 방송됐는데, 이와 관련해서도 기요타케가 유미에게 전화했을 때 유미가 남긴 메모가 증거로 구두변론에서 공개됐다.

"뉴스 봤지? 팬 앞에서 울었어. 잘했지?"

요미우리는 이 점도 지면에서 제목에 올려가며 보도했다 (2014년 6월 6일자).

하지만 뭐니뭐니해도 기요타케에게 가장 치명적이었던 것은 유미와 주고받은 이메일이 요미우리측에 넘어가버린 것이다.

기요타케는 와타나베 쓰네오 등 요미우리측이 자신이 아사히나 문춘에 기밀자료를 유출했다고 공표한 것은 명예훼손이라고 요미우리측을 비난했다.

자신은 배신자가 아니라는 것이다.

그런데 안톤필러 명령 탓에 아사히신문이나 주간문춘과의 관계를 입증하는 이메일이 넘어가버리고 말았다.

예를 들어 아사히는 3월 15일에 계약금 관련 보도를 시작했는데, 그 5일 전인 2012년 3월 10일 유미에게 보낸 메일이 싱가포르 수색 덕에 요미우리측에 입수됐다.

아사히에서 운전수를 빌려서 고토구청으로. 1시간 걸려서 전자증명서를 받음. 이것도 갖고 있었는데 내가 조작을 잘못해서 락이 걸린 듯. 이것 때문에 1시간이 걸림. 그 후 워크에 달려가서, 변호사 사무소에 간식을 가져다줌. 그 후에 아사히의 아지트에서 회합.

아사히에서 운전수를 빌리는 관계라는 점이나 아지트라고 칭한 점이 기요타케가 정보 제공자라는 점을 여실히 보여주는 증거가 됐다. 요미우리측은 입수한 메일을 증거로 삼아서 주간 문춘이 2012년 6월 18일 요미우리측에 질문서를 보내기 12일 전에 기요타케가 문예춘추에서 주간문춘 측과 미리 만났다고 주장했다. 이것도 기요타케가 유미에게 보낸 메일이었다.

오늘은 오전 중에 집에서 업무. 오후 4시부터 문춘 본사에 갑니다. 그러니까 저녁때까지는 있게 될 듯.

요미우리측은 이런 사실이나 기요타케가 싱가포르에서 유미의 PC에 복사한 '기요타케 USB20128월'이라는 폴더에 요미우리 자이언츠의 기밀서류 복사본이 들어있었다는 점도 증거로 제출했다.

아사히는 노마구치 다카히코의 계약금이 야구계의 합의를 큰 폭으로 초과했다고 보도했다. 그런데 이 기요타케의 폴더에는 '10노마구치총액.doc'나 '11노마구치총액.doc'라는 파일명의 워드파일이 들어있었다. 그 안에는 '총액 보수에 관한 약정'이라는 제목으로 '주식회사 요미우리 자이언츠(이하 '구단')와 노마구치 다카히코 선수(이하 '선수')는 2010년 선수 계약을 체결함에 있어서 다음과 같이 지불 총액을 설정한다 …(중략)… 2009년 12월 8일 갑: 00 을: 00'이라고 적혀 있는 문서가 들어있었다. 이 노마구치 다카히코의 계약금 문제는 아사히가 첫 보도에서 거론한 중심 부분이었다.

이런 증거가 도쿄 재판에 제출됐고, 판결에서는 기요타케가 내부 자료를 유출했다고 인정됐다.

원고(기요타케)가 아사히신문 기사에 관련된 자이언츠의 내부 자료를 유출했다고 인정된다

주간문춘에 대해서도

하라 감독 문제에 관한 자이언츠의 내부자료를 유출한 것은 원고(기요타케)라고 인정된다

이 때문에 기요타케가 제기한 명예훼손 소송에서 요미우리측이 공표한 "기요타케가 내부자료를 유출했다"는 점은 진실이어서 명예훼손이 성립하지 않고, 손해배상도 사죄광고도 할 필요가 없다며 기요타케의 청구를 기각했다.

FACTA 무기명 기사의 필자는

우치야마 히토시의 퇴장을 예고하는 기사를 쓴 FACTA는 이번에도 요미우리의 내부 사정을 자세히 쓴 날카로운 기사를 잇따라 실었다. 그 중에서도 2012년 7월호에 등장한 '요미우리신문에 "소황제" 등장…와타나베 주필의 복심[96]·야마구치

---

96) 腹心. 마음 속 깊이 품은 뜻.

도시카즈가 경영전략본부장에 영전(榮轉)[97]. "기요타케 때리기" 공적으로 차기 사장 1순위 후보로 부상?'이라는 기사는 처음으로 야마구치에게 포커스를 맞춘 것이었다.

"야마구치씨는 기요타케 히데토시 전 요미우리 자이언츠 전무이사 구단 대표(61)를 철저히 때린 '기요타케 시프트'의 사령탑이다. 기요타케 전 구단 대표가 작년 11월 와타나베 주필의 '자이언츠 사유화'를 기자회견에서 고발한 뒤 요미우리그룹이 지면과 조직을 총동원해서 전 대표를 몰아붙였다는 건 잘 알려진 사실이다."

"그렇다고 해도 이전 사회부 동료들에게 기요타케 전 대표를 공격하게 한 요미우리의 수법은 '상식을 벗어났다'는 비판을 받고 있다. 기요타케 전 대표의 휴대전화 통화 기록이나 PC, 택배 송장 등을 조사해서 공개하고, 다른 한편으로는 관계자의 행동을 확인하기 위한 팀을 조직했다고 보도됐다."

"아사히는 원래 자이언츠의 비상식적인 계약금 문제를 추궁했는데, 이걸 자료 유출 문제로 교묘하게 바꿔치기한 반격에 덧붙여서, 소송을 남발해서 몰아붙이는 수법이 출판·잡지 업계에서 큰 반발을 사고 있다. 요미우리의 기자 사이에서도 '저 기사는 사보에 실을 내용이었다. 부끄럽다'는 소리가 나오고 있다는 걸 와타나베 주필은 알고 있을까."

---

97) 전보다 더 좋은 자리로 옮김.

이 기사가 나온 지 약 4개월 후에 요미우리신문 사회부 기자가 명함을 가지고 FACTA의 지주회사 대표자에게 찾아가서 주주에 관한 것, 대표가 된 이유 등을 이것저것 물어본 일이 있었다. FACTA의 편집 책임자였던 아베 시게오는 곧바로 블로그 '최후에서 두 번째의 진실'에 이 기자의 명함을 드러낸 뒤 이렇게 썼다.

> 이거 압력인가요? 어떻게 보더라도 일반적인 취재라고는 생각할 수 없네요. 사회부의 ○○○○ 기자라네요(블로그에서는 실명). 불쌍하게도. 부끄럽겠죠. 저는 진심으로 동정하는 바입니다.
>
> 어렵게 신문기자가 돼서 게다가 요미우리의 화려한 부서인 사회부에 배치돼서 제대로 취재를 하는 게 아니라 주필을 위해서 냄새를 맡고 다니는 사냥개 역할이라니.

아베는 이 글을 쓴 뒤 요미우리측의 조사가 딱 멈췄다고 했다.

요미우리가 앞의 무기명 기사의 필자가 기요타케라고 파악한 것은 아베가 이 블로그 글을 쓴 뒤의 일이었다고 야마구치는 후일 내게 말했다.

요미우리가 안톤필러 명령으로 싱가포르에서 입수한 기요타케의 복사 데이터 속에 FACTA의 요미우리 관련 무기명 기사 3건의 원고로 보이는 것이 포함되었다.

'와타나베 요미우리 제국에 벌의 일침'(2012년 5월호)
'요미우리가 무모한 출판방해 소송'(2012년 6월호)
'요미우리신문에 소황제 등장'(2012년 7월호)

마지막 원고 끝부분에는 다음과 같은 형태로 코멘트가 적혀 있었다.

이상입니다. 앞서 쓴 것은 어디까지나 메모입니다. 언젠가는 써야 하겠지만, 현단계에서는 기요타케씨와의 소송으로 공적을 쌓은 야마구치씨가 사장을 능가하는 권력을 쥐기 시작했다는 걸 지적하고, 와나타베의 후계자가 '소황제'로서 전면에 나타났다는 걸…야유하는 정도로 하면 되지 않을까라고 생각합니다.

요미우리는 안톤필러 명령으로 입수한 자료를 기요타케가 마치 객관적인 것처럼 꾸며서 무기명 기사로 요미우리를 공격했다는 증거로 재판에 제출했다. 기요타케는 재판 도중에 이들 무기명 기사를 자신이 썼다고 인정하게 된다.
어찌됐든 기요타케 자신도 실제로 싸운 상대는 야마구치라는 점을 안 상태에서 FACTA의 기사를 썼던 것이다.

내 일이라면 아직 견딜 수 있다

이렇게 해서 야마구치는 기요타케와의 소송에 승리를 거둔다. KDDI에 기요타케의 회사용 휴대전화 통화 이력과 통화한 상대방의 전화번호를 달라고 해서 입수했다. 이걸 이용해서 요미우리신문에 있다가 아사히신문으로 옮긴 뒤 계약금 문제를 취재한 이치다 다카시와 기요타케가 얼마나 자주 통화를 했는지 입증했다. 사내에서도 기요타케 군단이라고 일컬어진 부하들뿐만 아니라 예전에 나고야 사회부에서 부하로 있었던 이와나가 나오코까지도 조사했다. 예전에 기요타케팀으로 활동한 부하 중 몇 명이 회사측에 진술서를 제출했다.

이런 야마구치의 '철저함'은 재판에는 유리하게 작용했지만, 사내를 위축시키기에 충분했다. 요미우리에서는 회사에서 받은 휴대전화를 개인용도로 사용하는 사람이 없어졌다.

신문기자는 지면에 실을 기사를 취재하기 위해서 조사를 하는 것이지 취재 목적 외의 조사를 하게 하는 것은 이상하다고 비판하는 주간지도 있었다. 야마구치는 내가 취재할 때 "이 비판은 사실과 달라서 당시 서면으로 엄중히 항의했다"고 답했다. 실제로 그 저자는 단행본에 수록할 때 해당 부분을 삭제했다.

안톤필러 명령에 의해서 사정도 모르는 채 집을 수색당한 유미와 그 가족이 받은 상처는 이루 말할 수 없을 정도였다. 유미는 법원에 진술서를 제출했는데, 그 점을 이렇게 호소했다.

(전략)

남편이 싱가포르에 다녀간 지 3개월 후인 2012년 10월 31~11월 1일 이틀간 갑자기 싱가포르에 있는 저의 자택에 요미우리신문 대리인 변호사 분들이 쳐들어와서, 침실을 포함한 집안을 모두 뒤지고, 개인용 PC 내부의 데이터를 가져갔으며, 개인 용도의 이메일 주소 비밀번호까지 공개됐고, 급기야는 저 자신이 현지에서 제기된 재판의 피고가 되기에 이르렀습니다.

이들 일련의 사태 탓에 제가 받은 정신적 상처는 컸고, 충격을 받은 후 수개월 간 후유증으로 고생했습니다. 지금 생각해봐도 정말로 괴로운 시기였습니다. 또 저의 권리를 지키기 위해서 현지 변호사에게 대응을 의뢰했습니다.

(중략)

요미우리신문사가 제시한 화해 조건에는 지시받은 데이터 등을 제가 소거·폐기하라는 것 외에도 요미우리그룹이 저의 집 안을 강제 수색해서 입수한 자료를 일본에서 열리는 남편과 요미우리그룹간 재판에서 이용할 수 있도록 공표 제한 대상에서 제외하는 걸 승낙한다는 조항이 포함됐습니다.

(중략)

나의 육체적 정신적 소모는 심했고, 이 이상 재판을 지속하는 것은 곤란했습니다. 또 남편한테서도 저는 요미우리그룹과의 분쟁에는 아무런 관계도 없으니까 빨리 편안해지길 바란다는 말을 들었습니다.

(중략)

제가 요미우리신문사의 저작권 등을 침해할 우려는 전혀 없는데도 불구하고, 싱가포르의 변호사 비용은 너무 비싸서 일반 개인으로서는 계속 지불하기 어려운 실정입니다. 요미우리는 이 점을 이용해서 자신에게 유리한 조건을 받아들이는 쪽으로 화해를 하게 하려고 합니다. 요미우리그룹의 속셈을 알면서도 동의하는 것은 매우 분했지만 이미 한계에 도달했습니다.

(중략)

또 싱가포르의 안톤필러 명령에서는 재판 내용을 제삼자에게 발설해서는 안 된다는 조건이 붙어있고, 위반했을 경우에는 법정모욕죄로 실형에 처해질 수도 있다고 해서(을64의1, 을64의2의 '경고(f)' 참조), 남편에게도 상담할 수 없었고, 혼자서 걱정만 하는 나날을 보냈습니다.

실제로 유미가 안톤필러 명령의 방어 등에 이미 지불한 변호사 비용만 해도 455만 엔이었다. 아주 많다고는 할 수 없지만, 소송이 제기될 경우 개인이 감당할 수 있는 금액이 아니었다.

기요타케 자신도 2018년 이와나가와의 인터뷰에서 이렇게 답했다.

"내 일이라면 아직 견딜 수 있다. 하지만 당시 신혼이었던 아내나 가족에게도 영향이 미친 것이 가장 괴로웠다."

참고로 재판의 귀추를 결정한 안톤필러 명령이 인정된 이유는 다음과 같았다.

기요타케가 업무용 PC로 유미에게 보낸 스포츠부의 나가시마 메모를 사용해서 두사람이 출판을 기획하고 있다. 이것은 요미우리측의 권리를 침해한다. 그래서 증거를 보전할 필요가 있다.

기요타케는 안톤필러 명령으로 획득한 증거가 제출된 재판에서 요미우리의 주장 자체가 날조라고 주장했다.

실제로 이 나가시마 메모 유출과 관련해서 요미우리가 복제권 침해라고 주장한 재판에서는 1, 2심 모두 나가시마 메모를 유미에게 보냈다고 해서 요미우리측에 복제권 침해에 따른 손해가 일어난 것은 아니라고 판단했고, 이 판단은 확정됐다. 이 판결에서는 기요타케에게 원고를 파기하고 변호사 비용을 부담하라고 명했을 뿐이었다.

피고(기요타케)의 본건 각 송신 원고와 관련한 복제권 침해의 불법행위에 대해서는 유미에게 복제물을 송신했을 뿐, 송신 시점에서 4년이 지난 구두변론 종결 시점에도, 본건 각 송신 원고에 대한 또 다른 복제 등에 의한 확산 등이 이뤄졌다고 인정할만한 증거도 없다. 그 외에 원고(요미우리)가 주장하는 기밀정보 누설

등에 근거한 손해 내지는 그 외 무형의 손해가 발생했다고 볼 증거도 아무것도 존재하지 않는다. 따라서 원고에게 무형의 손해가 발생했다는 것 자체가 증거상 인정될 수 없는 것인 만큼 원고의 주장은 그 전제가 잘못됐고, 채택할 수 없다.(2015년 2월 27일 도쿄지법 판결)

기요타케는 2016년까지 이어진 다른 주요 재판에서 모두 패소했다. 기요타케가 내부 자료를 유출해서 이뤄졌다는 아사히신문의 요미우리 자이언츠 계약금 보도도 대법원에서는 아사히의 보도 일부에 오류가 있다고 인정됐고, 330만 엔의 손해배상이 부과됐다.

요미우리측이 한방 먹은 것은 주간문춘의 하라 감독 1억 엔 공갈 보도뿐이었다.

> 주요 참고 문헌·증언자·취재협력자
> 미나미지마 신야, 이와나가 나오코, 아베 시게오
> 「2012년 10월 30일의 침입 조사 명령 집행에 관한 감독 변호사 저스틴 챈 예 롱의 보고」 싱가포르고등법원
> 「뜻이 있으면 지지 않는다: 오랜만에 재회한 은사가 가르쳐준 것」 이와나가 나오코, 버즈피드, 2018년 2월 3일
> 「펜은 사람을 상처 준다는 점을 각오하고 있는가?…전 요미우리의 기요타케씨가 말하는 기자론과 조직론」 이와나가 나오코, 버즈피드, 2018년 2월 5일
> 「바다에서 부는 바람…아시아 인간 교차점(3)」 기요타케 히데토시, 요미우리신문, 2000년 8월 12일

「현대의 초상」 고키타 기요히토(小北淸人), 아에라, 2010년 10월 18일호

『구로다 기요시…기자 혼은 죽지 않고』 아리스 가즈야(有須和也), 가와데쇼보신샤, 2005년 12월

『회사가 왜 소멸했을까…야마이치증권 임원들의 배신』 요미우리신문 사회부, 신초샤, 1999년 10월

『도요타시 도요타초 1번지』 요미우리신문 특별취재팀, 신초샤, 2003년 4월

『회장은 왜 자살했을까…금융 부패=저주의 검증』 요미우리신문 사회부, 신초샤, 1998년 9월

『회장은 왜 자살했을까…금융 부패=저주의 검증』 요미우리신문 사회부 기요타케팀, 나나쓰모리서관, 2012년 6월

『신문이 쇠퇴할 때』 구로다 기요시, 문예춘추, 1987년 8월

『미디어의 파괴자…요미우리신문』 기요타케 히데토시, 사다카 마코토(佐高信), 나나쓰모리서관, 2012년 10월

『괴수(巨魁)』 기요타케 히데토시, WAC, 2012년 3월

『Y의 비극…독재자가 지배하는 거대 신문사에 미래는 있을까』 기요타케 히데토시, 우오즈미 아키라, 고단샤, 2012년 11월

주간신초 2011년 11월 24일호

주간아사히 2011년 11월 25일호

아사히신문 2012년 3월 15일, 16일

이 밖에도 요미우리신문에서 익명으로 협력해준 이가 있다는 점을 기록해둔다.

야마구치 도시카즈는 기요타케와 요미우리그룹의 재판과 관련해서 재판 자료를 모으려고 사회부 기자를 동원한 적은 없다고 대답했다. 그 외에 다음과 같이 응답했다.

"이미 종결된 사건이고, 말씀드릴 것은 없습니다. 다만, 질문 중에 '요미우리의 사업에도 커다란 영향을 줬다고 생각합니다'라는 게 있는데, 소송을 치른 데 따른 영향은 없었다고 생각합니다."

기요타케 히데토시는 서면 취재 신청에 대해서 "나는 글을 쓰는 사람이어서 당신이 취재하고 있는 점을 포함해서 스스로 쓸 생각입니다."라고 거절했다.

기요타케 유미(淸武裕美)에게는 서면으로 직접 취재를 신청했지만, 기요타케 변호인단의 한명인 변호사 오오이 린타로(大井倫太郞)가 "지금도 재판에 관한 일을 생각하는 것만으로도 유미씨는 덜덜 떨고 있습니다. 가만히 놔둬 주세요."라고 역시 거절했다.

제16장

논쟁할 상대를 잘못 골랐다

무적의 요미우리그룹 법무부에 한 방 먹인 것은 주간문춘 편집부의 니시자키 노부히코(西崎伸彦) 등 취재팀이었다. 니시자키는 오랜 재판 투쟁을 벌이며 '요미우리가 논쟁할 상대를 잘못 골랐다'고 생각했다.

기요타케가 아사히나 주간문춘에 요미우리 자이언츠의 기밀 서류를 유출했다는 걸 입증하는 재판과 아사히·주간문춘의 보도를 명예훼손이라고 주장한 재판 둘 다를 이기는 건 애초부터 무리한 주문이었다.

양자는 그 목적이 서로 모순되기 때문이다. 미디어측이 기밀 자료를 입수했다고 한다면 그에 근거한 보도는 진실성이 높아질 테고, 명예훼손은 성립하지 않을 것이다.

원래 요미우리그룹 법무부는, 아니 정확하게는 야마구치는 이길 수 없는 재판은 하지 않는다는 걸로 업계에서 정평이나 있었다. 그런데도 일부러 제소한 것은 기요타케가 주간문춘의 보도에 관련되었다고 요미우리측이 판단했기 때문이라고 주간문춘의 기자였던 니시자키 노부히코는 생각했다.

'하라 1억 엔 보도'의 필자였던 니시자키는 온화한 사람이다. 폭력단이 관련된 이 기사를 잠행 취재해서 현실화한 주간지 기자라고 하면 매우 신경질적이고 모가 나 있는 사람일 것 같지만, 김이 빠질 정도로 상식적이고 조용한 남자다.

화려하게 자신의 이름을 팔거나, 프레임을 씌우는 일은 하지 않았다. 그러나 취재는 확실했고, 필치(筆致)[98]도 정확하고, 주간지의 필수요소를 제대로 갖춘 예리한 기사를 썼다.

편집 프러덕션에서 출발해 주간포스트 기자를 거친 뒤 2006년 주간문춘 편집부로 옮겼다.

주간문춘이 바뀌다

그 니시자키가 주간문춘의 체제가 확실히 변했다고 느낀 것은 2012년 4월에 신타니 마나부(新谷学)가 편집장이 되면서부터다.

그 전 편집장 시절에는 계속 취재는 아무리 길어도 2주까지만 허용됐다. 그걸로 기사를 내라는 것이었다. 그런데 신타니가 편집장이 되자 기삿거리를 파악할 때까지 회사에 나오지 않아도 좋다, 충분히 취재하라는 지시가 내려오게 됐다.

그런 잠행 취재만 하는 기자가 편집부에 많이 있는 건 아

---

98) 글에 나타나는 맛이나 개성

니지만, 적어도 니시자키는 장기 취재 전문 기자가 됐다. 편집부가 쉬는 수요일에만 회사에 나갔고, 다른 요일에는 회사 밖에서 기삿거리를 끈질기게 쫓았다.

이전에도 탐사보도라고 할만한 것을 했지만, 이 정도로 시간과 노력을 들일 수 있게 된 것은 신타니가 편집장이 되고나서부터였다.

요미우리 자이언츠의 하라 감독이 사귀던 여성의 일로 협박을 받고 있다는 막연한 이야기는 이전부터 들었는데, 그 내막을 뒤쫓고 있었다. 그것이 좀 더 구체적이 돼서 니시자키를 중심으로 한 취재팀이 꾸려진 것은 2012년 5월 중순의 일이다.

주간문춘은 '필자'를 중심으로 취재하고, 주변 취재를 다른 기자 여러 명이 돕는 스타일이다. '필자' 외의 취재기자는 '발'이라고 부른다. 이 팀에서 취재 보고를 받고 '필자'의 상담에도 응하는 상대가 '데스크'이다.

문예춘추의 경우 데스크는 정직원이지만, '필자'는 니시자키처럼 계약 기자인 경우도 많았다.

취재팀 캡인 '필자'는 니시자키. '발'로는 폭력단 취재에 강한 고보리 데쓰로(小堀鉄郎), 유능한 젊은 사원 무라이 겐(村井弦)이 가담했다.

이때 니시자키는 기요타케 히데토시와 직접 접촉하거나 자료를 직접 받거나 한 적은 없었다고 내 취재에 응답할 때 말했다.

자료를 입수했다고 해도 그걸 그대로 보도할 수 있는 건 아니다. 그걸 활자로 바꿔서 보도하려면 사실관계를 확인하기 위해서 취재를 되풀이할 필요가 있었다.

이 취재의 경우 2006년 당시 하라가 여성의 일기를 파쇄기에 넣는 대신 1억 엔을 지불한 2명의 '전 폭력단원'이라고 불리는 남자들의 이력, 그리고 진짜로 폭력단원이었는지를 확인할 필요가 있었다.

요미우리 자이언츠가 이 사건을 알게 된 것은 하라 감독이 실제로 1억 엔을 지불한 지 3년 뒤에 원래 그 일기를 소유하고 있었던 야마모토 마사시(山本正志, 가명, 주간문춘 지면상의 가명도 동일)라는 '전 폭력단 두목'이 요미우리 자이언츠에 대응을 압박한 일이 계기가 됐다. 이 '전 폭력단 두목'의 이력, 어느 조직인지, 그리고 실제로 전 폭력단 단장이었는지도 확인할 필요가 있었다.

하라 다쓰노리(原辰德)가 공갈을 당해 1억 엔을 지불하다

이야기는 1988년 당시 막 장남이 태어난 자이언츠의 하라 다쓰노리가 'T'라고 하는, 효고현 아시야(芦屋)시의 자이언츠가 늘 묶곤 하는 숙소에서 아르바이트를 하던 여성과 '깊은 관계'에 빠졌고, 그 여성의 일기가 그녀와 같이 살던 동료 여성의 손에 의해서 야마모토 마사시라는 폭력단 두목에게 넘어가 버린 데서 시작됐다.

그 일기를 야마모토의 부하인 폭력단원 H가 입수해서 K라는 전 폭력단원과 함께 하라를 협박했고, 1억 엔을 갈취했다는 이야기였다.

K가 갑자기 하라의 휴대폰에 전화를 걸어서 H와 함께 하라를 만난 것은 시간이 흐른 뒤인 2006년. 히로시마와 경기를 하려고 구마모토에 간 하라 감독을 호텔에서 만나 일기 복사본을 보여주면서 "외부에 나돌지 않도록 내가 해결할 테니 맡겨주세요. 그러려면 돈이 필요하다."고 압박했다. 당시 하라는 구단에도 말하지 않은 채 1억 엔을 지불한다. 일기는 파쇄기에 들어갔다(제1의 공갈 사건).

이 이야기가 재연된 것은 다시 3년이 지난 뒤인 2009년 4월에 최초의 일기 소유자인 야마모토 마사시가 자이언츠에 전화를 걸어서 그 여성의 일기를 돌려주지 않으면 크게 소란을 피우겠다고 통지했기 때문이다. 야마모토는 8개월에 걸쳐 구단을 협박했다(제2의 공갈 사건). 야마모토는 구단 사무실이 있는 빌딩 근처 길에 가스통과 가솔린통을 들고 가서 "폭탄이 있다. 여기서 할복하겠다"라는 식으로 소리를 질렀다가 위력에 의한 업무방해 현행범으로 구속됐다. 이 형사재판에서는 하라 감독의 이름은커녕 범행의 동기가 된 일기도 화제가 되지 않았고, 매스컴도 눈치채지 못했다.

이 2009년의 공갈 사건을 계기로 당시 하라사와 아쓰시(原沢敦) 구단 부대표가 하라 감독을 조사해서 2006년 당시 하라 감독이 1억 엔을 지불한 사실이 구단 내부적으로 공유됐다. 하지만 이 일은 모모이 쓰네카즈 구단 대표이사 사장, 기요타케 구단 대표, 하라사와 아쓰시 부대표, 요미우리 자이언츠의 법무부 차장으로 이 안건을 담당한 오카베 마사시(岡部匡志) 등 극히 일부의 간부만 아는 극비정보가 됐다.

그것을 '기요타케의 난'이 일어난 지 반년 만에 아사히신문과 주간문춘이 알게 될 것이다.

니시자키가 취재를 하던 초기, 다니는 곳마다 이미 아사히신문이 다녀간 뒤였다. 그래서 아사히신문이 먼저 보도할지도 모른다고 생각했다고 한다.

그런데 아사히는 이 때 유출된 요미우리 자이언츠의 내부자료 중에서도 계약금 문제에 집중하게 된다.

이 취재는 상대가 폭력단 관계자인 만큼 우선 신변에 위험이 있을 수 있었다. 더구나 다른 쪽 상대가 요미우리그룹인 만큼 신중에 신중을 거듭할 필요가 있었다.

야마구치가 지휘하는 요미우리그룹의 법무·홍보 파트의 파워는 업계에 소문이 나 있었다. 주간문춘도 그때까지 여러 번 명예훼손으로 제소당해서 패소한 적이 있었다.

"반사회적 세력이라는 인식은 없었다"

　니시자키 등은 제2의 공갈사건을 일으킨 야마모토의 행방을 찾느라 여러 명의 폭력단 관계자를 취재하는 한편, 제1의 공갈사건을 일으킨 H와 K의 소식도 쫓았다. H는 2007년 9월에 홋카이도에서 자동차사고로 죽었다는 걸 파악했다. 두 사람이 함께 수산 관계의 투자비즈니스를 하고 있었다고 해서 무라이 기자가 오타루(小樽), 삿포로, 하코다테를 돌며 취재를 했다.

　6월 7일에는 고보리 기자가 K를 직접 만났다. 일기를 쓴 여성이 일했던 여관 'T'에 대한 취재도 세심하게 주의를 기울여서 했다. 이쪽의 동향이 요미우리그룹에 흘러가지 않도록. 하지만 여관 'T'의 전 지배인을 직접 만난 걸 계기로 요미우리 측은 주간문춘의 취재 의도를 파악하고, 손을 쓰게 된다.

　2012년 6월 11일은 월요일이었다. 주간문춘의 기사 마감은 화요일 오전 중. 그 월요일에 도쿄지방법원에서 문예춘추사에 연락이 왔다. 요미우리 자이언츠가 주간문춘의 기사 광고 금지 가처분신청을 했다는 것이다.

　주간문춘측은 아직 기사를 실을 예정이 없었다. 그런데도 요미우리측은 "직접 관계자를 취재했다는 건 직후에 발행되는 주간문춘에 기사를 실을 개연성이 매우 높다"며 그 광고를 내지 못하게 해달라고 가처분신청을 한 것이다.

이야기는 파악됐지만, 아직 완벽하진 않았다. 그런 단계에서 기선을 제압하려고 요미우리 그룹의 법무부는 가처분 신청을 했다. 니시자키는 역시 야마구치는 얕볼 수 없는 상대라고 다시 한번 느꼈다. 광고를 낼 수 없으면 기사를 낼 수 없게 된다.

이 날의 신청은 문춘측이 그 주 목요일에 발매되는 주간문춘에 기사를 실을 예정이 없다는 걸 밝힘으로써 취하됐다.

그리고 다음주. 니시자키는 18일의 월요일 오전 11시 10분에 요미우리 자이언츠 앞으로 질문서를 보냈다. 그 날 저녁에는 취재에 응하겠다는 연락이 왔다. 요미우리측은 동시에 다시 한번 기사 광고 금지 가처분신청을 했다.

주간문춘 편집부에서는 어떤 식으로 취재를 할지 데스크를 포함해서 논의를 했다.

한가지 측면을 파고드는 게 좋을까, 아니면 총체적으로 파헤치는 취재가 좋을까? 요미우리그룹의 법무부는 다른 기업과는 비교할 수 없을 만큼 면도날 같은 조직이라는 점을 알게 됐다. 도발은 하지 않는 게 좋다는 결론이 나왔다. 담담하게 확인할 걸 확인하고 이야기를 끌어내는 방향으로 가자는 결론이었다. 결코 격앙시키지 않도록 취재하자고 입을 모았다.

니시자키는 데스크인 나카무라 쓰요시(中村毅), 고보리 기자와 함께 오오테마치 노무라 빌딩에 있는 구단 사무실로 향했다. 이미 시각은 오후 9시였다.

요미우리 자이언츠측에서 대응한 것은 사장인 모모이, 홍보부장인 스즈키 노부히코(鈴木伸彦), 그리고 요미우리 자이언츠의 상근 감사를 겸하고 있었던 야마구치 도시카즈였다.

요미우리측은 하라가 돈을 지불했다는 점은 인정했다. 그러나 하라 감독도, 자이언츠도 돈을 받은 K나 H, 제2의 공갈 사건을 일으킨 야마모토가 '반사회적 세력'이라는 점은 알지 못했다고 주장했다. 이 점이 요미우리측의 절대 방어선이었던 것이다.

처음부터 이제 막 그룹 본사의 경영전략본부장이 된 야마구치가 대응을 주도했다.

문춘측은 야마구치의 첫 설명이 끝난 뒤에 곧바로 이렇게 질문했다.

"1억 엔을 요구한 K, H는 선량한 일반 시민이라고 생각했다고 이해하면 될까요?"

이에 대해 야마구치는 이렇게 대답했다.

"공갈하는 상대방이 선량한 시민일 리는 없겠죠. 범죄자니까요."

"반사회적 세력에는 여러 가지 정의가 있다고 생각합니다만, 그런 인식은 없었다는 거죠?"

"그렇습니다. 우리가 이해하기로는 반사회적 세력이라는 건 경찰 정보를 기준으로 판정된다고 생각합니다."

2009년 4월 중순, 야마모토가 전화를 걸어온 다음날 아침에는 경시청에 신고했고, 3명의 정체에 대해서도 조사했다. "그 결과 3명 모두 폭력단, 혹은 폭력단과 밀접하게 관련된 사람, 혹은 폭력단 관계자는 아니었다"고 야마구치는 주장했다.

특히 야마모토의 경우 "야마모토 마사시라는 폭력단원은 실제로 있었지만, 구단에 전화를 걸어오거나 구단 사무소에 찾아온 야마모토와는 다른 사람"이라고도 답변했다.

니시자키는 속으로 '그렇게 대응한다, 이거지'라고 생각했다. 궁지에 몰려서 하는 말이겠지만, 솔직히 황당했다.

그러나 하라가 돈을 지불한 경위나 제1의 공갈사건, 제2의 공갈사건에 대해 야마구치가 자세하게 설명한 만큼 기사를 쓸 수 있겠다고 생각했다.

구단 측은 잡지 발매일 전날인 6월 20일(수요일)에도 기자회견을 열어서 "하라 감독은 피해자"이며, "경시청에 물어본 결과 3명 모두 반사회적 세력에 속하는 건 아니었다"고 강조했다. 그리고 주간문춘의 기사에 대해 "이것은 사실과 다르다. 하라 감독과 구단의 명예를 훼손하는 것인 만큼 곧바로 손해배상을 청구할 방침"이라고 했다.

이 브리핑도 야마구치가 주도했다.

또 기자회견에서는 모모이 사장이 하라 감독의 메시지 2건을 대독했다. 한 건은 '팬 여러분에게'로 시작되는 것이었고, 또 한 건은 '기요타케씨에게'라는 메시지였다.

모모이는 모인 기자들에게 "이 단계에서 기요타케씨에게 보내는 메시지를 발표하는 것이 약간 이상하다고 생각될지 모르겠지만, 감독도 우리도 이번 주간문춘의 보도에 기요타케씨가 관련됐다고 생각하기 때문이다"라고 말했다.

그 하라 감독의 메시지 내용은 다음과 같다.

"기요타케씨에게. 자이언츠의 선수, OB, 관계자의 마음에 상처를 주는 보도가 잇따르고 있습니다. 여러 가지 폭로가 이뤄져서 자이언츠 관계자를 혼란스럽게 하고, 선수, OB를 괴롭게 만들고 있습니다. 저는 감독이라는 입장에서 괴로워했습니다. 이런 일이 왜 계속되는 걸까? 기요타케씨 외에 도대체 누가 관련된 걸까? (이하 생략)"

기요타케도 와타나베 쓰네오와의 대화를 녹음했지만, 구단 사장인 모모이 측도 기요타케와의 대화를 녹음해뒀다. 그 기록이 있었기에 야마구치는 다음과 같이 발언했다.

"기요타케씨는 작년 11월에 독단적인 회견을 연 뒤 해임되기 전까지 '나는 하라의 약점을 쥐고 있다'거나 '하라와 겨뤄보겠다', '내 성격을 잘 알지, 철저히 보복하겠다'고 얘기했습니다."

즉 이날 회견에는 다음날 발매될 주간문춘의 기사에 대한 반론과 기요타케에 대한 경고라는 두 가지 목적이 깔려있었던 것이다.

다음날 목요일에 주간문춘이 발매됐다.

폭력단 배제 캠페인 포스터에도 등장한 '젊은 리더'에게 무슨 일이…여성 스캔들로 공갈 당해…자이언츠 하라 감독이 전 폭력단원에게 1억 엔을 지불했다

이런 큰 제목이 붙어 있었다. 6쪽에 걸친 특집기사가 나가자 곧바로 TV 와이드쇼 뿐만 아니라 일반지도 따라붙었다. 아사히신문은 주간지 광고 등을 보고 주간문춘이 보도한다는 걸 알고 같은 날 나온 조간신문 지면에 지금까지 취재해온 것을 실었다.

잡지가 발매되고 큰 소동이 벌어진 목요일. 니시자키는 야마모토 마사시가 폭력단 보스와는 다른 사람이라는 야마구치의 주장을 반박하기 위해서 야마모토의 집을 알아냈다. 그 집이 시코쿠에 있다는 걸 파악하자 다음날 고보리 기자가 현지로 취재하러 갔다. 친족을 상대로 취재한 결과 폭력단 보스가 야마모토 마사시라는 걸 확인할 수 있었다.

이렇게 차근차근 취재한 결과가 후일의 재판에서 활용된다.

그리고 6월 28일과 30일에는 야마모토 본인을 만나서 취재할 수 있었다.

그 사이에 "깜짝 놀랄 만한" 자이언츠의 답변도 있었다.

그건 6월 25일 자이언츠의 홍보부장 스즈키 노부히코가 보낸 서면 답변이었다. 니시자키가 기사에서 '공갈한 측과 하라 감독이 서약서를 교환했다'고 쓴 것과 관련해서 "공갈한 측과 하라 감독이 서약서 등의 서면을 교환한 사실은 2005년에는 전혀 없었다"고 반박한 것이었다. 니시자키가 '서약서' 사진을 갖고 있지 않은 건 사실이었지만, 대체적인 이야기로 그 존재가 확실한 만큼 기사에 써도 괜찮을 거라고 생각했다고 한다.

잡지가 나올 때면 어떤 기사나 마찬가지지만 고양감도 있는 반면, 어딘가 편하게 잠을 잘 수 없는 측면도 있었다. 완벽을 기했다고는 하지만 어딘가 생각지 못한 곳에 구멍이 있지나 않을까라는 불안 때문이었다.

니시자키 등은 그 후에도 6월 28일에 발매된 7월 5일호, 7월 5일에 발매된 7월 12일호에서 이 문제를 계속 보도했다.

요미우리 자이언츠는 12월 12일 명예훼손이라며 3천만 엔의 손해배상과 사죄 광고를 요구하는 소송을 냈다.

논쟁할 상대를 잘못 고른 게 아닐까

그 후 대법원이 자이언츠측의 상고를 기각해서 판결이 확정될 때까지 4년 걸린 재판에서 쟁점이 된 것은 자이언츠가 6월 20일의 기자회견에서 하라도, 구단도, 공갈을 한 3명이 "반사회적 세력이라는 걸 몰랐다"고 주장한 데 대해서 주간문춘이 2번째 기사에서 "요미우리의 거짓말"이라는 제목으로 보도했다는 점이었다.

요미우리측은 이 점을 "용서할 수 없다"고 했다.

니시자키는 여기서도 끈질기게 사후 취재를 계속한 결과 야마구치가 원래 2000년대 전반부터 프로야구계의 폭력단 배제 운동을 선도했다는 사실을 파악했고, 귀중한 증인조서 기록을 입수했다. 이것은 주니치 드래곤즈의 사설응원단 멤버가 제기한 소송에서 야마구치 자신이 증인으로 법정에 나갔을 때의 기록이었다.

여기서 야마구치 자신이 원고측 변호사로부터 반사회적 세력의 정의에 대해서 다음과 같은 질문을 받았던 것이다.

"'폭력, 위력과 사기적 수법을 구사해서 경제적 이익을 추구하는 집단이나 개인', 이것을 반사회적 세력이라고, 범죄 대책 각료회의 간사회의 합의로 정의했습니다만, 당신 생각도 같다고 생각해도 될까요?"

야마구치는 "대체로 그렇습니다"라고 답했다.

또 "위의 요건과 함께 폭력적인 요구, 법적인 책임을 넘어선 부당한 요구라는 요건에도 주목하는 것이 중요하다"는 건 어떻게 생각하느냐는 질문을 받고 야마구치는 "대체로 그렇지 않을까 생각합니다"라고 대답했다.

즉 야마구치가 이전에 다른 재판에서 증언한 바에 따르면 하라에게 1억 엔을 받아낸 K와 H는 분명히 반사회적 세력이라는 주장이었다. 폭력단에 관계됐다는 것을 내비치고, 1억 엔이라는 경제적 이익을 추구했고, 실제로 요구했으니까.

또 기요타케와 요미우리 자이언츠나 와타나베 사이에 벌어진 다른 재판에서 요미우리측이 제출한 증거 속에 이런 게 있었다. 2009년 4월 14일에 요미우리 자이언츠 부대표 하라 사와 아쓰시(原沢敦)가 1억 엔 공갈 사건에 대해 하라를 조사했을 때의 내용을 모모이와 기요타케에게 보고한 이메일이었다.

여기에는 이런 문장이 있었다.

○○씨는 언니의 집에 세를 들어 살았다. 언니의 남편 혹은 애인이 폭력단원이었다. 이사할 때인지 언제인지 몰라도 언니나 그 폭력단원이 일기를 발견하고 깜짝 놀랐고, 폭력단원이 '이건 돈이 될 것'이라며 자신의 두목에게 가져갔다.

하라가 이 메일 내용처럼 생각했다면 당시부터 공갈하는

쪽이 폭력단과 관련돼 있다고 생각했던 셈이다.

이것을 문춘 측 변호사인 이마기레 야스히로(今給黎泰弘)가 지방법원에서 열람한 뒤 복사본을 만들었다. 자이언츠 법무부의 오카베를 증인 신문할 때 이걸 가지고 추궁했고, 나중에 증거로도 제출했다.

이런 증거가 쌓이고 쌓인 재판의 결과, 1심과 2심 모두 요미우리 자이언츠가 완전히 패소했다.

주문
1. 원고의 청구를 모두 기각한다.
2. 소송비용은 원고의 부담으로 한다.

판결에서는 야마모토 마사시와 K, H 3명의 정체, 그리고 요미우리 자이언츠의 인식에 대해 검토했다. 이 속에서 주간문춘 측이 요미우리 자이언츠가 3명을 반사회적 세력에 해당한다고 생각했다고 믿고 있었다는 점의 진실 상당성에 대해서 재판부는 다음과 같이 지적했다.

"반사회적 세력인지 여부에 대해서는 대상자의 정체뿐만 아니라 행위 측면을 고려해서 판단하는 것이 일반적이고, 피고(문춘)도 이렇게 이해하고 있었다는 점이 인정된다. 원고(요미우리 자이언츠)가 프로야구 구단을 운영하며, **폭력단 배제 운동**

을 이끌어온 기업이라는 점[99]에서 일반적인 기준으로 반사회적 세력에 해당하는지를 판단했을 거라고 주간문춘이 믿고 있었던 건 당연하다고 할 수 있다.

따라서 원고가 피고의 취재에 대해 경찰 당국으로부터 야마모토 및 H(판결에서는 실명)가 폭력단으로 등록돼있지 않고, K(판결에서는 실명)는 약 20년 전에 폭력단에서 나왔다는 정보를 제공했다고 설명하고 있지만, 이것만으로 반사회적 세력인지를 판단하는 것은 일반적이지 않다. 또 피고가 취재로 야마모토 등이 반사회적 세력에 해당한다고 판단할 만한 확실한 정보를 얻었고, 또 본건 공갈사건에서 K가 하라 감독에게 금전을 요구할 때 한 말을 포함해서 원고가 같은 정보를 갖고 있다고 믿는 것은 상당한 근거가 있다. 이런 점에서 볼 때 원고가 위와 같은 설명을 했다고 하더라도 피고가 일반적인 '반사회적 세력'의 의미를 전제로 해서 원고가 야마모토 등이 이에 해당한다고 생각했을 것이라고 믿은 것은 일리가 있다."

야마구치는 당당하게 프로야구의 폭력단 배제 운동을 벌여왔다. 이를 이끌어온 기업인 만큼 '반사회적 세력'인지는 실제 행동을 기반으로 판단해야 한다, 니시자키 등이 그렇게 믿은 것도 무리가 아니라고 법원은 판단했다.

니시자키는 법원에 내는 진술서를 작성할 때 변호사로부터

---

99) 강조는 필자

"마지막 부분에는 자신의 생각을 써도 좋다"는 말을 들었다.

니시자키는 '요미우리가 논쟁을 벌일 상대를 잘못 고른 게 아닐까'라고 생각했다.

물론 선수나 감독을 보호하는 것은 당연하다. 그러나 그 이상으로 중요한 것은 반사회적 세력에게 돈을 지불했다고 한다면 그 점에 대해 취할 조치를 취하고, 이쪽의 취재에 대응하는 것이 언론기관으로서 해야 할 일이 아닐까?

지금까지 프로야구계의 폭력단 배제 운동을 담당해온 야마구치가 우선 그 점을 알아줬으면 하는 마음도 있었다.

니시자키는 자신이 작성한 장문의 진술서 마지막을 이렇게 끝맺었다.

"본 건의 일련의 기사는 폭력단 관계자 등을 대상으로 취재한 것이어서, 취재 자체가 위험을 동반한 것이기도 했습니다. 기사가 실린 잡지가 발매된 후에도 뭔가 보복행위가 있을 수 있다는 점을 고려했습니다. 그런 위험이 있는데도 어떻게든 보도해야 한다고 강한 신념을 갖게 된 데에는 2011년 10월의 전국적인 폭력단 배제 조례 시행 이후 폭력단의 위협 행위에 대해서 경찰 당국도 철저하게 단속하고 있다는 점과도 관계가 있었습니다.

폭력단을 두려워하지 않고, 폭력단에게 돈을 주지 않는다는 건 폭력단 대책의 철칙이라고 해도 과언이 아닙니다. 그런 와중에 야구 팬의 절대적인 지지를 받는 요미우리 자이언츠의 인기 감독이 폭력단 관계자의 공갈에 굴복해서 1억 엔이라는 거액을 지불한 점은 결코 간과할 수 있는 문제가 아닙니다.

사회적인 의의, 공익성에 비춰보더라도 보도할만한 사안이라는 건 명백합니다. 이 점은 야구계에서 적극적으로 폭력단 추방 운동을 벌여온 요미우리 자이언츠, 또 보도기관인 요미우리신문이라면 당연히 이해할 수 있을 것이라고 생각합니다."

니시자키는 야마구치의 초기 폭력단 배제 운동에 대해 존경심을 품고 있었다. 자신이 이번에 야구계와 폭력단이 관련된 세계를 취재하고, 실제로 신변의 위험을 느껴봤기에 초기에 이 문제에 대처했던 야마구치를 더 존경했던 것이다.

니시자키는 나중에 하라 감독의 1억 엔 공갈 사건 등 요미우리 자이언츠를 둘러싼 다양한 트러블에 대해 『자이언츠 '어둠'의 심층』이라는 책을 쓰는데, 여기서도 이 초기 활동에 대해서는 정중하게 기록하며 존경심을 표시했다.

주요 참고 문헌·증언자·취재협력자
니시자키 노부히코, 이마기레 야스히로
『자이언츠 '어둠'의 심층』 니시자키 노부히코, 문춘신서, 2016년 8월

제17장

뉴욕타임스의 충격

2008년 일본을 방문한 NYT의 탐사보도 기자가 "신문은 죽어가고 있다"는 말을 내뱉은 지 6년이 지났다. NYT 사내의 조사 보고서 '이노베이션 리포트'가 세계 신문사에 충격을 안겼다.

미국의 신문에는 일본 신문보다 10년 먼저 위기가 찾아왔다. 이렇게 말하는 이유는 미국 신문은 수입의 약 80%를 광고 수입에 의존하고 있었기 때문이다. 미국 신문의 경우 전국지는 USA투데이 1개지뿐이고, 나머지는 기본적으로 지역지였기 때문에 광고 대부분은 전국 단위 스폰서가 아니라 지역의 부동산 광고나 구인 광고 등 '클래시파이드 애드(Classified Ad)'라고 불리는 것이었다.

이 클래시파이드 애드가 인터넷 때문에 큰 타격을 받았다. 1995년 인터넷상에 지역의 다양한 정보를 교환하는 크레이그리스트[100](Craigslist)라는 서비스가 등장해 종이신문의 클래시파이드 애드 시장을 뿌리째 흔들어 놓았다.

---

100) 크레이그 뉴마크라는 사람이 만든 지역 생활정보 사이트에서 시작되어, 미국 전역과 전 세계로 퍼진 온라인 벼룩시장.

게다가 2008년 9월에 시작된 리먼 쇼크가 쐐기를 박았다.

2004년부터 2018년에 걸쳐 미국에서는 1,800개 신문(일간, 주간 합친 숫자)이 사라졌다. 15년 사이에 1억2,200만부에서 7,300만부가 됐으니 신문 전체가 잃은 부수는 4,900만부였다.

"Newspaper is dead!"

NYT도 예외는 아니었다.

단행본 편집자였던 나는 2008년 11월에 『CIA 비록』으로 전미도서상을 받은 NYT의 탐사보도기자 팀 와이너(Tim Weiner)를 일본에 초대했는데, 그 때 와이너가 내뱉듯이 한 말을 잊을 수 없다.

"Newspaper is dead!"

투자은행 리먼브라더스의 파탄에서 시작된 세계적 경제위기는 서브프라임 론이라는 저소득자도 주택을 구입할 수 있는 대출(론)을 소규모화하고 합성한 금융상품의 폭락으로 시작된 위기였던 만큼 미국에서 특히 심각했다.

NYT에서 광고가 잇따라 빠져나가면서 매출은 급감했다. 리먼 쇼크 전인 2008년에는 19억1,600만 달러였던 매출의 4분의 1이 증발한 탓에 2009년에는 매출이 15억8,000만 달러까지 내려가버렸다. 주가는 약 5달러 수준까지 내려갔다.

이런 급격한 매출 감소 와중에 당장 쓸 자금도 부족할 지경이었다. 1억 달러의 부채를 갚을 수 없는 상태에 빠졌다. 문자 그대로 도산의 위기였다.

일반 금융기관이 융자를 해주지 않자, NYT는 멕시코의 대부호 카를로스 슬림(Carlos Slim)에게 도움을 청했다. 슬림은 NYT의 주식을 6.4% 사들였고, 여기에 더해서 2억5,000만 달러를 긴급 융자했다. 그 담보로 워런트를 받았다.[101] 이 워런트는 주식으로 바꿀 수 있다.

이렇게 해서 NYT는 당장의 위기를 넘어섰지만, 신문 자체의 위기는 구조적인 것이었다. 사람들이 종이라는 정기간행물에 돈을 내지 않게 된 것이다.

미국에서는 아이폰이 일본보다 1년 빠른 2007년 6월에 발매됐고, 스마트폰은 일본 이상으로 확산됐다.

이런 와중에 NYT는 드디어 유료 디지털판 개발을 향해 무거운 발걸음을 옮기기 시작했다. NYT는 일본 신문사와 마찬가지로 인터넷이 시작된 뒤 오랫동안 무료 광고 모델로 NYT의 기사를 무료로 외부에 노출한다는 오류를 저질렀다.

이렇게 해서 NYT가 유료 전자판을 시작한 것이 WSJ보다 15년 늦고, 닛케이보다 1년 늦은 2011년 3월이다.

---

101) warrant. 정해진 가격에 정해진 숫자의 주식을 정해진 날짜에 매입할 수 있는 권리.

일요판 1면에 사로잡히다

하지만 유료 전자판을 시작한 뒤에도 NYT는 '혁신가의 딜레마'에 사로잡힌 채 그대로였다. 심지어 NYT에서는 2007년까지 종이와 디지털 부서가 서로 다른 빌딩에 있었을 정도였다.

기자나 편집자는 조간신문에 기사를 싣는 것, 특히 일요판 1면에 기사를 싣는 걸 무엇보다도 영예로운 일로 여겼다. 미국 신문은 일요일에는 페이지가 늘어나서 이 일요판만 보는 독자도 많아서 부수가 평일의 배 이상으로 늘어나기 때문이다.

오전 10시 편집회의부터 오후 4시 30분 지면 배정 결정까지, 종이신문 1면에 무슨 기사를 실을지를 중심으로 회사가 돌아갔다. 워싱턴 지국에는 어떤 기사 6건이 1면에 실렸는지를 전원에게 알려주는 단체 메일도 있었다.

유료 디지털판을 만들려고 우수한 개발자를 고용했지만, 곧바로 관뒀다. 그들은 버즈피드나 페이스북 등 신흥 인터넷 미디어로 가거나 독립해서 창업해버렸다.

이런 디지털 부문 개발자들은 NYT가 종이신문 중심의 조직이고, 기술 진보를 받아들이기를 거부하는 것처럼 느껴지는 것이 불만이었다. 예를 들어 편집 스태프의 점심 미팅에 참가하고 싶다고 했다가 거절당한 개발자도 있었다. 이런 일이 있은 뒤 개발자 중 한 명이 NYT를 그만뒀다.

편집국의 편집자나 기자는 개발자가 시스템을 보수하고 점검하는 사람이라고 생각했다.

즉 회사 전체가 종이신문을 매일 펴내려고 움직였고, 유료 디지털판을 시작해도 그것은 별개이고, 맨 끄트머리 사업이라는 의식밖에 없었다.

최대 문제는 디지털 부문에서 일하는 이들의 장래 커리어 전망이 없다는 점이었다. 그들은 자신들의 기술이 과소평가받거나 오해받고 있다고 느꼈다. 인사를 정하는 관리직 레벨에는 어차피 편집국에서 종이신문을 만들어온 이가 대부분이었고, 디지털을 잘 아는 사람은 없었다.

이건 일본 신문사에도 똑같이 일어난 일이었다.

야후의 미야사카 마나부가 2000년대 중반에 사내의 정례 회의에서 "디지털 부문의 현장 직원들을 각각의 회사 안에서 출세하게 하자"고 되풀이해서 말했던 것은 뒤집어보면 결국 그런 디지털 부문의 사람들과 얘기를 좁혀봐야 편집국이 간섭해서 무산되는 케이스가 많았기 때문이었다. 애초에 디지털 부문 사람들은 그 자리에서 결정하지 못한 채 반드시 "회사로 돌아가서 검토해보겠다"고 할 뿐이었다.

조직 안에서 디지털 부문이 주변부에 머무는 한 그걸 전문으로 하는 신흥 기업에 대항할 수 없다. 그것이 NYT에서 일어난 일이고, 닛케이 외의 일본 신문사에서 일어난 일이기도 했다.

버즈피드나 허핑턴포스트처럼 종이신문이 없는 신흥 웹미디어가 성장하는 걸 초조하게 보는 사내의 인간도 있었다. 하지만 그건 대세가 되지 못했고, 유료 디지털판의 계약자 수도 늘지 않아서, NYT 사내에는 답답해하는 분위기가 쌓여갔다.

이런 와중에 위기감을 느낀 사내 인사들이 2013년에 'NYT에서 무슨 일이 일어났나'를 조사하는 비공식 조사팀을 만들었다.

비공식이라는 건 '마스터헤드(masthead)'라고 불리는 발행인이나 편집국장 등이 인정하는 회사의 공인을 받지 않았다는 의미다.

이 팀은 모두 10명으로 이뤄졌다. 디자이너 1명을 제외하고는 모두 기자 출신이었는데, 그 중 한 명이 당시 시내판 편집차장인 아서 그레그 설즈버거(Arthur Gregg Sulzberger)였다는 게 중요하다. 발행인인 아서 옥스 설즈버거(Arthur Ochs Sulzberger)의 아들이다. 당시 아직 34세였지만, 아버지는 수년 안에 은퇴할 것으로 예상됐고, 이후 NYT 왕국을 계승할 게 확실시되고 있었다.

'NYT 이노베이션 리포트'라는 96쪽짜리 조사 리포트는 반년간 사내외 500명 이상을 취재해서 작성됐다.

이 2014년 3월 24일자 조사리포트는 원래 사내 한정용으로 작성됐다. 하지만 버즈피드가 보도하면서 외부에 공개된다.

미디어 역사상 가장 중요한 문서

"*NYT는 저널리즘에서 승리했다. (중략) 그러나 그 저널리즘을 독자에게 전달한다는 중요한 분야에서 경쟁 상대에게 뒤처졌다.*"

니먼 재단의 조슈아 벤튼(Joshua Benton)은 이런 말로 시작되는 'NYT 이노베이션 리포트'를 "미디어 역사상 가장 중요한 문서"라고 평가했다.

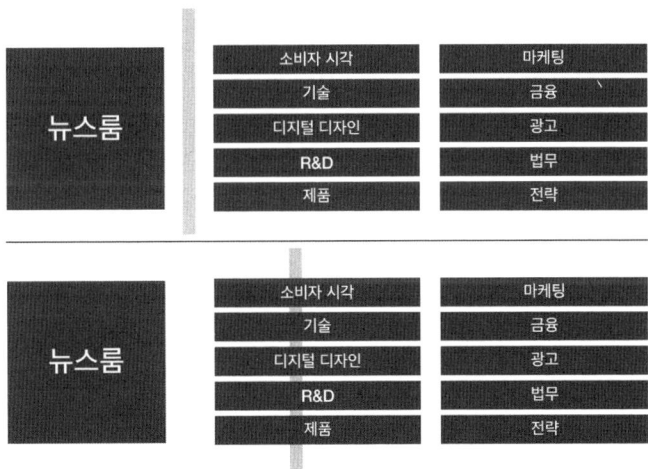

[이노베이션 리포트에서 인용]

이것은 다양한 의미에서 보도에 관련된 모든 이들에게 충격적인 문서였다. 리포트에는 아래와 같은 그림이 크게 그려져 있었다.

"*우선 맨 처음에 이 점을 확실히 해두겠다. 편집 부문과 업무 부문은 서로 간섭하지 않는다는 지금까지의 신조는 버려야 한다.*"

지금까지 NYT에선 편집국에 광고나 영업 등 비즈니스 관련자가 출입하는 걸 금기시해왔다(물리적으로도 마찬가지). 지금까지 편집과 비즈니스 사이에는 방화벽이 설치됐고, 서로 간섭하지 않는 것이 NYT 보도의 품질을 보증한다고 간주됐다. 이 편집과 비즈니스를 나누는 벽을 'Church and State'라고도 표현했다. 즉 국교분리다.

1971년 베트남전쟁 비밀조사보고서를 입수해서 보도했다가 미합중국 정부의 보도금지 가처분 결정을 받았지만, 대법원에서 싸워가며 보도하길 계속한('펜타곤 페이퍼즈' 보도) NYT의 명성은 편집국은 불가침이라는 점에서 온다고 여겨졌다.

그런데 이 리포트는 그것이 틀렸다고 지적한 것이다.

리포트에선 회사가 매일 아침 종이신문을 펴내기 위해서 돌아가고 있고, 그 결과 디지털을 경시한 나머지 경쟁사에 계속 지고 있다는 상황을 구체적으로 보여준 뒤, 편집국은 비즈니스 사이드와 협력해서 디지털 독자에게 어떻게 기사를 보여줄까라는 다양한 방법을 생각해야 한다고 했다.

"NYT에서는 기사가 게재됐을 때 일이 끝난다고 생각한다. 허핑턴포스트에서는 기사가 웹에 업데이트될 때 일이 시작된다고 생각한다."

"뉴스는 웹브라우저에서 찾는 게 아니고, 푸시 메시지로 오는 거라고 젊은이들은 느끼고 있다. NYT도 팔로우 버튼을 만들어서 흥미가 있는 뉴스를 피드로 내보내야 한다."

"디지털을 모르는 사람이 디지털 부문의 인사를 결정하는 탓에 우수한 인재가 유출된다."

"편집국은 종이 신문을 중심으로 이뤄져 있다. 부수가 많은 일요판에 기사를 싣는 것이 가장 중요한 일로 여겨지고 있는데, 온라인에서는 주말에는 잘 보지 않는다. 데스크들은 각각 담당하는 섹션 면에만 매달릴 뿐, 그 기사를 소셜미디어에서 확산시키는 일에는 거의 흥미가 없다."

"코멘트란이 아이폰이나 아이패드에서는 효과가 없다."

엄격한 지적을 잇따라 쏟아낸 이 리포트의 주안점은 '종이신문을 펴내는 신문사'에서 '종이신문도 펴내는 미디어기업'으로 변하지 않으면 NYT에 미래는 없다는 점이었다.

이 리포트가 버즈피드에 유출된 것과 거의 동시에 여성 편집국장이었던 질 에이브람슨(Jill Abramson)이 해고됐고, 디지털을 회사의 중심에 두는 개혁이 사내에서 시작됐다.

아사히신문에도 학습 모임이 생기다

이 '이노베이션 리포트'는 디지털을 중시하지 않으면 미래가 없다고 생각한 일본의 일부 신문 종사자에게도 충격을 안겼다.

아사히신문에서는 디지털 편집위원이었던 후지타니 다케시(藤谷健)가 버즈피드에서 이 리포트에 관한 기사를 읽었다.

리포트를 구해서 읽는 동안 흥분해서 어찌할 바를 모르게 됐다. NYT조차 이렇다는 거다. 엄청난 일이 일어나고 있다.

우리 회사도 발상의 전환을 하지 않으면 안 된다. 변화의 물결이 발밑까지 밀려왔는데, 모두 아직도 종이신문에 집착하고 있다. 그래서 인터넷상의 소란 등에 지나치게 거부 반응을 보인다.

마감시간은 의미가 없다. 기사를 내보내고 나서부터 일이 시작된다. 리포트의 그런 한마디한마디가 마음에 와 닿았다.

아사히신문은 닛케이보다 1년 늦은 2011년 5월에 유료 디지털판을 시작했지만, 고전하고 있었다. 2012년에 소셜미디어 에디터라는 자리를 만들어서 SNS 발신을 시작했고, 2013년 5월에는 방콕 특파원이었던 후지타니가 디지털 편집위원 4명 중 1명이 됐다. SNS를 사용해서 아사히의 콘텐츠를 발신하는 일이다. 아사히 사이트로 독자를 불러서 유료 디지털판을 계약하게 하는 것이 최종 목표였다.

하지만 협조를 구해도 편집국 기자들은 종이신문의 일을 제일 중요하게 생각한 나머지 좀처럼 정보를 공유하려고 하지 않았다.

'이노베이션 리포트'에서 지적된 상태, 즉 "앞으로 절벽 아래로 떨어지듯 감소하는 종이신문 시장에 집착한 나머지 디지털 대응을 할 수 없다"는 상태는 실로 아사히신문의 일이었다.

후지타니는 이 '이노베이션 리포트'를 사용해서 사내 학습 모임을 만들었다. 자발적인 학습 모임일 뿐이었지만, 이걸 중심으로 나중에 디지털과 종이신문의 통합 편집국을 지향하는 '2020년의 모습' 사무국이 사내에 생기게 된다.

아사히는 후지타니가 '이노베이션 리포트'를 읽은 지 4개월 후인 2014년 8월 5일에 이때까지의 종군위안부 보도에 오류가 있었다고 인정하는 검증기사를 게재했다. 또 후쿠시마 제1원전 사고 시 작업원들이 소장인 요시다 마사오(吉田昌郎)의 명령을 어기고 철수했다는 요시다 조서를 입수했다고 보도했던 5월의 기사도 오보로 드러났다. 사장이 물러나고 부수에도 큰 영향을 미친 심각한 사건이었는데, 이 얘기는 다른 맥락인 만큼 다른 기회에 하도록 하겠다.

배달로 경영이 안정?

요미우리신문은 어땠을까? 본지 기사만 읽으면 NYT에 대해 '이노베이션 리포트'와는 정반대로 이해하고 있는 듯했다.

요미우리신문의 뉴욕 지국이 2015년 6월에 '미디어…미국의 조류'라는 3회 연재 기사를 실었을 때 그 1년 전에 나와서 화제가 된 '이노베이션 리포트'에 의한 NYT의 변화에 대해서는 전혀 언급하지 않았다. NYT의 CEO 마크 톰슨과 일문일답 인터뷰 기사를 실었지만, '이노베이션 리포트'에 대해서는 묻지 않았고, '광고에서 배달로 중심 이동'이라는 제목을 사용

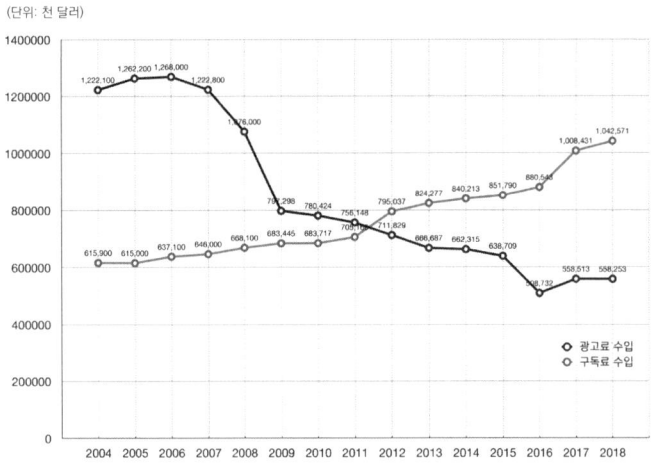

[NYT 광고료 수입과 구독료 수입의 추이(NYT 연간보고서를 근거로 시모야마 작성)]

해 "(NYT가) 배달 제도를 강화해 (중략) 경영이 안정됐다"고 강조하는 기사를 썼다.

와타나베 쓰네오는 이 뉴욕 지국에서 작성한 기사를 읽고 안심했다는 듯 7월의 요미우리 판매소 모임에서 이런 말을 했다.

"거의 배달을 하지 않는 미국에서 신문사가 배달을 강화한다는 건 우리로선 상상도 할 수 없는 일이었습니다. 결국 NYT도 일본 신문사에서 배워서 배달을 강화하게 된 게 아닌가 생각합니다."

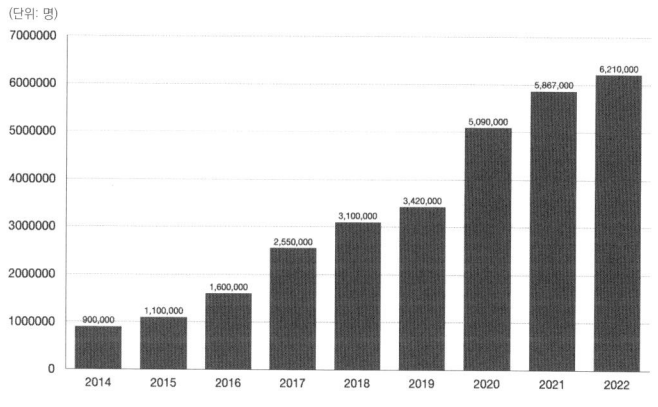

[NYT 유료 디지털 구독자수의 추이]

하지만 NYT의 경영이 안정된 것은 배달 제도를 강화했기 때문이 아니다.

NYT의 유료 디지털판 구독자 수는 2015년에 100만 명을 넘었고, 2016년에는 150만 명, 2017년에는 250만 명, 그리고 2018년에는 300만 명을 넘게 된다. 이러는 사이에 종이신문 부수는 계속 줄었다. 2009년에는 100만 가까웠던 부수(평일)는 2017년에는 절반에 가까운 54만부로 줄었다.

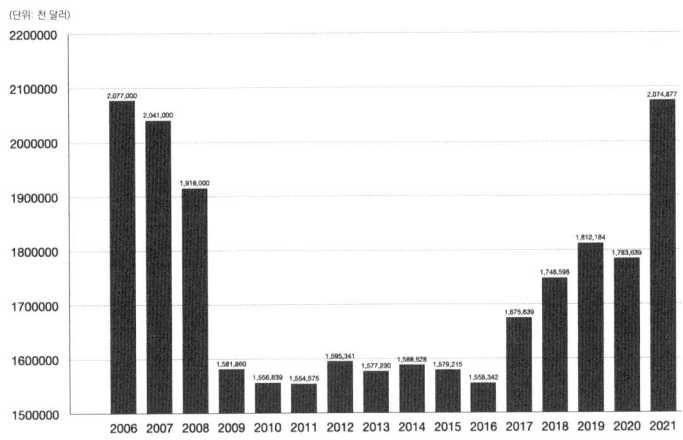

[NYT의 매출 추이(단위 1,000달러)]

와타나베는 이 판매소 모임에서 광고 수입이 80%였던 NYT가 배달 제도를 강화한 덕분에 구독료 수입이 늘어서 60%를 차지하게 됐다고 말했지만, 구독료 수입이 늘어난 것은 유료 디지털판 독자가 늘었기 때문이고, 종이신문 독자의 증가, '배달 제도의 강화'에 의한 것이 아니다.

'NYT에서 광고료 수입과 구독료 수입의 추이'라는 그 래프를 보면 알 수 있는 것처럼 디지털판 구독자수가 늘어난 2017년 이후 구독료 수입 비율은 더욱 커졌고, 2018년도 비교에서는 65%를 구독료 수입이 차지하게 됐다.

디지털판을 성공시킨 닛케이와 NYT의 매출 추이는 매우 비슷하다. 일본 신문사 중에서는 요미우리나 아사히가 리먼 쇼크 후에 매출이 1,000억 엔 가까이 떨어졌지만, 종이신문의 매출 감소를 디지털판의 성장으로 커버한 닛케이만은 리먼 쇼크 후에도 매출을 유지해왔다는 건 앞서 적었다.

NYT도 마찬가지였다. 'NYT 이노베이션 리포트'가 나온 뒤 뼈를 깎는 노력을 기울인 끝에 회사 전체를 종이신문을 펴내는 조직에서 디지털 공간에서 NYT의 가치를 알리고, 유료 디지털판을 보게 하는 조직으로 변화시켰다. 그 결과 로스앤젤레스 타임스나 시카고 트리뷴 등의 신문이 인수 합병을 거듭하고 있는 와중에 매출을 유지했을 뿐만 아니라 2017년부터는 V자 회복을 이뤄냈고, NYT의 저널리즘을 계속 추구할 수 있게 됐다.

만약 2014년에 '이노베이션 리포트'가 쓴 것처럼 종이 신문사를 디지털을 중심으로 한 조직으로 바꿔내지 못했다면 이 장의 서두에 적은 팀 와이너의 경고처럼 NYT의 저널리즘은 죽음을 맞이했을 것이다.

'NYT 이노베이션 리포트'의 조사를 주도한 아서 그레이그 설즈버거는 2016년 10월 부발행인에 지명되며 발행인인 부친의 뒤를 이을 거라는 게 분명해졌다.

이번엔 발행인이나 편집국장 등이 공인한 조사를 벌여서 2017년 1월에 발표했다. NYT 기자 7명이 조사한 리포트 'The Report of 2020 Group'에는 편집국장 딘 베케트와 편집국 부국장 조 칸의 메모가 첨부돼, 이번에는 공식 문서라는 모양새를 갖췄다.

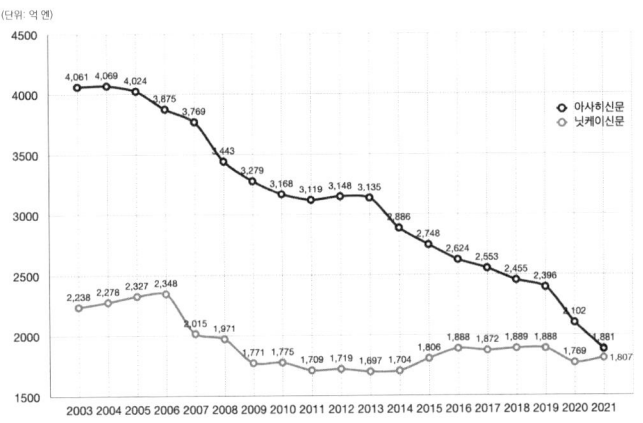

[아사히신문, 닛케이 신문 매출 추이 비교]

여기서 NYT의 전략은 더 분명하게 "우리는 유료 구독을 가장 중시하는 비즈니스 위에 서 있다"고 적혔다.

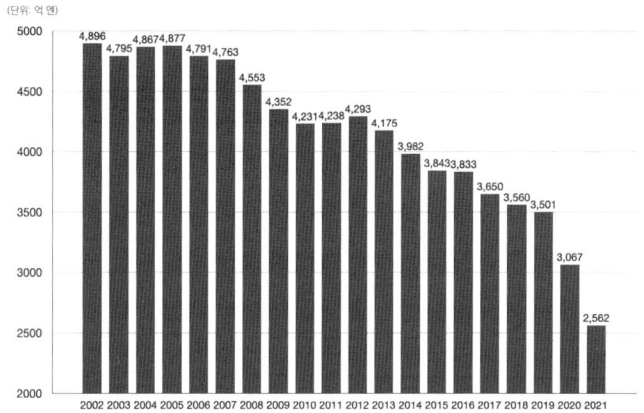

[요미우리신문사 주요 6개사 매출 추이]

2014년에 라이벌로 간주됐던 버즈피드나 허핑턴포스트에는 고난이 찾아왔다. 무료 광고 모델로 가는 한 페이스북이나 구글에 광고를 뺏기고 결국 막다른 골목에 처한다는 게 분명해졌기 때문이다.

2014년 시점에서는 여전히 무료 광고 시대의 PV 증가에 집착했던 NYT가 이번에는 자신 있게 이렇게 적었다.

"PV에 집착하지 말라. 구독자 수를 늘리는 것이 목적이다."

'The Report of 2020 Group'가 발표된 2018년은 트럼프 정권이 탄생한 해이기도 했다.

NYT와 워싱턴포스트는 양쪽 다 디지털 유료판을 핵심으로 삼으면서, 러시아의 미 대선 간섭 등 트럼프 정권과 대치하는 격렬한 보도를 전개했다. 또한 NYT는 이 2017년에 성폭력에 관한 3가지 중요한 탐사보도를 내보냈다. 한가지는 폭스뉴스의 앵커 빌 오라일리(Bill O'Reilly)의 성희롱(취재 기간 8개월). 1,300만 달러가 입막음용으로 지불됐다는 걸 폭로했다. 오라일리는 이 기사로 자리에서 물러났다. 다음이 실리콘밸리의 여러 벤처캐피탈리스트의 성희롱(취재 기간 1개월). 그리고 10월 5일에 첫 기사가 나온 할리우드의 실력파 영화 제작자 하비 와인스타인(Harvey Weinstein)의 30년 이상에 걸친 성희롱과 그 은폐 고발이다(여성 기자 2명이 4개월간 취재했다).

어느 것이든 예전의 NYT였다면 하지 않았을 공격적인 보도였다. 게다가 이들 보도는 예전처럼 일요판에 한 차례 실리는 탐사보도가 아니다. 와인스타인 건에서는 피해를 본 여성이 오피니언면에 글을 쓰는 등 다양한 각도에서 되풀이 보도하며 이 화제를 거론했다. 그 결과 사회현상이 되어 미투 운동이 일어났다. SNS 등을 사용해서 적극적으로 기사를 확산시켰고, 이걸 따라서 NYT 홈페이지에 온 독자는 유료판 구독 절차를 밟았다.

이렇게 화제를 부른 탐사보도 기사로 독자를 끌어들인 뒤, 일단 유료 독자가 되면 과거의 관련 기사 아카이브로 특집을 마련하는 등 해약하지 않고 NYT 유료판을 사용하는 게 습관이 되도록 다양한 장치를 마련했다.

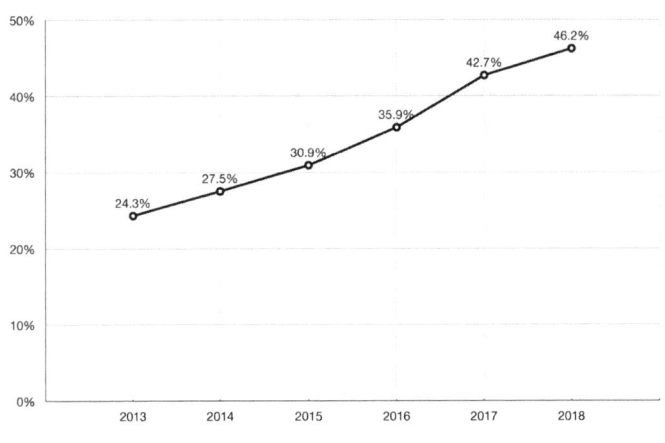

[NYT사, 수입에서 차지하는 디지털 비율의 추이]

그 결과 2017년 1년 만에 디지털판 유료 구독자 수는 150만 명에서 250만 명으로 100만 명이나 늘었다.

NYT의 연간 보고서를 기초로 회사 전체 수입에서 디지털이 차지하는 비율의 추이를 추적해보면, NYT가 신문도 발행하는 미디어 기업으로 변해가고 있다는 걸 잘 알 수 있다.

위의 그래프는 하버드대 니먼 저널리즘랩의 디렉터인 조슈아 벤튼이 연간보고서에서 추출한 디지털 수입 점유율의 추이다. '이노베이션 리포트'가 작성된 2014년에는 회사 전체 수입의 27.5%를 차지했던 디지털 수입은 2018년에는 약 두 배인 46.2%가 됐다.

NYT는 디지털 구독자의 증가로 늘어난 수입을 보도에 투자하고 있다. 2018년에는 편집자와 기자 120명을 신규 채용해 NYT 보도진은 총 1,600명으로 역사상 가장 많은 숫자가 됐다.

NYT 기자의 일하는 방식은 종이신문이 중심이었던 예전과는 전혀 다르다. 트럼프 정권 탄생 후 100일간 NYT 워싱턴 지국에 카메라를 들여보내서 만든 'NYT의 100일간'이라는 다큐멘터리가 있는데 그걸 보면 트럼프에게서 걸려온 전화를 받은 워싱턴 지국 기자가 전화를 끊자마자 트럼프의 코멘트를 곧바로 트위터에 올리는 모습이 나온다. 기사도 다음날 조간신문에 내는 게 아니라 곧바로 줄거리를 쓴 뒤 트럼프의 코멘트를 넣어서 곧바로 디지털판에 출고했다.

이 다큐멘터리에는 예전에 조간의 1면에 어떤 기사 6건이 실렸는지를 동시 메일로 알리던 워싱턴 지국의 모습은 이미 찾아볼 수 없다. 2018년 1월에는 아서 그레이그 설즈버거가 드디어 부친의 뒤를 이어서 발행인이 됐다. 그 해 10월에는 아사히신문 초청으로 일본을 방문했다. 이 때 나는 아서 그레이그 설즈버거와 만났다. 파티 중에 짧은 대화였지만, 2014년의 '이노베이션 리포트'에서 2017년의 'The Report of 2020 Group'에 이르는 과정을 디지털 무료광고 모델에서 디지털 유료판 모델로 확실하게 전략을 좁혀간 과정이라고 조용하게 설명해줬다.

주요 참고 문헌·증언자·취재협력자
팀 와이너, 후지타니 다케시
NYT 연간 보고서
The Times Innovation Report, 2014년 3월 24일
The Report of 2020 Group, 2017년 1월

제18장

양손잡이 경영은 가능할까?

판매소망을 유지하면서 디지털을 추구한다는 건 가능할까? 사장실장이 추진한 '요미우리 태블릿'은 실로 그걸 지향했다. 실증 실험이 시작됐다.

요미우리 신문이 직면한 문제, 일본의 신문사가 직면한 문제는 지금까지 다른 업계에서도 때때로 되풀이된 광경이었다.

기술혁신으로 기존 시장이 다른 시장으로 옮겨가려고 할 때, 기술혁신으로 생겨난 시장은 처음엔 소규모 시장으로 시작된다. 그렇기에 대기업은 일부러 그 제로의 시장에 세력을 쏟아 부어 진출하려고 하지 않는 것이다. 제살깎기가 우려될 때에는 더욱 그렇다.

2014년에 사내 뜻있는 이들이 작성한 NYT의 '이노베이션 리포트'에는 1페이지 분량으로 코닥의 사례가 실렸다.

필름 업계에서 일어난 일은 치열했다.

세계적으로 필름 매출의 정점은 2000년이다. 물론 이때에는 이미 디지털 카메라가 출현했다. 그러나 이 디지털 카메라는 처음에는 화질이 필름 사진에 비해 좋지 않았다. 그래서 코닥은 이 디지털 대응을 하려고 하지 않았다.

스탠퍼드대 경영대학원 교수인 찰스 오라일리(Charles O'Reilly)와 하버드 비즈니스 스쿨 교수인 마이클 L. 투시먼(Michael L. Tushman)의 연구에 따르면 코닥은 일렉트로닉스에서 훌륭한 기술 축적을 했고, 필름 시장을 잠식할 디지털 분야에는 진출하려고 하지 않았다.

디지털 카메라의 성능은 급격하게 좋아졌고, 필름 시장은 급 추락한다. 2005년에는 필름 전체의 매출이 정점일 때의 절반으로 떨어졌다.

이런 격렬한 변화에 대응하지 못한 탓에 1881년에 창업한 이스트맨 코닥은 2012년에 도산했다.

그런데 같은 필름 전문 회사였던 후지필름은 코닥과는 전혀 다른 경영을 해서 살아남은 것이다.

2001년 시점에서 코닥과 후지필름의 매출 규모는 거의 비슷했다. 코닥은 오히려 다각화 시도를 줄이고 화상 처리 기술에 집중함으로써 이 사진 필름 시장의 급격한 축소를 극복하려고 했다. 신문사가 종이 신문 시장에 집착함으로써 난국을 극복하려고 하는 것과 닮지 않았을까?

반면에 후지필름은 신임 CEO인 고모리 시게타카(古森重隆) 아래서 필름 시장 외의 분야에서 매출을 올릴 수 있는 게 없을까 찾았던 것이다.

　기존 시장이 급속하게 축소되는 와중에 새 분야를 탐색한다. 5,000명을 해고하고 필름 시장의 급격한 축소에 따른 재무적인 압박을 버텨가면서 한 일이다. 이런 가운데 오라일리와 투시먼의 연구에 따르면 후지필름은 ① 자사의 기존 기술로 새 시장에 적용할 수 있는 게 없을까? ② 새 기술로 기존 시장에 적용할 수 있는 게 없을까? ③ 새 기술로 새 시장에 적용할 수 있는 게 없을까? 이 3개 과제를 회사 전체가 탐색한 것이다.

　그 결과 필름을 전문으로 시작된 이 회사는 오늘날에는 일렉트로닉스, 의약품, 화장품, 재생의료, 의료기기, 그리고 필름이라는 형태로 다각화를 이뤄냈고, 과거 15년간 연 15%의 성장을 달성했다.

급속한 죽음이 찾아올 뿐이다

　2017년 가을에 각 대학의 미디어연구자들이 모이는 매스커뮤니케이션 학회가 세이조(成城)대에서 열렸다. 나는 신문협회의 홈페이지에서 최근 10년간 신문 부수가 1,000만부나 줄었다는 걸 발견하고, 조사를 막 시작했을 때였다. 이 학회에서 '10년 만에 1,000만부를 잃은 신문은 뭘 잃었고, 뭘 얻었나'라는 제목의 워크숍을 기획했고, 마이니치신문의 오가와 하지

메(小川一)와 함께 패널리스트로 참가했다. 사회는 조치대 문학부 신문학과장인 오토 요시히로(音好宏)가 맡았다.

여기서 나는 요미우리신문만이 전국지 중에서 유료 디지털판만 판매하는 걸 하지 않는다고 언급했고, "종이 신문 시장은 조만간 급속히 줄어들 것이다. 그 시장에 기대는 한 요미우리신문은 언젠가 막다른 골목에 부닥칠 것이다"라고 말했다.

그런데 여기에 참가한 요미우리신문의 사원이 이렇게 말하는 것을 듣고 깜짝 놀랐다.

"그러나 현 시점에서 닛케이처럼 디지털 쪽으로 방향을 돌리면 종이 신문 시장에서도 버려진 끝에 급속히 죽게 될 뿐이다."

요미우리신문이 직면한 문제는 종이신문이냐 디지털이냐라는 단순한 문제가 아니다.

어떻게 하면 기존 시장인 '종이신문'에서 매출 하락폭을 최소한으로 억제하면서, 새로운 수입의 단초를 발견해서 그걸 성장시킬 것인가가 문제라는 점을 그때 처음 눈치 챘다.

이 사원은 요미우리 판매국 출신이 아니라 오랫동안 미디어국에서 디지털 업무에 관계해온 사람이었다. 그조차 그렇게 말할 정도라면 요미우리의 사내 대다수는 더 그렇게 생각할 터였다.

실제로 요미우리는 어떻게든 '종이 신문의 판매소망 유지'

와 '디지털 추구'라는 두 마리 토끼를 쫓으려고 필사적으로 생각하고 있었다.

그 결과 생각해낸 것이 요미우리신문 전문 판매소를 통해서 태블릿을 빌려주고, 이 태블릿으로 '요미우리 온라인' 외의 독자적인 콘텐츠도 흘려보낸다는 '요미우리 태블릿'이라는 상품이었다.

야후 재팬에서 온 사람

요미우리신문 도쿄 본사의 100% 자회사인 요미우리 에이전시에 2014년 야후 재팬에서 옮겨온 야마모토 고지(山本浩司)라는 사람이 요미우리 사내에서 프리젠테이션을 하고 있었다. 야마모토는 야후의 방식을 '손 마사요시 독트린'[102]이라고 규정한 뒤 유저에게 뉴스 등 콘텐츠를 무료로 볼 수 있게 함으로써 통신요금을 사용하게 하는 방식이라고 비난했고, "요미우리신문은 손 마사요시 독트린에 얽매여서는 안 된다"고 주장했다.

그런 뒤에 '요미우리 독트린'을 "신뢰할 수 있는 정보인 종이신문(콘텐츠)이야말로 가치가 있고, 통신은 싼 가격으로 이용할 수 있어야 한다"고 규정했다.

여기서 제안된 것이 스마트폰이나 태블릿을 월 1,500엔에

---

102) Doctrine. 원칙이나 교리.

제공하고 "신문 독자에게 거의 원가로 통신을 제공하여, '신문이야말로 신뢰할 수 있는 정보의 중심'"이라는 인식을 확산시킨다는 방안이었다.

그리고 야마모토는 '뉴스 비즈니스의 향후'라는 항목에서 이렇게 제안했다.

"자이언츠 경기 입장권 대신 태블릿을 나눠줄 것."

"요미우리 세트판과 LTE태블릿의 세트로 월 6,500엔"

이 방안에 당시 사장실장이었던 나가하라 신(永原伸)이 달려들었다. 나가하라 신은 정치부 출신으로, 비서부장(2011년), 정치부장(2012~2013년)을 거쳐서 2014년 6월에 그룹 본사 임원으로서 사장실장에 53세 젊은 나이에 발탁됐다. "사심이 없는 사람"이라는 평판이었지만, "상황을 잘못 파악한다"는 사내 평가도 있었다. 실제로 2000년 11월에 가토 고이치와 야마자키 다쿠가 모리 요시로 내각을 상대로 일으킨 내각 타도 운동이었던 '가토의 난' 때에는 가토 고이치 편을 들었다.[103]

나가하라는 신문 판매소가 태블릿을 빌려준다는 아이디어에 몰두했다.

이것이야말로 디지털을 추구하면서 판매소도 윤택하게 할 수 있는 궁극의 한 수라는 것이었다.

2015년 8월의 전체회의에서 그룹 본사의 대표이사 경영

---

103) '가토의 난'은 실패로 돌아갔다. 즉 나가하라 신은 잘못 편을 든 셈이다.

주간(主幹)[104]이 된 야마구치 도시카즈가 "이것은 판매소와 인터넷을 양립시킬 수 있는 유망 프로젝트다"라고 격려하기도 해서 사내의 기대도 고조됐다. 그래서 전국적으로 시작될 것이라고 생각한 사원도 많았다. 그러나 불과 일주일 후 간토지방에 한정한 실증 실험 프로젝트로 격하됐다. 나가하라 신은 요미우리 사내 마사지숍에 다녔는데, 이때는 의기 소침해있더라고 마사지 시술사가 다른 사원에게 귀띔하기도 했다.

아이디어로 보면 태블릿을 판매소를 통해서 구독자에게 빌려준다는 것이었다. 이건 요미우리 종이신문을 구독하지 않으면 받을 수 없는 서비스이다. 요금은 와이파이를 사용하는 플랜이 월 1,780엔(세금 별도). 고속데이터통신을 포함한 플랜은 3GB가 월 2,480엔(세금 별도), 7GB 플랜이 월 3,980엔(세금 별도).

이렇게 하면 디지털 판매로 판매소도 수입을 얻을 수 있게 된다.

'요미우리 태블릿'이라고 이름 붙은 이 서비스 개시일은 2015년 12월 2일로 정해졌다. 도쿄, 가나가와, 지바, 사이타마에 있는 YC라고 불리는 요미우리신문 전문 판매소 169 점포의 독자를 대상으로 한 지역 한정 서비스가 시작됐다.

사장실에서는 당면 목표를 5,000대 렌탈 계약으로 정했다.

---

104) 어떤 일을 책임지고 맡아서 처리함. 또는 그런 사람.

'요미 닥터'

　나고야 사회부에서 기요타케 히데토시의 훈련을 받고 눈을 뜬 이와나가 나오코는 그 무렵에는 도쿄본사의 의료정보부에 있었다.
　이와나가는 이 의료정보부에서 인터넷의 힘을 알게 된다. 의료정보부에서는 인터넷 독자적인 콘텐츠인 '요미 닥터'의 기사를 만들고 있었다. '요미 닥터'는 2009년에 창간 135주년 사업의 일환으로 출발한 웹상의 서비스였다. 의료 보도에 강한 요미우리의 장점을 활용하려고 한 것이었다.
　이와나가는 이 '요미 닥터'에서 '고령자의 성'이라는 테마로 2009년 8월부터 7회 연재기사를 썼는데, 엄청난 수의 코멘트가 달렸다.
　이 '고령자의 성' 시리즈는 본지의 의료 르네상스 면에도 실렸던 것이지만, 이와나가는 웹을 통한 반응 쪽이 훨씬 크다고 느낀 것이다.
　이와나가는 2015년 6월부터 '요미 닥터'의 편집장이 되는데, 이 웹을 통한 영향력이라는 건 독자와의 양방향성에 있다고 느꼈다. 종이신문의 경우에는 독자의 반응은 독자센터의 이메일이나 전화로 온다. 그것이 기자에게 전달되는 만큼 직접적이지 않다. 기사를 써도 독자는 멀리 있다고 늘 느꼈다.

웹의 경우에는 기자가 독자와 직접 대화할 수 있다. 대화도 몇 번이고 오갈 수 있고, 여기에 다른 독자도 참가할 수 있어서 양방향이라는 감각이나 독자와 함께 사이트를 만들고 있다는 감각이 커졌다.

이와나가는 '요미 닥터'의 편집장이 되자 2009년 '고령자의 성' 시리즈에서 찾아낸 광맥을 좀 더 파보려고 이번에는 '성과 파트너십'이라는 연재를 시작했다. 이번 연재는 본지에는 싣지 않고, '요미 닥터'에서만 연재했다. 독자의 댓글이 기사에 따라서는 100건 이상 붙었다. 심사를 거친 댓글인데, 그 심사 자체를 이와나가가 하는 만큼 여기서 연재의 다음 소재를 찾아내는 일도 있었다.

또 종이 지면에서는 예를 들어 성 문제를 다룰 때에는 다양한 규제가 있었다. '고령자의 성' 제1회 기사에서는 서로 바라보는 고령자 커플의 사진을 사용할 예정이었지만 위에서 간섭이 있어서 그래프로 바꿔야 했다.

그런데 이 사이트에서는 '섹스리스'의 문제를 정면으로 다룰 수 있었다. 이와나가의 연재는 댓글을 쓴 독자에게 때로는 원고를 쓰게 해서, 파트너와 섹스가 왜 없어지는지, 그럴 때 하고 싶어하는 쪽은 어떻게 하는지, 혼외로 관계를 지속하는 여성의 심정도 솔직하게 썼다. 여기에 다시 다양한 댓글이 붙는 등 연재기사를 싣는 웹 나름의 특성을 활용할 수 있었고, 70

회를 넘는 히트 기획이 됐다.

하지만 이와나가에 따르면 회사는 '고령자의 성'도 '성과 파트너십'도 평가해주지 않았다고 한다. PV가 올라가니까 계속하긴 했지만 때로는 그 순위가 조작되어 아래로 내려간 적도 있었다고 한다.

그 이와나가가 '요미우리 태블릿'의 콘텐츠를 생각하는 회의에 참가하게 됐다.

이른바 '끝물'인 사람들

디지털 관계를 담당하는 미디어국의 미디어편집부에 요미닥터는 속해 있었다. 미디어편집부에서 40대인 이와나가의 나이는 끝에서 2번째인가, 3번째였다. 대부분이 50대 사원으로 이뤄졌고, 게다가 그들은 인터넷에 밝지도 않았다. 이른바 '끝물'인 사람들이었다.

게다가 미디어편집부의 상사들이 말하는 것은 "종이신문을 우선시하라"는 것이었다. 예를 들어 특집면 기사는 1주일이 지나지 않으면 '요미우리 온라인'에 실을 수 없다는 등의 규칙이 있었다. 또 해설 기사는 웹에는 싣지 않는다는 규칙도 있었다. '종이신문을 지킨다'는 대전제 속에서는 인터넷을 해보려고 해도 결국 의욕을 잃게 될 수밖에 없다고 이와나가는 느졌다.

　그런 와중에 '요미우리 태블릿'을 만들기로 한 만큼 미디어 편집부는 어떤 콘텐츠를 실을지 논의하는 회의가 열렸다. 야마구치 도시카즈도 참석한 회의였다. 사운을 걸고 하는 사업이어서 이와나가도 몇 차례 회의에 참석했다. 하지만 나이든 이들은 애초에 종이신문을 읽는 쪽이 고장도 없고, 어렵지도 않고, 오히려 빠른 것 아니냐는 의문을 떨칠 수 없었다. 고령자용 콘텐츠를 요미우리 태블릿에 넣기 위한 회의를 해서 이와나가는 김이 빠졌다.

　"한가한 고령의 기자가 절대로 읽히지도 않을 자신의 칼럼을 싣는다. 음악을 좋아하는 기자에게 음악에 대한 걸 에세이로 쓰게 하거나, 낚시를 좋아하는 사람에게 자기가 낚시를 하러 다닌 기록을 칼럼으로 쓰게 한다는 식이었다. 노인을 얕보고 있다고 밖에 할 수 없었다."

"됐으니까 종이를 중심으로 생각해"

　이와나가는 '요미우리 태블릿'은 성공할 리가 없다, 애초에 신문 구독자가 추가로 1,500엔 이상을 내고 태블릿을 빌릴 리가 없다고 생각했다. 다른 사원도 뒤에서는 "성공할 리가 없지"라고 했지만, 반대 의견을 말하는 사원은 이와나가도 포함해서 없었다고 한다. 애초에 판매소를 통해서 태블릿을 판다는 아이디어 자체는 회사 상층부가 결정한 것이기 때문이다.

실제로 주필인 와타나베 쓰네오가 인터넷에 대한 혐오감을 노골적으로 종종 드러내는 이상 애초에 논의의 여지가 없었다.

현재 50대인 편집 간부 경험자는 젊은 사원으로부터 종종 "디지털은 어떻게 할 건가요?"라는 질문을 받아왔다.

가만히 생각해보면 '종이'로 유지하기는 어렵다는 건 누구든 알 수 있다. 젊은 사람들은 매우 불안해했다. 전직 간부는 "그러나…"라고 말을 이었다.

"얼버무리고 말았죠. 모두 확실하게 대답할 수가 없는 걸요. 미래에는 이런 식으로 하자는 확고한 생각은 없었습니다."

그렇게 말한 뒤 예전에 자신이 그런 질문을 한 젊은 사원에게 "우선 매일매일의 원고를 잘 쓰지 않으면 아무것도 할 수 없어"라고 얼버무렸다는 걸 후회한다는 듯이 말했다.

그 전직 간부가 편집국에서 일하던 시절에 '어떻게 하면 젊은이들에게 신문을 읽게 할 수 있을까'라는 조사 프로젝트를 맡은 적이 있었다. 구직 페이지를 만들어보면 어떨까 해서, 학생들을 상대로 의견청취를 하는 등 이것저것 시도해봤다. 그러나 여기서도 전제조건은 '종이신문으로 한다'는 것이 정해져 있었다. 팀에서는 불만이 제기됐다. 종이로는 무리가 아닐까

하는 타당한 의문이 제기됐다. 하지만 그런 의문도 "됐으니까 종이를 중심으로 생각해"라며 덮어버리고 말았다고 한다.

이런 상황 속에서는 사원들도 종이가 중요하다고 자신의 영역을 지키는 쪽으로 사고방법이 자연스레 굳어져갔다.

예를 들어 요미우리 종이신문에서 인기가 있는 '인생안내'라는 인생상담 칼럼을 이 '요미우리 태블릿'에 넣겠다는 생각은 생활부의 반대로 각하됐다.

생활부는 '인생안내'를 종이신문을 지키는 킬러 콘텐츠라고 생각하고 있었다. '인생안내'는 종이신문에서 읽어야 한다, 종이신문을 계속 구독하게 하는 동기가 될 것이다. 역대 부장의 방침으로서 디지털에는 싣지 않는다는 것이었다.

생활부의 어느 기자는 예전에 니찬네루에서[105] '인생안내'가 화제가 된 것을 본 적이 있다. "어떻게 하면 인터넷에서 읽을 수 있을까", "종이신문에서만 읽을 수 있어요"라고 댓글이 적힌 것을 보고 그때는 성취감을 느꼈지만 지금은 후회한다고 내게 회고했다.

---

105) 일본의 익명 커뮤니티 사이트. 2ch(2ちゃんねる). 현재는 5ch(5ちゃんねる, 고찬네루)로 이름이 바뀜.

야마구치는 어떻게 생각할까?

야마구치가 '아라타니스' 시절부터 인터넷과 신문의 상황을 예리하게 파악했다는 데서 그에게 디지털화 추진을 기대하는 사원도 있었다. 야마구치는 사장실장이 되고, 대표이사 경영주간이 되고, 그리고 2016년 6월에는 드디어 그룹 본사의 대표이사 사장에 올랐다.

야마구치는 공식적인 자리에서는 배달 제도 강화를 주축 삼아 종이신문을 중심으로 해나가겠다고 말하고 있었지만 진심으로는 눈치를 살피다가 와타나베 쓰네오가 물러난 뒤에는 단숨에 디지털로 방향을 바꾸지 않을까라는 기대였다.

어느 사원이 야마구치와 대화할 기회가 있을 때 이렇게 작심하고 물어봤다.

"진심을 얘기해주신다면, 종이에서 디지털로 이행하겠다고는 할 수 없으니까 그렇게 말씀하시는 건가요? 아니면 마음속으로 종이신문이 좋다고 생각하고 계셔서 그렇게 말씀하시는 건가요? 어느 쪽인가요?"

"그건, 진심으로 생각하고 있으니까 종이신문으로 가겠다고 말하고 있는 거지. 아직은 종이의 판매력으로 버틸 수 있지. 디지털을 경시하는 건 아니고, 뉴스 외의 분야에서 디지털을 활용하려고 해."

야마구치는 젊은 사원과 의견교환 모임에서도 같은 말을 했다. 그 모임은 메모를 하는 것조차 금지된 닫힌 모임이었지만, 역시 "종이를 중심으로 해나갈 것"이라고 젊은 사원에게 말했다고 한다.

"그리고 아사히가 거기서 철수하면, 요미우리는 전국 방방곡곡에 판매망을 갖고 있는 유일한 신문사가 된다. 그건 독점 기업이지."

젊은 사원은 야마구치씨의 머리가 굳어버렸구나 라고 깜짝 놀랐고, 낙담한 이도 있었다고 한다.

고령자를 오해하고 있다

'요미우리 태블릿'은 2015년 12월초 영업을 개시한 뒤 매주 시스템, 콘텐츠, 영업, 문의창구 등 각 부문 책임자가 모일 기회를 마련했다. 사보에서는 독자 콘텐츠의 내용을 이렇게 소개했다. (사보 2015년 11월 17일)

"특히 일요일에 업데이트되는 것은 모두 '인생을 즐기는 어른을 위한 신문'이라는 콘셉트로 취재한 독자 기사. '시간과 수고를 들인 요리 레시피', '젊음을 유지하기 위한 힌트', 손주와 이야기를 하기 위한 소재 찾기' 등 유저의 흥미에 응답할 화제를 제공하고 있다."

낚시가 취미인 의료 네트워크 준비실의 사원이 쓴 칼럼도 이 '요미우리 태블릿'용으로 실제로 쓰기 시작했다.

원래 기획의 의도가 고령자가 태블릿을 쓰게 하려는 것인 만큼, 내용도 고령자에 맞춰서 만들려고 한 것이다. 그러나 이와나가는 고령자를 바보로 보는구나 라고 생각했다. 이와나가는 '고령자의 성'이라는 연재를 해본 경험에서 고령자라고 불리는 이들이 '할아버지, 할머니가 손주와 논다'는 식으로 편협하게 인식되는 걸 싫어한다는 걸 잘 알았다.

이 책의 제1장에 등장한 기타구에서 전문 판매소를 3곳 운영하는 소에다에게 기타구의 교육위원회 주사가 찾아온 적이 있었다. 소에다는 2008년에 지역 초등학교의 부교장에게서 "신문 스크랩 수업을 할 수 없다"는 말을 들은 뒤 다른 계열의 판매소와도 협력해서 신문 비교해서 읽기 경연을 기타구와 함께 개최한 관계였다.

교실에서 태블릿을 활용하고 싶은데 콘텐츠가 없다, 뭔가 지혜가 없겠는가라는 상담이었다.

소에다는 즉시 '요미우리 태블릿'을 떠올리고 "그거 우리한테 있어요"라고 대답했다.

하지만 실제로 학교에 이 '요미우리 태블릿'을 제공하려고 본사와 교섭한 결과 불가능하다는 걸 알게 됐다. 장사를 하는 신문사 입장에서 불특정다수의 학생에게 비밀번호를 줄 수 없다는 것이었다. 패스워드를 일단 주고 일정 시간 후에 그걸 사용할 수 없게 하는 것은 기술적으로 불가능하다는 설명을 들었다.

'요미우리 태블릿'의 숫자는 처참했다. 도저히 목표 수치에 도달하지 못한 채 실험에 그치고 서비스의 막을 내렸다.

이 '요미우리 태블릿'을 추진한 사장실장인 나가하라 신은 2016년 6월 인사에서 니혼TV로 가게 된다.

이와나가 퇴사

이나와가 나오코는 2017년에 요미우리신문사를 그만뒀다.

그만둔 직접적인 계기는 자신이 요미 닥터에서 의뢰한 HPV 백신에 관한 외부 필자의 기사를 삭제 당한 일이었다. 이 기사는 HPV백신을 추진하는 입장에서 쓴 것이었다. 의료계의 평판은 좋았지만, 환자단체가 맹렬하게 항의했다. 독자센터에 전화가 걸려오거나 메일이 왔고, 본사로 항의편지가 오기도 했다. 그 후가 엄청났는데, 사장실, 의료정보부 그리고 의료네트워크 사무국에서 편집장인 이와나가에게 "압력을 가했다"고 이와나가는 말했다.

상사가 기사를 삭제하겠다고 해서 "삭제하면 제가 그만두겠다"고 했다. 그랬더니 불려가서 '구두 주의 처분'이라는 벌

칙을 받았다. 그리고 2월 15일에 요미 닥터 편집장에서 물러나, 주부 지사로 이동하라는 내정을 받았다. 발령은 4월 1일이었다.

이와나가는 그날 밤부터 회사를 옮기기 위한 활동을 시작했다. 버즈피드 홈페이지에 스태프 모집 광고가 있길래 응모했더니 편집장과의 면담을 거쳐서 순조롭게 이직이 결정됐다.

그 후 요미우리의 상사에게 이 얘기를 했더니 버즈피드가 뭔지 몰랐다. "제대로 월급은 나오는 거야?"라고 물었다. 버즈피드는 요미우리에 있을 때와 거의 같은 연봉을 주겠다고 약속했다.

이렇게 해서 이와나가는 요미우리를 떠나서 2017년 5월 1일부터 버즈피드에서 일하게 되었다.

요미우리에 있을 때는 미디어국 편집부에서 나이가 밑에서 두 번째인가 세 번째였지만, 버즈피드로 옮기자 자신이 사무실에서 일하는 다른 누구보다도 나이가 많다는 데 일순 당황했다. 조직이 젊은 것이다. 이와나가는 요미우리에서 몸에 익힌 확실한 취재의 노하우를 살려서 이 버즈피드에서 의료 분야를 중심으로 수많은 화제 기사를 써나갔다.

기술혁신에 의해서 생겨난 새로운 시장에 기존 시장에서 성공한 대기업이 진출하는 것은 어렵다. 하지만 그걸 이룩한 후지필름 같은 사례도 있다. 기존 시장이 축소되는 와중에 어느 정도의 매출을 유지하면서 새로운 분야를 탐색하고, 심화해서 시프트해간다.

크리스텐슨이 말한 '혁신가의 딜레마'를 깬다는 의미에서 이 기법을 '양손잡이 경영'이라고 한다. 앞서 나온 오라일리, 투시먼이 수많은 기업의 경영분석에서 도출해낸 경영 방법이다. 영어로는 'ambidextrous'로 오른손잡이나 왼손잡이가 아니라 양손잡이라는 뜻이다. 이 때문에 '양손잡이 경영'이라는 말로 번역하는 것이다.

이 '양손잡이 경영'을 일본에서 연구하는 와세다대 비즈니스스쿨의 네고로 다쓰유키(根来龍之)는 내게 이렇게 말했다.

"신문의 경우 필름시장보다 종이신문 시장의 쇠퇴가 더 천천히 진행되고 있다. 그래서 더 어렵다."

> 주요 참고 문헌·증언자·취재협력자
> 이와나가 나오코, 소에다 요시타카, 네고로 다쓰유키
> 『양손잡이 경영』 찰스 오라일리/마이클 L. 투시먼 저, 이리야마 아키에(入山章栄) 감수번역, 와타나베 노리코(渡部典子) 번역, 동양경제신보사, 2019년 2월
> 『혼의 경영』 고모리 시게타카, 동양경제신보사, 2013년 11월

이 밖에도 요미우리신문에서 익명으로 협력한 사람이 있다.

야마구치는 이 '요미우리 태블릿'의 실증실험에 대해 다음과 같이 취재에 답했다.

"요미우리는 종이신문과 제로섬 게임이 되기 쉬운 디지털 사업에 대해서는 전체적으로 신중하지만, 디지털 업무에 익숙해질 필요가 있기 때문에 기회를 봐서 실험적인 대처해왔습니다.

요미우리 태블릿은 그런 대처의 하나로, 지역, 점포 그리고 기간을 한정해서 실험을 했습니다. 결과가 좋으면 대상을 확대하기로 했지만, 기간중의 사용자 수가 예상을 밑돌았기 때문에 실험을 종료했습니다.

디지털 단말을 제대로 사용하지 못하는 종이 신문 세대에게 태블릿 기기를 초기 비용 제로로 제공한다고는 해도 매달 추가요금을 받는 방식으로 보급을 도모한 것은 무리가 있었다고 생각하고 있습니다."

제19장

스마트폰 퍼스트

야후 재팬 역시 PC에서의 성공이 스마트폰 대응을 늦추는 '혁신의 딜레마'에 사로잡혔다. 이노우에 마사히로가 퇴진했고, 미야사카 마나부가 단숨에 스마트폰 쪽으로 키를 돌렸다.

미야사카 마나부는 사장이 되기 전 실은 야후 재팬을 그만둘 생각이었다. 야후 재팬이 창업한 지 15년. 사내에는 정체됐다는 느낌이 떠돌고 있었다. 야후 재팬 같은 새로운 기업에서도 '혁신의 딜레마'에 사로잡힌 채 기술혁신으로 생겨난 스마트폰 시장에 적극적으로 나가지 않고, PC에서 획득한 시작페이지의 독점이라는 지위에 안주하려고 하고 있었다.

사내에선 덴노타이(電腦隊)(후술) 출신인 무라카미 신이나 가와베 겐타로가 i-mode 시절부터 야후의 모바일을 이끌었지만, 중시되지 않았다. 2010년 4G가 시작됐을 때에는 회사 전체적으로 중요 안건을 뽑아서 그 안건에 자원을 집중시키는 10가지 '핵심 안건'에 모바일이나 스마트폰은 들어가지 않았다. '핵심 안건'에 들어가지 않는다는 건 리먼 쇼크 후 긴축으로 예산이 한정된 만큼 개발자 등을 다른 '핵심 안건'에 뺏긴 채 '죽은 거나 마찬가지'가 된다는 의미였다. 아이폰의 야후 앱 톱페이지도 만들어지고 그대로 2년간 방치됐다.

이노우에는 이 때 야후 디스플레이어드 네트워크(YDN)에 경영 자원을 집중시키려고 하고 있었다. YDN은 인터넷을 보는 사용자의 특성에 맞춰서 광고를 노출시키는 시스템으로 막대한 개발비가 필요했다.

그러나 이 일로 모바일을 이끌던 무라카미 신은 회사에서의 장래를 비관해서 야후를 퇴사하고 말았다.

당시 야후의 상층부는 창업 당시 멤버로 이뤄져, 거의 전원이 PC 시절에 성장한 세대였다.

패러다임 속에 있는 사람은 패러다임 시프트를 알 수 없다. 태양이 돌고 있다고 생각한다. 밖에서 보면 돌고 있는 것은 지구인데도.

야후라는 회사는 인터넷이 생긴 직후에 이노우에가 말하길 "20대, 30대에 PC에서 인터넷에 미친 바보들만 모아놓은" 회사였다. 이 초창기 멤버는 PC 시절의 인터넷 오타쿠였지만, 스마트폰 오타쿠는 될 수 없었다.

실제로는 새로운 걸 제대로 사용할 수 있는 사람이 회사의 상층부에 있어야 하지만, 무라카미 신은 퇴사해 버렸다.

미야사카 자신은 야후 뉴스에서 커머스로 이동해서 사업

부장이 됐지만, 이대로 좋은 걸까라고 초조함을 느끼고 있었다. 옥션 등에서는 주된 전쟁터가 PC에서 스마트폰으로 옮겨 갔다는 걸 확실히 알 수 있었다.

"다음은 자네니까"

그런 상황에서 2011년 10월에 소프트뱅크 본사에서 '소프트뱅크 아카데미아'가 열렸다. 이 '소프트뱅크 아카데미아'는 손 마사요시가 자신의 후계자를 길러내겠다며 2010년에 시작한 것이다. 매년 테마를 정해놓고, 이와 관련된 프리젠테이션을 사내 외에서 응모한 300명이 발표한다. 예선을 통과해서 결승에 진출한 8명은 손 마사요시 앞에서 프리젠테이션을 하게 돼있었다.

2011년의 테마는 '야후 재팬'.

야후 재팬을 퇴사한 무라카미가 이 '소프트뱅크 아카데미아'에 참가했고, 결승에 진출했다. 이 해에는 결승에 진출한 8명이 모두 경영을 비판했지만, 무라카미가 한 '아깝다'는 프리젠테이션은 특히 강렬했다. 스마트폰으로 초점을 옮기지 않는 야후 재팬은 10년 후에 존재하지 않을 것이라고 통렬하게 비판한 것이었다.

미야사카 마나부는 경영자측 입장에서 이 프리젠테이션을

들었는데, 부끄러워서 어쩔 줄 모르는 심정이었다. 이노우에는 이런 곳은 좋아하지 않아서 오지 않았다. 그러나 COO인 기타노 히로아키(喜多埜裕明)가 심각한 표정을 한 채 그 자리에 있었다. 손 마사요시는 팔짱을 낀 채 듣고 있었다.

미야사카는 사내에서 스마트폰이 중요하다고 말하고는 있었지만 제대로 하지 못했다는 생각이 들었다.

정월 사이에 생각했다. 자신에게도 책임이 있다. 좀 더 젊은 사람에게 세대 교체를 해야 한다. 새해 초 기타노에게 사의를 밝혔다.

기타노는 "좀 기다려봐. 당신은 이노우에씨가 데려왔잖아. 이노우에씨에게 말하지도 않은 채 그만둬도 되는 거야?"라며 이노우에게 전한 뒤에 그만두라고 했다.

그렇구나 라고 생각하고, 이노우에와 둘이 있을 기회를 엿봤지만 좀처럼 없었다. 회의 후에 "잠깐 괜찮을까요? 둘이서만."이라고 하고 싶었지만 좀처럼 말이 나오지 않았다. 그러던 중에 1월 말에 미야사카는 손 마사요시의 호출을 받게 된다.

자신이 불려가는 것은 지금까지 혼날 때밖에 없었다. 그런 일이려나 라고 생각하고 소프트뱅크 26층의 손 마사요시가 사용하는 대회의실 옆 작은 방에 갔더니 손 마사요시가 다가와서 이렇게 말했다.

"다음은 자네니까."

엣?

미야사카는 그 때 그만둘 생각이었기 때문에 "잠시 생각할 시간을 주십시오"라고 더듬거리듯이 말했다. 하지만 손 마사요시는 개의치 않고 말을 이어갔다.

"당신은 행복한 거야. 몇 명에게 물었는데 모두 당신이 다음을 하는 게 좋겠다고 하더군."

정말 말 잘하는구나 라고 솔직히 감동했다. 이 때 미야사카는 한번 해보자라는 기분이 들었다고 한다.

이렇게 해서 미야사카는 이노우에가 창업 이후 15년간 맡아온 야후의 선장 역할을 맡게 된다.

2012년 4월. 테마는 스마트폰이었다.

퇴사했던 무라카미 신이 집행임원 CMO(치프 모바일 오피서)로 복귀했다. 회사 전체가 미야사카의 '스마트폰 퍼스트'라는 경영방침을 철저히 이행하게 된다.

스마트폰이라는 전쟁터의 특수성

야후가 스마트폰 대응을 지체하는 동안 '그노시'나 '스마트 뉴스' 등 스마트폰에서 출발한 뉴스 사이트 앱이 다운로드되며 번창하고 있었다.

야후 뉴스는 이 스마트폰 전쟁에서 승리할 필요가 있었다.

그러나 이 아이폰에서 벌이는 전투는 약간 어려운 측면이 있었다.

PC의 경우에는 시작페이지라는 게 있다. 인터넷을 열었을 때 처음에 나오는 화면이다. 이노우에는 이걸 야후 화면으로 만드는 걸 지상 과제로 정하고, 뉴스뿐만 아니라 쇼핑, 옥션, 환승, 여행 등 모든 서비스가 있는 톱페이지를 만들었다. 실로 '포털(입구)에서 데스티네이션(목적지)'까지 모두 야후로 끝낼 수 있는 플랫폼이었다.

그런데 아이폰의 경우에는 우선 앱을 다운로드 하지 않으면 승부를 시작할 수조차 없었다.

첫 화면에 야후 앱이 없는 건 어쩔 수 없다. 기본 앱이 깔려 있기 때문이다. 그러나 스와이프해서 나오는 다음 화면에는 야후 앱을 넣도록 하자고 미야사카는 사내에서 독려했다.

그러나 여기서 또 한가지 난제가 떠올랐다. 앱이라는 건 보통 한가지 목적을 위해서 만들어지는 것이다. 다운로드 되는 것도 그런 앱이다.

야후는 PC 시작페이지처럼 다양한 서비스를 즐길 수 있는 '야후 재팬'이라는 앱도 내놓았지만 목적별 앱, 즉 '야후 뉴스', '야후 환승 안내', '야후 날씨', '야후 지도' 등도 내놓을 수밖에 없었다.

그렇게 되자 양쪽 다 뉴스를 취급하는 야후 뉴스와 야후

토픽스가 잇따라 앱을 내놓는 일도 일어났다. 토픽스는 'Yahoo! 토픽스'라는 스마트폰 앱을 내놓았고, 뉴스는 'Yahoo! 헤드라인'이라는 스마트폰 앱을 출시했다. 이것은 야후 뉴스와 야후 토픽스를 서로 다른 부서가 맡다 보니 제각각 앱을 만든 데서 벌어진 사내 경쟁이었다.

0.025엔으로는 커피도 마실 수 없다

야후 뉴스 부서와 야후 토픽스 부서는 이전부터 견원지간이었다.

야후 뉴스 부서는 될 수 있는 한 많은 매체와 계약해서 그걸 유지하는 것이 사명이었다. 한편 야후 토픽스 편집부는 토픽스에 올릴 8편의 기사를 고르는 일을 했는데, 매일 공급되는 5,000건 가까운 언론사 기사와 계약하지 않은 회사의 기사 중에서 골랐다. 이 부서는 공공성이나 저널리즘으로서의 사명을 중시했다.

2007년 이후에는 야후 뉴스의 책임을 가와베 겐타로가 맡았고, 야후 토픽스의 책임은 오쿠무라 미치히로가 맡고 있었다. 가와베는 인터넷이 시작된 1995년 이전에는 '소년 점프와 후지TV'에서 일했고, 아오야마가쿠인대 법학부를 졸업한 뒤 무라카미 신(村上臣)과 함께 '덴노타이(電脳隊)'를 창업해서 휴대폰 인터넷의 여명기에 관여했다. '덴노타이'가 야후에 흡수된 뒤 '야후 볼란티어'로 시간을 보내는 걸 미야사카가 발탁해서 2007년부터 뉴스 부문 책임자가 됐다는 건 앞에서 적었다.

반면에 오쿠무라는 요미우리신문 출신으로, 야후에 들어간 뒤에도 저널리스트 감각을 계속 갖고 있던 사람이었다. 베이스볼 매거진사 출신의 모리타 미오(森田水緒)는 초기 야후토피 편집부에서 일할 때 오쿠무라가 저널리스트 출신이라는 걸 알게 됐다. 1999년의 도카이무라 핵연료가공시설에서 사고가 났을 때 올린 첫 기사 제목에 '푸른 빛을 봤다'는 말이 들어있었다. 그걸 본 오쿠무라가 "임계(臨界)다!"라고 소리친 걸 선명히 기억하고 있었다. 오쿠무라는 요미우리신문에서 첫 근무지가 (원전이 있는) 후쿠이였다는 이유도 있어서 원전 사고에 대해서 자세히 공부했다. 그래서 그 '푸른 빛'이 임계 사고 시에 나오는 '체렌코프광(Cherenkov radiation)'이라는 걸 곧바로 알았던 것이다.

가와베와 오쿠무라는 호흡이 맞지 않았다. 가와베는 뉴스 부문 책임자가 되자 '대형뉴스주의'를 내걸었다. 이 '대형뉴스주의'라는 건 이노우에가 말한 꼬리 밑 부분, 엔터테인먼트 정보 등 지금까지 '뉴스'로 간주하지 않았던 것도 야후 뉴스가

---

106) 핵연료에서 일어나는 핵분열 반응으로 중성자가 발생, 그 중성자끼리 충돌해 주위의 핵연료도 연쇄적으로 분열하며 반응이 계속되는 상태. 임계사고는 이런 임계상황이 제어불능 상태에 빠져 일어남.

계약한다는 방향이었다.

야후 뉴스에 댓글란을 붙이는 걸 추진한 것도 가와베였다.

오쿠무라는 이 댓글란에 대해서 직접 가와베에게 "더러운 걸 붙이지 마"라고 반대했다. 또 엔터테인먼트 정보를 '뉴스'라고 규정하는 가와베의 감각에도 동의하지 못했다.

야후토피는 소프트한 엔터테인먼트 정보 기사도 싣긴 하지만, 8건 기사 중 맨 아래 3건에 넣을 뿐이었다. 어떤 경우든 위의 3건은 공공성을 고려해서 정치, 경제, 국제 분야 기사를 골랐다.

미야사카가 사장이 되기 전의 2, 3년간은 주가가 하락하고, 부서간 연락도 제대로 안 되고, 서로 전혀 얘기를 하지 않는 상태였다. 하지만 미야사카가 사장이 되고 나서 연말에 '대뉴스회'라는 엔지니어, 편집, 영업이 모두 나와서 좋아하는 걸 서로 말하는 모임이 시작됐다.

하지만 여기서도 야후 뉴스의 비즈니스 개발부의 100kg 영업맨 나카시마 게이스케와 가와베 겐타로, 야후토피의 오쿠무라가 논쟁을 벌였다.

"지역지가 필요하다고 해서 계약을 맺었는데 왜 야후토피에서 전혀 사용하지 않는 거야. 그들은 0.025엔으로는 커피도 마실 수 없다고 얘기하는 걸."

지역지는 조간의 마감시간에 맞춰서 기사를 보내오는 만큼 아무래도 리얼타임으로 보내오는 요미우리신문 같은 회사에 비해 불리했다. 게다가 야후토피에 올라가지 못하면 PV는 기대할 수 없었다. 그러면 1PV당 0.025엔이 돌아가는 지역지에서는 그걸로는 커피도 마실 수 없다고 비아냥대는 것이었다.

이런 상황에서 앱도 야후 뉴스와 야후토피가 따로따로 만든 상황이 벌어진 것인데, 미야사카는 "양쪽 다 애썼네"라고 일부러 방치했다.

결국 이 스마트폰 전쟁에서 이기기 위해서는 프로모션으로 TV에 광고를 내는 방법을 취했다. 우선 앱을 다운로드 하게 하지 않으면 경쟁의 출발선에도 설 수 없었다. 하지만 그런 방식 자체가 야후가 이미 플랫폼으로서의 지위를 아이폰에 내줬다는 의미라고 사내의 열광을 냉정하게 흘겨보는 사람이 있었다.

나카세 류타로(中瀬竜太郎). 2005년 야후 재팬 입사. 1975년생 게이오 SFC 출신이었다.

> **주요 참고 문헌·증언자·취재협력자**
> 미야사카 마나부, 가와베 겐타로, 오쿠무라, 다카하시 리에, 나카시마 게이스케, 모리타
> 야후 사내용 사사

제20장

야후 이탈

야후가 톱페이지의 과점(寡占)을 이용해서 광고수입의 70~90%를 가져가는 비즈니스는 결국 막다른 골목에 처할 게 뻔했다. 야후 안에서 전혀 새로운 플랫폼 구상을 가진 사람이 나타났다.

나카세 류타로는 처음으로 게이오SFC에 4학년 과정까지 갖춰진 1994년에 입학했다. 무라이 준의 수업도 들었고, 아직 대부분 사람들이 인터넷을 본 적이 없을 때부터 인터넷을 만졌다. 대졸 직후 닛케이BP사에 취직했다. 여기서 PC 잡지에 배치됐다. 하지만 PC 잡지에서 잔심부름이나 하는 미래가 예상되자 5년간 편집기자로 일한 뒤 퇴사했다. 호주에 지속경제를 배우러 이주했다. 부인이 임신하자 호주 체류를 중단하고 2005년 야후에 취직했다.

나카세는 미야사카 시대에 시작된 스마트폰 시프트 속에서 가장 근본적인 측면을 생각했다.

스마트폰이라는 건 결국 그때까지 PC에서 플랫폼 역할을 했던 야후가 애플이 만드는 거대한 플랫폼에 종속된 것 아닐까라고.

그건 이런 것이다.

애플은 아이폰이라는 디바이스를 만들어냈다. 나카세가 생각하기에 애플의 가장 뛰어난 점은 앱을 스스로 만드는 게 아니라 세계 기업이 앱을 만들어서 아이폰에 공급하겠다고 생각하게 한 점이다.

애플은 수입 배분 비율을 공표했다. 유료 앱의 경우 애플 측이 30%를 가져간다. 앱을 제공한 기업은 매출의 70%를 가져간다.

반면에 야후는 뉴스를 제공해주는 매체사와 개별적으로 계약을 체결했다. 그리고 그 배분 비율은 요미우리라면 1PV당 0.21엔, 마이니치, 산케이라면 0.1엔, 지역지는 0.025엔이라는 식으로 매체별로 달랐다. 더구나 서로 그걸 알지 못하게 비밀로 했다. 이런 방식으로 야후는 광고수입의 70~90%를 가져갈 수 있었다.

이런 방식은 영원히 지속될 수 없다는 게 나카세의 생각이었다.

나카세는 닛케이BP 시절에도 편집자인 자신은 이렇게 많은 돈을 받고, 기사를 써주는 프리 라이터의 원고료는 왜 이렇게 싼 것일까라는 의문을 품었다.

콘텐츠를 만드는 사람들이 가장 중요한 것 아닐까?

그렇게 생각한 것이다.

야후도 콘텐츠를 제공해주는 이들을 제대로 대접하고, 수입 배분 비율도 통일해서 공개하지 않으면 언젠가는 막다른 골목에 부닥칠 거라고 생각했다.

'야후 뉴스 개인'

나카세는 우선 2011년 9월에 사내에서 '호페이로'라는 프로젝트를 제안했다.

이것은 나중에 '야후 뉴스 개인'이라는 서비스가 되는 기획이었다.

'야후 뉴스 개인'은 그때까지 언론사를 대상으로 했던 야후가 개인 블로거나 집필가가 기고할 수 있는 서비스를 만들었다고 해서 화제가 됐다. 하지만 실은 이 서비스가 혁명적이었던 건 '개인'을 대상으로 했기 때문이 아니다. 기고가와 야후의 배분 비율을 일정하게 통일했다는 데 있었다.

이노우에 체제에서 승인된 '호페이로' 프로젝트는 미야사카 체제 아래서 구체화됐다.

나카세는 기획 단계에서 기사를 써주는 '개인'에게 30%를 돌려주고, 기사를 게재하는 야후측은 70%를 갖자고 주장했다.

당연한 일이지만, 그때까지 뉴스로 수입의 90% 가까이를 가져가던 야후 뉴스 부문은 반발했다.

야후 뉴스의 서비스 매니저(부장 격)인 이와이사키 노부미쓰(祝前伸光)는 이렇게 딱 잘라서 말했다.

"당치도 않다. 신문사 중에도 30% 지불하는 곳이 있을까 말까 하다. 개인이라면 오히려 게재비를 받아도 좋을 정도라고 생각하고 있다."

나카세도 지지 않았다.

"(야후가) 강하다고 해서 많이 가져가도 된다는 생각에는 어떤 비즈니스적인 전략성도 없다. 쓰는 사람이 어디에 가장 많은 시간을 쏟고 싶어질까라는 '가처분시간의 쟁탈전'을 생각해야지, 눈 앞의 돈만 계산하는 건 무의미하다."

"무슨 얘기를 하는 건지 나는 바보라서 전혀 모르겠지만, 가타오카씨가 이걸로 가자고 하신다면 따르겠습니다."

나중에 뉴스 전체의 책임자가 되는 가타오카가 나카세의 안을 채택해서 콘텐츠를 쓰는 개인에게 30%를 돌려준다는 야후 창업 이후 첫 시도가 여기서 결정된 것이다.

뉴스의 경우에는 매체에 따라서 그 수입 배분 비율이 달랐다. 게다가 그 비율은 계약서에 의해서 비밀로 돼있었다. 하지만 '야후 뉴스 개인'은 아무리 유력한 필자라도 배분 비율이 다른 필자와 같아졌다. 그리고 야후가 그 점을 적극적으로 공표하지는 않았지만, 필자로 참가하는 개인은 서로 배분 비율이 같다는 걸 알고 있었다.

그 앞을 내다보다

나카세가 제안한 '호페이로'는 '야후 뉴스 개인'이라는 이름으로 2012년 9월 26일에 시작됐다. '정치', '경제' 'IT·과학', '스포츠' 등의 분야를 중심으로 55명이 우선 참가했다. '아라타니스'와 달리 사사키 도시나우(佐々木俊尚)나 이케다 하야토(イケダハヤト) 등 충분히 웹에서 지명도가 있는 사람들을 골랐다.

조금 시간은 걸렸지만 '야후 뉴스 개인'은 많은 사람들이 이용하는 서비스로 성장했고, 나카세는 임원회의에서 '야후 뉴스 개인'을 어떻게 성공시켰는지 라는 이야기를 하게 됐다.

사내에서는 '개인'이라는 점에 착목한 것이 좋았다는 평가를 받았지만, 나카세가 정말로 지향한 것은 다른 곳에 있었다.

현재의 야후는 야후 뉴스의 개별적, 선택적인 계약 방식에서 보이는 것처럼 야후만 강한 플랫폼이었다. 이걸 어떤 개인이든 야후의 플랫폼에 콘텐츠를 제공하길 바라는, 그런 플랫폼으로 바꾸는 데 목적이 있었다(실제로는 기사를 제공하는 개인은 55명에 한정됐지만). 애플의 아이폰이 저만큼 성공한 것은 앱이 저만큼 풍부하기 때문이다. 또 왜 저렇게 앱이 풍부해졌는가 하면, 콘텐츠를 제공하는 측이 수입 배분 비율이 공개된 아이폰에 출점하고 싶다고 문전성시를 이뤘기 때문이다.

그런 플랫폼으로 야후가 바뀌지 않으면 안 된다고 생각했다.

천재 영업우먼

나카세의 생각은 같은 신규사업기획부에 있던 사토 겐스케(佐藤研輔)나 야후 뉴스의 비즈니스 개발부에 있던 다카하시 리에(高橋理惠)라는 강력한 찬동자를 얻게 된다.

다카하시 리에는 나카시마 게이스케의 뒤를 이은 유능한 영업우먼이었다. 미야사카 마나부는 예전에 비즈니스개발부 사람들에게 "여러분의 결혼식에 부르면 와줄 그런 관계를" 미디어 기업측과 구축해 달라고 한 적이 있었다. 다카하시는 정말로 각 미디어 담당자들이 좋아했고, 다카하시의 결혼식에는 산케이 디지털의 사장인 아베 마사미(阿部雅美)가 출석한 것을 당시 야후 커머스에 옮겼던 미야사카가 보고 감격하게 된다.

다카하시 리에는 1979년 5월생으로 요코하마시립대를 나와서 처음에는 도시바에서 일했다. 야후에 입사한 건 2005년 8월. 처음에는 리서치 부문에 있었는데 사내 공모에 응모해서 야후 뉴스로 옮긴 것이 2007년 10월의 일이었다. 비즈니스개발부에서 나카시마 게이스케로부터 영업을 배웠는데 곧바로 두각을 드러냈다.

신문사 담당은 어렵다. 연약한 IT계 젊은이라면 우울증에 걸려서 회사에 나갈 수 없다고 하는 사람도 있을 정도다. 다카하시는 그런 와중에 요미우리신문도 포함해서 잘 담당했고, 비즈니스개발부의 선두주자가 됐다. 나카세가 '호페이로'를 제안했을 무렵, 다카하시는 마침 미야사카가 서버 운영권까지 확보한 산케이와 마이니치를 담당했다. 하지만 이 서버 운영이라는 것이 어려운 일이었다.

손 마사요시의 지시로 IDC프론티어라는 소프트뱅크의 100% 자회사를 사용해야 했다. 그러나 1개사마다 따로따로 하는 것은 수고도 들어갔고, 좀처럼 제대로 하기 어려웠다.

머리를 정돈할 시간도 없이 사내에 도움을 구했다. 하지만 당시는 개발 섹션과 비즈니스 섹션이 나뉘어있어서 예산을 확보할 수 없는 상태여서 아무도 도와주지 않았다. 산케이 사람들은 제대로 안 된다고 화를 냈다. 이걸 회전시켜 가는 건 무리라고 느꼈다. 이것이 2010년의 이야기다.

다카하시 리에는 교도통신도 담당해서 오가타와 잘 알았다. 47뉴스를 만든 사람으로 제8장에 등장한 인물이다. 마침 교도통신 디지털이 생길 때여서 다카하시는 영업부장으로 오라는 제의를 받았다. 꽤 고민했지만, 2011년 3월의 대지진 당시 야후 뉴스가 한 역할을 보고 생각이 바뀌었다. 오가타에게는 "아이를 낳고 싶다"고 거절했다. 그런데 이 다카하시와 오가타의 관계가 나중에 나카세의 다음 프로젝트를 구체화하는 데서 중요한 의미를 갖게 된다.

다카하시는 실제로 아이를 낳아서 육아휴직을 했다가 2013년 4월에 돌아왔을 때에는 미야사카 체제로 바뀌어 있었다. 그 때 나카세의 '호페이로(=야후 뉴스 개인)'의 다음 구상인 '세군두'에 대해 듣게 된다.

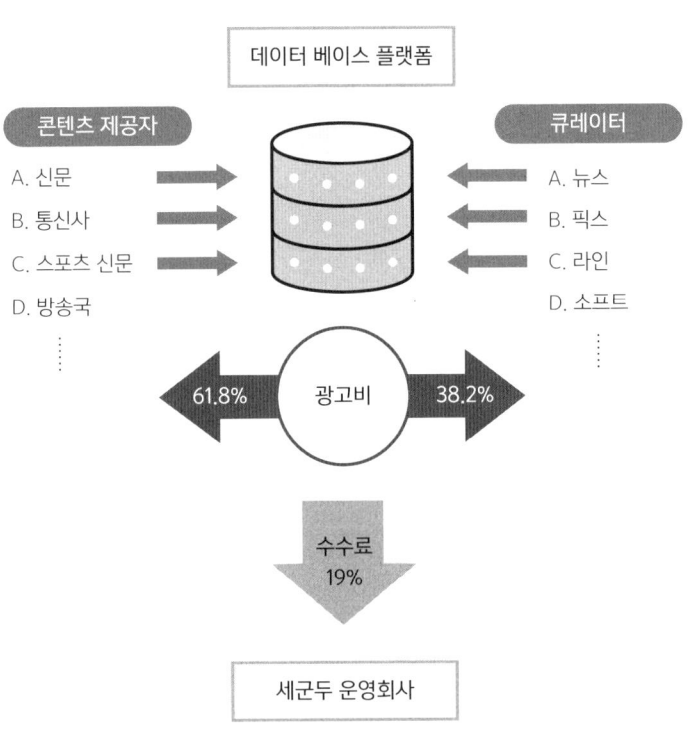

[세군두(이후의 노어닷)의 구조]

'세군두(segundo)'

'호페이로'도 '세군두'도 브라질에서 유소년기를 보낸 나카세의 포르투갈어 지식에서 나온 이름이다. 후자는 '다음의'라는 단순한 의미였다.

'야후 뉴스 개인'으로 성공한 '호페이로'의 다음 구상은 더욱 야심 찬 것이었다.

이번에는 개인이 아니라 뉴스 매체사 등의 모든 콘텐츠 제공자를 대상으로 했다.

야후측은 데이터베이스(DB) 플랫폼을 클라우드상에 준비하고, 거기에 신문사 등의 콘텐츠 제공자가 자사 기사를 넣는다. 그리고 이 DB는 외부에 공개된다. 야후와 계약한 회사는 이 '세군두'의 DB를 이용할 수 있다. 야후 외의 '플랫폼'도 마찬가지로 DB를 이용해서 각 사가 제공하는 뉴스를 편집해 자사 사이트에 올릴 수 있다.

즉 아래 그림처럼 야후 외의 회사도 자유롭게 각 사가 제공하는 뉴스를 편집해서 자사 사이트에 올릴 수 있는 것이다.

그리고 광고료 수입의 38.2%를 '큐레이터'로서 뉴스를 편집하는 회사가 받고, 61.8%를 '콘텐츠 제공자' 즉 신문사 등 뉴스를 제공하는 측에 지불한다.[107] 야후는 이 플랫폼의 운영비

---

[107] 이는 야후가 가져가는 수수료 19%를 제외한 나머지(81%)를 38.2% 대 61.8%의 비율로 배분한다는 의미이다.

로서 매출의 19%를 수수료로 받는다. 이런 배분 비율은 공개한다는 비즈니스 시스템이었다.

처음에 들었을 때는 야후의 사업 모델과 너무 동떨어진 것이어서 이해할 수 없었다.

그러나 다카하시 리에는 서버를 마이니치나 산케이 따로따로 관리하고 있었기에 곧바로 이 '세군두'의 혁명성을 이해했다.

나카세가 이런 모델을 착안한 첫 계기는 애플이 아이폰 앱 수입 배분 비율을 공표하고, 전세계의 콘텐츠 제공자가 열심히 앱을 만들어서 출품하는 모습을 봤기 때문이라는 건 앞에서 썼다.

야후도 매체사가 그런 식으로 경쟁적으로 뉴스를 내보내려고 하는 플랫폼이 되지 않으면 안 된다.

하지만 이 나카세의 '세군두'라는 아이디어는 기존의 야후 뉴스 비즈니스 모델을 근본부터 허무는 것이었다. 야후 뉴스를 담당하는 이들에게는 위험한 것이기도 했다.

거절에 직면하다

"야후가 시작페이지 경쟁에서 진다면, 그건 야후가 끝날 때이다. 회사를 접을 수밖에 없다. 시작페이지 경쟁에서 질 경우를 생각해서 고안한 사업은 안된다."

그것이 미디어 책임자인 미디어 컴퍼니장의 결론이었다. 나카세가 사토 겐스케와 함께 '세군두'에 대해서 사내에서 처음으로 제안한 2013년 8월의 일이다.

나카세는 "PC 시대는 이미 끝나려고 하고 있다. 시작페이지의 과점을 무기로 한 개별 계약의 초과이윤 시대와 하루빨리 단절해야 한다"고 호소했지만 컴퍼니장은 말도 안 된다고 생각하는 듯했다.

현재의 비즈니스모델에서 야후는 매출 중에서 70~90%를 차지할 수 있다. 그런데 그걸 왜 일부러 앞장서서 야후가 차지하는 비율을 줄이는 비즈니스모델로 전환해야 한다는 건지 도무지 이해할 수 없다는 것이었다.

나카세도 사토도 자신들의 구상이 현재의 야후 뉴스의 비즈니스 모델을 파괴하는 것이라는 점은 어렴풋이 알고 있었.

그래서 야후 뉴스보다 더 상위인 미디어 컴퍼니장에게 제안했는데 확실히 거절당했다.

그 거절이 진심이라는 것을 안 것은 잠시 후의 일이었다.

"나카세씨가 쫓겨날 것 같다"

8월 27일 나카세가 속한 기획 1부에서 인재개발 회의가 열렸다. 이것은 각자에게 인터뷰해서 그 사람의 캐리어 플랜을 함께 생각하자는 브레인스토밍 회의였는데, 끝나고 나서 6~8명 정도가 롯폰기의 중화요리집에서 저녁 식사를 했다.

당시 야후 뉴스에 정식으로 소속된 지 불과 반년도 안 됐고, 야후 뉴스 개인 서비스를 시작한 지도 1년 미만, 미야사카 신경영체제에서 미디어 유닛이라는 조직에 속한 지 아직 1년 반 미만이었다. 보통 이동의 가능성은 없었다. 그런데도 왜 자신이 그런 걸 물었을까라고 나카세는 나중에 이상하게 생각했다. 나카세는 정말로 별 생각 없이 상사인 가네코 지나쓰(金子千夏)에게 이렇게 물은 것이었다.

"지나쓰씨, 저는 (이동) 없겠죠?"

"그렇겠지, 나카세씨는 없을 걸요."

그런데 그 후 3명이 함께 지하철 오에도선을 타고 돌아갈 때 스마트폰에 메시지가 날아왔다. 동승한 상사 가네코씨로부터 온 것이었다.

"나카세씨, 잠깐 내립시다."

가치도키역(勝どき駅)이었다. 가네코가 긴장한 표정으로 부근 '사이제리야'[108]로 나카세를 데려갔다.

"아까는 다른 사람들이 같이 있어서 말을 못했는데 나카세씨는 쫓겨날 것 같아요. 나카세씨를 야후 뉴스에서 쫓아내

---

108) 일본의 이탈리안 패밀리 레스토랑 체인.

려고 하는 움직임이 있어요."

쫓겨난다고?

설마. 나카세는 납이라도 삼킨 듯한 기분이었다. 하지만 가네코의 표정을 보니 농담이 아니라는 걸 알 수 있었다. 사토 겐스케나 다카하시 리에라는 동지를 얻어서, 이제부터 이 새로운 플랫폼을 만들려고 하는데, 야후 뉴스에서 나가야 한다면 그 일을 할 수 없게 되는 것 아닌가.

이틀 뒤에는 다카하시 리에의 소개로 교도통신의 오가타와 교도통신 디지털의 이지치 신이치(伊地知晉一)에게 '세군두'를 제안하는 약속이 잡혀 있었다. 실제로 이틀 뒤의 미팅은 성공했다. 교도통신 측은 적극적이었다. 오가타는 "교도통신은 출자할 생각은 없나요?"라고 물었고, 이지치의 반응도 좋았다.

9월 3일에는 오가타가 다카하시에게 전화를 걸어 "(교도통신) 임원회의에서도 반응이 좋았다"고 했다.

"각 지역지를 상대로 어떻게 설명할지 의논하기 위해서 곧바로 이야기를 하고 싶다. 한동안 주 1회씩 미팅할 수 없을까?"

그러나 이때쯤에는 사토 겐스케의 사내 정보 수집에 따르면 나카세는 뉴스와 전혀 관계가 없는 옥션이나 쇼핑 부문으로 이동될 것이라는 게 밝혀졌다.

"교도통신으로 가주세요"

나카세는 잠을 잘 수 없었다. 야후는 이제 그만두자. 시내 부근 편의점에서 아르바이트를 하면서 사토 겐스케가 '세군두' 사업을 추진하는 날을 기다리자.

왜 나는 이 모양일까? 왜 나는 유연하지 못한 걸까? e커머스에 가라고 하면 거기서 힘을 내보자고 생각하지 못하는 걸까? 타인이 내 운명을 결정한다고 생각하자마자 화를 내고 이런 식이 돼버리는 걸까? 이런저런 생각을 하는 동안 잠들 수 없게 돼서 어느새 동쪽 하늘이 밝아왔다.

상처를 받았다. 회사라는 건 이런 대처를 하는 걸까? 샐러리맨은 부서 이동만으로도 하고 싶은 걸 못하게 되는 걸까?

유령처럼 회사에 출근해서 사토 겐스케와 이야기를 했다.

"그만둬야겠어. 시내나 고향인 시즈오카의 편의점에서 아르바이트라도 하면서 사토가 이 사업을 추진하기를 기대하겠어."

초췌한 나카세의 이야기를 듣는 동안 사토의 머릿속에 문득 아이디어가 떠올랐다.

나카세를 교도통신으로 보내면 어떨까? 그렇다. 야후에서 할 수 없다면 교도통신에서 하면 되지 않을까? 나는 야후에 남고, 나카세는 교도통신에 가서, 두 사람이 함께 만들면 된다.

야후 이탈이다.

"나카세씨, 플랜B가 있어요."

나카세가 의아하다는 듯이 사토의 얼굴을 봤다.

"교도통신으로 가 주세요."

"무조건 가야 한다"

이번에는 사토가 다카하시 리에를 작은 방으로 불러내서 나카세가 부서이동을 당할 것 같다고 전했다.

다카하시는 이야기를 듣고서 찬물을 뒤집어쓴듯한 기분이 되어 '그런 식으로 나오는구나'라고 생각했다. 부서 이동을 하면 나카세는 그만둘 게 뻔하지 않은가. 이제부터 이야기를 추진하려고 하는 참에 뭐 하자는 거야. 모두들 나카세씨를 따르고 있었고, '야후 뉴스 개인'도 훌륭하게 출범했다. 그런데 '야후 뉴스의 비즈니스 모델을 부수는 플랜을 추진하려고 한다', '지금 나아가려고 하는 방향과 맞지 않는다'는 이유만으로 내보내려는 걸까? 세군두를 제안한 것 말고는 이 이동을 설명할 수 없었다. 다카하시는 혼란스러운 한편, 화가 났다.

"세군두는 어떻게 되는 건가요?"라고 겨우 물었다.

그러자 사토가 드디어 웃으면서 이렇게 말했다.

"플랜B가 있어요. 나카세씨를 교도통신에 보내는 거예요. 협력해주시겠어요?"

앗, 그런 수가 있었구나.

묘안중의 묘안이었다. 교도가 나카세씨를 받아들이지 않을 리 없었다.

머뭇거리지 않고 다카하시 리에는 말했다.

"나카세씨는 교도에 무조건 가야 합니다."

다카하시에겐 교도통신의 오가타와 친분이 있었다. 원래 다음날 교도통신에서 오가타, 이지치와 미팅 약속이 있었기에 그 후 시간을 따로 내서 제안하기로 했다.

죽을 자리를 찾으러 간다

그 다음날 미팅 자리. 오가타는 교도통신 내부의 반응이 역시 좋더라고 했다.

"어제의 제안을 임원회의에서 설명했더니 역시 반응이 좋더군. 사장에게도 설명했는데 반응이 좋았어요. 야후측도 출자 제휴도 포함해서 적극 검토해주길 바래요. (교도통신) 가맹사 설명용으로 자료를 알기 쉽게 고쳐주면 좋겠어요."

'세군두'는 드디어 실현 가능성이 생기게 됐다.

모든 이야기가 끝난 뒤 나카세가 "잠시 저만 남아서 할 얘기가 있습니다"라고 말을 꺼냈다.

사토와 다카하시는 그 자리를 떠나서 부근의 패밀리 레스토랑에서 나카세를 기다리기로 했다. 남은 나카세가 오가타, 이지치에게 말했다.

"야후측에서 인사 이동이 있는데, 제안자인 제가 본 사업에 관계할 수 없게 됐습니다. 야후를 그만두고 이 사업을 교도통신 측에서 추진하게 해주실 수 없을까요?"

오가타와 이지치는 그 자리에서 동의했다.

"나는 이지치씨가 좋다고 하면 매우 좋죠."

"저도 좋습니다."

그 자리에서 내정을 한 것이다. 오가타 말로는 이 때 나카세는 자칫하면 자살이라도 하지 않을까 싶을 만큼 궁지에 몰린 표정으로 교도에 가게 해달라고 제안했다고 한다. 오가타는 다음날 다카하시 리에에게 전화해서 "나카세, 괜찮은 건가? 자살할지도 모르는 분위기였는데"라고 웃으면서 면담 분위기를 전해줬다.

이렇게 해서 사토와 다카하시는 야후에서, 나카세는 교도통신에서 '세군두' 사업 실현을 향해서 나아가게 되었다.

하지만 그것이 정말로 실현되면 야후 뉴스의 지금까지의 비즈니스 모델은 붕괴한다. 이것도 역시 '혁신의 딜레마'를 깨트리려고 하는 야후의 자율 운동일까? 지금까지 괴로워하던 신문사는 60%의 수입을 얻고, 웹의 무료 모델로 종이신문의 수입 하락을 커버할 수 있는 날이 오게 되는 걸까?

비밀리에 교도통신에 간다는 게 정해진 이틀 후, 야후에서는 나카세에 대한 내정 인사가 이뤄졌다. 이동의 내정 인사는 보통 부장이 일대일로 작은 방에서 하기 마련이지만, 이날은 미디어 컴퍼니장, 유닛 매니저, 야후 뉴스의 서비스 매니저, 그리고 직속 상사인 가네코 지나쓰 등 5명이 참석한 가운데 이상한 분위기 속에서 컴퍼니장실에서 이뤄졌다.

이동할 부서는 사전에 유출된 것처럼 쇼핑 부문이었다. 나카세는 곧바로 인사부 앞으로 퇴직 신청을 제출했다. 송별회도 모두 거절했다. 보통 마지막으로 회사에 나가는 날에는 일하는 곳 부근에 사람들이 모여서 꽃다발이나 기념품을 주고 사진을 찍는 행사가 있기 마련이었다. 그것도 사토에게 부탁해서 절대로 하지 말라고 했다.

자신은 죽을 자리를 찾으러 가는 것이다.[109]

2013년 10월 31일 나카세 류타로 야후 퇴사.

| 주요 참고 문헌·증언자·취재협력자
| 나카세 류타로, 사토 겐스케, 다카하시 리에, 오가타

---

109) 배수의 진을 치겠다는 의미.

제21장

노어닷 탄생

야후 뉴스의 비즈니스 모델을 근간부터 뒤흔들려고 하는 '세군두' 사업은 성공할까? 야후를 떠난 나카세가 야후에 남은 사토, 다카하시와 함께 '노어닷'을 만들기까지.

나카세가 야후를 떠나서 교도통신으로 간다는 작전을 감행하자, 야후 내부에서도 세군두 사업을 추진하는 움직임이 조금씩 나타났다.

야후 내부에서 움직인 것은 남은 사토 겐스케와 다카하시 리에였다. 사토 겐스케도 나카세와 마찬가지로 현재의 야후 뉴스의 비즈니스 모델은 오래 가지 못할 거라고 생각했다.

당시는 PC에서 스마트폰으로 점점 이용자가 빠져나가는 와중이었고, 야후가 스마트폰에서 톱의 지위를 차지할지 어떨지 보장할 수 없는 시대였다. 야후의 톱페이지가 강하다고 해도, 언젠가 그 톱페이지에 오지 않게 되는 시대가 온다. 그런 시대가 왔을 때 다른 기업은 이 정도로 초과이윤을 얻어온 기업에 등을 돌리게 될 것이다. 물론 현재의 야후 뉴스의 모델을 갑자기 전환하라는 게 아니라 한번 시도해보자는 것이었다.

야후 뉴스 상층부에 이 세군두에 대해서 설명했지만 좀처럼 이해해주지 않았다.

"우리는 경쟁에서 이겨서 이런 지위를 손에 넣은 거니까 그걸 이용해서 비즈니스를 하는 것은 당연하다"고도 했다.

지금처럼 야후측이 차지하는 비율이 계속 70~90%라면 신문사측은 따라오지 않게 될 것이다. 그렇게 말해도 "저 녀석들은 빠져나갈 수 없다", "중독돼있는 걸"이라고 사토에게 말하는 사람도 있었다.

실제로 신문사 측은 자사 사이트의 광고수입은 보잘것없었고, 야후에서 주는 정보 제공료는 디지털을 총괄하는 부문에는 무시할 수 없는 액수였다. 빠져나갈 수 없는 상태였다.

나카세가 야후를 떠난 뒤 사토는 거대조직이 돼버린 야후를 상대로 엄청나게 고생을 하게 된다.

내가 다음 역사를 쓴다

나카세는 교도통신 디지털에 입사하기 전에 오가타로부터 한 권의 책을 읽고 오라는 말을 들었다. 그것이 내가 쓴 『승부의 갈림길』이었다. 전쟁 전부터 1990년대에 인터넷이 출현할 때까지 로이터나 도메이통신(同盟通信)[110] 등의 통신사가 걸어온 길이 오늘날 글로벌 자본주의를 성립시켰다고 쓴 책이다. 나카세는 이 책을 읽으면서 '내가 이 다음 미디어의 역사를 쓸 차례다. 그 정도 사업인 것이다'라고 자신에게 다짐했다고 한다.

입사한 교도통신은 야후와는 정반대인 회사였다. 만나는 이들은 모두 셔츠를 입고 있었다. 사복도 OK였던 야후와는 전혀 달랐다.

오가타로부터 "야후와 달리 오래된 회사여서 여러 가지로 불편할 거야"라고 들었지만, 나카세가 교도통신 디지털에서 일을 하면서 받은 인상은 전혀 달랐다. 오가타도, 디지털 추진국장인 호소다 마사카즈(細田正和)도 모두 신사적이고 애를 먹이는 스타일이 아니었다. 나카세가 말하는 걸 차분히 들어줬다.

그런 와중에 나카세도 점점 교도통신의 주역은 가맹사라는 점을 알게 됐다. 주니치신문이나 홋카이도신문, 서일본신문, 가호쿠신보, 주고쿠신문, 시즈오카신문, 이런 유력지가 주역이었고, 그들의 합의가 없으면 교도는 한 걸음도 움직일 수 없다는 걸 이해하게 됐다.

---

110) 1936~1945년에 있었던 일본의 뉴스통신사. 교도통신과 지지통신, 광고 대행사 덴쓰의 전신. 지지통신은 도메이통신의 경제보도 부문, 덴쓰는 도메이통신의 광고 부문이 분사해서 만들어진 회사.

30일만에 사라져버리는 야후 뉴스의 기사

　야후와 교도통신의 '세군두'에 관한 첫 회의는 2014년 3월 10일에 이뤄졌다. 나카세가 교도통신으로 옮기고 약 5개월 후의 일이었다. 시내에 있는 야후의 16층 게스트룸에서 이뤄진 첫 회의 출석자는 다음과 같았다.
　야후측은 부사장인 가와베 겐타로, 마케팅솔루션컴퍼니 사업추진 본부장 가타오카, 사토 겐스케, 다카하시 리에. 그 밖에 몇 명인가가 더 있었다.
　교도통신 측은 디지털 추진국장인 호소다 마사카즈, 경영기획실장인 나카무라 신이치(中村愼一), 경영기획실 차장인 오가타, 교도통신 디지털 대표이사 전무인 이지치 신이치, 그리고 영업본부 본사 영업부의 나카세 류타로.
　야후측의 가타오카는 가와베 밑에서 야후 뉴스를 담당해온 사람인데, '야후 뉴스 개인' 프로젝트를 실행에 옮기자고 결정한 일로, 이 책에서 한번 등장한 적이 있다. 가타오카는 다음달인 4월에 야후 뉴스로 복귀해서 전반을 책임지게 된다.
　이 회담에 앞서서 부사장인 가와베 겐타로는 처음부터 방침을 정해놓고 있었다. 주니치신문이 이 '세군두'의 구조에 들어가는 조건이라면 같이 하자고 했기 때문이었다.
　실은 가와베는 야후 사내에서 유일하게 나카세와 사토가

제안한 이 '세군두'라는 프로젝트의 의미를 이해한 사람이었다. 가와베는 처음에 이 이야기를 들었을 때 예전에 자신이 생각한 '아만다'라는 야후의 기사 데이터베이스를 외부에 개방하는 방안과 매우 닮았다고 생각했다.

야후 뉴스는 스마트 뉴스나 그노시와는 달리 기사를 모두 사들여서 자신의 도메인 안에서 전개했다. 그것이 강점이었지만, 이 기사가 웹상에 있는 것은 30일간으로 정해져 있었다. 그 이상은 웹상에 남겨둘 수 없었다. 신문사와 그런 계약을 맺고 있었다.

이것은 신문사측이 자사의 데이터베이스(DB) 사업을 지키기 위해서 집어넣은 조항이었다. 그러나 야후측에서 보면 검색 엔진 최적화(SEO)가 되지 않았다는 의미다. 결국 구글 수준의 검색으로 나오는 것은 30일뿐이라는 것이다. 이것이 (야후도 이용할 수 있는) DB가 돼서 과거의 기사까지 검색할 수 있게 되면 좋을텐데라고 가와베는 생각했다. 이 '세군두'는 이른바 각 사가 기사를 서로 보내서 데이터베이스를 만들고, 그걸 큐레이터가 자유롭게 골라서 편집할 수 있는 플랫폼을 만드는 사업이어서, 이 30일간이라는 제한에서 벗어날 수 있을지도 모르겠다고 생각했다.

그리고 또 하나, '47뉴스'를 만들며 2006년 12월에 야후를 이탈해버린 교도통신이 다시 한번 야후에 돌아오게 할 것이다. 또 "정보제공료가 너무 적다"며 훨씬 전에 이탈한 주니치신문을 다시 한번 야후 뉴스에 돌아오게 할 수 있을지도 모른다.

나고야 경제권을 장악한 주니치신문의 중요성은 아무리 강조해도 지나치지 않은 안건이었다. 때때로 닛케이를 제치고 도요타에 관한 특종기사를 쓰는 신문이다. 여기가 야후에 돌아온다면 그 의미는 크다.

제1차 회의

2014년 3월 10일의 회의에는 부사장인 가와베가 몇 분 늦게 들어왔다. 사토 겐스케가 회담 개최의 취지를 설명하는 동안 가와베는 교도통신측 참석자를 쭉 둘러봤다. 말석에 나카세 류타로가 있는 걸 발견했다.

가와베는 양쪽 엄지손가락을 세우며 "엇, 좋아, 좋아"라고 분위기를 누그러뜨렸다.

회의에서는 대충이나마 야후와 신문사를 둘러싼 관계가 어떻게 변해왔는지 얘기가 나왔다. 가와베는 '47뉴스'나 '아라타니스'를 만들 무렵 신문사의 야후에 대한 차가운 분위기를 실제로 알고 있었기 때문에 그 점을 우선 물었다.

"교도통신 여러분, 그 뒤에 있는 가맹사, 특히 블록지의 경영층 분들의 야후에 대한 인상이 근본적으로 뭔가 변했나요? 큐레이션 미디어[111]처럼 더 이상한 사업자가 출현한 탓에 '아직은 야후 쪽이 낫다'고 생각하게 된 건가요?"

'47뉴스'를 설립한 장본인인 오가타가 대답했다.

"이전에는 '검색 엔진과 포털사이트가 우리(신문사)를 망가뜨린다'고 생각했지만, 스마트 디바이스 시대가 된 뒤 포털에 대한 생각이 (상대적으로) 바뀌었다. 일부에 '야후 알레르기'가 없는 건 아니지만, 의식이 상당히 달라졌다는 건 틀림없다. 덴쓰 신문국이 쇠퇴했다는 영향도 있다. 예전처럼 '야후에는 뉴스를 보내지 말라'거나 '야후는 안 된다'는 식의 강경파가 신문사에서 상당히 없어졌다."

교도통신 측에서 보면 이 사업에 야후가 자본 출자해주는 건 어떻게든 필요했다. '47뉴스'는 오픈한 지 7년 이상 지났지만, 눈에 띄는 성과를 올리지 못했다. 신문사는 종이 사업이 쇠퇴하는 가운데, 디지털에서도 수익을 올리지 못한 채 어찌할 바를 모르고 있었다. '세군두'는 그걸 근본적으로 바꿀 수 있는 사업이다. 무엇보다 콘텐츠를 제공하는 쪽이 60%를 가져갈 수 있는 것이다.

그러려면 우선 커다란 기반을 갖춰야만 규모의 이점을 얻을 수 있다. 그래서 야후가 필요했다. 또 여기서 야후가 출자

---

111) 언론사 등의 기사를 하이퍼링크로 연결해서 보여주기만 할 뿐 비용을 지불하지 않는 형태의 미디어.

를 하게 되면, 지역지는 이 세군두 사업을 진심이라고 느끼고 참가해주지 않을까라고도 생각했다.

교도통신 디지털의 이지치 신이치가 그런 생각을 담아서 말했다.

"야후가 사업협력 형태든, 뭐든 관련이 있다는 이야기가 없으면 가맹사를 설득하기 어렵다"

가와베는 "물론 기꺼이 협력하고 싶지만, (신문사의) 위쪽 분들에게만 가면 이야기가 좀처럼 진전되지 않는 구도가 얼마나 바뀌었는지 알고 싶다"고 받아쳤다.

그런 대화가 오가는 가운데 홋카이도신문이 교도에 전한 우려가 공유됐다.

홋카이도신문은 자신들은 콘텐츠를 내놓을 뿐이고, 사용자의 액세스 데이터 등은 전부 야후가 가져가는 것 아니냐고 걱정하고 있다고 교도측이 전했다.

이에 대해 가와베는 유연하게 이렇게 답변했다.

"우리도 데이터를 제출할 것이다. 어떻게 활용할지는 우리와 신문사 각각에 달려있다. 데이터를 내놓지 않는 일은 결코 없을 것이다."

교도통신 측은 적극적으로 가와베에게 이렇게 물었다.

"'야후도 한다'고 적극적인 표현을 사용해서 가맹사를 설득해도 좋겠는가?"

이에 대해 가와베는 이렇게 정리했다.

"가맹사를 설득하기 위해서 '야후도 한다'고 하는 건 상관없다. 교도가 설득하기 쉬운 표현으로 하면 될 것이다. 다만, 막상 시작해보니 대부분 (가맹사가 참가) 안 한다더라라는 식이어선 이쪽도 좀 곤란하다."

마지막으로 주니치신문 얘기를 하는 것도 잊지 않았다.

"틀림없이 콘텐츠가 중요하다. 경제권으로는 나고야, 주니치 드래곤즈, 주니치신문사의 콘텐츠 참가 여부를 주목할 생각이다. 주니치가 들어오지 않으면 의미가 없다. 주니치 윗분이 '우리 실무자들이 한다고 하니까 아무쪼록 잘 부탁한다'라고 하는 단계까지 꼭 진척되길 바란다."

이렇게 해서 가와베는 그날의 회담 결과를 사장인 미야사카에게 보고하기로 했고, 교도통신 측은 주니치신문을 설득하겠다고 약속하는 형태가 됐다. 오가타는 주니치신문에 관해서는 신중하게 "혹시 참가하진 않더라도, 적어도 이 세군두를 거부하지도 않는 (애매한) 형태가 될지도 모르겠다"고 유보적으로 말했다.

"죽을 각오로 만들 테니까 내보내주세요"

이 3월 10일의 회담 후에 4월 1일자 인사이동으로 야후에서는 가타오카가 야후 뉴스를 관장하는 자리로 복귀했다. 가타오카는 이전에 나카세가 제안한 '호페이로' 즉 '야후 뉴스 개인'을 승인해준 상사였기에, 사토는 같이 일하기 쉬울 거라고 생각했다.

하지만 틀렸다.

'야후 뉴스 개인'의 경우에는 기존 야후 뉴스의 비즈니스에 직접적인 영향을 주지는 않았다. 그러나 '세군두'는 직접 기존의 비즈니스 모델을 부수고 다음 모델로 이행하려고 하는 시도였다. 가타오카는 기존 야후 뉴스의 비즈니스를 하면, 그걸 부수는 비즈니스 모델을 추구하는 건 무리라고 생각했다.

가타오카는 사토를 이렇게 압박했다.

"이 사업은 야후 뉴스를 성장시킬 때 쓸데없는 비용이 될 수도 있다. 이대로라면 나는 책임자로서 세군두 사업을 망가뜨릴 수밖에 없다. 만약 죽을 각오로 하고 싶다면 야후 뉴스의 밖에서 도전하는 게 어떨까? 그 정도로 강한 각오가 없다면 내 밑에서 야후 뉴스의 성장에 전력을 다해 공헌해주면 좋겠다."

사토 겐스케는 이렇게 대답했다.

"죽을 각오로 만들 테니까 내보내주세요"

사토는 신규사업 유닛으로 이동하게 된다.

신뢰할 수 없다

교도통신은 가맹사를 설득하기 시작했다.

매년 한차례 가맹사 국장들이 모이는 미디어국장회의가 열린 3월 13일.

서두에 교도통신의 후쿠야마 마사키 사장이 이렇게 발언했다. "야후가 통신사나 신문사의 기사를 싼값으로 사들이는 건 안될 일이라고 생각해서 우리끼리 '47뉴스'를 만들었지만, 유감스럽게도 도저히 잘 된다고는 할 수 없는 실정이다. 다른 한편 야후는 계속 성장하고 있다. 이제 관점을 바꿔서 (관계를) 바꿀 시기가 된 것 같다."

이것은 각 사에 '세군두' 참여를 설득하기 위한 포석이었다. 나카세 류타로는 이 회의에서 말석에 앉아있었는데, 속으로 '오, 드디어 말하는구나'라고 생각했다.

야후 내부에서는 교도통신 디지털과 합병회사를 만드는 것까지 결정됐다.

야후가 제안한 최초의 출자비율은 야후가 90%, 교도통신이 10%였다.

이것은 사업의 주도권을 쥐고 싶다고 생각한 가타오카가 내놓은 숫자였다. 사토는 신규사업 유닛에서 이 '세군두' 사업에 관계했지만, 야후 뉴스의 의향을 무시해서는 사업을 추진할 수 없었다. 그래서 모든 미팅에 가타오카가 출석했다. 가타오카의 영향력은 강했다.

교도통신의 후쿠야마 사장은 이 '야후측 90% 출자'라는 숫자에 불쾌감을 표시했다. 이지치를 통해서 나카세에게 "교섭 시에 양보할 데 대비해서 처음에 지나친 안을 내놓는 상대는 신뢰할 수 없다"는 메시지를 전했다.

나카세는 사토에게 연락해서 격분을 토해냈다.

"이런 안을 교도가 받아들일 리가 없잖아. 야후의 생각도, 교도의 생각도 미리 살피지 않은 채 이상에 불타서 단순에 결론을 내려고 한 것 아냐? 어째서 이런 형편없는 야후의 수법을 받아들여서 그걸 교도에 던지러 오는 거야?"

사토 겐스케도 "자, 이쪽도 할 말을 하면요"라고 맞받았고, 큰 싸움이 벌어졌다.

나카세는 이렇게 싸운 뒤에 가타오카나 사토에게 이메일을 보내서 재고를 촉구했다. 다음에 온 제안은 야후 51%, 교도통신 디지털은 49%로 바뀌었다.

복제 금지

교도통신 측의 가맹사를 상대로 한 사전 설명은 순조롭게 진행됐다. 9월 29일 임시 미디어국장회의에서 각 사를 상대로 정식 설명을 했다. 10월 8일에는 실무 담당자 상대로도 설명했다.

해가 바뀌어서 2015년 2월 25일 '세군두' 사업을 진행할 야후와 교도의 합병회사 사명이 '노어닷'으로 정해졌다.

노어닷은 No Replication에서 가져온 말이다. 복제 금지라는 의미이다. 이때까지 야후 뉴스의 서비스는 기사 자체를 제공받아서 그 복사본을 자사 도메인에 흘려보내는 것이었다. 이 노어닷은 신문사 스스로 원본 기사를 데이터베이스에 올려놓고, 큐레이터가 그걸 자유롭게 편집한다는 것인 만큼, '복제 금지'라는 단어에서 따온 것이다. 야후 뉴스의 비즈니스 모델을 크게 바꾼다는 의미를 가진 사명이었다.

미야사카, 가와베에게 직접 이메일을 보내다

이러는 사이 야후의 사토는 이야기가 좀처럼 진척되지 않아서 애를 먹고 있었다. 야후가 노어닷 사업에 출자를 하려면 최종적으로는 투융자위원회를 거쳐야 했다. 그런데 그 전 단계에 있는 기업전략본부라는 부서가 사토의 제안서에 끊임없이 보완을 요구하고 있었다. 그 부서가 사토에게 보완 리스트를 던졌다. 그걸 하나씩 해결해도 다시 그 리스트는 늘어날 따름이었다.

기업전략본부의 메일은 이런 식이었다.

결론적으로 이하의 4가지가 합의, 해결되지 않는 한 투융자위원회 통과는 어렵습니다.
⑴ 안건 검토 절차를 투명하게 할 것
 - 본건 검토를 재개한 이후 미디어서비스컴퍼니 안에서 사토 씨 외의 분들(특히 상급자들)이 상대방 담당자와 협의, 교섭을 하지 않은 상황인 만큼 안건의 검토 절차가 불투명하고, 회사 차원에서의 관여가 약하다고 생각된다.

이건 원론으로 돌아가자는 얘기 아닌가? 미디어컴퍼니는커녕 부사장의 COO 회의를 거쳐서 교도통신과의 공동 출자 이야기를 진행하고 있는데, 이걸 어떻게 증명하면 좋다는 말인가.

사토는 분개했다.

야후는 2015년에는 매출이 4,284억 엔, 사원수 7,034명에 이르는 초거대기업이 됐다. 사내에는 다양한 관료기구가 있었고, 그 정치는 엄청나게 복잡했다.

사토는 여기에 이르는 과정에서 피폐해질 대로 피폐해져 있었다. 사내에 우리 편은 다카하시 리에밖에 없다는 심정이었다.

결국 야후는 커져버렸고, 임원이라도 중간 관리직처럼 언제 목이 잘릴지 몰라서 움찔움찔하고 있었다. 그런 개인적인 위기감이 있으면 우선 실수가 없도록 신경을 쓰게 된다. 뭔가 진취적으로 움직이는 느낌이 없어진다. 지금의 상황은 실로 그것 아닐까?

　사토는 이대로 기업전략본부와 고장 난 테이프 돌리듯 무모한 대화를 해도 소용없다고 생각했다.

　사장인 미야사카, 부사장인 가와베를 포함해서 사내 관계자 전원에게 보내는 이메일을 쓰기로 했다.

　분노한 탓인지 이 메일의 내용은 격렬했다.

　기업전략본부의 메일을 인용해 그들이 요구하는 임무가 얼마나 바보 같은 것인지 지적했다. 교도통신은 현재 각 사이트에 공급하는 패키지를 중단하고, 이 신사업 사이트에만 독점적으로 공급하기로 결정했고, 각오를 굳혔다고도 강조했다. 그리고서 이렇게 계속했다.

　"위에 적은 기업전략본부의 지적은 협의, 교섭 시 매번 상급자를 동석시키거나 아니면 이번 투융자위원회에 관해서는 과거의 서류 일체를 준비해서 제출하지 않으면 받아들일 수 없다는 거나 마찬가지라고 생각됩니다. 이것은 현장 사정과는 너무 동떨어진, 관청 방식의 일처리입니다."

　"모든 것이 사전에 보증되지 않으면 착수할 수 없다, 돌다리를 한쪽 끝에서 다른 쪽 끝까지 모두 두들겨보고 나서 마지막엔

건너지 않는다는 식의 행동을 언제까지 계속할 것인가요."

메일의 마지막에서는 미야사카, 가와베에게 직접 호소하고 끝내는 형태가 됐다.

"미야사카씨, 가와베씨에게 다시 한번 마지막으로 묻겠습니다. *(중략)* 대답해주세요. 이 사업을 할 것인가, 하지 않을 것인가요? 할 거라면 이 이상 간접 부서의 공무원 식 일처리에 대응할 생각이 없으니까, 2월 16일(월)의 투융자위원회를 예정대로 개최하라고 지시해주세요. 이미 사내 관계 부서에 공유한 것처럼, 교도 측은 2월 19일(목)의 사단 이사회(모든 가맹사 회장 또는 사장이 참석하는, 사단법인 교도통신의 주주총회 같은 것임)에서 '야후와의 합병에 의해서 사업을 행한다'는 취지를 사업 보고할 예정입니다. 하지 않을 거라면 교도통신과의 교섭을 중단하고, 안건을 철회하겠습니다."

미야사카는 메일을 받은 뒤 곧바로 "동료의 업무를 공무원 방식이라고 비난하는 것은 안될 일"이라고 사토에게 주의를 줬다. 가타오카는 곧바로 뛰어와서 "그 메일은 좋지 않다"고 지적했다.

하지만 결과적으로는 이 메일을 계기로 투융자위원회가 열렸고, 출자가 결정됐다. 그 과정에서 야후가 51%라는 대주주 지위를 차지하고 있으면 미국 야후에 라이선스료를 지불해야 한다는 지적이 나왔다. 결국 야후 재팬의 지분은 49%로 낮춰졌다. 미국 야후의 운명은 이미 결정된 거나 마찬가지였지만, 야후 재팬 설립 시의 계약이 아직 남아있었다.

소바집에서 받은 통지

남은 것은 교도통신측의 최고의지 결정기관인 '이사회'를 통과하는 것뿐이었다. 교도통신은 사단법인으로 신문 기사를 배급하고, 이걸 받는 가맹사가 만든 회사이다. 가맹사의 사장, 회장은 이사 자격으로 교도통신의 최고의지 결정기관인 이사회를 구성한다.

그 이사회의 날은 2015년 3월 19일.

나카세 류타로는 출석할 수 없었다.

이날은 그저 담담하게 기다릴 수밖에 없었다.

생각해보면 1년반 전 여름 자신이 이 사업을 야후에서 하려고 마음먹었을 때부터 풍경은 완전히 변해버렸다. 인사 이동이라는 벽에 부딪혀 사업을 중단하게 된 자신은 야후를 그만두는 것으로 여기까지 헤쳐올 수 있었던 것이다.

왜 자신이 뉴스 비즈니스에 이렇게까지 관여하게 된 것인지 때로는 후회할 때도 있었다. 사토나 다카하시에게는 야후 사내에서 고생을 시키고 있다는 미안한 마음도 있었다. '그렇게까지 해서 왜'라고 생각하는 일이 몇 번이고 있었다.

하지만 오늘 그것도 결론이 난다.

이사회에는 '연락위원회'라는 것이 있어서 사전에 중요 의제가 심의된다. 이 '연락위원회'는 오전부터 시작됐다.

연락이 없는 채로 점심시간이 됐다. 나카세는 시오도메(汐留)의 교도통신 본사 빌딩 지하 1층 소바집에서 혼자서 소바를 먹기로 했다.

그때였다. 스마트폰이 진동했다.

회의에 참석한 교도통신 사원이 보낸 메일이었다.

떨면서 메일을 열었다.

"나카세씨, 교도의 최대 난관, 이사회 연락위원회를 통과했습니다"

통과했다!!

그 글을 본 순간, 문득 눈물이 흘러 넘쳐 멈출 수 없게 됐다.

2013년 가을에 느낀 분한 심정이 갑자기 되살아나서 울고 말았다.

교도 측의 정보를 사토 겐스케에게 모두 보여주고, 야후 측의 정보를 사토 겐스케로부터 모두 받아가면서 조직의 벽을 넘어서 힘을 합쳐왔다. 그리고 결국 야후 시절에 쫓겨난 뉴스 시장에 다시 한번 복귀할 수 있게 됐다.

어디에도 없는 새로운 뉴스 사업이 출발하는 것이다!

노어닷 시작되다

이렇게 해서 교도통신 디지털과 야후의 합병회사인 노어닷이 2015년 5월 1일에 출범했다. 나카세 류타로는 COO로서 운용 책임자가 됐다.

2015년 12월 1일에는 Kiji.dot.com이라는 도메인을 사용해서 교도통신과 가맹사 40개사의 기사를 업로드 하기 시작했다.

이것은 재미 있는 시도였다. 예를 들어 개인이라도 이 노어닷 시스템을 사용해서 뉴스 사이트를 만들 수 있게 된 것이다.

뉴스콜렉터라는 사이트(https://newscollect.jp/)가 그랬다. 또 나가사키신문은 정보 제공사로서도 큐레이터로서도 참가했는데, 그렇게 함으로써 자사 사이트에 노어닷에 참가하는 다른 회사, 예를 들어 FNN의 뉴스를 표시할 수 있게 됐다.

스마트폰에서 시작된 뉴스 매체로는 그노시, 뉴스픽스가 큐레이터로 참가했다.

그러나 과제도 있었다.

가와베가 참가하기를 바랐던 주니치신문은 이사회에서 반대는 하지 않았지만, 참가는 보류했다.

하지만 무엇보다 문제는 중요한 야후가 참가를 하지 않았다는 점일 것이다.

'세군두'의 비즈니스 모델은 야후가 플랫폼뿐만 아니라 큐레이터로서도 참가하는 걸 전제로 하고 있었다. 그러나 야후로서는 현재의 야후 뉴스가 개별 계약이라는 호조건으로 돌아가고 있는 한, 이 초과이윤을 버릴 생각은 없었던 것이다.

야후가 큐레이터로서 참가하지 않아 '노어닷' 자체의 이용량은 일정 규모에 미달했다. 19%라는 수수료만으로는 노어닷 자체는 적자를 면할 수 없었다.

야후는 오히려 '노어닷'에 대한 관심을 급속히 잃었고, '노어닷'이 오픈할 때에는 파견했던 엔지니어 등을 귀환시키기 시작했다.

이런 가운데 '노어닷'에 남기를 선택한 엔지니어도 있었다.

다카하시 리에도 파견 해제를 계기로 노어닷으로 이적하기로 했다. 문제는 사토 겐스케였다.

사토의 이탈

나카세는 사토에게서 부드러운 표정이 사라져간다는 걸 알아챘다. '노어닷'의 도메인인 Kiji.dot.com에 각 사의 기사가 올라오기 시작하자 힘이 빠진 듯했다. 여기에 이르기까지 야후 사내에서 겪은 다양한 갈등 탓에 스트레스도 있었을 것이다. 나카세가 보기에는 사토가 말했던 "나카세씨를 다시 뉴스 시장으로 복귀시킨다"는 역할을 완수했다는 느낌에서 탈진 증후군에 빠진 듯했다.

나카세는 2016년 2월 6일 사토를 만나서 이렇게 말했다.

"앞으로도 더 노어닷에 관계할 것인가, 말 것인가. 겐스케 씨로서도 생각해볼 좋은 기회인지도 모르겠어."

이 어려운 사업을 추진해가는 새로운 단계에는 새로운 인재가 필요한 것은 아닐까? 그러려면 사토 겐스케가 갈 곳을 열어주고 분위기를 바꿔야 하는 것 아닐까라고 생각해서 물어본 것이었다.

다음날 사토 겐스케가 이런 연락을 해왔다.

"노어닷을 그만두려고 생각한다. 당연히 야후에서도 퇴사하겠다."

이후 야후는 노어닷 사업 출자비율을 점점 줄여갔다. 2017년 7월 21일에는 49%에서 19%가 됐고, 2018년에는 교도측이 증자를 함으로써 야후의 출자비율은 15%까지 내려갔다.

또 야후측은 2018년 가을 출자를 모두 회수하고 싶다고 했다. 하지만 가와베의 소망이었던 '교도통신 기사의 야후 뉴스 공급'을 재개하는 대신 이는 보류됐다.

2018년 11월 7일 교도통신의 기사가 '47뉴스' 설립을 계기로 중단된 지 10년 이상 지나서 다시 야후 뉴스에 공급되기 시작했다.

그러나 이는 야후가 노어닷의 시스템을 사용해서 큐레이터로서 기사를 픽업하는 게 아니었다. 교도통신이 종래의 개별 계약으로 기사 자체의 본문을 야후 뉴스에 흘려보내는 것일 뿐이다.

야후는 뉴스 부문에 대해서는 종래의 비즈니스모델을 답습하기로 했고, '혁신가의 딜레마'를 깨트리는 건 하지 않았다.

야후와 소프트뱅크는 좀 더 큰 규모에서 회사를 바꾸려고 했다. 그것이 확실해진 것은 미야사카 마나부가 야후에서 완전 이탈한다고 발표된 2019년 5월의 일이었다.

> **주요 참고 문헌·증언자·취재협력자**
> 나카세 류타로, 사토 겐스케, 다카하시 리에, 가와베 겐타로, 오가타 가쿠야, 요시카와

제22장

피폐해진 신문

신문 부수가 급감하고, 회비 분담금 수입이 줄어든 신문협회. 여기서 이상하게도 '급진적인 성과주의'가 착수된다. 시말서를 받고, 직급을 낮추고, 연봉을 줄이는 식이었다. 많은 직원이 떠났다.

일본 신문의 피폐함은 일본신문협회에서 나타났다. 일본신문협회는 1946년 7월에 신문사나 통신사의 업계단체로 설립됐는데, 단순한 업계 단체 이상으로 다양한 활동을 해왔다. 설립과 동시에 신문윤리강령을 만들었고, 신문과 언론을 둘러싼 다양한 문제에 각 사를 관통하는 프로젝트팀을 만들어서 대응해왔다. 뛰어난 보도나 뛰어난 경영업적 등에 주어지는 신문협회상은 일본의 퓰리처상으로 불려왔다.

일본신문협회는 신문사와 통신사가 조직한 사단법인이다. 신문사, 통신사가 부수 등에 따라서 분담금을 낸다. 약 80명으로 이뤄진 사무국이 신문협회보나 잡지 '신문연구' 등 매체를 발행하거나 다양한 프로젝트팀의 사무를 맡아왔다. 사단법인인 만큼 가맹사인 신문사가 이사회를 조직하고, 사무국이 그 운영을 맡는다. 싱크 탱크[112]의 기능도 있다. 내가 이 책의 취재를 시작한 계기는 신문협회 홈페이지의 조사 데이터란에서 일본 신문 부수와 매출이 급격히 감소했다는 걸 알게 되면서였다.

이 부수의 감소로 가맹지가 내는 분담금이 줄었다. 2001년도에는 22억6,800만 엔이었던 일본신문협회의 회비분담금 수입은 2017년도에는 18억2,000만 엔까지 줄었다.

사무국장인 고노 이치로(國府一郎)와 사무국 차장 2명은 이 운영비 감소를 '급진적인 성과주의'로 극복하려고 했다. 그 결과 전대미문의 직장 내 괴롭힘 풍파가 일어났다.

2013년쯤부터 시작된 고노와 사무국 차장 2명 등 3명이 벌인 직장 내 괴롭힘은 심각하고 집요했다.

이들 3명은 직원을 다른 이들 앞에서 엄하게 질책하고 매도하는 식으로 피해자의 자존심을 직접 상처 냈다. 더 악질적이었던 것은 부당한 시말서, 직급 하락이나 자의적인 인사 평가와 '급진적인 성과주의'를 병행해서 일부 직원을 타깃 삼아 급여와 보너스를 대폭 감액한 점이었다.

그 결과 연봉으로 보면 부장급에서 100만 엔 이상, 주임급에서도 50만 엔 이상 감봉된 직원이 속출했다. 직장 내 괴롭힘의 대상이 된 피해자의 경우 2013년도부터 2016년도 사

---

112) Think Tank. 정책연구소.

이에 부장급에서 최대 약 300만 엔, 주임급에서 230만 엔이나 연봉이 깎인 사람도 있었다. 퇴직자도 속출했다. 해에 따라서는 10명이 그만둘 때도 있었다고 한다.

그러나 사무국이 이런 상태였는데도, 이사회를 조직하는 신문사측이 이런 문제를 눈치챈 것은 2017년의 일이었다.

그룹 본사 사장이 혼자서 조사하다

요미우리신문 그룹 본사의 대표이사 사장이 된 야마구치 도시카즈가 협회 내 직장 내 괴롭힘 문제에 대한 소문을 들은 것은 2017년 이른 봄이었다.

야마구치는 2000년부터 신문협회에 드나들었다. 애착이 있었다. 마이니치신문의 아사히나 유타카와 함께 사건 보도에 대한 연구회에 들어간 적도 있었다. '신문연구' 등 협회가 발행하는 잡지에 자주 기고하기도 했다.

요미우리의 여성 임원인 미나미 마사고(南砂)가 알려준 정보가 만약 사실이라면 우려스러운 사태였다. 언론을 지키는 신문의 측근인 신문협회에서 인권을 무시한 직장 내 괴롭힘이 횡행하고 있다고 한다…

이사회의 승인을 받아서 사실을 조사하고, 엄정하게 대처할 책임이 있었다.

그러나 이사회에 올리려니 미확인 정보인 채로는 불충분했다. 이사회를 열기에 앞서서 사안의 개요를 최소한 파악해야 했다. 피해자가 다수라면 최소한의 파악을 위해서라도 몇 명에게서 사정을 듣는 예비적인 조사를 할 필요가 있다고 야마구치는 생각했다.

괴롭힘 건의 사실을 확인하려면 신경을 곤두세워야 한다. 조사가 시작된 것이 알려지면 가해자가 피해자를 공격하거나 입막음을 할 우려가 있기 때문이다. 더구나 이 건은 당사자가 여러 명인 특수한 사안이다.

여기서 야마구치는 깜짝 놀랄만한 판단을 했다. 그룹 본사의 대표이사 사장이라는 위치에도 불구하고, 혼자서 은밀하게 이 신문협회의 직장 내 괴롭힘 문제를 조사하기로 했다. 당시 신문협회 회장은 요미우리신문 그룹 본사 회장이기도 한 시라이시 고지로(白石興二郎)였다. 야마구치는 시라이시에게 미리 말한 뒤 혼자서 조사를 시작했다.

야마구치의 스타일은 2002년 봄 도쿄돔 외야석을 독차지한 사설응원단 문제를 조사할 때도 그랬다. 그때는 사장실장인 다키하나의 지시를 받고, 우선 혼자서 구장에 가서 관찰하는 데서 시작했다.

하지만 법무팀 부차장이었던 시절과 요미우리신문 그룹 본사의 사장이 된 지금은 입장이 달라도 너무 달랐다. 그러나 야마구치는 2017년 4월 후반부터 5월에 걸쳐서 요미우리 사원의 도움을 약간 받긴 했지만 기본적으로는 혼자서 이 신문협회의 직장 내 괴롭힘 문제를 조사했다. 사회부 기자의 수법을 사용해서였다.

"당신은 부장 일을 하지 않아도 좋아"

2013년쯤부터 사무국 안에서 급여를 둘러싼 직장 내 괴롭힘이 일어났는데도 가맹지가 그걸 파악하지 못한 이유는 뭘까? 그 중 한가지는 신문협회 사무국에 '사무국 안에서 일어난 일은 외부에 발설하지 않는다'는 설립 당시부터의 불문율이 있었기 때문이다.

사무국 직원의 최고위직은 전무이사인데, 2013년까지 그 전무이사를 지낸 도리이 모토요시는 그 불문율에 대해서 내게 이렇게 말했다.

"신문협회 사무국은 중립에 신경을 써야 한다. 협회는 합의로 사안을 결정하게 돼있다. 실제로는 거기에 역관계가 작용하긴 하지만. 이사회도 1사 1표 체제다. 분담금은 부수 별로 다른데도 말이다. 직원 채용도 특정 회사의 소개를 받은 사람을 고용하면 안 된다는 게 있었다. 사무국이 간사(幹事)[113] 회사의

---

113) 단체나 기관의 사무를 담당하여 처리하는 직무. 또는 그런 일을 하는 사람.

영향을 받지 않은 채 독자적으로 사무국 직원을 채용했다. 그런 건 어디에도 적혀 있지 않지만, 신문협회가 생겼을 때부터 정해진 것이었다."

즉 사무국 안의 일은 사무국 안에서 멈춘다는 것이다. 1987년에 신문협회에 입사한 오다카 이즈미(尾高泉)는 게이오대 고바야시 세쓰(小林節)의 제자였다. 그도 신입사원 시절부터 그 점을 머릿속에 집어넣었다. 그래서 자신이 직장 내 괴롭힘의 피해자가 된 뒤에도 그 점을 좀처럼 말할 수 없었다. 하지만 요미우리 임원인 미나미 마사고가 속사정을 알게 된 것은 오다카의 귀띔이 있었기 때문이라고 알려졌다.

오다카는 신문협회 상층부 3명이 자행한 직장 내 괴롭힘의 마지막 피해자였다. 이 3명 중에서 국차장인 S가 총무부장을 겸하고 있는 것이 문제였다. 괴롭힘 방지 규정은 있었지만, 위반 신고를 받아야 할 총무부장이 직장 내 괴롭힘의 장본인이었던 것이다. 게다가 직원들이 보기에는 고문 변호사나 사회보험 노무사도 직장 내 괴롭힘을 저지르는 사무국 상층부 3명과 일체화돼 있었다.

하지만 오다카는 마이니치신문의 아사히나 유타카와 야마구치와 협회 일을 통해서 잘 알았다.

오다카에 대한 직장 내 괴롭힘은 우선 그녀가 우치사이와이초의 사무국에서 요코하마에 있는 일본신문박물관으로 이동하는 것으로 시작됐다. 아사히나와 야마구치는 이 인사를 이상하다고 느꼈고, 오다카에게 "어떻게 된 일이냐"고 전화를 걸었다. 그러나 오다카는 그때 자신이 겪은 직장 내 괴롭힘은 얘기하지 않았다고 한다.

당시 신문박물관장을 겸하고 있던 것이 또 한 명의 직장 내 괴롭힘 장본인인 국차장 Y였다. 이 Y 밑에서 신문박물관의 역사 전시는 대폭 축소됐다. 200점 규모였던 전시품 수는 90점 정도로 줄었고, 게다가 전시 중 언론 통제는 다루지도 않았다. '우스운 간토방공대훈련'이라는 사설을 썼다가 시나노마이니치신문에서 쫓겨난 기류 유유(桐生悠々)의 회중시계는 전시하면서도, 정작 기류 유유가 누군지는 전혀 설명이 없는 탓에 왜 거기에 회중시계가 전시돼있는지 전혀 알 수 없는, 그런 전시가 돼버렸다.

대신에 중시된 것은 SNS를 사용한 신문의 이용방법 같은 것이었다. 오다카는 2016년 12월말 인사로 그런 신문박물관에 가게 됐는데, 그때는 아직 부장직이었다. 하지만 Y가 오다카의 부하에게 고함을 치는 걸 보다 못해 "Y 씨는 부장을 4개나 겸임해서 바쁘실 테니까 박물관 일은 제게 맡겨주세요"라며 부하를 지키려고 했다.

그것이 마이너스가 됐다.

다음날 사무국차장 겸 총무부장인 S가 Y와 함께 오다카에 대한 사무국장 고노의 주의처분을 가지고 왔다. 그리고 이렇게 말했다.

"당신은 부장 일을 하지 않아도 좋아. 특별 회원의 회비 모금과 가모이(鴨居)의 창고 정리가 끝나지 않았으니까 그걸 하면 돼."

오다카는 그걸 진지하게 받아들여서 구두바닥이 닳도록 돌아다니며 돗판인쇄, 대일본인쇄, 일본서적출판협회 등에서 모금을 했다.

어떤 때는 이런 일도 있었다.

오다카가 우치사이와이초에 있는 사무국 회의에서 보고를 시작하자 Y와 S가 자리에서 일어났고, 다른 부장이 눈치를 살피며 방에서 나가버렸다. 보고 도중에 오다카 혼자 회의실에 남겨진 것이다.

이야기를 하고 있으면 갑자기 눈물이 흘러서 제대로 얘기할 수 없게 돼버리는 등의 증상이 생기기 시작한 것은 이때쯤이었다. 오다카도 직장 내 괴롭힘을 당한 다른 직원과 마찬가지로 심료내과(心療內科)[114]에 다니게 됐다.

직원 중에는 2번이나 직급이 격하된 사람도 있었다. 부장에서 주임으로 하락된 뒤, 다시 오다카의 부하가 된 것이다. 그 직원은 예전에 신문협회보의 편집장을 지냈고, 오다카가 데스

---

114) 신경정신과와 비슷.

크로 모신 적도 있는 존경할만한 인물이었다.

그리고 오다카도 5월 1일에 부장직에서 격하됐다. 새로운 직급은 '관장 직속'이었다.

이런 격하 등의 방법으로 부장급에서 연봉이 300만 엔이나 줄어든 직원이 생겨난 것이다.

이런 직장 내 괴롭힘은 무엇보다도 피해를 본 사람의 인격에 상처를 줬다.

신문윤리강령에는 '인간의 존엄에 최고의 경의를 표시'한다고 적혀 있다. 이걸 정한 당사자인 일본신문협회에서 인간의 존엄에 상처를 주는 행위가 사무직 책임자의 손으로 이뤄진 것이다.

기품 있게 말할 수가 없다

오다카는 모금이 끝나자 요코하마시 미도리구 가모이에 있는 창고에 혼자 쓸쓸하게 출근하게 됐다. 이 가모이 창고에는 예산이 줄면서 공간이 좁아진 우치사이와이초(內幸町)의 신문협회와 요코하마의 신문박물관 자료가 보관돼있었다.

이 창고에서 게이오 출신인 오다카는 우연히도 후쿠자와 유키치(福澤諭吉)[115]의 『문명론의 개략』이라는 책을 발견해서 읽

---

115) 1835~1901. 게이오대 설립자.

기 시작했다.

대화를 하는 게 어려웠던 그 시절에 후쿠자와는 대화를 하라고 설득했다. 기품 있게 대화를 하라고 권했다. 오다카는 그 점에 마음이 끌렸다.

직장 내 괴롭힘이 횡행하는 직장에서는 무엇보다 기품 있게 대화를 할 수 없게 된다. 오다카는 게이오대에서 고바야시 세쓰 선생에게 헌법을 배웠고, 민주주의를 위해서 신문협회에 들어갔다. 2명의 아이를 키우면서 30년간 애써왔다. 안 좋은 일도 겪었지만 노력해왔다.

하지만 지금 그녀는 기품 있게 이 조직 안에서 이야기를 할 수 없다.

마지막에는 본인이

일하러 나가기도 귀찮아져서 자주 쉬게 됐다. 야마구치에게서 전화가 걸려온 것은 일하러 나갈 수가 없어서 집에 있었던 어느 날의 일이었다.

"자네 각오를 하게. 내가 움직일 테니까. 조사를 할 테니까. 자네처럼 피해를 본 사람의 이야기를 직접 들을 테니 데리고 와줘."

그 시점에서 야마구치는 이미 주변 조사를 끝냈다고 오다카는 기억했다. 오다카는 곧바로 "네, 협력하겠습니다"라는 말을 하지 못했다.

멘탈이 흔들리면, 아무리 애를 써도 용기가 나지 않는다. 당시 오다카는 전철에도 혼자서 탈 수 없어서 남편이 동행하는 상황이었다.

오다카는 이때 게이오대의 분메이주쿠에 응모해서 합격했다. 분메이주쿠는 세대 상관없이 사회인이 배울 수 있는 오픈 컬리지였다. 토요일에 게이오대의 미타 캠퍼스에 다닐 때만큼은 신문협회에서 겪는 비참한 처지를 잊을 수 있었다.

토요일에 게이오대에서 공부를 하고 있을 때 야마구치에게서 전화가 걸려왔다.

"나를 믿어요"라는 설득 전화였다. 오다카는 그때쯤 신문협회를 그만둬야겠다고 생각하고 있었다. 이 싸움이 어찌 될지 전혀 알 수 없었고, 게이오대에서 공부를 할 때는 그걸 잊을 수 있었기 때문이다.

야마구치는 "(게이오대에서 공부는) 몇 시에 끝나나요?"라고 물었다. "8시쯤"이라고 대답하자 "좋아. 다마치(田町)[116]로 갈 테니까 거기서 봅시다."라고 말했다.

"얘기를 하고 싶어하는 다른 사람이 있으면 데려와."

오다카는 또 한 사람의 신문협회 직원과 함께 다마치에서

---

116) 게이오대 미타캠퍼스가 있는 곳의 지명.

야마구치의 이야기를 들었다.

야마구치는 사복 차림에 가방도 늘 들고 다니는 것과 다른 가방을 들고 왔다.

직장 내 괴롭힘을 당하고 있으면 마음이 약해져서 아무래도 소리를 낼 수 없다고 호소하자 야마구치는 자신이 도쿄돔의 사설응원단과 관련된 폭력단 배제 운동을 벌일 때 얘기를 했다.

"그때도 소리를 내지 못하는 사람이 있었지. 하지만 그 때 소리를 낸 사람은 비록 구장을 그만뒀지만 그 후 제대로 된 인생을 살아가고 있어. 일도 잘 하고 있고. 그러나 그 때 소리를 내지 못한 사람은 그렇지 못한 걸."

"그것이 내 원점이었지"라고 야마구치는 진지하게 말했다. 아무리 약해졌더라도 법률이나 다른 사람의 도움을 받아서 일어선 사람은 그 후의 인생에서도 새로운 기회를 쥘 수 있었다. 그렇지 않았던 사람은 그 후에도 직장을 여기저기 옮겨 다니며 자신의 집도 마련하지 못한 채 인생을 끝내려고 하고 있었다.

마지막에는 본인이 두 다리로 걷지 않으면 안 된다. 야마구치가 이렇게 절실하게 말하는 걸 듣고 오다카의 가슴이 격렬히 뛰기 시작했다.

손으로 더듬어가는 듯한 조사

그러나 이것은 손으로 더듬어가는 듯한 조사였다. 고노나 Y, S가 조사 사실을 알게 되면 무슨 일이 일어날지 알 수 없었다. 야마구치에게 피해를 본 사람을 데려간다고 해도 그 사람이 우리 편인지 여부도 알 수 없었다.

예를 들면 이런 식이다.

야마구치가 오다카에게 이 인물을 조사하고 싶다고 연락한다. 야마구치는 '이날 여기서 만날 수 있다'고 하면 오다카는 며칠 전부터 줄곧 그 사람의 행동을 관찰해서 약속을 잡지 않게 한다. 그리고 전날 오후에 신문박물관에 있는 회의실로 불러내서 둘이서만 얘기를 한다. 아직 적인지 같은 편인지 알 수 없는 상태다.

오다카는 이렇게 말을 시작한다.

"지금부터 제가 무슨 말을 할지 상상이 되나요?"

"그럼요. 그만두실 건가요?"

"응, 그만둘 거예요. 하지만 그만두기 전에 신호탄을 쏘고 싶어요. '신호탄을 쏘고 싶으니까 함께 해주세요'라고 하면 함께 해주실 건가요."

그 남자는 굳은 표정으로 곧바로 "거절하겠습니다"라고 대답했다.

하지만 표정을 보아하니 그리 악의가 없는 듯해서 오다카는 말을 이어갔다.

"전 그만두지 않아요. 신호탄도 쏘지 않아요. 다른 선택지에 대한 이야기인데요…"

"엇, 무슨 말씀인가요."

"듣고 싶으세요?"

"듣고 싶어요."라고 그 남자는 대답했다.

"내일 오후에 요미우리신문사에 갈 수 있으세요?"

그 남자는 깜짝 놀란 듯했다.

"엇, 요미우리에서 뭔가 있나요? 오다카씨도 같이 가시는 건가요?"

"가지 않습니다. 야마구치 사장이 내일 당신을 만나려고 기다리고 있어요. 저는 자세하게는 말할 수 없지만, 제가 야마구치씨에게 지시받은 것은 내일 요미우리신문에 오라고 하라고 전해달라는 것뿐이었습니다."

그렇게 말하니 본인도 무슨 소린지 알겠다는 눈치였다.

"좀 더 자세하게 알려주세요."

"제가 놓인 처지도 아실 테죠. 우리 조직에서 뭔가 조사가 시작되고 있어요. 저는 조사를 받았어요. 그리고 당신을 조사하게 해달라는 말을 들었을 뿐이에요."

남자의 표정이 바뀌었다.

"아까는 실례되는 말을 해서 죄송했습니다. 신호탄을 쏠 테니 함께 하지 않겠느냐고 했을 때 거절했습니다만, 저도 기회를 엿보고 있었습니다. 하지만 아무것도 할 수 없었죠. 기꺼이 가겠습니다."

"자네들 조직에서 일어나는 일은 범죄이다"

야마구치는 이런 식으로 한 사람씩 대화를 나눠가며 신문협회에서 무슨 일이 일어났는지 파악했다. 직급 하락이나 연봉 기준으로 큰 타격을 받은 직원이 있다는 것도 알았다.

오다카에 따르면 야마구치는 이렇게 해서 문제의 개요를 파악한 뒤 전무이사인 가와시마 아키라(川嶋明)를 만났다. 그에게 "당신도 이 상황을 방치했다는 점에서 책임을 면할 수 없다. 그러나 협력하겠는가"라고 물어서 사법거래라도 하듯이 전 직원의 임금표를 입수했다고 한다.

"자네가 얼마나 고생했는지 알 것 같다. 자네들 조직에서 일어나는 일은 범죄이다. 이건 조사를 전방위로 확대할 필요가 있다. 그래서 나는 전력을 다할 것이다."

야마구치는 가와시마를 통해서 고노나 S, Y가 올린 직원의 시말서도 입수했다. 또 이것들이 상벌위원회를 열어서 쓰게 한 것이 아니라는 점도 파악했다.

조사가 언제 끝날지 알 수 없을 때는 불안해지기 마련이다. 포기하고 싶어진다. 그런 날 전화가 걸려온다. "지금, 이렇게 진행되고 있어요"라고 야마구치는 상황을 알려준다. 그것은 오다카 뿐만 아니라 다른 직원에게도 마찬가지였다고 한다. "지금 여기까지 진척됐으니까 안심해주세요."

그리고 탐사보도에서 그랬듯 야마구치는 마지막에 S, Y 그리고 고노를 순서대로 요미우리 본사로 불러서 지금까지 조사했다는 사실을 통보했다.

야마구치는 이 마지막 취재 후에도 오다카에게 전화를 걸었다고 한다.

"3명의 얘기도 들었어요. 지금까지 애써줘서 고마워요."

오다카는 소리를 내서 울었다.

시라이시가 핸드마이크로 설명

고노 이치로 사무국장은 야마구치를 만난 뒤부터 출근하지 않은 채 신문협회로 사표를 보냈다.

그리고 야마구치는 신문협회의 부회장 3명에게 독자적인 조사로 파악한 사실관계를 보고·상담했다. 그 후에 이사회 집행부에 해당하는 운영위원회(12개사 13명의 이사로 구성)에 보고한 뒤 2017년 5월 이사회에 회부했다.

보통 이사회에는 사무국 부장급은 출석하고, 주임급도 자신이 관계된 사안이 논의될 때는 출석했다. 하지만 직장 내 괴롭힘 안건이 회부됐을 때는 사무국 사람은 안에 들어갈 수 없었다. 이 자리에서 야마구치는 그 동안의 조사 결과를 보고했다고 한다. 그 후에 시라이시 고지로가 엘리베이터 홀을 거쳐서 사무국 쪽으로 가더니 직원에게 핸드마이크를 가져오라고 지시했다. 시라이시가 그 핸드마이크를 이용해서 사무국 전체에 이야기했다.

"사무국에서 심각한 직장 내 괴롭힘이 벌어진 것으로 드러났다."

"국차장 2명은 출근 정지 처분을 하겠다. 긴급조치로서 부장직도 박탈한다."

6월에 열린 이사회에서 국차장 2명은 징계 휴직 3개월에 처해졌다. 사묵국장 고노는 이미 사표를 제출한 탓에 징계를 할 도리가 없어서 사표를 수리하는 걸로 끝났다. 다만 퇴직 위로금은 절반으로 감액됐다.

그리고 이 6월 이사회에서 사무국 개혁위원회 설치가 결정됐다. 요미우리신문사와 교도통신에서 사람이 나와서 본격 조사했고, 사무국 개혁안을 정리하기로 했다.

이 조사에는 이사회의 동의를 얻어서 요미우리의 사원(인사부, 법무부 등)도 거들었다. 협회의 고문변호사, 세무사 등 전문

가도 참가했다.

이 조사 과정에서 과거 직원이 저지른 자금 유용(流用)[117] 사실도 2건 발각됐다. 한 건은 재무 담당 총무부장이었던 직원이 2007년 9월부터 2009년 2월까지 협회 자금을 3,122만 5,917엔 유용해서 자신의 주식 거래로 생긴 손실을 메우거나 개인적인 자산운용 원금으로 사용한 것이었다. 그리고 또 한 건은 재고용된 촉탁(囑託)[118] 직원이 현직 시절인 2008년 3월부터 재고용 후인 2012년 7월까지 1,472만6,384엔을 유용한 것이었다.

당시 전무이사였던 도리이 모토요시, 사무국장인 가와시마, 총무부장인 고노는 두 건 모두 외부에 알려지는 걸 꺼려 한 나머지 형사처분 검토도 하지 않고, 이사회나 회장에게 전혀 보고하지 않았다. 해당 직원이 스스로 퇴직해서 퇴직금으로 변상하거나 가지고 있던 부동산을 팔아서 유용 자금 변제에 사용하게 하는 등으로 끝냈다.

이런 자금유용 건과 직장 내 괴롭힘 실태를 기록한 제1차 보고서는 7월 19일 이사회에 제출됐다. 야마구치는 7월 24일 사무국 직원 전원에게 피해자 청취 결과를 설명했다.

"많은 이들이 괴로운 체험을 눈물을 흘리며 얘기해줬다. 직원 여러분은 그 마음으로 공유하길 바란다."

---

117) 남의 것이나 다른 곳에 쓰기로 되어 있는 것을 다른 데로 돌려씀.
118) 정규직으로 고용계약(雇傭契約)을 맺지 않고 특수 업무에 종사하는 근로자.

눈물을 흘리며 야마구치의 이야기를 듣는 직원도 있었다. 오다카도 그날 도쿄에 있었기에 야마구치의 이야기를 들었다.

역사 전시 부활

하지만 이런 야마구치의 조사를 불편하게 생각한 신문사도 있었다. 야마구치가 조사를 하던 시기가 하필 신문협회 회장 재임 선거 시점에 해당했다는 것도 사태를 복잡하게 만들었다.

보통 신문협회 회장은 1개사가 2기 4년간 한 뒤 다음 회사에 넘기는 게 일반적이었다. 하지만 이 때쯤 2기 임기를 끝낸 요미우리의 시라이시 고지로가 이례적으로 3기째 회장직을 맡는 게 결정됐다. 마이니치신문의 아사히나 유타카를 미는 목소리도 있었고, 오다카에 따르면 본인도 할 의지가 있었다고 한다. 하지만 소비세율이 10%로 인상될 예정인 가운데 어떻게든 신문에 적용될 세율을 낮춰야 한다는 지역지·블록지의 요청이 있었기에 이례적으로 요미우리신문이 계속 회장사를 맡기로 했다. 그러나 '요미우리신문의 신문협회 지배'를 우려하는 회사도 있었다.

요미우리신문 측은 나중에 신문협회 사무국에 사람을 보내서 개혁의 향방을 지켜보겠다고 했는데 이에 대해서도 "요미우리가 신문협회에 개입하려는 것 아니냐"고 비판하는 회사도 있었다.

오다카의 행동에 대해서도 중립을 지켜야 할 사무국 직원이 요미우리 1개사를 지나치게 중시했다는 비판도 나왔다.

그런 일도 있어서 사무국 개혁위원회 멤버를 확대해서 요미우리신문, 교도통신 외에도 아사히, 마이니치, 닛케이, 산케이, 도쿄신문의 5개사도 사람을 파견하기로 했다. 사무국에서는 오다카 이즈미를 시작으로 새로 전무이사·사무국장이 된 니시노 도모유키(西野文章) 등 5명이 개혁위원회에 참가했다.

이 확대 개혁위원회는 다시 1년에 걸쳐서 '이사회와 사무국의 관계', '괴롭힘 행위 대처', '인사, 평가의 개선과 급여, 상여의 개선', '예산 편성 등의 개선' 등에 대해서 구체적인 개혁안을 만들었고, 그걸 구체화했다.

개혁위원회의 최종 보고서안이 마련된 것은 2018년 6월 20일이었다.

이걸 계기로 사무국 정상화 전망이 마련됐다며 개혁위원회는 해산했다.

오다카 이즈미는 Y 대신 신문박물관장이 됐다. 야마구치가 지휘하는 박물관 프로젝트팀의 사무를 맡아서 신문박물관의 역사 전시 부활을 위해서 학예원과 함께 땀을 흘렸다.

나도 2019년 4월 2일에 역사 전시의 부활을 보러 갔다.

이번에는 패전 전의 언론 통제를 시작으로 아사히신문이 군사 정권에 굴복하는 계기가 된 '핫코(白虹) 사건'[119]도 다뤘고, 전후에는 주고쿠신문의 원폭 보도나 오키나와 2개지의 '오키나와 복귀 보도'도 하이라이트로 다루는 등 조목조목 빼놓지 않았다.

나는 Y관장 시절의 전시도 봤는데, 양쪽을 비교한 내 느낌으로는 드디어 일반인들이 신문이 현재의 형태에 이르기까지 역사를 이해할 수 있게 됐다는 것이었다.

역사를 남겨두지 않으면 미래는 말할 수 없다. 그런 의미에서 요코하마시 미도리구 가모이 창고에 흩어져있던 자료를 다시 한번 가져와서 의미가 있는 형태로 전시를 했다는 건 신문의 미래를 생각하는 의미에서도 필요한 일이었을 것이다.

그러나 그 미래는?

개혁위의 최종보고서안의 '맺으며' 항목은 이런 말로 시작한다.

"두말할 것도 없지만 신문협회 회원사 부수의 하락은 멈출 수 없는 상황이다. 신문협회 회원사가 내는 회비 분담금 수입도 2001년도의 22억6,800만 엔을 정점으로 계속 줄어 2017년도에는 18억2,000만 엔이었다."

---

119) 오사카아사히신문(현 아사히신문)이 1918년 데라우치 내각 때 발생한 쌀소동 집회 기사를 쓰면서 '임금의 신상에 해로운 일이 일어난다'는 의미가 있는 '백홍관일(白虹貫日)'이라는 고사를 인용했다가 정권의 탄압에 굴복해 사과하고 발행금지 처분을 면한 사건.

그렇다. 고노 등의 이상한 '급진적 성과주의'의 배경이 된 종이신문 부수의 하락은 도저히 멈출 수 없는 상황이라는 건 바뀐 게 없었다.

> **주요 참고 문헌·증언자·취재협력자**
> 오다카 이즈미, 야마구치 도시카즈, 도리이 모토요시
> 그 밖에도 신문협회 내외에서 익명으로 취재에 응해준 이가 있었다는 점을 기록해둔다.
> 「일본신문협회 사무국 개혁위원회」 보고서(안), 2017년 7월
> 「일본신문협회 사무국 개혁위원회 최종보고서안」, 2018년 6월
> 「정부와 신문…다면적으로 전하다-신문박물관이 역사 전시를 확충」 일본신문협회 박물관 사업부 『신문연구』, 2019년 5월호

제23장

미래를 아이들에게 기대하다

요미우리의 본지가 1,000만부 고지에서 내려온 2011년, 새로운 종이 미디어를 창간한다. 요미우리KODOMO(어린이)신문. 미래의 독자를 키운다는 바람은 과연 실현될 것인가.

요미우리신문은 그 미래를 아이들에게 걸고 있다. 요미우리 KODOMO신문의 월 구독료는 550엔(세금 포함), 요미우리중고생신문은 월 850엔(세금 포함)이다. 본지는 조석간 세트로 월 4,400엔이니까 본지와 비교하면 매출은 미미하다. 그러나 오테마치에 있는 요미우리신문그룹 본사에 가면 1층 로비에는 2011년 3월에 창간된 요미우리KODOMO신문, 2014년 11월에 창간된 요미우리중고생신문 선전 화면이 되풀이해서 흘러 나오고 있다.

선전 문구는 '신문을 읽어서 나쁠 게 뭐람.'

자학적인 문구지만, 이 2개지는 창간 이후 계속 부수를 늘리고 있다. 요미우리KODOMO신문은 후발주자이면서도, 먼저 발행된 아사히초등학생신문과 마이니치초등학생신문을 창간 시부터 제쳤다. 2019년 5월의 ABC 조사 부수에서 요미우리KODOMO신문은 21만9,051부, 요미우리중고생신문은 10만9,639부였다. 특히 중고생신문은 창간 이후 41개월 연속으로 부수를 늘리고 있었다.

이 장에서는 시계바늘을 조금 뒤로 돌려서 요미우리신문이 2011년에 왜 종이 미디어를 창간했는지 그 경위를 적어보자.

"안타깝지만 샐러리맨 인생을 단축시킬 거야"

요미우리신문 판매국의 시바마 히로키(芝間弘樹)가 30, 40대의 중산층 가정이 신문을 구독하지 않게 됐다는 조사 결과와 판매소의 호소를 듣고, 동기인 구로사와와 함께 2000년대 후반 위기감을 느끼게 됐다는 이야기는 이 책의 제1장 '최초의 이변'에서 적었다.

시바마는 판매소에서 "어느 신문사의 신문이 필요 없다는 게 아니라 신문 자체가 필요 없다고 한다"는 말을 듣고 본지 이외의 것으로 독자와 접촉할 수밖에 없다고 생각하게 됐다.

요미우리신문은 예전에 '요미우리소년소녀신문'이라는 어린이용 신문을 발간했다. 1955년에 창간한 이 신문은 요미우리가 일본 1위가 되기 2년 전인 1975년에 폐간됐다. 3년간 100만부가 늘었으니까 판매 부진으로 폐간된 것은 아니었다.

본지가 너무 잘 팔릴 때라서 "당시는 요미우리신문 외에는 열의가 없었다"라고 1978년에 입사한 시바마는 말했다.

하지만 위기감이 커진 시바마와 구로사와는 지금이야말로 그런 무독층 가정에 다시 한번 접촉하는 수단으로 어린이용 신문을 만들어야 하지 않을까라고 생각했다.

당시 요미우리신문은 토요일 석간 신문에 '주간KODMO신문'이라는 페이지가 있었다. 그 페이지를 복사한 걸 이어 붙여서 판매국이 자체 제작한 KODOMO신문으로 만들어서 판촉 수단으로 사용하기 시작한 것은 2007년의 일이었다.

반응이 좋자 시바마는 어린이신문 창간을 주장하게 된다. 하지만 상승세 시절의 황금기를 알고 있는, 시바마보다 윗 세대의 판매국 사람들은 부정적이었다.

"쓸데없는 짓 하지마. 안타깝지만 샐러리맨 인생을 단축시킬 거야."

시바마도 구로사와도 요미우리신문의 부수가 정점을 찍은 2000년대 전반부터 판매 관리직이 됐다. 매일 부수가 증가하던 시절에 일을 해온 윗세대가 말하는 건 어딘가 핀트가 어긋났다고 느꼈다.

이런 시바마, 구로사와의 희망에 편집국이 호응했다.

사회부 기자가 만드는 '어린이신문'

　사회부 데스크 시미즈 준이치(淸水純一)는 졸려서 어찌할 줄 몰랐다. 월드컵 대회를 담당했기에 조간 강판(降版)[120]이 오전 1시 30분, 그리고 나서 이런 저런 일을 하고 나면 회사를 나서는 건 오전 4시. 오전 11시까지 자지 않으면 몸이 견딜 수 없었다. 그런데 오전 10시에 전화가 울리더니 "사장실이 부른다"고 했다.

　졸린 눈을 비비면서 출근해보니 사장실장 야마구치가 기다리고 있었다. 2010년 6월의 이야기이다.

　이 약 1년 후인 2011년 상반기에 요미우리는 1994년 하반기부터 줄곧 유지해온 1,000만부 고지에서 내려오게 된다는 건 앞서 적었다.

　야마구치는 시미즈가 사법기자클럽에 있던 시절의 캡이었다(그 점은 제5장에서 적었다). 야마구치를 무서워하는 사원은 많았지만, 시미즈는 조금도 무서워하지 않았다. 시미즈는 관리 당하는 걸 싫어하는 자유인으로, 야마구치가 캡이었던 사법기자클럽에 출입하던 때에는 전혀 연락도 하지 않은 채 3일간 행방불명이 되는 일이 종종 있었다. 하지만 야마구치는 아무 말도 하지 않았다. 재능이 있는 사람에게는 아무 말도 하지 않

---

120) 지면 제작을 끝내고 인쇄 직전 단계로 넘기는 것.

앉다.

　시미즈는 도쿄용 신문 담당이었던 시절에 70대, 80대 노인으로만 이뤄진 풀뿌리 야구팀을 주인공으로 내세운 '넘어지면, 하늘'이라는 연재를 실은 적이 있다. 이건 도쿄용 신문에만 싣기에는 아까운 연재였다. 그저 풀뿌리 야구팀일 뿐이지만 '가이텐(回天)특공대'[121]에서 살아남은 '갈구리 중사'도 있고, 술에 취해서 경찰관과 싸우다가 체포된 뒤 여성 경찰관에게 사랑을 느껴서 맹렬히 대시한 끝에 지금은 그 부인에게 눌려 사는 지명타자도 있다는 식으로 매회 팀메이트의 인생을 소개하면서 이 노인만으로 이뤄진 야구팀의 한 해 여름을 쫓은 연재였다. 별로 특이하지 않은 풀뿌리 야구팀을 대상으로 하면서도 독자로 하여금 전쟁, 병, 일, 가족을 생각하게 했다. 게다가 문장에는 독특한 유머가 녹아 있었다.

　당시 편집국 국차장이었던 오쿠보 요시오(제10장에 등장. 야마구치를 누른 수완 좋은 미디어전략국장으로 전 정치부장, 후일 니혼TV 회장)는 이 연재를 읽고 재미있어했고, "시미즈에게는 칼럼을 쓰게 하자"고 지명했다. 시미즈는 후일인 2017년 10월에는 1면 칼럼 '편집수첩'을 맡게 된다. 야마구치는 그런 재능이 있는 사람을 좋아했다.

　그런 야마구치가 시미즈를 불러낸 이유는 어린이 신문을

---

121) 가이텐특공대는 조종사가 직접 어뢰를 몰고 가서 적함을 들이받게 하는 수중 가미카제였다.

창간하기 위해서였다.

"나는 어린이 신문에 가능성이 있다고 생각해."

야마구치에 따르면 쇼가쿠칸에서 학년지 폐간이 잇따른 탓에 편집 스태프가 남아돈다고 한다. 쇼가쿠칸의 노하우를 활용해서 어린이 신문을 창간하면 어떻겠느냐는 이야기였다. 또 편집장은 시미즈에게 맡기고 싶다고 했다.

야마구치는 2011년 4월부터 학습지도요령이 개정돼서 각 교과목에 신문을 활용한 학습지도방법이 포함된다는 점도 강조했다.

스태프는 시미즈가 좋아하는 사람을 쓰면 된다고 했다. 당시 사회부장인 미조구치 다케시(溝口烈)를 신경 쓰지 않고 그런 말을 했다.

시미즈는 이렇게 해서 어린이 신문의 창간 편집장을 맡게 됐는데, 내가 처음에 이해할 수 없었던 점은 편집 스태프가 전원 사회부 기자로 채워졌다는 것이었다.

게다가 전임도 아니고, 사회부에 소속된 채로 요미우리 KODOMO신문을 만들었다는 점이다.

시미즈가 고른 창간 준비 스태프 2명은 그날 흡연실에서 키득키득 웃으며 담배를 피우고 있었던 사회부 기자 2명이었다.

참고로 시미즈도 담배를 피웠다. 2007년에 대장암으로 고생했으면서도 담배를 끊지 못했다. 그런 지저분한 사회부 남자

기자 3명이 어린이 신문을 만들게 되었다.

야마구치에게서 "전담 부서를 만들어서 요미우리KO-DOMO신문을 만드는 것과 겸임으로 하는 것 중에서 어느 쪽이 낫겠느냐?"는 질문을 받자 시미즈는 망설이지 않고 "겸임"이라고 대답했다. 어린이 신문만 만드는 기자를 별도 부서에 모으면 결국 취재 경험은 없으면서 지면만 메우는 조직이 돼버릴 것이다. 사회부에서 출장을 가거나 현장에 가거나 숙직을 하면서 어린이신문을 만들겠다. 그렇게 하면 늘 뉴스 최전선의 공기를 마실 수 있다. 새로운 매체는 어린이신문 전담 기자가 쓰는 게 아니라 신문기자가 만드는 매체가 되는 게 바람직하다. 시미즈는 그렇게 생각했다.

이렇게 해서 편집부원 7명 전원이 사회부원으로 이뤄진 요미우리KODOMO신문 편집부가 탄생했다. 쇼가쿠칸과 편집 협력 차원에서 몇차례 회의를 거쳤다. '명탐정 코난' 캐릭터를 사용한 페이지, 패션·예능이나 학습 만화 페이지 등은 쇼가쿠칸이 페이지별로 편집을 맡기로 했다.

창간은 2011년 3월 3일. 이미 예약 단계에서 10만부를 돌파해 아사히초등학생신문이나 마이니치초등학생신문을 제쳤다.

시미즈는 편집부원이 된 사회부 기자들에게 요미우리KO-DOMO신문은 본지가 보도한 뉴스라도 어린이의 관점에서 보면 어떨지를 철저히 생각하자고 했다.

요미우리KODOMO신문 2호가 나온 다음날에는 동일본 대지진이 일어나서 회사가 비상사태 대응 체제에 돌입했다.

시미즈는 그런 때라도 요미우리KODOMO 신문 나름의 기사를 1면에 올려야겠다고 생각했다. 본지의 조그만 박스 기사 중에 예전부터 일용직과 이야기를 나눈 교직원의 기지 덕분에 아동 전원이 쓰나미 와중에도 무사히 살아남았다는 기사를 발견했다. 보통 그다지 주목될 리 없는 교직원에게 초점을 맞춰서 아동 176명이 무사히 살아남은 이와테현 야마다마치(船越)초등학교의 이야기를 1면에 싣자.

이렇게 해서 본지의 작은 박스 기사는 '교직원이 살려줬다'는 제목으로 요미우리KODOMO신문의 1면 기사가 됐다.

사회부 기자라는 건 원래 뭐든지 쓰는 사람이다. 정치, 경제의 커다란 사건이 있을 때에는 관련 기사를 쓴다. 그래서 요미우리KODOMO신문의 정치·경제 용어설명 등도 사회부 기자가 썼다. 이에 대해 정치부나 경제부 쪽 상층부에서 "왜 정치부나 경제부에 맡기지 않는 거냐"는 소리가 들려왔지만 단호히 거절한 채 사회부 순혈주의를 관철했다고 한다. 다른 부서 사람이 "사회부가 영역을 넓히고 있다"고 말한다는 얘기도 들었다.

실제로 요미우리신문에서는 주요 3개 부서—정치부, 경제부, 국제부—가 아니라 사회부 출신이 아니면 맡을 수 없는 중요 부서가 늘어났다. 야마구치가 키운 법무부나 홍보부는 사회부 에이스가 불려가는 부서가 됐다. 또 예전에는 정치부와 사회부 혼성 부대였던 요미우리 자이언츠도 상층부는 사회부 출신자로 이뤄지게 됐다.

이런 변화에 대해서 사회부 출신인 어느 간부는 내게 이렇게 말했다.

"법무부는 '정치부나 경제부 출신은 도저히 불가능하다'고는 할 수 없지만 일하기 어려운 곳이죠. 법무부에는 밤낮 취재 이상의 압박과 고생이 있죠. 그래서 자연스레 사회부에서 실력 있는 기자를 법무부로 보내게 된 거죠."

이 간부는 자이언츠에 대해서도 이렇게 설명했다.

"결국 정치부 출신은 선수가 관련된 불상사나 폭력단 대응 등을 할 수 없다는 거죠. 그래서 사회부 출신이 하게 되었죠. 요미우리 자이언츠의 법무부에도 사회부 출신자를 보내게 됐고요."

그런 배경이 있었기에 '또 사회부의 영역을 넓히려는 거냐'고 경계하는 눈초리가 있었다. 하지만 시미즈는 그냥 흘려들었고, 유유히 요미우리KODOMO신문을 만들어갔다.

요미우리KODOMO신문의 깃발을 관에 넣고

판매국의 시바마 히로키는 이 요미우리KODOMO신문의 창간으로 '희망의 무기'를 손에 넣은 듯한 기분이었다. 덕분에 판매소가 신문을 읽지 않게 된 가정에 다시 한번 접촉할 수 있게 됐다.

시바마는 요미우리KODOMO신문이 창간된 뒤 오사카 본사로 발령이 났다. 오사카에서 이 어린이신문을 사용한 세일즈를 지휘하게 됐다. 도쿄 본사에서는 동기인 구로사와가 이 요미우리KODOMO신문을 키워나갔다.

구로사와의 요미우리KODOMO신문에 대한 애정은 깊었다. 매일매일 스모 경기가 끝날 때 요미우리KODOMO신문 깃발을 내보내자는 아이디어를 냈고, 2017년 1월부터 '요미우리KODOMO신문'이라는 로고가 들어간 깃발이 씨름판을 장식하게 됐다. 스모 팬 중에는 신문을 읽는 세대가 많았다. 고쿠기칸(國技館)[122]에서 선전을 하면 자식이나 손주에게 요미우리KODOMO신문을 읽게 해야겠다고 생각하는 이도 많지 않겠느냐는 의도였다. 요미우리신문은 월 구독료를 낼 경우 다른 주소의 집에도 요미우리KODOMO신문이나 요미우리중고생 신문을 배달해주는 '요미우리 구독 서포트'라는 서비스를 시

---

122) 스모 경기장.

작했다. 이 깃발을 본 할아버지, 할머니가 손주를 위해서 구독을 신청할지도 모를 일이었다.

하지만 구로사와는 이때 이미 암에 걸린 뒤였다. 제1장에 등장한 기타구의 판매소를 운영하는 소에다는 센다이의 가게를 맡았을 때부터 구로사와와 자주 함께 술을 마셨다. 구로사와는 그때만 해도 구멍이 뚫린 술잔에 아와모리(泡盛)를 벌컥벌컥 마셨는데, 이때쯤 소에다가 만났을 때는 눈썹이 없었다. "몸이 안 좋은가요"라고 물었지만 다른 판매소 주인 앞이어서 그랬는지 "아뇨, 괜찮습니다"라고 웃어 넘겼다.

요미우리KODOMO신문의 깃발을 고쿠기칸에 내건 2017년 1월에는 이미 구로사와의 몸이 한계에 도달한 상태였다. 봄철 판매소장 회의 때에는 계단으로 무대 위에 올라갈 수조차 없어서 무대 뒤에 설치해둔 승강기를 사용해서 올라갔을 정도였다.

구로사와는 3월 13일에 세상을 떠났다. 장례식은 가까운 친족만 참석한 가운데 이뤄졌지만 오사카에 있던 시바마는 도쿄에서 열린 장례식에 달려갔다. 구로사와의 시신은 요미우리의 사기(社旗), 그리고 구로사와와 시바마가 심혈을 기울여 창간한 요미우리KODOMO신문의 깃발에 덮여있었다.

---

123) 고치현의 명물인 베쿠하이(可杯)는 술잔에 구멍을 뚫어놓아서 다 비우기 전에는 테이블에 내려놓을 수 없다.
124) 일본 류큐제도의 증류주.

매일 할 수 있는 걸 해나갈 뿐

"신문 스크랩을 사용한 수업을 할 수 없습니다."

2008년에 부근 초등학교 교감에게 그런 말을 듣고 충격 받았다는 소에다씨. 기타구에서 요미우리 전문 판매소 3곳을 운영하고 있었다. 그 후 그는 조나이카이나 로타리클럽 등의 인맥을 사용해서 기타구의 신문 판매소 조합장으로서 신문을 학교에 들여보내기 위해 열심히 노력했다.

그 결과 기타구의 구립초등학교, 구립중학교에서는 요미우리뿐만 아니라 아사히나 마이니치, 도쿄, 산케이신문 등 각 신문 판매소가 협력해서 신문을 학교에 무료 배포했다. 2010년도부터 매주 한차례 수업을 시작하기 전 '신문 타임'이라고 불리는 시간에 학생들이 신문을 읽고, 기사의 요약과 감상을 쓰게 하는 일이 시작됐다. 한발 더 발전시킨 형태로 2013년도부터는 여름방학이 끝난 뒤 '비교해서 읽는 신문 콩쿠르'라고 해서 각 신문의 기사를 비교해서 읽은 뒤 감상이나 의견 등을 정리해서 응모하는 콩쿠르를 시작했다. 주최는 기타구 교육위원회와 소에다가 조합장으로 있는 신문판매동업조합이다.

소에다는 매년 6,000점이 넘는 초등학생·중학생의 응모작을 보게 됐다. 그 가운데 역 플랫폼에서 일어난 시각장애인의 추락사고에 대해 요미우리와 아사히 기사를 비교한 초등학생의 응모작이 있었다. 이 초등학생은 실제로 눈을 가린 뒤 엄마의 손을 잡고 점자 블록 위를 걸어서 두 기사를 비교했다. 그런 아이들의 발상에 소에다는 감동했다.

내가 매일 아침 배달하는 신문을 이렇게까지 해서 읽어준다는 건가!

하지만 소에다는 이런 활동으로 신문 판매부수가 회복할 거라고는 믿지 않았다. 5년 후, 10년 후를 내다보고 돌을 하나씩 쌓아 올리듯이 해나갈 뿐이다. 야마구치 사장은 2017년 요미우리 판매소 점주가 모인 봄철 소장 회의에서 일부러 이 기타구의 활동을 예로 들며 기타구의 전 신문 합계 ABC 부수가 2010년 이후 유지되고 있다고 얘기했지만 그건 과장이었다. 기타구의 요미우리만 보더라도 2010년 3만5,020부였던 부수는 2018년 3만1,102부로 줄었다. 감소율 11%는 도쿄도 전체적인 부수 변화(23% 감소)에 비하면 확실히 적다. 하지만 이건 기타구의 고령자 비율이 높아서 부수가 줄기 어려운 조건이 있기 때문이고, 요미우리 등 신문이 학교에서 활용됐기 때문은 아니다.

부수는 예전에 자신이 운영하는 가게 3곳이 갖고 있던 부수 중에서 가게 1곳만큼 없어졌다.

5년 전에는 가게 3곳에 66명 있었던 배달원이 지금은 33명이다. 그렇지 않으면 운영할 수 없다.

2019년의 구독료 인상으로 인상분만큼 판매소에 돌려주겠다는 요미우리 본사의 배려는 고마운 일이다. 하지만 그 인상분을 날릴 만큼 매일 신문을 읽는 구독자를 잃어가고 있었다.

2019년 6월 17일 기타구, 아라카와구, 가쓰시카구, 아다치구의 요미우리 판매소 주인이 모이는 전체회의가 열렸다. 논의 주제는 '어떻게 하면 현상을 타개할 것인가'였다.

본사 사람이 요미우리KODOMO신문의 부수를 배로 늘릴 수 없겠느냐고 말했다. 본사는 요미우리KODOMO신문과 요미우리중고생신문을 밀고 있다. 고마운 일이지만 즉시 효과가 있는 '무기'는 될 수 없다. 곧바로 약효가 듣는 묘약이 있을 리 없다.

예전에는 40곳이 넘었던 도쿄도의 요미우리 확장단은 어느새 10곳을 조금 넘는 숫자로 줄었다. 없는 거나 마찬가지다. 생계보호가정조차 더 나은 생활의 생명선처럼 신문을 여기고 분할 납부라도 해서 공공요금처럼 신문 대금을 내던 시대와는 달라진 것이다.

예전에는 도쿄도에만 300곳 있었던 요미우리의 판매소도 200곳으로 줄었다.

할아버지 때부터 운영해온 가게지만, 자신은 이 판매소를 자식에게 물려주겠다고는 생각하지 않는다.

그래도…라고 소에다는 생각했다. 자신이 살아있는 한 매일 할 수 있는 걸 해나갈 뿐이다.

배달을 빼먹는 걸 없애는 일. 배달원에게는 이름표가 붙은 깨끗한 복장을 하게 해서 각 가정의 문 앞까지 다가가도 불쾌감을 주지 않게 하는 것. 비가 오는 날엔 신문 한 부 한 부를 비닐에 싸서 젖지 않게 하는 것.

오늘은 비가 내렸는데, 오토바이를 타고 가다 넘어진 배달원은 없으려나. 제대로 신문을 배달하고 있으려나.

소에다는 배달원들이 모두 나가서 휑해진 작업장을 바라보며 또 내일의 일을 생각하고 있었다.

> **주요 참고 문헌·증언자·취재협력자**
> 시바마 히로키, 시미즈 준이치, 소에다 요시타카, 야마구치 도시카즈
> 요미우리신문 사보

제24장

미래를 디지털에 걸다

예전에는 오전 1시 강판 시간에 맞춰서 회사 전체가 돌아갔던 닛케이는 전자판의 보급과 함께 변했다. 오후 10시에는 편집국에 사람이 거의 없다. 보도의 내용도 변해간다.

니혼게이자이신문은 미래를 디지털에 걸고 있다

기타 쓰네오(喜多恒雄)에 이어서 2015년 3월에 사장이 된 오카다 나오토시(岡田直敏)는 2018년 4월의 경영 설명회에서 사원들에게 이렇게 말했다.

"*적어도 닛케이의 경우 종이신문 부수만으로 독자의 증감을 측정하는 시대는 이미 끝났다.*"

"신문의 미래 기반은 디지털"

종이신문의 부수는 2009년부터 2019년에 걸쳐서 71만부 줄었지만, 2010년에 누구도 진출하지 않았던 시장, 유료 디지털판에 진출한 덕분에 2019년 6월까지 72만 명의 닛케이 전자판 계약자가 생겼고, 2009년 이후에도 매출을 유지하는 유일한 신문사가 됐다는 점은 앞서 적었다.

하지만 종이에 집착하는 걸 멈추고, 디지털로 바꿔가는 과정에는 당연히 대가가 있었다.

딜레마를 깨트린 대가

오카다 나오토시는 사장실장이었던 2006년 11월에 장기근속 표창식에서 30년 근속자를 대표해서 답사를 했다. 여기서 닛케이가 1970년대에 활자에서 컴퓨터 제판(製版)으로 이행하면서 변화된 또 다른 측면을 이런 식으로 이야기했다.

오카다가 대학 졸업 직후 우선 배치된 곳은 정리부였다. 그가 입사했을 때는 아직 활자로 신문을 제작하고 있었다. 그런데 그 후 5년 만에 IBM의 '아넥스' 프로젝트로 제판이 컴퓨터화됐다.

그건 오카다가 입사 5년차로 교토 지국에 있을 때의 일이었다. 오카다는 출장으로 상경했을 때 본사 현관에 제복을 입고 서있는 경비원을 보고 깜짝 놀랐다. 그는 오카다가 정리부 기자였을 때 활자 조판 현장에서 위엄 있게 서 있었던 제작 베테랑 사원이었다.

활자의 현장에서 일어난 일이 지금은 신문 판매소 현장에서 일어나고 있는 것이다.

제13장에 등장한 전자판 발행 시 제2판매국장이었던 쓰카다 마사히코는 부친의 회사를 이어받기 위해서 닛케이를 퇴사했는데 지금도 판매소 점주와는 교류가 있다. 어느 점주가 폐업했다는 이야기를 들으면 쓸쓸한 듯이 그 이야기를 했다.

닛케이 전자판을 구독하는 독자 중 20대 독자 비율은 15%나 된다. 종이신문을 보다가 중단한 건 고령자니까, 닛케이 전자판을 구독한 탓에 종이신문 구독을 그만뒀다고는 할 수 없다. 하지만 내가 판매 현장에서 이야기를 들어보면 "우리는 괴롭힘을 당하고 있습니다"라고 진지하게 호소하는 이가 많았다.

"매달 20여부씩 부수가 줄곧 줄어들고 있어요. 절반은 전자판만 보겠다며 구독을 중단하는 걸요. 하지만 진짜인지 어떤지는 알 수 없죠. 회사가 알려주지 않으니까요."

닛케이의 경우 전자판만 구독할 경우 신용카드로만 결제할 수 있다. 그렇게 되면 판매소 명부에서 없어지는 만큼 판매소에서는 닛케이 종이신문 구독을 중단한 독자가 진짜로 전자판을 구독하는지 어떤지는 알 수 없다. 닛케이 판매소 종업원이 얘기하는 건 그런 의미다.

닛케이 판매소 주인 중에는 니혼게이자이신문 도쿄 본사 빌딩 2층 화장실에서 몸에 불을 붙여 자살한 남성도 있다.

2017년 12월 21일 오전 중에 닛케이 판매소 소장이었던 남성이 분신해 닛케이 본사 2층에서 불이 나 화장실 바닥이나 벽 등 약 30㎡가 탔다. 경시청은 자살일 개연성이 크다고 봤다. 같은 지역 판매소조합에서 알고 지낸 다른 신문 판매소 주인과 닛케이 다른 판매소 점주는 "마이니치신문 판매소가 없어져서 그 신문도 팔게 됐다고 기뻐했지만, 곧 부수가 줄었다고 했죠. 배달원도 베트남이나 중국에서 온 유학생이 포함된 탓에 길이 익숙하지 않아서 오전 8시가 돼도 배달이 끝나지 않는다고 했으니, 회사에 뭔가 호소하고 싶었겠죠."라고 했다.

니혼게이자이신문의 홍보실에서 이 건에 대해서는 서면으로 답변을 보내왔다. "요약하지 말고 답변을 그대로 실어달라"고 적혀 있었던 만큼 그 답변을 그대로 적어둔다. 남성의 유족으로 부인과 딸이 있었다.

닛케이 홍보실의 답변은 이렇다.

"2017년 11월초 본인이 폐업하고 싶다고 요청했고, 같은 달에 계약을 해지했습니다. 그전부터 그만두겠다고 생각했던 것 같습니다. 닛케이와의 트러블은 없었고 스스로 폐업한 것입니다. 일방적으로 판매소 계약을 중단하는 '강제 중단'이 아닙니다.

자살인지 여부는 경찰에 취재해주시길 바랍니다. 닛케이와는 트러블이 없었던 만큼 닛케이에 대한 항의에 해당하지 않는다고 생각합니다.

화재 직전에 사원과 얘기하거나 언쟁을 벌였다는 건 확인되지 않았습니다.

이번 사안의 배경에 판매소의 경영 문제가 있다고 생각하지 않습니다. 닛케이는 디지털 시프트를 추진하고 있습니다만, 종이신문 사업은 여전히 주요 수익원이고, 판매소의 경영 기반을 강화하는 것은 경영 전략상 중요한 과제라고 생각하고 있습니다."

파이낸셜타임스 인수

이런 참사에 맞닥뜨리면서도 닛케이는 점점 바뀌어가고 있다. 2015년 11월에는 피어슨 산하에 있었던 파이낸셜타임스(FT)를 1,600억 엔에 사들였다.

닛케이의 보도가 변한 것은 먼저 디지털판으로 성공한 파이낸셜타임스를 인수하면서부터다.

2015년 4월 나는 뉴욕의 한 호텔에서 FT의 미국판 편집장인 질리언 테트(Gillian Tett)의 『사일로 효과』라는 제목의 원고를 홀린 듯이 읽고 있었다. 아직 닛케이가 FT를 인수하기 전의 이야기다. 당시 나는 지금 내가 쓰는 책의 출판사인 문예춘추의 편집자였다.

원래 질리언 테트의 책은 닛케이가 전작 『세이빙 더 선』을 출판한 만큼 번역 출판권의 옵션(우선권)은 닛케이에 있었다.

하지만 니혼게이자이신문의 자회사인 니혼게이자이출판사는 이 새로운 책에 그다지 흥미를 보이지 않았고, 낮은 금액을 제시했다. 논픽션의 번역출판권은 책이 미국에서 출판되기 전에 결정되는 것이 일반적이다.

질리언 테트의 대리인은 무라카미 하루키의 책도 손을 댄 아만다 어번이었다. 한 사무실에서 잡담을 하던 중 아만다 어번이 실로 아무렇지도 않다는 듯이 "사일로라고 알아요?"라고 FT의 저널리스트가 추진하는 프로젝트에 대해 이야기한 것이 계기였다.

들어보니 그 저널리스트는 원래 문화인류학자이고, 타지키스탄 부락에 3년 살면서 논문을 쓴 인물이라고 한다. 문화인류학은 자신들이 사는 문화권 밖의 문화 속으로 들어가 살면서 원래 그 문화 속에 살던 이는 당연하게 여기다 보니 알아채지 못한 다양한 관습이나 풍속을 관찰하고 어떻게 해서 만들어졌는지 명백하게 밝히는 학문이다.

오늘날에는 예를 들어 문화인류학자가 런던의 시티뱅크 투자은행에 들어가서 논문을 쓰는 등 현대 사회의 다양한 측면을 파악하게 됐다. 테트는 문화인류학적으로 다양한 조직에 파고 드는 저널리스트였다. FT 도쿄지국장을 하던 시절에는 리플우드가 파산한 일본장기신용은행을 인수하는 과정을 취재했다.

이 때 테트가 '아웃사이더'로서 일본 금융 사회에 파고들어가 '인사이더'가 되어 관찰하고, 써낸 것이 『세이빙 더 선』이었다.

나는 이 책을 읽고 훌륭하다고 생각했다.

내가 대학을 나와서 취직을 하던 1986년에는 절대로 안전하다고 했던 일본의 금융업이 왜 1990년대 말에 허무하게 무너져 버렸는지가 '인사이더'가 된 '아웃사이더'의 눈으로 파악돼있었다.

테트의 소질은 리플우드의 CEO 팀 콜린즈와 이 회사의 고문이었던 버논 조던이 일본장기신용은행을 방문하는 장면에 전형적으로 나타나있다.

버논 조던은 흑인 공민권 운동가로서 이름을 알렸고, 워싱턴의 숨은 실력자로 불리던 사람이었다. 두 사람은 장기신용은행의 사원식당에서 점심식사를 하기로 했다.

젓가락을 움직이던 일본인 은행원들은 자기 눈을 의심했다. 그 때까지는 식당에서 외국인을 보는 일이 거의 없었기 때문이다. 외국인은 들어오면 안 된다는 규칙이 있는 건 아니었지만, 은행 손님은 식당에는 오지 않고, 손님용 방에 안내됐다. 장기신용은행에는 점심시간조차 다른 때와 마찬가지로 엄연한 계급제도가 존재했고, 모두 자신의 계급에 따른 자리에서 식사했다. (중략)

조던 쪽도 일본인을 보고 당황했다. 미국에서는 사원들이 자유롭고 느긋한 분위기에서 점심식사를 한다. 그런데 장기신용은행의 식당에는 암묵적인 규율이 보였다. 행원들은 어떤 패턴을 따라서 조용하고 반듯하게 줄 서 있었다. 'OL(사무직 여성)'이라고 불리는 유니폼을 입은 여성의 테이블과 감색 양복을 입은 남성의 테이블이 분명하게 나뉘어있었다. 조던은 몰랐지만 이건 남녀차별이 아니라 직급 차에 따라 뿌리내린 것이었다. 여성은 모두 직급이 낮은 일을 하고 있으니까 계급이 낮은 이들이 모이는 테이블에서 식사를 하게 돼있었다.

조던은 "분리주의는 예전에도 본 적 있어요"라고 회상했다. "나는 인종 분리체제 속에서 자란 걸요. 남부 출신이니까. 분리주의에 대해서는 누구보다도 잘 알죠. 하지만 그 사원식당은 새로운 분할이더군요. 그런 건 본 적이 없었죠."

조던은 자신의 평등주의 신념에 따라 가장 젊은 여성들이 모여 있는 테이블을 골라서 앉았다. '장기신용은행의 식당 계급제도에서 보자면 말석'인 셈인데, '여성들은 얼어붙은 듯이 침묵했다.'

이 한 장면에는 일본 금융 문화의 정점으로 군림해온 장기신용은행과 미국 펀드가 사원식당의 서열이라는 관점에서 선명하게 대비됐다. 그건 안에 있던 사람, 즉 장기신용은행의 직원이나 일본 저널리스트는 알아채지 못했을 것이다. '인사이더'가 된 '아웃사이더' 테트가 아니면 쓸 수 없었던 장면이다.

그리고 그때 내가 뉴욕의 호텔에서 읽은 『사일로 효과』의 원고에서도 질리언 테트는 문화인류학자라는 배경을 충분히 활용해서 인사이더가 된 아웃사이더로서 '소니는 왜 하락했나'라는 점에 대해서 취재하고 집필하고 있었다.

나는 원고를 받은 바로 그날 아만다 어번에게 오퍼 금액을 제시해서 그 판권을 확보했다. 니혼게이자이신문출판사는 대리인인 아만다 어번이 기대한 금액을 제시하지 못했다. 그런데 문예춘추가 판권을 획득한 직후에 모회사인 니혼게이자이신문사가 FT를 인수한다고 발표한 것이다.

그런 경위가 있었기에 나는 테트를 통해서 FT가 닛케이에 인수되는 과정과, 자회사인 FT가 모회사인 닛케이의 보도와 디지털 전략에 영향을 미치게 되는 과정의 일단을 엿보게 된다.

그 기자가 아니면 쓸 수 없는 기사를 내보낸다

테트는 책에만 이런 독특한 시각을 담은 문장을 쓴 건 아니다. 미국판 편집장이 된 뒤에도 본지 칼럼에서 현대의 다양한 문제를 그녀가 아니면 할 수 없는 취재, 시각과 필치로 쓰기를 계속했다.

예를 들어 도쿄지국 시절에 깊이 파헤친 장기신용은행에 대해서 엄한 필치로 썼지만, 마지막 은행장인 오노키 가쓰노부(大野木克信)와는 깊이 사귀었다. 그건 장기신용은행이 파산하고, 도쿄지검 특수부가 수사에 착수해 오노키가 구속된 후에도 마찬가지였다. 부행장과 부하는 자살했고, 오노키도 유죄판결을 받았지만 오랜 항소심을 거친 끝에 대법원에서 모든 혐의가 기각됐고 무죄가 됐다. 하지만 사회적으로는 죽은 것이나 마찬가지였다. 개인 재산도 내놨기에 경제적으로 곤궁했다. 테트는 그래도 이 존경할만한 전직 은행가와 교류했다.

그건 시간이 한참 지난 뒤인 2016년 2월 『사일로 효과』의 일본판 발매 전 여행 차 방일했을 때도 마찬가지였다. 이때는 이미 닛케이가 FT를 인수한 뒤였고, FT의 웹 전략을 담당하는 팀이 닛케이 사내에서 FT의 유료 디지털판 노하우를 가르치기 시작했을 때였다. 테트도 이 '통합'(FT의 저널리스트는 인수됐다고 하지 않고 통합이라고 표현했다)을 위해서 빈번하게 도쿄를 방문하게 됐다. 그런 매우 바쁜 스케줄 와중에도 하루 저녁은 오노키와 함께 식사를 하기 위해 비워뒀다.

이렇게 저녁식사를 함께 한 다음날 테트는 내게 오노키는 이제 평범한 노인으로 자신의 딸이 일하러 간 사이에 손주를 보육원에 데리러 가는 그런 나날을 보내고 있다고 말한 뒤 이렇게 말을 이었다.

"오노키는 내게 작별 인사를 하러 왔다. 그런 말을 실제로는 한마디도 하지 않았지만, 나는 알 수 있었다. 오노키는 이별을 고하려고 나와 저녁식사를 한 것이다."

오노키는 암을 앓고 있었다. 그 오노키가 세상을 떠난 것은 2017년 5월.

내가 테트의 필자로서의 재능을 알게 된 것은 그로부터 약 반년 후인 2017년 10월 6일에 FT에 쓴 '일본이 월스트리트에 가르쳐준 교훈'이라는 칼럼을 보고 나서였다.

테트는 "최근에 오랜 지인이 작고했다"라는 문장으로 시작되는 그 칼럼에서 오노키의 이야기를 적었다. 도쿄 지국 시절부터의 오랜 교류를 설명한 뒤에 오노키 등 일본의 자긍심 드높았던 전직 은행가들이 2008년의 리먼 쇼크로 미국 금융기관의 경영 간부가 한 행동을 어떻게 느꼈는지 적었다.

> 미국 은행가들은 일본 은행가들과 달리 연금도 잃지 않았고, 자발적으로 자신의 재산을 헌납하는 결단도 하지 않았다. 월스트리트의 고위 간부 중에서 구속된 사람은 아무도 없었다. 그렇기는커녕 그들 대부분은 자신들의 은행을 조종해서 막대한 개인 자산을 지켰고, 손댈 수 없게 만든 뒤 도망쳤다. 그들 중 상당수가 새로운 사업을 손에 넣었다.

> 일본 은행가인 내 친구들은 누구도 이런 전개를 믿을 수 없어했다. 장기신용은행(이나 다른 은행)이 파산했을 때 자신들이 범죄적인 행위를 했다고 생각한 건 아니다. 그래도 그들은 일본의 금융 위기에 대해 자신이 책임 져야 한다고 생각했다.

> 모두 신중한 사람들이었고, 그래서 자신이 무참하게 파산한 조직

의 일부라는 인식이 있었다. 그래서 그들은 내게 이렇게 물었다.

"왜 미국 은행가들은 나처럼 부끄러워하지 않는 거죠?"

"왜 월스트리트의 거물들은 재산의 일부나마 내놓아야 한다고 생각하지 않았나요?"

난 뭐라고 대답하면 좋을지 알 수 없었다.

테트는 다마공원묘지(多磨靈園)[125]에 있는 오노키의 묘에 꽃을 바치러 갔다. 그리고 이렇게 조용하게 칼럼을 끝맺었다.

지난주 오노키의 묘에 꽃을 바치면서 내 마음을 가득 채운 생각은 하나뿐이었다. 좀 더 많은 미국 은행가들이 그의 이야기를 알았다면…나는 그저 그 점을 생각하고 있었다.

닛케이에서도 기자 개인의 얼굴이 보이는 기사가 늘어나다

나는 20년 이상에 걸쳐 비극적인 은행가와 교류한 끝에 작성된 이 칼럼을 트위터에서 보고 알았다.

이렇게 개인적인 스토리에 '나'라는 주어를 넣어서 쓰는 기사는 닛케이에서는 금기였다. 오랫동안 닛케이 논설위원과 편

---

125) 일본 도쿄도 후추시와 고가네이시에 걸쳐있는 공원묘지. 1923년에 개설된 일본의 첫 공원묘지이다. 오히라 마사요시(大平正芳·1910~1980) 등 유명인도 다수 안장됐다.

집위원으로 일한 세키구치 와이치(関口和一)에 따르면 기자가 자신이 쓴 기사를 SNS에 올리는 것도 금지됐다.

니혼게이자이신문은 2000년대 초에 장기 집권한 쓰루타 다쿠히코(鶴田卓彦)의 여성 문제를 계기로 여러 가지 스캔들과 불상사에 휩쓸린 적이 있다. 닛케이 본사의 고발로 닛케이 100% 자회사인 '티씨웍스'를 도쿄지검 특수부가 수사했다. 그 결과 총액 35억1,500만 엔의 부정 회계를 저지른 혐의(특별배임과 업무상 횡령)로 전 사장 등 3명을 구속, 기소했다. 또 2006년에는 증권거래 등 감시위원회가 내부 주식거래 혐의로 닛케이 광고국 사원을 고발한 결과 그 사원이 구속·기소되는 사건도 있었다.

주간지나 월간지에는 쓰루타 장기 체제의 치부를 고발하는 기사가 잇따라 실렸고, 닛케이의 주주인 전직 사원이 '티씨웍스'의 부정 회계 문제에 대해 주주대표소송을 내기도 했다. 당시 사원이었던 오쓰카 쇼지(大塚將司)가 주주총회에 쓰루타 사장의 이사 해임 동의를 제출했다가 징계 해고되자 전직 논설위원인 와사 다카히로(和佐隆弘)와 함께 제기한 소송이었다. 재판 도중에 회사측과 오쓰카는 화해했다. 오쓰카가 징계 해고된 뒤 쓰루타 등의 명예를 훼손했다는 걸 인정하고 회사와 쓰루타에 사과하는 대신 회사는 오쓰카에 대한 해고 처분을 취소했다.

이런 대혼란을 수습하는 과정에서 사내 규제가 강화됐고, 그 결과 예전에는 닛케이가 아니어도 자유롭게 외부 매체에 기고했던 닛케이 기자들은 사전 승인 없는 외부 기고는 원칙적으로 금지됐다. 또 SNS에 개인적인 걸 쓰는 건 상관없지만 기사나 회사에 대한 얘기를 쓰는 건 금지됐다.

하지만 FT는 정반대였다.

닛케이보다 빨리 종이에서 전자판으로 이행한 FT는 지금까지처럼 그날 일어난 일을 뒤쫓는 걸로는 충분하지 않다는 걸 배웠다. 기자 한 명 한 명의 개인적인 체험, 분석과 의견이 짙게 드러난 기사, 다른 곳에서는 읽을 수 없는 기사가 아니면 웹에서는 사람들이 유료로 기사를 구독하지 않는다는 걸 체험적으로 배웠다.

그리고 그런 기자의 배경에 뿌리내린 분석이나 의견을 게재하는 것은 물론이고, 그걸 SNS로 적극적으로 확산시켰다. 기사 마지막에는 기자의 트위터 계정을 적는 경우가 많아졌다. 이건 NYT도 마찬가지인데 기자들의 트위터 계정을 팔로우하게 함으로써 페이월[126](Paywall)을 뛰어넘은 것이다.

테트가 오노키에 대해 쓴 기사도 그런 기자의 '개성'이 드러난, 전형적인 기사였다.

니혼게이자이신문도 FT와 '통합'하는 와중에 그런 FT의

---

126) 유료 장벽. 웹사이트의 일부분을 유료로 지정하는 것.

전략을 흡수할 수밖에 없었다.

그 결과 2017년쯤부터 닛케이의 지면이 분명하게 변했다.

SNS도 승인받은 기자는 자유롭게 발신하게 됐다. 또 질리언 테트나 마틴 울프처럼 자신의 이름으로 승부 거는 FT 기자들의 기사를 읽은 결과 닛케이도 그런 기자를 길러내려고 코멘테이터(commentator)[127]라는 자리를 만들게 됐다.

'Deep Insight'라는 칼럼 연재가 시작됐다. 코멘테이터가 된 나카야마 아쓰시(中山淳史), 가지와라 마코토(梶原誠), 아키타 히로유키(秋田浩之) 같은 베테랑 기자가 FT의 저널리스트처럼 개성이 드러나는 논설기사를 쓰도록 요구받았다.

그런데 '나'라는 단어가 들어가는 기사는 그리 간단히 쓸 수 있는 게 아니다. 닛케이에서는 중견기자는 물론이고 젊은 기자도 이 '나'라는 말을 사용해서 기사를 쓰게 됐지만, FT의 테트처럼 기사를 쓰는 수준에는 이르지 못했다.

예를 들어 2019년 6월 28일자 조간에 실린 '데이터의 세기…세계가 실험실' 시리즈 기사의 제4회분은 '나(38)는 그렇게 싼 남자일까'로 시작되는 장문의 기사였다. 그 후 '나'라는 말이 5번이나 나온다.

하지만 기사 자체는 한 명의 기자가 자신의 데이터를 팔아서 얼마나 벌 수 있는지 시험해봤다는 내용일 뿐이다. '나'를

---

127) 의견을 말하는 사람.

주어로 내세운 기사를 쓰려면 독특한 문체나 앵글, 그리고 경험에서 우러난 내용을 담아야 하는데, 이 기사는 그런 수준에 이르지 못했다.

게다가 그 중요한 '나'가 누구인지, 기사를 모두 읽어봐도 알 수 없다. 이 기사는 단독 기명기사도 아니다. 기사 마지막에는 이 연재를 담당한 기자 8명의 이름이 나열돼있는 기묘한 기사였다.

쓰루타 체제 이후의 집단주의 탓에 혼자서 튀어서는 안 된다는 규제의 흔적이 여전히 닛케이에 강하게 남아있었다.

이런 기자에 대한 단속은 쓰루타 체제가 여러 불상사를 일으키는 와중에 규제 업무를 담당했던 기타 쓰네오 아래서 더 엄격해졌다고 하는 닛케이 사원이 많았다.

문예춘추 측이 완패한 어느 재판

그런 가운데 불행한 사건도 있었다. 주간문춘이 2012년 7월 19일호에서 보도한 기타 사장과 여성 데스크에 관한 기사가 일으킨 소동이었다. 이 기사와 관련해서 기타와 여성 데스크, 닛케이는 주간문춘의 발행원인 문예춘추를 명예훼손으로 제소했다. 기타, 여성 데스크, 닛케이가 청구한 손해배상액의 합계는 1억7,215만 엔.

이 재판에서 문예춘추는 완패했다. 2015년 6월 5일에 확정된 판결에 따라 문예춘추는 닛케이, 기타, 여성 데스크에게 총 1,210만 엔을 지불하고, 웹에 게재한 기사, 사진을 삭제하고, 닛케이와 주간문춘 지상에 사장, 발행인, 편집장이 연명(連名)한 사죄광고를 실어야 했다.

이 사죄문을 그대로 보여주는 것이 사건의 개요를 이해하는 데 가장 좋을 것이다.

주간문춘 2012년 7월 19일호가 게재한 '닛케이 신문 사장 아파트에서 출근하는 미인 데스크'라는 제목의 기사와 '닛케이 신문 사장과 미인 데스크의 심상치 않은 관계'라는 제목의 기사 중 주식회사 니혼게이자이신문사(닛케이 신문사)의 대표이사인 기타 쓰네오의 아파트 방에서 닛케이 경제부의 여성 데스크가 숙박을 했다는 취지의 기술, 해당 여성 데스크가 기타와 관계가 있었던 덕분에 정직원으로 닛케이에 채용됐고, 2012년 3월 인사에서 닛케이 경제부 종합 데스크에 발탁됐다는 취지의 기술은 양쪽 다 사실에 어긋난 오보였습니다. 또 이것이 사실이라는 전제로 닛케이는 자사의 규정조차 준수하지 못하는 신문사라고 적은 기술도 부적절한 것이었습니다.

위 기사 때문에 닛케이 신문사 및 기타씨에게 위와 같은 사실이 있었던 것처럼 오해를 불러일으켰고, 닛케이 신문사 및 기타씨의 명예와 신용을 현저하게 훼손하는 등 큰 폐를 끼쳤기에 여기서 위의 기사를 취소하는 것은 물론이고 깊이 사과드립니다.

주간문춘에는 아파트에서 나오는 기타와 여성 데스크의 사진이 실렸는데, 그것은 약 10분 간격이라고는 해도 서로 다른 시간에 나오는 별개의 사진이었고, 함께 나오는 사진을 찍은 게 아니었다.

문예춘추측은 재판이 시작되기 전에 화해할 방법이 없을까 해서 당시 담당 임원이었던 기마타 세이고(木俣正剛)가 이미 닛케이 회장에서 물러난 스기타 료키와 만났다. 교도PR사 사장이 마련한 비공식 회담이었다.

"닛케이에도 약점이 있으니까 어느 선에서 타협을 생각하는 게 낫지 않을까요?"

"이대로 격돌해버리는 건 서로 손해니까요."

스기타가 기마타에게서 들은 말은 이런 것이었다고 한다.

스기타는 이렇게 답했다고 한다.

"우리 사원의 이야기를 들어보면 그쪽이 어딘가 약간 잘못 알고 있는 것이 아닌가 싶네요. 아무것도 하지 않은 채 무승부로 하기는 어렵죠."

한편 스기타는 주간문춘의 보도 후 곧바로 자신이 사장으로 지명한 기타를 불러서 이렇게 말했다고 한다.

"사실이면 그만둬야 할 거예요."

재판 결과는 문춘이 오보임을 인정하고, 닛케이와 주간문춘 지상에 사죄문을 싣는다는 것이었다. 이를 계기로 이미

2015년 3월에 대표권이 있는 회장으로 승진한 기타의 기반은 반석 위에 올라갔고, 7월에는 FT 인수로 나아갔다.

기타는 취임 직후부터 글로벌화가 자신의 경영 테마라고 되풀이해서 사원들에게 말했는데, 그 본격적인 착수였던 셈이다.

'테크놀로지 미디어'를 지향하다

FT의 인수 이후 사장인 오카다 나오토시는 닛케이를 '테크놀로지 미디어'로 바꾸려고 했다.

닛케이에서 디지털 매출 비중은 2018년도에 27%였다. 이걸 2025년에는 50%로 올리겠다는 것이다.

그러기 위해서 종이신문 부문을 정리해고하고, 효율화를 도모하며, 디지털 글로벌 분야에 집중 투자하기로 했다.

닛케이는 이 테크놀로지 변화의 주역인 개발자를 다른 신문사에 앞서서 적극 채용했다. 경력 채용으로는 2016년에 17명, 2018년에 12명, 2019년에는 7명. 신입은 2017년에 10명, 2018년에 6명, 2019년에 5명, 2020년 4월 입사로는 2019년 6월 현재 8명을 확보했다.

이전에 신문사는 앱 제작 등을 외부 업체에 의뢰했는데, 이렇게 하면 실제로 시장에 내놓은 뒤에 다양한 사용자의 반응을 봐가며 바꾸는데 시간이 많이 걸렸고, 제대로 만들지도 못했다.

넛케이에는 2019년 6월 현재 100명이 넘는 개발자가 있고, 넛케이 전자판의 스마트폰용 앱도 사원인 개발자가 내부적으로 만들었다. 2017년에는 외부 평가로 굿디자인상 베스트 100에 포함됐다.

요미우리신문도 2019년 1월 가격 인상 시 '요미우리신문 온라인'이라는 새로운 디지털 서비스를 **종이신문 구독자 한정**으로 시작했다. 하지만 서비스 론칭 당일 오전 중에는 이 사이트에 연결이 되지 않았고, 레이와로 연호가 바뀐 날에도[128] 연결하기 어렵다는 문제가 잇따라 발생했다. 판매소가 종이에 적어서 나눠준 비밀번호를 입력하는 방식인데, 이 비밀번호는 알파벳 글자가 이어진 뒤에 숫자 '0'이 들어갔다. 이걸 알파벳 'O'로 착각해서 입력하는 독자가 속출했는데, 고객센터는 전혀 전화를 받지 않아서 아수라장이 벌어졌다. '요미우리신문 온라인'은 발행사의 디지털 약점을 노출시킨 반면, 넛케이 전자판은 발행사의 디지털 시프트의 강점을 잘 보여준 상품이라고 할 수 있다.

---

128) 2019년 5월 1일

다음날 조간 단독기사를 전날 전자판에 내보내다

　FT에서 배운 대로 닛케이도 기자 개인을 내세우는 기사를 적극적으로 게재하는 쪽으로 바뀌었다는 건 앞서 적었다. 닛케이가 또 한가지 힘을 쏟은 분야가 데이터 저널리즘이다. 이 데이터 저널리즘이라는 건 예를 들어 관공서, 지자체에서 입수한 방대한 데이터를 해석해서 커다란 변화를 파악하는 것인데, 이미 도쿄대의 고시즈카 노보루(越塚登) 연구실과 협력해서 여러 가지 성과를 내놓았다.

　예를 들어 2019년 2월에 내보낸 '통신 속도'에 관한 기사. 이것은 「미국의 구글과 프린스턴대가 참가하는 통신 속도 계측 계획 'M-Lab'이 공개한 2010년 이후의 데이터를 활용. 도쿄대의 협조를 받아서 199개국·지역의 2억3,000만 건의 데이터를 나라·시간 별로 추출·분석」(기사에서 인용)한 것이다. 그 결과 일본의 통신 환경이 정보량의 증가를 쫓아가지 못한 채, 야간에는 러시아만큼 늦어진다는 걸 차트도 충분히 사용해서 밝혀냈다.

　그리고 닛케이는 2월 16일자 조간 1면에 실은 이 기사를 전날 오후 6시에 닛케이 전자판에 노출했다.

　이건 닛케이 전자판의 '이브닝 스쿠프'라는 것으로, 회사원이 스마트폰 등으로 전자판을 가장 많이 보는 퇴근시간, 즉 오후 6시에 다음날 조간의 1면에 실릴 탐사보도 기사를 내보내는 것이다.

이 이브닝 스쿠프에 포함되는 기사는 '단독' 기사뿐만 아니라 시간의 변화와 관계없이 읽힐 만한 커다란 변화를 포착한 탐사보도 기사가 많다. 2019년도에 신문협회상을 수상하게 되는 '데이터의 세기'나 '차트는 말한다' 등 시리즈에서 픽업된 기사가 눈에 띈다. 2019년 5월 31일의 이브닝 스쿠프에서는 미중무역전쟁으로 중국의 대미 수출이 어떻게 줄었고, 중국에서 베트남이나 대만, 멕시코 상대 수출이 늘었다는 걸 데이터로 밝혀냈고, 그 수출이 실은 우회 수출 아닐까라고 지적하는 기사를 내보냈다.

이들 데이터 저널리즘에 기반한 기사는 지금까지 신문이 혈안이 돼서 추구한 '시간차 단독' 기사와는 본질적으로 다르다. 신문기자는 관청의 기자클럽에 속해서 그 관청이 작성한 페이퍼를[129] 타사보다 빨리 빼내 보도하는 경쟁으로 날을 보냈다.

하지만 그런 '시간차 단독' 기사는 반나절이면 타사도 보도하게 되는 '일상용품 같은 기사', 즉 유료회원이 읽을만한 기사가 아니라고 오카다 사장은 말했다.

이브닝 스쿠프에서도 탐사보도 기사뿐만 아니라 '시간차 단독' 기사를 내보낼 때도 있다. 그렇게 하면 다음날 조간에서

---

129) 보도자료 등 문서.

는 타사 신문과 비슷해진다.

그러나 종이신문이야 비슷해지든 말든, 전자판에 먼저 내보내다는 식으로 닛케이 기자들의 가치관은 근본적으로 변했다.

종이신문은 오전 1시 전후의 강판에 맞춰서 모든 일정이 짜인다. 닛케이에서도 10년 전에는 결혼해서 아이를 낳은 여성 기자가 편집국 현장에서 일하는 건 무리였다. 체크용 기사의 교정쇄가 나오는 게 오후 9시. 이때부터 기사를 체크해야 한다면 공립 보육원에서 연장 보육을 이용한다고 해도 오후 6시까지 운영하는 곳이라면 가정이 유지될 수 없다.

그러나 2019년 6월 현재는 조간 지면은 오후 4시나 5시에는 어느 정도 만들어지게 됐다. 그때부터 체크를 해나가면 아이가 있어도 기자로서 일을 계속할 수 있다.

이것도 전자판 접속이 많은 시간대인 오전 6시부터 7시 30분, 점심 시간대인 낮 12시부터 오후 1시, 그리고 퇴근 시간인 오후 6시, 여기에 맞춰서 조간용 마감시간도 이전보다 훨씬 빠르게 바뀌었기 때문에 생긴 변화였다. 기자들은 심야 취재도 최소한으로 줄이도록 지시를 받은 대신 독자적인 시각을 담은 기사를 쓰도록 권장되고 있다.

현재의 닛케이는 오후 10시쯤 되면 편집국에 거의 사람이 없다. 모두 전자판에 맞춘 마감시간에 기사를 쓴 뒤 귀가하기 때문이다.

종이신문만 있었던 시절, 편집국에 사람이 가장 많이 있는 시간대는 오후 11시대였다. 시끄러웠고, 여기저기서 고함소리가 들리곤 했다. 다음날 조간신문의 지면을 메우려고 기자도, 교열자도, 편집자도 오전 1시를 앞두고 필사적으로, 때로는 의기양양하게 일을 하고 있었다.

그런 시대는 이미 지나버렸다는 걸 오후 10시 니혼게이자이신문의 한산한 편집국이 전해주고 있다.

> **주요 참고 문헌·증언자·취재협력자**
> 스기타 료키, 세키구치 와이치, 경시청, 이밖에 닛케이의 복수의 사원, 닛케이 판매소의 복수의 종업원, 타사 판매소의 복수의 소장
> 니혼게이자이신문 사보「태양수」
> 『세이빙 더 선 리플우드와 신생 은행의 탄생』 질리언 테트 씀, 다케이 요이치 옮김, 2004년 니혼게이자이신문사
> 『사일로 이펙트』 질리언 테트 씀, 히지카타 나미 옮김, 문예춘추, 2016년
> "A Japanese lesson for Wall Street. The humbling tale of the bankers who felt ashamed of the system's failure", 질리언 테트 씀, FT, 2017년 10월 6일
>
> 본문 중의 번역은 이 기사가 쿠리에 자퐁에 실렸을 때의 것을 사용했다. 닛케이는 이 기사를 게재하지 않았다.

제25장

미래를 데이터에 걸다

야후는 다시 크게 변화하려고 하고 있다. '미디어기업'에서 '데이터기업'으로 탈바꿈하려고 한다. 미야사카 마나부나 오쿠무라 미치히로 등 초창기에 참가한 예전의 젊은이는 야후를 떠나갔다.

야후재팬은 미래를 데이터에 걸려고 하고 있다.

2019년 6월 18일에 도쿄 유라쿠초에 있는 도쿄국제포럼에서 열린 야후 주식회사의 주주총회. 1년 전인 2018년 6월에 미야사카 대신 대표이사 사장이 된 가와베 겐타로가 진행을 맡았다. 단상에는 이사 겸 회장이 된 미야사카 마나부와 야후 이사를 겸임하는 손 마사요시가 앉아있었다.

이 주주총회에 상정된 안건이 승인되면 야후는 또 한 번 크게 변하게 된다.

우선 야후가 소프트뱅크의 자회사가 된다. 이때까지 소프트뱅크는 야후의 주식 중 12%를 소유한 '형제 관계' 회사였다. 이 주총의 제1호 안건이 통과되면 소프트뱅크가 야후의 주식 45%를 갖는 모회사가 된다. 야후의 상장은 그대로 유지

된다. 소프트뱅크와 함께 모자회사 동시 상장 관계가 된다.

그리고 제3호 안건인 '이사 선임의 건'이 가결되면 미야사카 마나부는 퇴임하고, 야후와 전혀 관계가 없어진다. 이사 3명 중 1명은 소프트뱅크 사람, 나머지 2명은 손이 힘을 쏟고 있는 결제 서비스인 '페이페이'를 운영하는 금융회사 PayPay ㈜ 사람이 선임된다.

'미디어 기업'에서 '데이터 기업'으로

야후가 소프트뱅크의 자회사가 되고, 미야사카 마나부가 야후를 떠난다는 뉴스가 사내에 퍼졌을 때 고참 사원 중에는 야후가 더 이상 '미디어 기업'이 아니게 되는구나라고 느낀 사람이 많았다.

그건 이런 뜻이다.

가와베 겐타로가 이 주주총회에서 야후의 '성장전략'을 프레젠테이션 한 9분간, '미디어 사업'이라는 말은 한번도 언급하지 않았다.

가와베가 생각하는 야후의 '성장전략'은 '미디어사업'이 아니었다. 주주총회장에서는 야후 사내에서도 상영된 '미래의 야후'라는 제목의 영상이 상영됐다. 거기에는 페이페이와 지도 정보를 사용해서 사용자에게 최적의 쇼핑 정보를 팝업 창으로

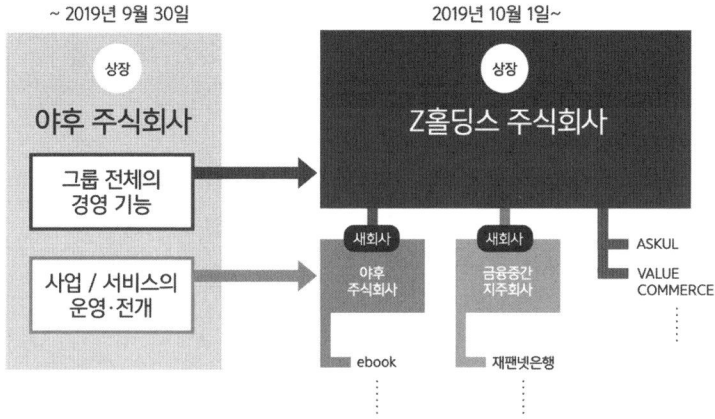

[야후는 소프트뱅크의 자회사가 된다]

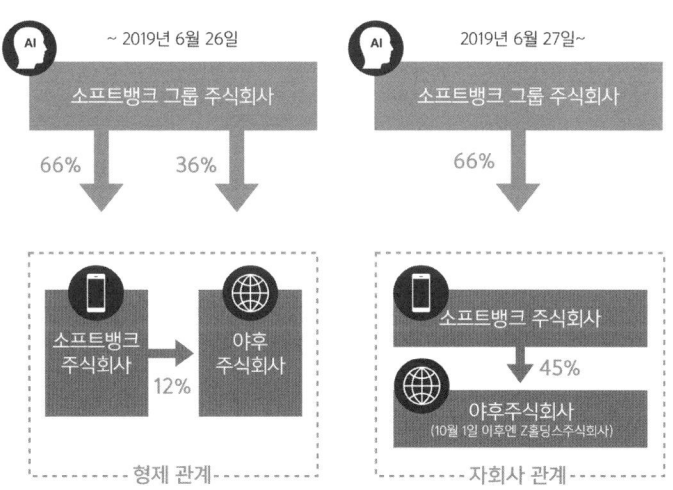

['야후주식회사 성장 전략' 2019년 6월 18일 주주총회 기와베 겐타로에서 발췌]

보여주는 모습이 담겨 있었다. 사용자는 지도 데이터와 연동된 실제 가게에 가서 페이페이를 사용해서 얼굴 인식으로 결제한다. 또 레스토랑에서 지불할 때 사용하는 페이페이 잔액을 투자신탁 회사에 투자해서 돈을 번다는 미래상이 그려졌다.

앞서 나온 그림을 보면 알 수 있듯 야후의 형제 회사 중에 금융중간지주회사가 생겨난다. 이 회사가 재팬넷뱅크를 소유하고, 페이페이와 관련된 투자신탁 업무를 담당한다.

가와베는 "온라인, 오프라인이 융합해가는 레이와 시대에 모든 데이터를 연결"하는 데 야후의 향후 성장 열쇠가 있다고 했다.

야후가 결제사업을 계기로 현실 속 가게에 진출함으로써, 지금까지 없었던 판촉형 광고도 수주(受注)[130]할 수 있게 된다고 자부했다.

PC 대응형에서 스마트폰 대응형으로 변신한 야후는 또 한 번 크게 변하려고 하고 있다. 다음 목표는 소프트뱅크의 인프라를 사용해서 온라인과 오프라인 모두 결제, 금융, 판촉 광고, 커머스 등에서 매출을 올려 1조엔 기업으로 성장하는 것이다.

이때 중요해지는 것이 야후나 통신 단말기 회사인 소프트뱅크가 갖고 있는 사용자 한 명 한 명의 접속 데이터이다. 이걸

---

130) 주문을 받음.

사용해서 최적의 서비스를 제공한다는 발상이다.

가와베는 사장 취임 직후부터 이 '데이터 기업'이라는 개념을 강조했다. 하지만 2018년부터 2019년 사이는 플랫폼 기업의 데이터 이용과 관련해서 다양한 스캔들이 발생한 시기였다.

트럼프 선거팀과 계약한 영국 선거 컨설턴트 회사인 '케임브리지 애널리티카'에 페이스북 사용자 8,700만 명분의 데이터가 부정 유출된 사건이 발각된 것을 계기로 페이스북의 마크 저커버그(Mark Zuckerberg)는 미 의회 공청회에서 사죄를 할 수밖에 없게 됐다. 유럽에서는 GAFA라고 불리는 구글, 애플, 페이스북, 아마존이 데이터 획득의 과점적 지위를 이용해서 여러 행위를 하는 걸 금지하는 등 규제가 강화됐다.

일본에서도 야후 재팬이 이용자의 신용도를 기업이나 가게에 제공하겠다고 발표했다가 논란이 일었다. 이것은 '야후! 스코어'라는 것인데, 야후 ID를 갖고 있는 이용자는 기본적으로 ON(이용) 상태로 설정된다. 쇼핑이나 옥션에서의 지불 상황이나 음식점 예약 취소율, 야후의 신용카드 이용금액을 근거로 '신용 행동', '소비 행동' 등 4분야에서 900점 만점의 종합 스코어 점수를 매겨서 이걸 가게에서 할인율 등의 특전 제공에 이용한다는 것이었다.

이것은 이미 중국에서 시작돼 사회 전반에 침투한 '사회

신용 스코어' 제도를 연상시켰다. 중국에서는 관료의 자의적인 운용보다는 이 '신용 스코어' 쪽이 객관적이라는 이유로, 정부가 스코어에 따른 신용제도를 운용하기 시작했다. 이 스코어의 기준은 공개되지 않은 채 알리바바 그룹의 금융 부분 등도 연결됐다. 그 결과 개인의 스코어에 등급을 매겨서, 스코어가 올라가면 돈을 빌리기 쉽게 하거나 금리가 내려가고 병원에서 우대를 받는 등 장점이 있는 반면, 스코어가 내려가면 심지어 교통기관 이용까지 제한당하게 된다.

애초 '야후! 스코어' 페이지에는 '야후! 스코어는 야후 재팬 ID와 관련된 빅데이터를 기초로 기계적으로 추정·산출한 스코어입니다'라고 적혀 있었던 만큼 '야후가 온라인과 오프라인 양쪽에 진출한다'는 신임 사장 가와베 겐타로 전략의 핵심이었을 것이다.

하지만 야후가 주력하는 페이페이가 알리바바 그룹의 알리페이와 제휴해서 알리페이 이용자가 일본에서 페이페이를 이용할 수 있게 됐다는 점도 작용해서, 중국의 '사회 신용 스코어'와 엮이면서 인터넷상에서 큰 논란이 일어났다. 야후 재팬은 결국 '사과문'을 발표하고, 신용스코어는 본인의 동의가 없으면 제3자에게 제공하지 않는다고 발표해야 했다.

이런 좌충우돌은 있었지만 6월 18일의 주주총회에서 각 안건이 무사히 가결됐고, 야후는 소프트뱅크의 자회사가 됨으로써 '미디어 기업'에서 '데이터 기업'으로 획기적으로 방향을 전환하게 됐다.

가와베는 불안해하는 사원들을 상대로 "'이제부터 어떻게 되는 거냐'고 걱정하는 분도 있을지 모르지만, 회사의 방침이나 전략은 물론이고 여러분에 대한 처우나 일하는 방식에 변경은 없을 테니 안심해주세요"라는 내용의 이메일을 일부러 보냈다. 하지만 야후가 또 한 번 크게 변신하려고 한다는 건 틀림없는 사실이었다.

야후가 '미디어 기업'이기를 포기하려고 한다는 걸 민감하게 받아들인 미디어 부문의 유능한 편집자들이 잇따라 퇴사했다.

홋코쿠(北國)신문에서[131] 야후로 옮긴 뒤 야후토피의 제목 2만 건을 만들었다는 편집자 스기모토 요시히로(杉本良博)가 2018년 10월말에 퇴사해서 라인으로 옮겼다.

검색, 뉴스, 버즈피드 설립을 담당했던 편집자 야마구치 료(山口亮)는 2018년 11월 30일에 퇴사, 스마트뉴스로 갔다.

나가이 지하루(永井千晴)는 대졸 신입 사원으로 채용돼 3년 차 편집자로서 야후토피 편집 등에 관여했는데 2019년 5월에 회사를 그만뒀고, 초코레이트라는 영상 계통의 제작사로 옮겼다.

개발자들이 미디어 부문에서 빠져서 페이페이에 투입된 탓에 미디어 부문의 팝업 기획을 실행하기 어렵게 됐다는 점이나

---

131) 이시카와현에 본사를 둔 지역지.

새로운 회사의 임원 인사를 보고, 미디어 계열에 있어도 야후 사내에서 커리어 전망이 서지 않을 것이라는 불안이 퍼졌다.

라인이나 스마트뉴스, 그노시 등 스마트폰 계열 뉴스 미디어의 대두는 점점 뚜렷해졌고, 스마트폰에서 야후 뉴스 앱은 고전하고 있었다.

야후 뉴스 앱은 2019년 4월 시점에서 월간 이용자 수(먼슬리 액티브 유저)가 스마트뉴스의 3분의 1에 불과하고, 그노시에도 밀렸다. 스마트뉴스는 앱에 쿠폰 탭을 연결해서 다운로드 수를 늘렸지만, 야후 뉴스는 오쿠무라 미치히로 때부터 이어져온 '공공성'을 중시하는 전통에 따라 스마트뉴스의 이런 방식을 무시했다. 하지만 야후도 이 숫자를 보고는 2019년 4월부터 앱에 쿠폰 탭을 신설할 수밖에 없었다.

"답은 인터넷에 없다"

미야사카와 함께 요미우리에서 창업 직후의 야후로 옮겨와 야후 뉴스를 대표하는 '야후토피'를 만든 오쿠무라 미치히로. 그는 미야사카보다 약 반년 이른 2018년 11월 16일에 20년간 근무한 야후를 퇴사했다.

오쿠무라는 오늘날 야후 뉴스의 기반을 만들었다. 그것은 '공공성'의 관점에서 필요한 뉴스를 누구에게든 평등하게 전달한다는 것이었다.

사장이었던 이노우에가 야후의 비즈니스상 중요한 PR 관련 뉴스를 야후토피에 올리라고 지시했을 때에도 단호하게 거부했다.

미야사카는 당시 오쿠무라가 이런 말을 하는 걸 듣고 감동한 적이 있다.

"야후에 스폰서가 있다면, 야후토피는 그 스폰서에게 나쁜 뉴스를 전달하게 된다. 그것이 야후에도 스폰서 기업에도 미래에 더 악영향을 미치는 일이다."

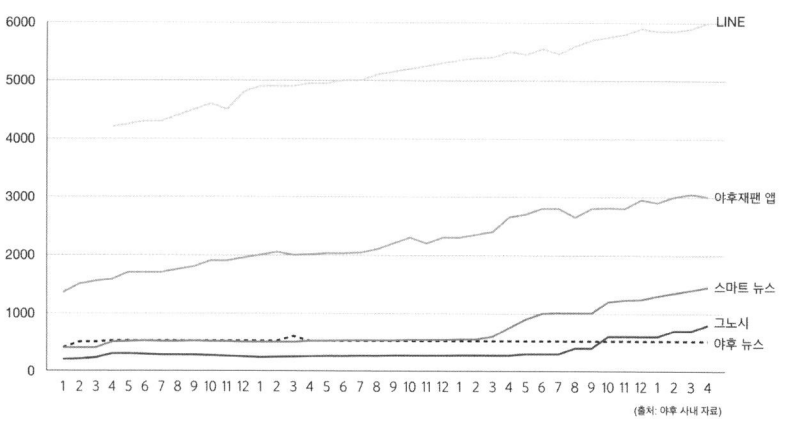

[주요 타임라인·뉴스앱 월간 이용자수 추이(만 명, 앱 베이스)]

오쿠무라는 미야사카가 대표권이 없는 회장으로 물러나고, 가와베가 사장이 됐을 때 야후에서 자신의 시대는 끝났다고 느꼈다. 미야사카에게는 저널리즘에 대한 각별한 생각이 있었다. 그렇기에 1990년대에도, 2000년대의 그 엄청난 시기에도 동지적인 연대에 기반해 헤쳐왔다고 생각했다.

이노우에씨는 끝까지 승낙하지 않았던 독자적인 뉴스 서비스도 미야사카가 사장이 되자 승낙했고, 야후 최초의 독자적인 뉴스 서비스 'THE PAGE'가 시작됐다.

워드리프라는 관련 회사를 만들었다. 오쿠무라는 야후토피를 떠나 여기서 '해설'과 '분석'에 중점을 둔 뉴스서비스를 시작했다.

하지만 가와베가 사장이 된 만큼 그런 시대도 끝날 것이다. 오쿠무라가 보기에 가와베는 "뉴스도 PV로 계산된다는 점에서는 다른 상품과 마찬가지"라며 냉철하게 광고를 모으는 콘텐츠 중 하나로 볼 뿐이었다.

실제로 개발자가 워드리프에서 야후 본사로 이동했고, 워드리프는 2018년 10월에 청산됐다. 이쯤 되자 오쿠무라는 공연히 요미우리 시절의 일이 그리워졌다. 그렇게도 심야 취재를 싫어했고, 야후로 옮긴 직후에는 하루 종일 인터넷 서핑을 하기만 하면 돈을 받을 수 있다니 이렇게 멋진 일이 어디 있겠느냐 라고 느꼈건만, 이 회사에서 지낸 시간이 길어지면 질수록 요미우리 시절의 일을 그립게 떠올렸다. 요미우리에 있었던 시간은 불과 6년이었지만, 그 6년간 평생 이어질 DNA가 새겨진 것이다. 피가 끓고 힘이 넘치는 저널리즘이라는 DNA.

오쿠무라는 마지막으로 야후에 출근한 날 사내에서 사원들을 대상으로 강연회를 열었다. 임원도 아닌 일개 사원이 퇴사할 때 그런 행사를 여는 건 처음이었을 것이다.

오쿠무라는 이 '최종 강의'에서 개발자와 함께 일을 한다는 것의 중요성과 멋진 측면을 이야기했다. 하지만 그 강의의 마지막에 이런 메시지를 남기고 야후를 떠났다.

"답은 인터넷에 없다. 책에 있다."

오쿠무라는 야후 사원들이 하루하루를 흘려보내듯이 살아가는 걸 진심으로 못마땅해했다. 답은 간단한 인터넷 검색이나 SNS 메시지 속에 있는 게 아니라 많은 책을 읽어가는 와중에 발견된다. 그것 없이는 인터넷 세계 속에서도 살아갈 수 없다고 생각했다. 그 점을 젊은 동료들에게 전달하고 싶었다.

요미우리신문을 그만두고 오사카 본사에서 나왔을 때 오쿠무라를 기다리고 있었던 건 끝없이 높고 푸른 가을 하늘이었다. 그것은 1998년 9월 30일. 그리고 야후를 그만둔 2018년 11월 16일 아카사카의 기오이타워 회전문을 밀고 밖으로 나왔을 때 거기에 있던 것도 한없이 높고 맑고 푸른 하늘이었다.

---

132) 야후, 페이페이 등이 입주해있는 도쿄 가든테라스 기오이초(東京ガーデンテラス紀尾井町) 빌딩을 가리킴.

사원식당에서

미야사카 마나부는 마지막 주주총회에서 그 자리에는 약간 어울리지 않는 퇴임 인사를 했다. 1997년 6월에 입사한 22년 전의 일을 돌아본 것이다.

인터넷에 미래가 있을지 어떨지 누구도 알 수 없었던 시절에 이노우에 마사히로와 다른 동료와 자신은 '먹고 자는 것조차 잊은 채' 이 '미래'에 모든 걸 걸었다.

그렇게 말했다.

미야사카가 이노우에에 이어 사장이 됐을 때 이노우에는 "미야사카가 일을 하기 쉽도록" 야후에서 완전히 손을 뗐다. 자신도 그렇게 하려고 했지만, 1년만 남아있어 달라는 손 마사요시의 요청으로 대표권이 없는 회장이 됐다. 그러는 동안 Z코퍼레이션이라는 신규 사업의 '탐색' 업무를 하기도 했지만, 역시 완전히 손을 떼는 게 좋겠다고 스스로 요청해서 회장직에서 물러났다고 한다.

미야사카는 사원식당에 가기를 좋아했다. 거기에는 예전 동료들이 있기 때문이다.

야후가 커진 뒤에도 사원식당에 가면 예전에 함께 일을 했던 동료를 우연히 만날 수 있었다. 사장이 됐을 때 미야사카는 하루 한번은 사원식당에 가야겠다고 마음먹었다. 거기서 자신이 야후 뉴스를 담당했을 때의 동료나 스포츠를 담당했을 때의 동료와 만나는 일도 있었다. 지방에서 출장 온 사원과 이야기를 할 때도 있었다.

사원식당에 가서 사원들이 식사를 하거나 이야기하는 걸 보고 있으면 의욕이 생겨났다. 이 녀석들에게 제대로 밥을 먹게 해줘야지.

미야사카는 주총이 모두 끝나고 야후 직책을 모두 내려놓은 뒤에도 6월 27일 목요일까지 잔무를 처리하러 아카사카의 기오이타워에 있는 야후 본사에 출근했다.

마지막으로 출근한 그날, 비서에게 "잠깐 얼굴 비추고 올게"라고 말하고 5층 임원 플로어에서 11층에 있는 사원식당으로 올라갔다.

오후 4시 가까운 시간 탓인지 사원식당에는 이미 인적은 드물었고, 조용했다. 그래도 미야사카를 알아본 몇 명인가가 아쉽다는 듯 말을 걸어왔다. 기념촬영도 했다.

그 중에 모리타 미오가 있었다. 미야사카가 야후 뉴스 영업을 담당했던 2002년쯤에 야후토피 편집부에 있었던 여성이다.

오모테산도에 사무실이 있었던 그 시절의 야후는 사원수도 아직 겨우 414명. 중소기업이었다. 다들 잘도 회사에서 밤을 새웠지. 하지만 악덕 기업이라고는 아무도 생각하지 않았고. 매일 자신들이 새로운 미디어를 만들고 있다는 흥분에 휩싸여있었고, 정신을 차려 보니 아침이 돼있었지.

잘도 마셔댔지. 취해서 오모테산도의 교차로에 있던 미즈호은행 앞의 타일 위에서 아침 냉기에 잠이 깬 적도 있었지.

미야사카는 오쿠무라와 달리 저널리즘 기업에 몸 담은 적은 없었다. 그러나 미야사카의 원점은 배를 만드는 목수로 전쟁 중 수송선을 탔던 조부의 죽음이었다. 어머니는 5살 때 집 정원에서 아직 젊은 아버지였던 조부가 업어준 기억이 있다. 1944년 연말의 일이라고 한다. 그로부터 약 2주일 후 조부는 물자를 나르려고 수송선에 탔고, 그 수송선은 대만 가오슝 앞바다에서 침몰했다.

나중에 그 시절 미국의 작전이 '남중국해 진입 작전(Operation Gratitude)'이라는 걸 알게 됐다. 조사해보니 그 때 일본 수송선이 목적지에 도착할 확률은 겨우 20%. 100척이 출항하면 목적지에 도착하는 건 20척, 다시 출발지로 돌아오는 건 겨우 4척에 불과했다. 그런 위험한 작전 와중에 조부가 죽었던 것이다.

자신의 딸이 5살이 된 2013년 어머니와 함께 조부가 탄 수송선이 침몰했다는 가오슝에 갔다. 침몰한 장소는 알 수 없었지만, 나이든 어머니는 항구에서 바다를 바라보고 있었다. 그 뒷모습을 보면서 '나는 사람들에게 틀리지 않은 선택지를 제공하려고 뉴스 업무를 해왔구나'라고 깨달았다.

그노시나 스마트뉴스 등 다른 뉴스사이트가 AI를 사용해서 클릭 수를 더 올릴 수 있는 뉴스를 자동으로 선택하는 반면, 야후토피는 지금도 우직하게 인력을 이용해서 알릴 만한 뉴스를 맨 위 3편에 꼭 올리려고 하고 있다. 게다가 그 뉴스는 가능한 한 양쪽 의견을 알 수 있도록 시각이나 의견이 다른 안건의 뉴스에 관해서는 일부러 다양한 회사의 뉴스를 싣도록 해왔다.

그리고 그 야후토피가 있는 첫 번째 화면은 어떤 사용자가 접속해도 같은 화면이다. 그 사용자의 검색 이력을 참고해서 가장 적합한 뉴스를 보여주는 건 하지 않는다. 그렇게 하면 '필터 버블'[133] 효과로 자기 생각에 맞는 뉴스만 보게 된다.

틀리지 않는 선택지를 사람들에게 제공한다.

자신과 야후뉴스는 그 역할을 다 한 걸까? 그런 걸 생각하고 있었다.

문득 정신을 차리고 보니 모리타 미오가 눈물을 글썽이고 있었다. 결국 감정이 복받쳤는지 눈물을 뚝뚝 흘리기까지 했다.

22년간 열심히 일했다. 독신이었던 자신은 결혼해서 가족을 꾸렸고, 야후라는 또 하나의 가족과 함께 성장해왔다. 졸업의 시간이 내게도 찾아왔다.

---

133) 필터 버블(Filter Bubble). 인터넷 정보제공자가 이용자 맞춤형 정보를 제공해 필터링 된 정보만 이용자에게 도달하는 현상.

남은 이들이 다시 자신들의 길을 걸어가면 된다. 그 건투를 빌기로 하자.

주요 참고 문헌·증언자·취재협력자
오쿠무라 미치히로, 미야사카 마나부, 가와베 겐타로, 모리타 미오
「중국에서 침투하는 『신용스코어』의 활용, 그 웃을 수 없는 실태」(WIRED, 2018년 6월 26일)

마치며

2050년의 미디어

요미우리의 야마구치가 보내온 한 편의 논문. 거기에는 신문의 미래를 생각하기 위한 중요한 시사점이 들어있었다. 신문사를 굳건하게 방어해주는 일간신문법. 하지만 오히려 변화의 걸림돌이 된 게 아닐까?

두 번째 취재를 앞두고 좀처럼 시간 약속을 잡을 수 없을 때 야마구치는 편지를 보내왔다. 그때 취재 참고용이라며 자신의 강연록이나 기고 원고를 보내줬다.

그 안에 "질문 항목과는 직접적인 관계가 없을지도 모르지만, 시모야마님의 취재에 참고가 될지도 모르는 자료"라며 『신문연구』에 기고한 원고가 들어있었다.

야마구치의 그 원고를 읽지 않았다면 나는 이 마지막 장에서 쓰려고 하는 그 문제의 중요성을 깨닫지 못했을 것이다.

그것은 니혼게이자이신문과 주주인 전직 사원 간에 주식 양도 분쟁에 관한 일련의 판결을 보고 사장실장 시절의 야마구치가 평가를 쓴 원고였다.

제24장에서 언급한 것처럼 니혼게이자이신문은 쓰루타

다쿠히코의 장기 집권 체제에서 다양한 문제가 분출했고, 스기타 료키가 사장이 된 뒤에도 회사의 지배체제를 둘러싼 다툼으로 변해 몇 건의 재판이 벌어졌다.

가장 두드러진 것이 닛케이 OB인 와사 다카히로(和佐隆弘)가 주주이자 OB인 야마모토 겐타로(山本堅太郞)로부터 주식을 넘겨받았다며 니혼게이자이신문을 상대로 주주명부 변경을 요구한 사건(제1사건)이었다.

와사는 제24장에서 언급한 오쓰카 쇼지와 함께 회사를 상대로 주주 대표소송을 제기한 전직 사원이다. 와사는 또 작가인 다카스기 료(高杉良)에게 주식을 양도하겠다며 니혼게이자이신문을 제소했다(제2사건). 다카스기 료는 니혼게이자이신문을 모델로 한 소설 '난기류'를 써서 쓰루타 다쿠히코로부터 명예훼손 제소를 당해 패소한 적이 있었다.

제1사건, 제2사건 모두 쟁점이 된 것은 1951년에 만들어진 특례법인 일간신문법이다.

이것은 GHQ의 경제과학국 반트러스트·카르텔과가 '주식의 양도 제한을 금지한다'는 의도로 상법을 개정하려고 했는데 위기감을 느낀 신문업계의 운동으로 통과된 법률이다. 일간신문에 한해서는 '정관(定款)[134]에 따라서 주식의 양수인을 그 주식회사의 사업에 관계가 있는 자에 한정할 수 있다'(제1조)는

---

[134] 회사 등 법인의 목적, 조직, 업무 집행 따위에 관한 근본 규칙을 적은 문서.

주식의 양도 제한을 예외적으로 인정하게 한 것이다.

닛케이 측은 이 특례법에 따라서 주식 양도가 무효라고 주장, 대법원에서 확정 판결을 받았다. 사장인 스기타 료키가 직접 법정에 나가서 진술서를 제출하고 자신이 생각하는 바를 말했다. 스기타는 일간신문법이 없는 영미에서는 신문사의 매매가 이어지고 있다고 지적한 뒤 "사원주주제도를 채용하는 탓에 경영진에 대한 감시기구가 제대로 작동하지 않는다는 비판은 맞지 않습니다"라고 주장했다.

당시 요미우리신문 사장실장이었던 야마구치도 이 대법원 판결을 보고 원고를 썼는데, 판결에 대한 평가는 이랬다.

> "일간신문법에 의한 대책은 주주를 신문 이념을 공유하는 자로 한정한다는 점에서 적대적 매수자의 개입을 차단하는 것이고, 다른 방어책에는 없는 확실성이 있다. 이념을 공유했던 주주가 배신해서 적대적 매수자에게 주식을 넘긴 경우에도 그 양도 행위는 재판에서 무효라고 확인된 만큼 매수자는 주주권을 행사할 수 없다. 일련의 닛케이 소송은 일간신문법의 방어력이 얼마나 강한지 실증했다고 할 수 있다."

1998년부터 요미우리신문 사장실장을 지낸 다키하나 다쿠오에 따르면 와타나베 쓰네오는 오랜 친구인 니혼TV의 우지이에 세이이치로(氏家齊一郎)가 "니혼TV도 요미우리의 주식을 소유했으면 좋겠다"고 유도했을 때도 결코 동의하지 않았다고 한다. 이는 니혼TV가 주식을 상장하고 있어서 시장에서 자금을 조달할 수 있기 때문이었다. 만약 니혼TV가 요미우리신문의 주식을 보유하게 되면, 외부세력의 영향을 받는 개미구멍이 될지도 모르기 때문이었다고 한다.

또 요미우리신문이 중앙공론을 인수했을 때 지역지를 사들일 수 없을까 해서 위험할 듯한 지역지를 여러 곳 조사했지만 결국 일간신문법이 있어서 인수는 어렵다고 보고 포기한 적이 있다고 다키하나는 증언했다.

즉 일간신문법은 일본의 신문사가 종업원에 의한 강고한 오너십 체제를 유지할 수 있게 하는 세계적으로도 유례가 없는 법률이다. 이에 따라 요미우리그룹은 물 한 방울 샐 틈 없는 철벽의 그룹 체제를 유지해왔다.

종이신문 시장이 성장을 계속한 2000년대 초까지는 이런 체제가 잘 작동됐다.

하지만 종이신문 시장이 크게 위축된 오늘날에는 어떨까?

"연차가 뒤틀리게 된다"

요미우리신문그룹은 관련 회사와 단체를 포함해서 150개사에 이르는 거대한 미디어복합기업이다. 요미우리신문그룹 본사를 정점으로 일사 분란한 통솔 체제가 구축돼있다. 예를 들어 지방 방송국을 보더라도 TBS 계열의 지방 방송국은 TBS나 마이니치신문이 보유한 주식은 극히 일부분이고, 전혀 갖고 있지 않은 곳도 있다. 하지만 니혼TV 계열의 지방 방송국 주주 구성을 보면 요미우리신문과 니혼TV가 50% 이상을 보유하고 있다. 그 민간 방송의 업계단체가 일본민간방송연맹(민방련)인데, 회장도 전무이사도 요미우리 출신자가 차지하고 있다(회장은 오쿠보 요시오, 전무이사는 나가하라 신, 둘 다 요미우리 정치부 출신).

예를 들어 요미우리신문 50세 사원의 이야기를 들어보면 그의 관심사는 지방국을 포함해서 어느 회사로 가게 될 지이다.

요미우리신문의 미디어국은 전자미디어를 담당하는 부서와 네트워크정책이라고 해서 니혼TV 계열의 지방 방송국에 대한 다양한 대응을 하는 부서, 두 가지 부서로 이뤄져 있다.

미디어국장은 대체로 2년, 빠르면 1년 만에 교체되고, 국장 출신자 중 상당수는 니혼TV 같은 도쿄의 방송국이나 요미우리TV처럼 그에 버금가는 방송국 사장, 혹은 BS니혼이나 지방 방송국의 사장이 된다.

미디어국 사원들이 보기에 국장석은 방송국에 나가기 전에 대기하는 자리와 같은 측면이 있다.

요미우리신문의 경우 예를 들어 미디어국 출신이 부장, 국장이 되고, 임원이 되기 때문에 오래 요미우리신문의 디지털 정책을 담당해온 사람이 없다.

미디어국 국장에 누군가를 적어도 5년간 앉힐 수는 없는 걸까? 요미우리신문 미디어국에서 니혼TV 계열의 지방 방송국 임원으로 간 전직 요미우리신문 사원에게 그렇게 물어본 적이 있다. 그러자 그 전직 사원은 아주 진지한 얼굴로 "시모야마씨, 그렇게 하면 연차가 뒤틀리게 되죠. 국장을 2년 이상 하면 선후배 연차가 뒤틀리는 걸요."라고 대답했다.

요미우리신문 뿐만 아니라 그룹 전체를 고려한 인사는 거대한 퍼즐 맞추기 같은 것이다. 무타이, 와타나베가 구축한 왕국 안에서 요람에서 무덤까지 지낸다. 그런 의미에서는 종이신문 시장이 확대되는 한 이 복합기업은 종업원 입장에서도 아주 잘 구축된 왕국이었다.

하지만 기술 혁신에 의해서 급격하게 시장 상황이 바뀌어 가는 오늘날 연공서열을 기본으로 한 그 왕국은 변화에 충분히 대응할 수 있을까?

상장기업이었기에 변화에 대응할 수 있었던 게 아닐까?

예를 들어 뉴욕타임스가 그토록 강했던 종이신문 1면 지상주의를 버리고 디지털 퍼스트로 회사를 전환할 수 있었던 것도 주식을 상장하고 있었기에 시장의 강한 압력을 받았기 때문 아닐까?

워싱턴포스트도 주식을 상장하고 있었다. 2000년대 중반 신문 경영이 난관에 부닥치자 다양한 수단을 모색했지만 소용이 없었다. 그때 그들이 취한 수단은 아마존의 제프 베이조스에게 인수 당하는 것이었다.

그 덕분에 워싱턴포스트도 테크놀로지 기업으로 변신했고, 100만 명이 넘는 유료 디지털판 독자를 보유하게 됐다.

만약 미국에도 일본처럼 일간신문법이 있었다면 뉴욕타임스도, 워싱턴포스트도 경영 체제를 바꾸지 않았을 것이다. 2000년대 중반 추세 그대로 유료 디지털판으로 이행하지 못한 채 축소를 거듭하다 끝났을 것이다.

일간신문법이 있는 탓에 일본 신문사는 외부 환경의 대격변에 대응하지 못하는 게 아닐까? 인수될 위험 없이, 동료들끼리 경영을 해나가며, 회사에 따라서는 사장이나 회장이 독재 권력을 휘두르고, 그 밑의 사람들은 윗사람의 눈치를 살피며 정말로 필요한 개혁은 입밖에 내지 않는 게 아닐까?

야마구치 같은 경영자가 있는 신문사는 그래도 낫다. 외부 의견에 유연하게 귀를 기울이고, 내 책처럼 때로는 날카로운 시각의 질문이나 논의에도 정면으로 대처해갈 수 있기 때문이다.

하지만 그렇지 않은 경영자가 회사를 좌지우지하고 있는

경우에는 어떨까? 결국 후계자는 조금 나은 사람을 지명한다는 식으로 운명을 하늘에 맡기게 되는 게 아닐까?

나는 이번 취재에서 요미우리신문이 야마구치의 판단으로 정보를 공개한 덕분에 도움을 받았는데, 야후 재팬은 처음부터 정보 공개가 기본이었다. 이는 미야사카 마나부나 가와베 겐타로라는 경영자의 자질과도 관련이 있겠지만, 무엇보다도 야후가 주식을 상장하고 있어서 투자자에게 정보를 공개해야 한다는 자본주의 철칙에 따른 것이기도 하다. 개방돼 있기에 경영 판단이 잘못됐다고 생각되면 외부의 바람은 매섭게 불어 닥치기 마련이다. 예를 들어 가와베 겐타로는 2019년 6월 주총에서 야후 주가가 2018년 1월 이후 줄곧 하락세라는 점을 설명했다. 여기서 나온 성장전략이 '데이터 기업'으로의 전환이었다.

신문협회 회장직을 일부러 받아들이다

1년 만에 만난 야마구치는 약간 피곤해 보였다.

2019년 6월 10일 주총 전날의 요미우리신문 도쿄 본사의 임원 플로어 응접실.

야마구치가 보내준 논문의 시사점에 대해 예를 표시한 뒤 "그러나 일간신문법이 있었기에 일본의 신문은 변할 수 없었던 게 아닐까요?"라고 물어봤다.

야마구치는 "그건 생각하기 나름이겠죠. 이만큼 시대가 변하면, 그렇게 생각할 수도 있겠죠."라고 동의한 뒤 자신에게 말하기라도 하듯이 이렇게 말했다.

"하지만 저는 현시점에서는 역시 일간신문법으로 보호되어 온 신문사의 독립을 유지해가면서 어떻게든 살아남는 쪽으로 일본 신문사가 나아가는 게 좋다고 생각합니다."

야마구치는 2019년 6월부터 신문협회 회장직도 맡게 됐다. 요미우리의 시라이시 고지로가 3기 연속으로 회장직을 수행한 것도 이례적이었지만, 다시 한번 요미우리신문 출신이 회장이 되면, 4기 연속인 셈이 된다. 야마구치는 확실하게 "신문협회는 보도윤리, 영업활동의 윤리 향상을 목적으로 내걸고 있다. 또 취재보도의 자유를 위하여 법규제에 반대해온, 빛나는 역사가 있다. 이는 신문사가 결속해서 활동해온 덕분이다. 그런 조직인 만큼 요미우리 1개사가 협회장 직을 연속해서 맡게 되는 것은 바람직할 리 없다."고 내게 단언했다. 그런데도 야마구치가 맡게 된 것은 각 사의 경영 환경이 악화하는 가운데 '수완가'가 달리 없었다는 점이 한가지 이유였다. 그리고 또 한 가지 이유는 2019년 10월에 소비세가 10%로 인상되는[135] 가운데, 신문 경감세율 적용이 확실해질 때까지 안심할 수 없다는 지역지 등의 요미우리 대망론이 있었기 때문이다.

---

135) 부가가치세

이는 요미우리 대망론이라기보다 와타나베 쓰네오 대망론이라고 바꿔 말하는 게 나을지도 모르겠다. 와타나베 쓰네오라는 최후의 실력자가 정권에 영향력을 발휘하기를 기대하는 신문 각 사의 마음은 컸다. 찬반 양론은 있겠지만, 총리 동정란을 보더라도 요미우리신문 그룹의 간부와 총리의 회식 횟수는 다른 신문사그룹보다 압도적으로 많았다.

야마구치는 1기 2년만 하겠다고 나와 인터뷰에서 밝혔고, 그 후 19일에 열린 기자회견에서도 그렇게 발언했다. 그 다음은 아사히신문 사장인 와타나베 마사타카(渡辺雅隆)가 이어받는다.

"그런데 신문협회장 일도 하고, 요미우리 자이언츠 오너 일도 하고, 요미우리그룹 본사 사장 일도 하고, 힘들지 않으세요?" 그렇게 묻자 야마구치는 솔직하게 이렇게 답했다.

"힘드네요."

타사처럼 협회장 직을 맡지 않을 수는 없었던 건가요?

"어느 곳도 하지 않는 이상 어쩔 수 없다고 생각했죠. 타사 사람들은 소비세 경감세율의 확실한 실시를 바라니까요. 그리고 부수가 줄고 있으니까요. 그렇게 되면 회비 분담 수입이 줄어들죠. 그런 와중에 신문협회의 경영, 운영을 어떻게 유지할 것인가. 이 두 가지가 회원 각 사의 관심사라고 들었습니다.

그래서 1기 2년 사이에 맡겨진 두 가지 과제. 경감세율의

확실한 적용과 협회 운영의 안정적인 유지. 이 두 가지를 어느 정도 달성한 뒤에 다음 분에게 물려주는 것이 저의 책임이라고 생각하고 있습니다. 그건 이미 (타사) 여러분께도 말씀드렸고요."

회비의 분담 수입이 줄고 있다면, 야후 등 인터넷 기업도 가맹사로 받아들이면 되지 않느냐고 물었더니 이런 대답이 돌아왔다.

"음…아마 어느 회원사도 그건 적극적으로 생각하지 않을 걸요. 그런 의견을 나눠본 적은 없네요."

무타이의 묘를 참배하고

1년 전 야마구치와 만난 것은 골든위크 중간인 5월 2일이었다. 이날 야마구치는 인터뷰 후인 그날 오후 와타나베 쓰네오, 시라이시 고지로 등과 함께 아오야마공원묘지에 이장된 무타이 미쓰오의 묘를 참배했다. 와타나베는 묘가 2017년 12월 무타이의 고향인 나가노에서 옮겨진 직후인 2018년 1월에도 묘를 참배했다. 와타나베는 무타이의 묘에 물을 뿌린 뒤 조용히 합장했다. 야마구치도 향을 피우고 합장한 뒤 고개를 숙였다.[136)]

---

136) 일본인의 참배 방식은 고인의 유골을 모신 묘 앞에 향을 피우고, 묘비에 물을 뿌린 뒤 합장하는 것이다.

야마구치는 사장이면서도 판매도 담당하고 있다. 판매를 담당하기로 결정된 뒤 회사에 남아있는 무타이의 판매 총회 연설 테이프를 되풀이해서 들었다.

압도당하는 기분이 들었다. 무타이는 2시간 동안 끊김 없이 같은 열정을 담아서 다양한 지역의 판매 정책을 계속 이야기했다. 그러는 동안 총회장에 모인 이들이 기침소리 한번 내지 않고 숨죽인 채 듣고 있다는 걸 알 수 있었다. 2시간이 지났을 때 누군가가 "무타이씨, 이제 시간 다 됐습니다"라고 하자 무타이가 "엇, 벌써 시간이 됐다고? 벌써 2시간이 지난 거야?"라고 농담하듯 말했고, 그때서야 비로소 총회장의 분위기가 풀어졌다.

무타이는 쇼리키 마쓰타로의 반대를 무릅쓰고 오사카 진출을 이뤄냈고, 그 덕에 간토 지방의 지역지였던 요미우리가 전국지가 될 수 있었다. 무타이는 회사의 미래를 위해서라면 실력자인 쇼리키의 의중을 거슬러서라도 해야 할 일을 했다. 주필 와타나베는 그 점을 인용해가며 지금의 요미우리에 필요한 일을 "사장을 때려눕힐만한 기개로" 하라고 2018년 초에 전 사원을 격려했다.

이 말을 곧이곧대로 받아들여서 2019년 6월 현재, 종이신문 판매소를 중심으로 한 요미우리의 경영을 근본적으로 바꿀 수는 없는 걸까?

그렇게 야마구치에게 묻자 "시대의 변화에 맞추려고 생각하고 있다"고 답했다.

그렇게 답한 뒤 이렇게 단서를 덧붙였다.

"다만 종이신문을 중심으로 생각하면 역시 배달 없이는 신문도 없죠. 그렇다면 그 배달망 중에서 최강 체제는 뭔가 하면 자영전매(自營專賣)입니다. 이미 요미우리만 배달한다는 전매는 어려워졌지만, 다른 신문도 배달하면서, (스스로 배달망을 운영한다는) 자영주의를 요미우리의 경영 축으로 삼겠습니다."

산케이, 마이니치의 고난이 표면화하다

실제로 2019년이 되자 요미우리만큼 종이신문이 강하지 않았던 다른 전국지는 커다란 균열이 나타나고 위기가 드러났다.

산케이신문은 2기 연속 적자 결산, 2019년 4월 입사자는 불과 2명. 2월부터는 180명 규모의 조기퇴직을 모집하기 시작했다.

마이니치신문은 50세 이상 60세 미만의 사원을 대상으로 200명 규모의 조기퇴직을 모집하는 게 명백해졌다.

이미 마이니치신문 등에서는 경비 삭감을 위해서 기자의 현 밖으로 나가는 출장이 어렵게 됐고, 될 수 있는 한 지국에서 커버하도록 하라는 지시가 내려졌다.

경영상 문제가 없는 신문사는 이 책에서 본 것처럼 니혼게이자이신문 뿐이다. 그러나 닛케이는 이번 책의 취재에 있어서 가장 닫힌 회사였다.

홍보실은 내가 스기타 료키의 이야기를 이미 들었다는 걸 파악하자마자 같은 주에 만나기로 약속한 사원에게 약속을 취소하게 했다. 내가 그 이유를 물으려고 전화하자 홍보실장은 "시모야마씨는 누가 전자판을 만들었다고 생각하시나요"라고 반문했다. "기타 회장에게도 취재를 요청하겠다. 스기타씨도, 기타씨도 자기 역할을 했다고 생각한다."고 대답했고, 서면으로 기타씨에게 취재를 요청했지만, 거절당했다는 건 앞서 적었다.

그 후에도 바뀐 홍보실장이 상무인 와타나베 히로유키(渡辺洋之)와의 취재 일정을 조정하기 위해 노력했지만 결국 "안됐어요. 이유는 말할 수 없습니다."라고 거절당했다.

할 수 없이 비공식의 다양한 루트로 현재의 닛케이에 대해 취재했다.

닛케이는 지면에 기업의 경영에 대해 보도하고, 기업 경영의 투명성을 강조하고 있다. 앞으로는 이전처럼 외부 취재에도 문호를 열기를 기대하고 싶다.

글로벌화에 맞서는 기업은 살아남을 수 없다

야후 재팬에 대해 쓰지 않은 게 한 가지 있다.

그것은 미국 야후와의 관계 탓에 글로벌화할 수 없었다는 점이다. 라이선스 관계상 일본 국내에서만 야후 로고나 이름을 사용할 수 있었다.

미국 야후는 통신회사 버라이즌에 흡수돼 사업체로서는 없어졌다. 버라이즌이 인수하지 않은 야후의 남은 사업 부문인 투자신탁회사는 알타바로 이름을 바꿨다. 알타바가 야후 재팬의 주식을 26.82% 보유하고 있었는데, 2018년 9월에 전부 매각했다. 이로써 야후 재팬은 완전히 미국의 속박에서 풀려났다.

2019년 6월의 주총에서도 구글과 애플, 페이스북, 아마존 등 글로벌 플랫폼 기업에 어떻게 대항할 것이냐는 질문이 나왔다. 이에 대해 가와베는 GAFA는 각각의 전문 영역에서는 강하지만, 야후는 쇼핑, 커머스, 미디어, 금융이라는 모든 영역에 걸쳐 있다며 그 종합력으로 이들 글로벌 플랫폼 기업에 대항해가겠다고 답했다.

하지만 알리바바의 결제시스템인 알리페이를 사용하는 중국인 이용자가 페이페이를 사용할 수 있는 만큼 페이페이 이용자도 알리페이를 사용할 수 있게 하면 어떠냐, 즉 중국에 진출하는 게 어떠냐는 다른 주주의 질문에는 "당분간 일본에서 페이페이를 보급하는데 주력하겠다"며 해외 진출에 대해서는 적극적인 자세를 보이지 않았다.

메르카리[137] 등 다른 웹기업이 미국, 영국 시장에 진출하려고 노력하는 걸 보더라도 비전펀드를 보유한 소프트뱅크그룹의 자회사가 된 야후 재팬의 앞으로의 초점은 글로벌화에 어떻게 대응할지에 달려있다.

미야사카는 사장일 때 미국 야후의 머리사 마이어 CEO와 이 글로벌화 문제에 대해서 이야기를 나눴지만, 결국 실현되지 않았다.

디지털화와 글로벌화의 흐름에 맞서는 기업은 살아남을 수 없다.

야후 재팬이 창업시의 진취적인 기질을 유지한 채 소프트뱅크그룹과 함께 글로벌화에 도전한다면 그건 또 다른 새롭고 가슴 뛰는 이야기의 탄생이 될 것이다.

> **주요 참고 문헌·증언자·취재협력자**
> 야마구치 도시카즈, 다키하나 다쿠오, 미야사카 마나부
> 「신문의 이념을 지키는 주식 관리와 그 수법…자유와 독립의 실현을 위하여」 야마구치 도시카즈, 『신문연구』, 2009년 5월호
> 「일간신문법의 역사적 경위…전후 상법 개정에서 현재까지」 하루하라 아키히코, 『신문연구』, 2009년 5월호

---

137) Mercari. 일본식 당근마켓.

스기타 료키 진술서

「마이니치신문이 200명 규모의 조기 퇴직, 임원의 어이없는 『업무 삭감책』에 분노하는 현장」, 다이아몬드 편집부 센본기 히로부미(千本木啓文), 2019년 7월 2일

요미우리신문사 사보

야후 재팬 IR 자료

추가

신문 대 플랫폼

공정거래위원회가 너무 커진 야후에 메스를 대려고 하다. 무라이 준은 '국경 없는 기자단'으로부터 인터넷 언론 공간 정상화를 위한 시스템을 만들어 달라는 의뢰를 받고 요미우리의 야마구치 도시카즈를 만난다.

무라이 준은 2020년 3월 자신이 설립 시부터 관여한 게이오 SFC에서 정년퇴직했다. 퇴직 후에는 게이오대 안에 세운 사이버문명연구센터의 공동 센터장으로서 인터넷의 신택스(문법) 대신 사회에 대한 시맨틱스(의미)를 생각하는 일에 몰두하고 있다.

무라이는 2020년 2월에 나를 만났을 때 '국경 없는 기자단'에 대해 물었다. 나는 파리에 본부를 둔 이 국제적인 NGO[138]에 관해서는 표면적인 것밖에 몰랐다. 무라이는 여기서 업무 의뢰를 받은 듯했다.

이후 무라이는 '국경 없는 기자단' 회의에 정기적으로 초대

---

138) NGO(Non-governmental organization)는 비정부 비영리 결사체로, 시민의 자발적인 참여로 결성되고, 회원가입의 배타성이 없으며, 주로 자원 활동에 입각하여 공익추구를 목적으로 설립된 결사체.

됐고, 엔지니어로서 상담을 해줬다.

그것은 구글, 페이스북, 트위터, 야후 등 플랫폼이 지배하는 이 인터넷 공간에서 어떻게 하면 사람들이 신뢰할 수 있는 정보와 그렇지 않은 정보를 구별할 수 있을지, 그 제도적 설계를 할 수 없겠느냐는 것이었다.

코로나19의 영향으로 줌(ZOOM)을 사용해서 정기적으로 회의를 하는 와중에 국경 없는 기자단의 크리스토프 들루아르(Christophe Deloire) 사무총장에게서 이런 질문을 받았다.

"인터넷 공간에서 신뢰할 수 있는 정보원을 확인하기 위해서 DB를 만들려고 하는데, 어떻게 생각하시나요?"

'국경 없는 기자단'은 1985년에 프랑스에서 시작된 NGO이다. 원래는 정부의 압력 등에 의해서 억압받는 저널리스트를 지원하는 활동을 했다. 그런데 2018년에 케임브리지 애널리티카 사건이 드러나자 인터넷 가짜뉴스 대처에도 관심을 갖게 됐다.

케임브리지 애널리티카는 런던에 본사를 둔 선거 컨설팅 회사이다. 이 회사는 페이스북에서 8,700만 명의 데이터를 부정하게 수집했고, 이걸 기초로 2016년 미 대선 당시 도널드 트럼프의 사이버 전략을 담당한 것으로 추정됐다. 페이스북 사용자들은 자신들의 기호나 어느 정당을 지지하는지 등을 외부 기업이 제멋대로 이용할 수 있다는 걸 전혀 알 수 없었다.

유럽에서 거대 플랫폼 기업의 개인 정보 취급방식에 관심이 고조됐고, 당국의 규제가 시작됐다.

2016년 미 대선에서는 힐러리가 아동 매춘 네트워크에 관련돼있다는 등의 가짜 뉴스가 널리 퍼졌다. 그래서 거대 플랫폼의 개인정보 문제와 가짜 뉴스 문제가 함께 논란의 대상이 됐다.

무라이는 들루아르로부터 그런 설명을 듣고, 자신이 정부의 지적재산전략본부 위원으로서 관계한 '만화촌'에서 일어난 일을 떠올렸다. '만화촌'은 불법 일본 만화 사이트이다. 일본 정부는 이 '만화촌'을 문제시해서 인터넷 운영업체에 차단하라고 요청했다. 무라이가 이 문제의 상담을 받고 사이트에 접속해보니 일본 정부의 납세 광고가 실려있었다. 구글이 '애드워즈'라는 광고 자동배치 방식을 고안해낸 뒤 그 페이지의 내용과 관계없는 인터넷 광고가 실리고 있었다.

사용자는 일본 정부의 광고가 실려 있는 걸 보고 만화 저자나 판권 소유자의 동의를 받지 않은 불법 사이트라고는 생각하지 못한 채 접속하게 된다.

확실히 현재의 인터넷 광고 시스템에는 문제가 있다. 그리고 이 때문에 정보 출처가 이상한 사이트가 횡행한다는 지적에도 일리가 있다고 무라이는 생각했다.

들루아르 등이 생각한 것은 이용자가 미디어의 페이지에

접속할 경우 미디어 DB를 조회해서 어떤 미디어인지 파악할 수 있게 하는 것이었다.

무라이는 그 이야기를 듣고 이렇게 답변했다.

"거대한 DB에 모두가 매달리는 식의 중앙처리 방식은 예전의 방법이다. 플랫폼 상에서 해결할 수 있는 방법이 있을 거라고 생각한다."

들루아르 등은 이 말을 듣고 "자, 직접 만들어보지 않겠는가"라고 했다고 한다. 개발자는 부탁을 받으면 해결책을 생각하기 마련이다. 무라이는 해보자고 생각했다.

독점금지법 해석의 새로운 조류

무라이는 게이오대 법과대학원의 야마모토 다쓰히코(山本龍彦) 교수에게 말을 걸었다. 야마모토 교수도 케임브리지 애널리티카 사건을 계기로 플랫폼이나 가짜뉴스 문제에 관심을 가졌기 때문이다.

야마모토 교수의 전문 분야는 헌법학이었다. 그런 그가 케임브리지 애널리티카 사건에 흥미를 가진 이유는 플랫폼의 개인 데이터를 사용하면 선거 결과까지 좌우할 수 있다는 걸 알았기 때문이다. 즉 법 자체를 바꿀 수도 있었다.

야마모토는 플랫폼과 법률에 관한 논문을 훑어보던 중 미국에서 신브랜다이스학파로 불리는 독점금지법에 관한 새로운 사조가 대두하고 있다는 걸 알게 됐다.

루이스 브랜다이스는 "민주주의와 부의 과점은 양립할 수 없다"는 말을 남긴 경쟁정책의 아버지이다. 1912년 대선에서 우드로 윌슨 후보에게 조언을 했고, 윌슨이 당선된 뒤에는 독점에 대항하기 위해 연방거래위원회(FTC)를 만들었고, 독점금지법 중 하나인 크레이튼법 제정에 힘을 쏟았다.

크레이튼법은 거대한 독과점 기업이 중소기업을 상대로 끼워팔기를 할 수 없게 한 법률로, 셔먼법의 허점을 메운 것이었다.

미국의 독점금지법은 스탠더드오일을 34개 회사로 분할하는 등 과점기업에 엄한 조치를 해왔다. 흐름이 변한 것은 1970년대 이후 시카고학파라고 불리는 신자유주의를 신봉하는 경제학자가 정권에 들어가면서부터였다.

시카고학파는 소비자가 이익을 얻는다면 과점도 문제가 될 게 없다며 독점금지법 해석을 크게 바꿔버렸다.

그 결과 구글, 애플, 페이스북, 아마존 같은 거대 플랫폼 기업이 인터넷상에 출현하자 다양한 문제가 발생했다.

예를 들어 아마존의 경우 상품을 구입한 소비자의 데이터는 그 상품을 내놓은 기업에 가는 게 아니라 아마존으로 흘러들어간다. 물건을 아마존에 내놓은 기업은 그 데이터를 입수할 수 없다. 원래는 각 기업이 자사 제품의 데이터를 배경으로 아마존과 교섭해야 할 텐데 그것이 불가능해진 셈이다. 그런 모순을 지적하는 논문을 쓴 것이 예일대 법학부의 대학원생이었던 리나 칸이었고, 그 스승이 컬럼비아 대 법학부 교수인 팀 우였다.

오늘날 경쟁정책은 인터넷의 거대 플랫폼 기업에 제대로 작용하지 못하고 있다며 뭔가 규제를 모색해야 한다고 주장한 것이 팀 우나 리나 칸 등 신브랜다이스학파였다. 바이든이 대통령에 당선되자 리나 칸은 FTC 위원장에 취임했다. 플랫폼 기업에 대한 규제가 현실화되기 시작한 것이다.

이 세계적인 흐름에 직면한 것은 GAFA 같은 글로벌 플랫폼 기업뿐이 아니다. 일본 공정거래위원회가 일본의 독자적인 플랫폼 기업, 야후 재팬에도 메스를 들이댔다. 이는 이 책 『2050년의 미디어』의 귀추에도 큰 영향을 미칠 수 있겠지만, 우선 야마모토의 이야기를 계속하도록 하자.

야마모토는 팀 우의 논문을 샅샅이 읽어갔다. 그러던 중에 '미합중국 수정 헌법 제1조는 시대에 뒤처졌나?'라는 부분을 읽고 깜짝 놀랐다.

그 논문에 따르면 미합중국 수정 헌법 제1조가 만들어진 시대에는 언론이 종이 인쇄물에 한정됐고, 유한했다. 정부가 그걸 억압하려고 하자, 이에 맞서서 생긴 조문이었다. 그러나 오늘날 언론은 유한하지 않다. 인터넷상에는 무한한 주장이 흘러 넘치고 있다. 그 중에서 유한한 것은 시청자 쪽이다. 이 시청자의 관심(어텐션)을 끌기 위해서 트롤이라고 불리는 해커를 이용해서 거짓 정보를 퍼뜨리거나 뉴스를 날조하거나, 어떤 정보를 홍수처럼 쏟아내기도 한다. 오늘날 언론의 자유를 지키려면 이런 행동을 막기 위한 법적 규제가 필요하다고 적혀 있었다.

야마모토는 그 개념을 '관심 경제(attention economy)'라는 말로 들여왔고, 요미우리신문 야마구치 가즈토시의 눈에 띄게 된다.

공정거래위원회

신문의 위기는 드디어 누가 보든 분명해졌다. 2019년 10월에는 3,781만부였던 종이신문의 총 부수는 불과 3년 만에 약 700만부를 잃은 끝에 2022년 10월에는 3,084만부를 기록했다. 이 책 앞부분에서 요미우리신문의 부수가 2018년에는 873만부까지 줄었다고 적었는데, 2022년 상반기 ABC 부수로는 686만부까지 축소됐다.

2018년도와 2022년도 요미우리신문 4사(그룹 본사, 도쿄 본사, 오사카 본사, 서부 본사) 매출을 비교하면 2018년도 3,377억 엔에서 2021년도 2,992억 엔으로 줄었으니 385억 엔이나 매출이 증발한 셈이다.

요미우리신문은 그래도 전국지 중에선 나은 편이다. 아사히신문은 신문 자체 매출이 2018년도 2,455억 엔이었던 것이 2021년도에는 1,881억 엔으로 574억 엔이나 감소했다. 요미우리를 훨씬 웃도는 속도로 매출 축소가 이어져 아사히신문은 300명의 희망퇴직을 모집한 끝에 다수의 사원이 회사를 떠나야 했다.

반면에 야후의 매출은 계속 늘어나 2019년 라인과 합병한 뒤로는 1조 엔을 넘어섰다. 2021년도 매출은 1조5,674억 엔으로 아사히, 닛케이, 요미우리 3사의 매출을 합친 금액보다 더 많은 매출을 올리게 됐다.

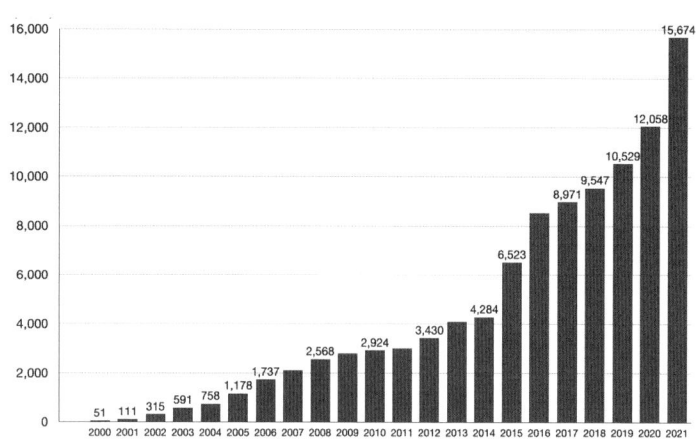

[추가-야후 매출 추이(2019년 이후 Z홀딩스, 단위 억 엔)]

요미우리신문의 야마구치 가즈토시는 2019년 봄에 공정거래위원회 관계자를 만났다. 이 때 공정거래위원장은 재무성 차관을 지낸 스기모토 가즈유키(杉本和行)였다. 스기모토는 서구 반독점 기관의 플랫폼 기업에 대한 공세를 배경 삼아 일본에서도 우선 광고부터 플랫폼 기업에 대한 조사를 시작한 상태였다.

야마구치는 이 때 공정거래위원회 관계자가 이런 얘기를 했다고 한다.

"인터넷상에는 허위 정보, 사악한 정보가 횡행하고 있다. 신문과 인터넷이 공존하는 사회라면 몰라도 활자가 없어진 채 인터넷만 남은 사회는 위험하다."

실제로 스기모토는 공정거래위원회 안팎에서 그런 생각을 이야기하고 있었다. 2019년 9월에는 일본기자클럽에서 회견을 하면서 2016년 구마모토 지진 직후에 동물원에서 사자가 뛰쳐나왔다는 가짜 뉴스가 SNS로 확산돼 큰 문제가 된 사례를 거론했다. "플랫폼 기업은 가짜 뉴스나 헤이트스피치, 범죄를 부추기는 정보를 배제하는 시스템을 생각해야 하지 않겠는가"라고 문제제기했다.

그런데 이 때 회견에 참석한 각 미디어 기자들의 반응은 시큰둥했고, 오히려 공정거래위원회가 언론 문제에 개입하는 것은 문제가 있지 않느냐는 질문이 나오기도 했다.

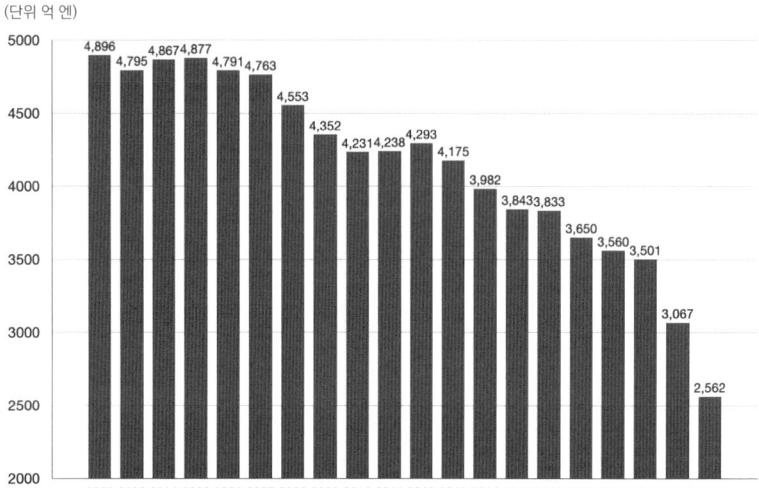

[요미우리신문 주요 6개사의 매출 추이]

(단, 2021년도부터는 7개사이고, 새회계기준이 적용됨에 따라
구회계기준과 대비로 매출이 대폭 축소됨.축소됨. 단위 억엔)

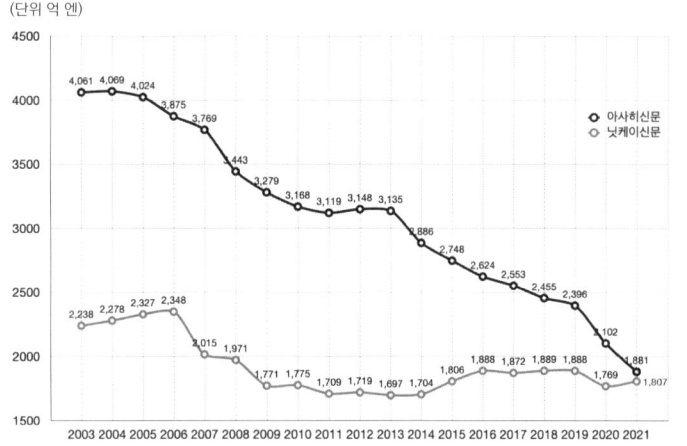

[아사히, 닛케이 매출 추이 비교]

이는 이 문제를 생각할 때 매우 중요한 의문이기도 하다. 일본 신문은 이 책에서 쓴 것처럼 일간신문법이나 방문판매법, 재판매 규제 적용 제외, 감경세율 적용 등 다양한 규제의 보호를 받아왔다. 그런데 앞으로는 정부가 독점금지법에 근거해서 개입하기를 바랄 것인가라는 문제로 귀결된다.

유한한 시청자의 관심을 빼앗자!

화제를 2019년 봄에 야마구치가 공정거래위원회 관계자를 만났을 때로 돌려보자.

야마구치는 라인토픽스 소송과 '아라타니스' 시절부터 신문은 플랫폼 기업의 영향을 받지 않고 존속해야 한다고 생각했다. 그런 야마구치였기에 공정거래위원회의 의견을 접하고 "내 등을 밀어주는 듯한 느낌이 들었다"고 한다.

2020년 봄 야마구치는 야마모토 다쓰히코가 『Next-com』이라는 잡지에 실은 '사상의 자유 시장의 석양'이라는 제목의 논문을 읽었다. 이 논문은 일본에 '관심 경제'를 소개한 최초의 논문이다.

야마모토는 팀 우 등 신브랜다이스학파의 논문을 참고하면서 이렇게 적었다.

지금까지 사상에 관해서는 합중국 수정 헌법 제1조나 다른 나라의 법제도도 각각의 자유로운 경쟁에 맡기는 것을 전제로 삼아왔다. 그러나 거대 플랫폼 기업이 생겨난 오늘날 그렇게 해서는 공정한 경쟁을 할 수 없게 됐다. 가짜 정보나 편향된 정보가 사람들의 행동에 영향을 미치게 됐다. 거대 플랫폼 기업이 수집한 개인 데이터 덕분에 그 사람이 좋아하는 정보를 전달하는 '에코 체임버', 혹은 AI가 실제와 혼동하기 쉽게 만든 영상인 '딥페이크' 등이 그러한 사례다.

인간은 곧바로 반응하는 기능과 숙고해서 판단하는 기능을 갖추고 있다. 전자를 '시스템1', 후자를 '시스템2'라고 이름 붙인 것은 행동경제학의 대니얼 카너먼(Daniel Kahneman)이다. 현재의 웹 사회는 '시스템1'을 자극해서 주목을 끌려고 하는 '관심 경제'가 되었다.

이런 이유로 원래는 전달되어야 할 진정한 주장이 전달되지 못하게 됐다. 그렇기에 독점금지법이 사기업의 독점에 개입해온 것처럼, 사상이 유통되는 인터넷 사회에도 국가가 개입해서 올바른 주장에 사람들이 접하기 쉽도록 해야 한다.

야마구치는 이 논문을 읽고 "확실히 '관심 경제' 문제에 대해서 인식했다"고 한다. 영화 '매트릭스'에서 주인공 네오가 레드필(빨간약)을 먹고, 지금까지 살아온 현실이 가상현실 세계였다는 걸 눈치챈 실제 현실 세계로 끌려간 것과 같다고나 할까.

야마구치는 사내에서 이 문제에 대해 발언하기 시작했다.

관심 경제

2022년 요미우리신문 신년 인사 교환회는 1월 5일에 요미우리신문 빌딩인 '요미우리 오테마치홀'에서 열렸다. 야마구치는 이 자리에서 사원들에게 '관심 경제'에 대해서 자세히 얘기했다.

"빅테크[139]의 독점이 허용된데다 누가 더 자극적인지 제멋대로 경쟁한 결과 지금은 진실이 뭐고 공정한 논평이 어떻다는 데 가치를 두는, 신문저널리즘의 언론공간과는 완전히 다르고 이질적인 정보공간이 세계를 뒤덮고 있습니다. 게다가 그 이질적인 공간에서는 자극이 강한 극단론, 분노를 부채질하는 정보를 확산시키면 그것이 허위라도 이용자의 관심을 대량으로 끌어들여 플랫폼 기업이 돈을 버는 시장구조가 만들어졌다"

"관심 경제로 돈을 버는 플랫폼으로 정보 유통이 치우치면, 정보·언론은 왜곡되고 세상의 대립과 분열은 심해집니다"

"요미우리신문은 이런 관심 경제와는 전혀 다른 가치를 표현해나가야 합니다. 가짜뉴스가 아니라 공정·중용의 언론을 발신해가야 합니다."

야마모토는 2022년 1월 24일에 요미우리신문의 '비공개 세미나에 불려가서' 관심 경제에 대해서 이야기를 하게 된다.

---

[139] 구글, 아마존, 메타, 애플 같은 대형 정보기술(IT) 기업을 뜻하는 말.

간부 30명 정도가 모였는데, 야마구치는 맨 앞줄에 앉아서 열심히 이야기를 들었다고 한다. 야마구치는 야마모토의 말이 끝나자 이런 질문을 했다.

"플랫폼과의 관계에서 공정거래위원회의 역할에 대해 어떻게 생각하는가?"

야마모토는 요미우리 사내 초청뿐만 아니라 지면에도 등장했다. '진실과 거짓의 틈새'라는 문제에 대해서 연재 기사가 실리면서 '관심 경제'라는 말은 요미우리신문 지면에 종종 등장하게 된다.

타사의 움직임은 어땠을까?

다른 언론사는 더 직접적으로 플랫폼 기업의 문제라고 하면 야후와의 문제, 즉 너무 낮은 배분 비율의 문제라고 생각하고 있었다.

플랫폼 기업 대책 워킹팀

일본신문협회에 '플랫폼에 관한 워킹팀'이 생긴 것은 2019년 2월의 일이다. 각 사가 모여서 플랫폼 기업에 대해서 조사하려고 만들었지만, 처음엔 우왕좌왕했다.

첫 해의 팀장은 아사히신문 출신인 다테바 가쓰시(堅場勝司)였다. 그는 지역지 경영자가 플랫폼 기업에 대해서 조사하면 좋겠다고 신문대회에서 발언한 것을 계기로 생긴 모임이었던 듯한데 확실히 기억하지는 못하겠다고 했다. 다테바가 확실히 기억하고 있는 것은 역시 아사히신문에서 참가한 후쿠야마 다카시(福山崇)가 열심히 활동했다는 점이다.

후쿠야마는 주위 사람들에게 "플랫폼 기업 문제야말로 신문이 살아남기 위해서 시급히 해결해야 할 과제다"라고 말했지만 사내에서는 그리 지지를 받지 못했다. 이 신문협회 워킹팀에 참가한 여러 타사 멤버들에 따르면 후쿠야마와 도쿄신문에서 온 이나바 지즈(稲葉千寿)만 열심히 활동했다.

후쿠야마는 "앞 세대 사람들이 야후와 '악마의 계약'을 맺고 말았다"고 하며 야후의 너무 낮은 배분 비율 문제를 어떻게든 해결할 수 없을지 해법을 모색하고 있었다고 주위 사람들은 기억했다.

후쿠야마는 2020년 9월 30일에 서비스가 종료된 라인(LINE) 산하의 큐레이션 사이트 '네이버 마토메'[140]도 신문의 저작권을 무시한 사이트라고 문제시하며 실제로 라인과 교섭에 참여하기도 했다.

특별히 강조해야 할 점은 공정거래위원회와 상담해서 획기적인 답변을 이끌어냈다는 것이다. 다른 보도기관과 공동으로 원가구조 자료 공개를 요구하는 것은 독점금지법상 문제되지

---

140) 마토메(まとめ)는 '종합', '정리'라는 뜻.

않으며, 플랫폼 기업측과의 계약서 탬플릿도, 거기에 제공료나 지불 조건, 납기 등 구체적 조항이 들어있지 않다면 각 사가 공동으로 만들 수 있다는 답변을 끌어냈다.

특이한 것은 요미우리의 움직임이었다.

이 워킹팀이 만들어진 것은 2019년 2월이었고, 같은 해 6월에는 야마구치가 신문협회장에 취임했다. 워킹팀 멤버들은 요미우리의 적극적인 움직임을 기대했다. 요미우리는 당시 경감세율 문제에선 활발히 움직였지만, 이 문제에선 달랐다. 2년째를 맞아 워킹팀장은 요미우리 출신이 맡았지만, 팀의 방향성을 정리하지 못했다. 본격적으로 움직이는 것은 3년째를 맞아 도쿄신문의 이나바 지즈가 팀장이 되면서부터였다.

신문협회의 미디어개발위원회 산하에 설치된 워킹팀의 움직임은 공개되지 않은 채 2022년 후반에는 두 개의 분과로 나뉘었다. 제1분과는 아사히의 후쿠야마가 맡았고, 제2분과는 요미우리 출신이 맡았다. 11월 16일에는 '플랫폼 기업 문제분과회 활동보고서'를 내놓았다. 신문협회는 이 보고서도 플랫폼 기업측에 알려지면 안 된다며 공개하지 않았다.

제1분과, 제2분과의 보고서를 모두 읽어봤는데, 야후 등 플랫폼 기업에 대해 단기와 장기 작전으로 나눠서 아주 구체적인 대책을 담은 것은 후쿠야마가 이끄는 제1분과 보고서였다.

단기적으로는 "'뉴스 배급을 둘러싼 불투명함, 일방적인 거래 환경'의 개선을 지향하고, 플랫폼 기업에 대한 공동 요청이나 대화, 독점금지법에 근거한 제반 절차를 활용해간다"고 했고, 중장기적으로는 "언론 저작인접권과 저작권의 집중관리제도, 경쟁정책 관련 입법과 법 개정, 행동규범의 검토 등 여러 외국의 앞선 법제도 개혁을 더욱 연구해서 '일본형 모델' 도입을 검토한다"고 선언했다.

요미우리 출신이 주요 부분을 쓴 제2분과 보고서는 신문사·뉴스통신사가 디지털 분야에서 충분한 수익을 올리지 못하는 것은 "플랫폼 기업이 뉴스의 유통구조를 지배하고 있다는 점이 큰 요인이다"라는 표현을 담고 있긴 하지만, 앞부분부터 "관심 경제를 주도하는 플랫폼 기업과는 선을 긋고, 뉴스의 생산자로서 절도 있는 대처를 계속하는 것이 업계 전체의 신뢰성 향상에 이어질 것이다"라고 하는 등 야마구치의 정월 인사말을 옮겨놓은 듯한 것으로 읽혔다. 실제로 이 제2분과에서는 두 번째 모임에 야마모토 다쓰히코 게이오대 교수를 불러서 '신문은 관심 경제에 어떻게 대처할 것인가?'라는 주제로 강연을 듣는 등 요미우리의 입장을 반영해서 운영됐다고 해도 좋다.

제2분과의 주제 자체가 야마구치의 문제의식에 따라서 '건전한 언론공간/여론 형성'으로 구성되어 있다.

공정위, 조사 착수

    공정거래위원회가 뉴스 콘텐츠 배급 분야에 대한 실태조사에 착수하겠다고 발표한 것은 신문협회의 '플랫폼 문제 분과 활동 보고서'가 나온 것과 같은 날이었다.
    공정위는 그로부터 1년9개월 전에 '디지털 광고 분야의 거래 실태에 관한 최종 보고서'를 내놓았다. 디지털 광고 분야에 대해 플랫폼 기업측과 그걸 이용하는 업자를 상대로 조사한 내용을 정리한 것이다. 이걸 본 신문협회의 '플랫폼에 관한 워킹팀' 각 사 멤버들은 놀라움을 감추지 못했다. 그 이유는 디지털 광고에 관한 최종 보고서 마지막 부분에 뉴스 배급 문제가 정면으로 다뤄져 있었기 때문이다.
    "*이 조사에서는 신문사 등 전통적인 미디어(이하 '기존 미디어'라고 한다.)를 중심으로 사회·경제에 관해 유용하다고 간주되는 콘텐츠를 제공하는 언론사의 경쟁 환경에 주목했다*"는 구절로 시작되는 그 부분은 공정위가 신문사측의 주장이 대부분 맞다고 생각하는 것처럼 읽혔다.
    신문사와 플랫폼 기업 양측의 의견을 병렬하긴 했지만, 공정위가 쓴 결론 부분에서는 예를 들어 "검색 순위를 결정하는 주요한 요소 등 언론사의 사업 활동에 큰 영향을 미칠 수 있는 알고리즘의 변경에 관해서는 가능한 한 언론사가 미리 변경에 대비할 수 있도록 충분한 정보를 공개하는 것이 바람직하다"고 적었다. 또 신문사가 개별적으로 야후와 비밀유지 약속과 함께 체결하는 구독료 교섭에 대해서도 "뉴스 등의 배급에 관한 시장에서 공정한 경쟁을 촉진한다는 관점에서 우선 그 배급료의 산정에 관한 기준이나 근거 등에 대해 명확히 하는 것이 바람직하다"고 플랫폼 기업측(이 경우에는 야후일 것이다)을 압박했다.

이 마지막 뉴스 배급 관련 부분은 조사 당시 공정위원장이었던 스기모토 가즈유키의 강한 의지로 포함됐다.

이런 경위로 아사히의 후쿠야마는 공정위에서 계약서나 원가 구조에 대해 신문사가 공동으로 야후측과 교섭할 수 있다는 상담 사례를 이끌어냈다. 하지만 워킹팀 멤버에 따르면 "플랫폼 기업측은 별다른 움직임이 없었다".

이에 기다리다 못한 공정위가 2022년 11월에 뉴스 배급을 둘러싼 플랫폼 기업과 신문사의 관계에 대해 조사를 시작했다.

원작자 증명

'국경 없는 기자단'에서 언론공간 정상화를 위한 시스템을 구축해 달라는 의뢰를 받은 무라이 준. 그는 게이오SFC 출신인 컨설턴트 구로사카 다쓰야(黑坂達也)로부터 역시 '국경 없는 기자단'의 일을 하고 있던 덴쓰 소속인 다케우치 요시후미(竹内好文)의 아이디어를 들었다. 다케우치는 '국경 없는 기자단'이 운영하는 '저널리즘 트러스트 이니셔티브(Journalism Trust Initiative)'의 DB 관련 일로 '국경 없는 기자단'과 이야기를 나누고 있었다.

여기서 다케우치가 생각해낸 것이 나중에 '원작자 증명(오리지네이터 프로파일)'이라고 불리게 된다. 이는 웹상에서도 종이 신문과 마찬가지로 신뢰할 수 있는 매체와 그렇지 않은 매체를 구분하는 시스템을 만들자는 아이디어였다.

그러나 다케우치는 인터넷 시스템에 대해서 알지 못했다. 그래서 덴쓰의 일도 하고 있었던 구로사카를 통해서 "무라이 선생을 소개해주지 않겠느냐"고 의뢰했다. 무라이는 '국경 없는 기자단'에서 받은 숙제가 있었기에 다케우치의 이야기를 듣고 재미있겠다고 생각했다. 그래서 2020년 9월 25일에 게이오대 사이버문명연구센터에 'WGML연구회'라는 조직을 만들었다. 다케우치와 구로사카는 이 연구회의 멤버가 됐다. '국경 없는 기자단'이나 '저널리즘 트러스트 이니셔티브'와 협력하면서 웹상에서 제대로 된 언론이 힘을 발휘할 수 있는 시스템을 고민하기 시작했다.

여기서 나온 것이 원작자 증명이라는 아이디어이다. 2021년 3월 29일자 '설명자료'를 보면 이해하기 쉽다.

언론사가 주도하고 광고주나 광고회사, 플랫폼 기업도 참가해서 만드는 '제3자 인증기관'이 미디어와 광고주의 진단 결과를 인증한다. 인증을 받으면 그 미디어의 기본 정보가 나오는 원작자 증명 배지를 달 수 있다.

검색엔진이나 SNS 뉴스 화면에서는 원작자 증명이 있는 미디어나 광고주를 우선적으로 노출한다. 중요한 점은 플랫폼 기업이 원작자 증명이 없는 페이지에는 디지털 광고를 주지 않는다는 점이다.

"'원작자 증명 배지가 없는 보도기관은 믿을 수 없다'는 사회 분위기가 형성되면 어느 정도 수준 있는 미디어가 디지털광고 시장에서 유리해질 것이다."

자료에는 이렇게 적혀 있었다. 하지만 나는 '이런 게 세상에서 통할 리가 없다'고 생각했다. 구로사카에 따르면 이는 덴쓰가 주도해서 만든 초안으로, 이걸 가지고 요미우리신문을 설득하려고 했던 듯하다. 이 초안에 따르면 덴쓰가 포함된 '제3자인증기관'이 인증 여부를 결정하게 된다. 이는 덴쓰가 TV의 골든타임이나 신문의 2면, 3면 등을 확보하고, 광고를 배분하며 그 힘으로 절대적인 권력을 행사하던 시절을 떠올리게 한다. 하지만 세상은 이미 도쿄올림픽 관련 담합을 주도한 것으로 알려진 덴쓰를 신뢰하지 않을 것이다.

나는 곧바로 그렇게 생각했다. 독자는 잠시 후에 이 문제를 다시 살펴보게 되겠지만, 여기서는 우선 이 '원작자 증명' 문제를 계기로 의외의 두사람이 만나게 된 이야기를 이어가도록 하자.

무라이 준과 야마구치 도시카즈이다.

무라이 준과 야마구치 도시카즈가 논의하다

무라이에 따르면 그 만남은 "갑자기 찾아왔다". 야마구치가 갑자기 무라이에게 만나고 싶다고 했다. 구로사카에 따르면 '원작자 증명' 건은 다케우치가 덴쓰 신문국을 통해서 요미우리에 제의했다. 야마구치가 이 얘기를 듣고 "만나고 싶다"는 메시지를 보내왔다.

무라이와 야마구치는 지금까지 만난 적이 없었다. 두 사람 모두 이 책의 주요 등장인물이 될 만큼 유명하니까 서로 잘 알고 있었을 것이다.

무라이는 2021년 여름에 요미우리 본사 31층에 있는 임원 층으로 야마구치를 만나러 갔다.

거기서 두 사람의 호흡이 맞았다.

그렇다고 해서 식사를 함께 한 것은 아니었다. 요미우리 임원 층의 엄숙한 회의실에서 야마구치는 무라이에게 일본 신문이 패전 직후 어떻게 해서 독립 언론을 확립했는지를 일간신문법이나 재판매제도 적용 제외 등의 이야기를 하면서 "강의를 하다시피 했다."

야마구치는 일본신문협회의 신문윤리강령이나 요미우리 신문의 강령에 해당하는 '요미우리 신조', 아사히 등 다른 신문사의 강령을 준비했다가 무라이에게 건네줬다.

요미우리의 다른 간부는 "종이신문이 팔리지 않아서 곤란하다"고 판매 이야기를 했지만, 야마구치는 그 점에는 관심이 없는 듯했다고 무라이는 느꼈다.

보도란 무엇인가에 대해 전후 역사를 확실히 파악하고, 제대로 된 편집을 하고, 일정 수준의 품질을 갖춘 기사를 제대로 쓰는 것이 신문사의 사명이다. 그것이 어떤 식으로 이뤄진 것인지 설명하고, 제대로 된 기사를 작성한다는 데 대해 절대적인 자신을 갖고 있는 것처럼 보였다.

야마구치는 "그걸 제대로 이해하는 틀을 만들어달라"고 부탁했다.

무라이의 설명을 듣고 야마구치가 한 말을 두 사람이 만날 때 동행한 구로사가는 또렷이 기억하고 있었다. 야마구치는 이렇게 말했다.

"기술로 시작된 일은 기술로 해결할 수밖에 없겠군요."

야마구치는 야마구치대로 무라이가 엔지니어로서 정열을 갖추고 있고, 솔직하게 얘기한다는 점에 감동한 듯했다.

두 사람의 만남은 정기적인 일이 되어갔다.

요미우리는 이 무라이와 야마구치의 만남을 통해서 원작자 증명에 깊이 관련되어갔다. 아사히신문이나 마이니치신문, 산케이신문 등도 참가하는 형태로 2022년 말에 '원작자 증명 기술연구조합'(이사장 무라이 준)이 출범했다.

하지만 이 구상의 성패는 배급 광고 시스템을 갖고 있는 구글이나 야후 등이 이 구상에 참가할지에 달려있었다.

사실 야마구치는 무라이와 함께 2022년 10월에 방일한 구글 CEO 선다 피차이를 만났다.

구글을 설득하다

구글 CEO는 수년에 한 번씩 일본을 방문했다. 무라이는 인터넷의 각종 기술을 표준화하기 위해서 설립된 월드와이드웹 협회의 이사회 멤버 중 한 명이다. 예를 들어 월드와이드웹의 다양한 브라우저상에서 세로쓰기 문자를 사용할 수 있게 된 것은 무라이의 노력이 있었기 때문이었다.

그래서 구글 CEO는 일본을 방문할 때마다 꼭 무라이와 만났다.

코로나19 이전에는 영빈관을 통째로 빌려서 일본의 다양한 주요 인사와 만났지만, 2022년에는 싼 방이라고 해도 하룻

밤 13만 엔 이상 줘야 하는 초고급 호텔인 '도쿄에디션토라노몬'에서 수일간에 걸쳐서 미팅을 했다. 피차이는 홀에 수많은 작은 방이 연결돼있는 공간을 사용해서 여러 미팅을 했다. 요미우리 사원이나 구로사카도 홀까지는 동행했지만, 작은 방에 안내된 것은 무라이와 야마구치였다.

여기서 두 사람은 '원작자 증명'의 구상을 구글에 설득했다.

야마구치는 2023년 1월 5일의 요미우리신문빌딩 '요미우리 오테마치홀'에서 열린 사원 대상 신년인사교환회에서 인사말을 하면서 "피차이씨는 그 자리에서 협력을 다짐하고 크롬팀에 곧바로 지시하겠다고 약속해줬습니다"라고 했는데, 무라이의 기억은 달랐다.

"저, 크롬팀을 잘 아는데요. 크롬팀은 그렇게 쉽게 움직이지 않거든요."라고 무라이는 웃으면서 내게 이야기했다. 피차이는 일단 듣기만 하겠다는 느낌이었다고 한다.

그렇다면 다음은 야후이다. 야마구치는 앞서 언급한 신년인사교환회에서 "야후나 스마트뉴스 등 국내에서 협력을 얻어서 국내에서 실증실험을 하고, 그 후에 국제표준으로 만드는 걸 지향하겠습니다"라고 사원들에게 선언했다. 구로사카에 따르면 "야후는 가와베 겐타로씨와 이야기를 하는 단계이고, 아직 실무자와는 만나지 못했다"고 한다.

그런 상황을 고려해보면 신문협회의 '플랫폼에 관한 워킹팀'에서 요미우리의 움직임이 둔했던 이유도 알 수 있을듯하다. 이는 이 책의 제10장에 쓴 '아라타니스' 국면의 재현이 아닐까? 당시 요미우리는 야후와 손을 끊는다는 카드를 갖고 있으면서 '아라타니스'를 주도했고, 결과적으로는 거기서 만들어진 야후 포위망을 이용해서 계약조건을 요미우리에 크게 유리한 것으로 바꿨다.

어찌됐든 2023년의 국면이 어찌될지는 야후에 달려있다고 할 수 있다. 신문사측은 이번에는 공정위 조사라는 카드를 쥐고 있다. 야후는 "현재진행형인 이야기인 만큼"이라는 이유로 취재에 응하지 않았다.

반증의 빨간약을 먹다

자, 여기서 약속한 대로 빨간약을 독자들에게 주겠다. 나도 야마모토 다쓰히코를 취재하면서 '관심 경제' 이야기를 듣고 있자니 인터넷상의 언론 공간에는 뭔가 개입이 필요하다는 신문협회 워킹팀이나 야마구치의 의견에 동의할 수 있을 듯한 느낌이 들었다.

현재의 인터넷에는 질 높은 저널리즘은 존재하기 어렵다. 그러니까 독점금지법의 개입이나 '원작자 증명' 같은 노력이 필요하다.

그러나 이에 대한 유력한 반증은 플랫폼 기업에 뉴스를 제공하지 않는 닛케이나 NYT, 영국의 이코노미스트, 파이낸셜 타임스의 성공일 것이다. 이 책의 단행본이 처음 나온 2019년 10월과 비교해서 그 점은 더욱 분명해졌다.

야후는 오쿠무라 미치히로가 고안한 야후 뉴스 토픽스의 성공으로 1개월 PV가 200억이 넘는 거대 포털로 성장했다. 요미우리신문의 기자들은 야후토피에 자신의 기사가 실리면 기뻐한다. 압도적으로 많은 수의 독자가 읽기 때문이다.

야후의 뉴스 토픽스에는 사건사고가 발생했을 때 계약된 각 언론사에서 일제히 같은 뉴스가 들어온다. 야후토피 편집부가 그 중 한 건을 골라서 내보낸다.

이런 사건사고 보도나 발표 기사, 혹은 관료나 경찰의 정보를 먼저 내보내는 '시간차 단독'은 실은 야후토피에 실리는 순간 가치가 제로가 된다. 모두 알아버린데다, 타사가 곧바로 따라오기 때문이다.

야후에 기사를 내보내지 않는 닛케이의 전자판을 구독하면 곧바로 알 수 있는데, 여기에 실리는 기사는 예전과 같은 '시간차 단독' 기사가 아니다. 닛케이 전자판이 아니면 읽을 수 없을 듯한 독자적인 시각이 담긴 기사가 주축이 돼있다.

예를 들어 '데이터로 읽는 지역 재생'. 이것은 지방부가 발전해 2021년 4월에 생긴 지역보도센터가 만드는 시리즈 기사이다. 공개 데이터를 기초로 47개 도도부현을 비교해봄으로써, 그 안에서 도출된 특징을 취재해서 전국 규모의 과제를 찾아내고 있다.

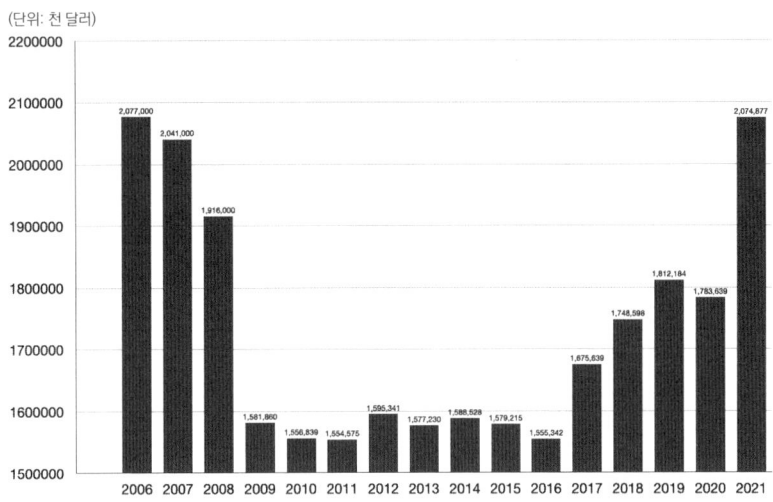

[NYT의 매출 추이]

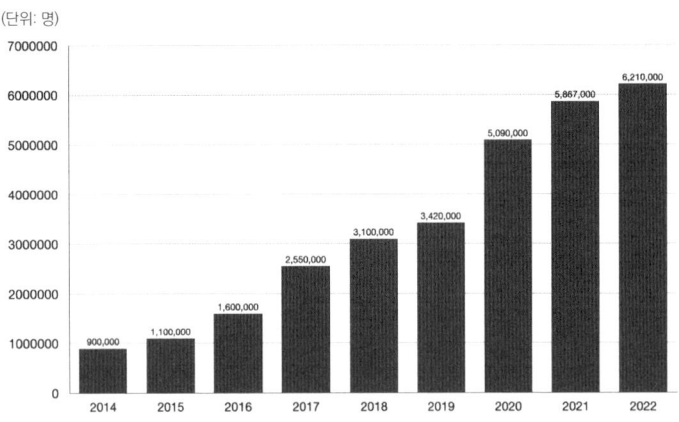

[NYT의 유료 디지털 구독자 수의 추이]

이 시리즈에서는 지금까지 출생률, 의료비, 농업생산고, 요양비, 백신접종률, 투자교육 등을 전국 지자체별로 비교해왔다. 이렇게 함으로써 문제점과 해결책이 분명히 부각된다. 이는 지방 독자들에게 절실한 과제이다. 닛케이는 유료 전자판 독자를 지방으로 확대하려고 하고 있다. 실제로 2019년 6월에 70만 명을 넘은 전자판 유료 회원 수는 코로나19 와중에 더욱 늘어나서 2022년 7월 1일 시점에서 83만 201명이 됐다.

다른 전국지는 지방 지국에서 지역판을 만들어서 지역의 화제를 취재하고, 매일 지면을 메우고 있다. 하지만 닛케이는 지방에 다른 전국지처럼 조밀한 지역판을 만들만한 사람을 배치해두고 있지 않다. 현청 소재지에 1명이 있을 뿐이지만, 전국적인 데이터를 처리해서 거기서 도출된 특징을 골라내 취재하는 거라면 1명이라도 할 수 있다. 그리고 이렇게 각 지역을 연결해서 비교한 기사는 다른 신문에서는 읽을 수 없다.

보도가 아니라 독자적인 해석을

영국 이코노미스트지는 1996년에는 50만부였던 부수가, 2001년에는 76만부, 최근인 2021년 숫자로는 112만부를 넘었다. 부수라고 하기보다는 정확하게는 계약자 수라고 하는 쪽이 나을지도 모르겠다.

이코노미스트지의 기본은 1개월 계약이고, 종이 잡지만 따로 팔지는 않는다. 디지털판과 종이 플러스 디지털의 2종류 계약뿐이다. 즉 계약자는 모두 이코노미스트지 디지털판에 접속할 수 있다.

이코노미스트는 구글이나 야후나 페이스북에 무료 기사를 내보내지 않는다. 기사 개별 판매도 하지 않는다. 독자는 이코노미스트지의 패키지 상품을 구입해야 한다.

왜 지금도 계약자 수가 늘고 있느냐면 이 잡지가 뉴스를 보도하는 잡지(이것은 플랫폼 기업으로 흘러가는 뉴스로 대체되고 만다)가 아니라, 세상에서 일어나는 일을 '분석'하고, 그 의미를 '해석'하고, 그리고 장래를 '예측'하는 잡지이기 때문이다.

또 하나의 사례를 들어보자.

예를 들어 2017년 8월 12일~18일호의 커버스토리는 '내연기관의 죽음'(The death of the internal combustion engine)이었다. 이는 가솔린 내연기관으로 이뤄진 차가, 전기자동차(EV)로 크게 변한다는 점. 이에 따라서 자동차 산업뿐만 아니라 그 주변의 산업, 석유산업, 나아가서는 중동정세까지 변화가 일어나려고 한다는 점을 예측하는 커버스토리였다.

매일매일의 뉴스로는 알 수 없고, 눈에 보이지 않는 커다란 변화(메가 체인지)를 드러내고, 그걸 독자에게 제시한다.

이코노미스트를 읽고 있으면 각종 플랫폼에 흘러 다니는

매일의 뉴스의 의미를 알 수 있다.

그리고 이코노미스트는 '시간차 단독'은 하지 않고, 기자실에 기자를 '뻗치기' 시키는 일도 물론 하지 않는다. 해외 지국을 포함해서 기자 편집자의 수는 대략 120명으로 일본의 지역지 편집국 인원수밖에 안 된다.

이코노미스트지는 2017년 연간 보고서에서 이런 얘기를 했다.

> 세계의 디지털 광고 중 60%는 구글과 페이스북이 가져간다. 그리고 최근에는 미국의 디지털 신규 광고 매출의 99%는 이 두 회사 몫이다.

그래서 이코노미스트는 플랫폼을 경유한 광고에 의존하지 않고, 유료 전자판의 구독 수입으로 성장하는데 집중하겠다고 이 2017년 연간 보고서에서 선언했다.

무라이 준은 "(자신이 원작자 증명의 연구조합 이사장을 맡고 있으면서) 판을 엎어버리는 듯하지만"이라고 전제한 뒤 내게 이런 말을 했다.

"미디어의 신용이라는 건 누군가가 등급을 매기는 게 아니고, 서서히 인터넷 속에서 축적되어가는 것이다."

사람들은 제3자 인증기관의 인증 없어도 이코노미스트지나 NYT, 그리고 닛케이의 가치를 서서히 알아가고 있다.

그렇게 생각하면, 플랫폼에 의존하지 않는 저널리즘을 만들면 되는 것 아니겠는가? 닛케이는 '원작자 증명' 연구조합에 가입하지 않았다. 그런 인증을 받지 않아도 시장이 가치를 결정한다는 생각이다.

신문협회의 '워킹팀' 각 사 멤버들에게 그 점을 얘기하자 이런 답이 돌아왔다.

최종적인 형태로는 시모야마씨의 얘기에 이견이 없습니다. 하지만, 우리는 실무자입니다. 거기에 이르는 길은 또 다른 것이라고 생각합니다.

"너무 괴롭히지 말아주세요"라고도 했다.

그리고 타사 사람이긴 하지만 야마구치가 이런 문제를 어떻게 생각하는지 알고 싶어했다.

"그 사람에게는 철학이 있는 것 같습니다."

야마구치는 요미우리신문그룹 본사의 대표이사 사장에 더해서 요미우리 자이언츠 구단 대표, 2022년 6월부터는 니혼TV홀딩스 대표이사도 맡게 됐다.

그렇게 엄청나게 바쁜 와중에도 이번에는 서면으로 정중하게 취재에 응했다. 그 답변을 이 책의 다른 곳에서도 사용했지만, 마지막으로 '미디어에 관련된 사람이나 독자의 절실한 의문'에서 비롯된 몇 가지 질문에 대한 야마구치의 답변을 소개해보겠다. 내 질문과 야마구치의 답변을 그대로 게재한다.

△ '신문 with 디지털'이라는 기본방침은 앞으로도 변함이 없나요? 저는 한 때 요미우리 지면에 기자 얼굴 사진이 실리길래, 그 기자만의 분석이 담긴 기사를 밀어주는구나라고 느꼈는데요. 이는 디지털 유료판 단독 판매로 가는 도움닫기가 아닐까 생각했습니다. 잘못 본 건가요?

▲ 인간이 이성적이려면 시스템2가 필요합니다. 신문은 시스템2에 기여하는 미디어입니다. 시스템1, 시스템2라는 이중과정론을 세상에 널리 알린 것은 대니얼 카너먼이라는 노벨경제학상을 받은 학자입니다. 카너먼은 저서 『생각에 관한 생각』[141]에서 시스템2의 사고회로가 과도한 부담 없이 움직이는 장면의 일례로서 신문을 읽을 때를 거론했습니다. '신문 with 디지털'이라는 방침은 숙고하는 사회를 유지하기 위해서 유용하다고 생각하고 있습니다.

△ 야마구치씨는 2022년 입사식에서 '신문은 스트레이트 뉴스를 포기하고, 해설이나 논평에 힘을 쏟아야 한다는 견해'에 대해서 "틀렸다"고 말씀하셨는데요. 그러나 저는 인터넷에 플랫폼 기업이 등장한 지금, 스트레이트 뉴스는 내보내자마자 공유되고, 순식간에 가치가 제로가 되어버린다고 생각합니다. 그렇기에 신문을 디지털이든 종이든 유료로 보게 하려면 거기서만 읽을 수 있는 '시간의 흐름을 견딜 수 있는 콘텐츠'를 내놓을 필요가 있다고 생각합니다. 그러려면 지금처럼 '기자클럽에서 뻗치기 하며

---

141) 원제는 'Thinking, Fast and Slow'. 일본어 역서 제목은 'ファスト&スロー'.

발생기사를 쫓아가는 취재체제'를 근본적으로 고치고, 스트레이트 뉴스의 의미를 독자가 해석할 수 있게 하는 기사를 내보내는 것이 신문의 생존 열쇠라고 생각합니다. 더구나 신문은 스트레이트 뉴스를 지금과 같은 형태로 쫓을 만한 재정적 여유를 잃어가고 있는데요. 이런 점에 대해서 어떻게 생각하시나요?

▲ '시간의 흐름을 견딜 수 있는 콘텐츠'를 내놓아야 한다는 의견에 대해서는 동감합니다. 단, 그런 기사를 쓰려면 사실을 확정할 수 있는 취재력이 필수입니다. 누구든지 처음부터 사실을 확정할 수 있는 취재력을 갖추고 있는 게 아니고, 기자로서 훈련을 받아 익혀가는 것입니다. 정보가 사실을 정확히 반영하고 있는 것만은 아닙니다. 정보는 사람이 만들어내는 것이어서, 거기에는 정보를 만들어낸 사람의 목적이나 의도가 투영됩니다. 세상에 대량의 정보가 오갈수록, 허위 정보, 유해한 정보가 섞이기 쉬워집니다.

정확한 정보를 구분하고, 사실을 확정하고, 한정된 시간 안에 어떤 제목으로 기사를 쓸지 판단하는 것, 즉 사실보도가 필요합니다. 이는 보도의 토대입니다. '시간의 흐름을 견딜 수 있는 콘텐츠'나 해설, 논평은 그 토대 위에서 전개되는 것입니다.

다른 식으로 표현하자면, 신문은 신뢰가 생명선이고, 신뢰의 근원은 사실을 확정하는 취재력에 있고, 그 취재력을 단련하는 것이 사실보도입니다.

제가 스트레이트 뉴스라고 부르는 것은 이런 사실보도이고, 재해보도, 전쟁보도 등을 포함합니다. 발생기사, 발표기사만 가리키는 것이 아닙니다.

디지털 사회에서 스트레이트 뉴스를 가지고 돈을 벌기 어렵다고 해도, '시간의 흐름을 견딜 수 있는 콘텐츠'를 내놓을 힘을 갖추기 위해서라도, 신문은 사실보도를 소홀히 해서는 안 된다고 생각합니다.

이밖에 야후 등 플랫폼 기업과 신문의 관계에 대해서는 다음과 같이 대답했다.

▲ 정보 환경 문제와 관련됩니다만, 플랫폼 기업과 뉴스 미디어의 관계는 공정한 거래라고 할 수 있는 상태가 아닙니다. 기사 제공료는 과제 중 한가지인데, EU나 호주 등 해외에서 입법에 의해서 뉴스 미디어가 적정한 제공료를 받을 수 있게 하려는 움직임이 잇따르고 있습니다.
입법 과정에서 구글은 "법안이 통과되면 검색 서비스를 중단할 것", 페이스북은 "뉴스 열람을 제한하게 될 것"이라는 등 반발했습니다. 그러나 법률이 통과된 후에는 그 나라의 기사 제공료가 꽤 고액으로 올라서 신문사 등의 경영을 도운 사례가 나오기 시작했고, 일본신문협회도 연구에 착수했습니다.

반면에 입법에 의존할 경우, 보도의 자유, 공권력으로부터의 독립이라는 중요 테마에 직면하게 됩니다. 지금 곧 입법 검토에 들어가기보다, 기술이 야기한 문제를 기술적으로 해결하는 길은 없을지, 그런 생각으로 원작자 증명을 검토하고 있습니다.

야마구치씨의 이런 답변을 받은 것이 질문을 보낸 지 약 2개월 후, 2023년 2월 2일의 심야였다. 이 문고판의 마감 직전이었다.

요미우리, 닛케이, 야후 삼국지의 귀추를 내 나름대로 대담하게 예측해보면 이렇다. 야후는 공정위의 조사가 진척되고, 각 신문사가 연합하게 됨으로써, 기사 제공료에서 반드시 어느 정도 양보하게 될 것이다. 야후의 성장을 지탱해온 미디어 부문의 이익률은 내려갈 것이고, 이에 따라 한층 더 미디어 기업으로부터 벗어나 페이페이라는 결제 플랫폼을 축으로 금융이나 e커머스를 전개하는 기업으로 변해갈 것이다.

2000년대부터 알리바바의 알리페이를 일본에 들여오려고 한 소프트뱅크·야후의 전략은 2018년 페이페이 론칭으로 열매를 맺었는데, 이건 또 다른 이야기인 만큼 다른 기회에 하도록 하자.

다만 야후의 기사 제공료가 올라가더라도 신문의 경영 상태는 전혀 개선되지 않을 것이다. 왜냐하면 가령 제공료가 지금의 두 배가 되더라도 벼랑을 굴러내려 가는 듯 추락하는 종이신문에는 큰 도움이 되지 않을 것이기 때문이다. 또, 야후에 기사를 제공하는 한 '관심 경제'에서 벗어날 수 없고, 기자나 편집자는 단기적으로 PV를 올릴 수 있는 기사에 끌려 다니며, 장기적인 가치를 잃게 될 것이다.

'관심 경제'에서 벗어나서 진정한 가치를 기반으로 지속적인 경영을 하려면 우선 플랫폼 밖으로 나가야 한다. 가상현실의 세계에서 현실 세계로 돌아간 '매트릭스'의 네오처럼.

그런 와중에 몇몇 신문은 자신들만 할 수 있는 일, 즉 장기적인 가치가 있는 콘텐츠를 제공하는 걸 통해서 플랫폼 기업 의존을 중단하고 성공하는 기업이 될 것이다.

닛케이는 현재 유일하게 플랫폼 기업과 거리를 두고, 장기적인 가치에 중점을 둠으로써 지속가능한 경영을 달성해가고 있다. 앞으로는 그룹 내 여러 회사 중에서 지상파 광고 모델에 기반해서 운영되는 TV도쿄를 어떻게 운영할까라는 과제가 남아있다.

그리고 지금도 종이신문을 주축으로 하는 요미우리신문. 밀고 당기는 경영 덕분에 다른 애매한 신문사보다 매출 감소는 완만한 편이다. 그러나 언젠가 커다란 방침 전환의 날이 올 것이라고 나는 생각한다.

> **주요 참고 문헌·증언자·취재협력자**
> 야마구치 도시카즈, 무라이 준, 야마모토 다쓰히코, 구로사카 다쓰야, 다테바 가쓰시

아사히신문의 후쿠야마 다카시는 홍보팀을 통해서 취재를 거절했다. 일본신문협회 안에 생긴 '플랫폼 기업에 관한 워킹팀'에 참가한 각 사 멤버 중 여러 명이 익명을 조건으로 취재에 응했다. 또 아사히신문, 요미우리신문 사내에도 익명으로 취재에 협력한 이가 있었다.

「플랫폼 문제 분과회 활동 보고서」 일반사단법인 일본신문협회 미디어개발위원회
플랫폼 문제 분과회 의사록
요미우리신문사 사보
『WEB기술 '오리지네이터 프로파일' 상세 설명자료』, 2021년 3월 29일
「관심 경제와 보도」 야마모토 다쓰히코 신문연구, 2021년 8~9월호
『디지털이코노미의 덫』 매튜 힌드맨(Matthew Hindman) 저, 야마가타 히로오(山形浩生) 역, NTT출판, 2020년 11월
『시스템의 과학 제3판』 허버트 사이먼 저, 이나바 모토요시(稻葉元吉)·요시하라 히데키(吉原英樹) 역, 퍼스널미디어, 1999년 6월
「디지털 광고 분야의 거래 실태에 관한 최종 보고서」 공정거래위원회 2021년 2월
"Amazon's Antitrust Paradox", 리나 M. 칸, The Yale Law Journal, 2017년 1월
"Is the First Amendment Obsolete?", 팀 우, 미시건 로 리뷰, 117권 547쪽, 2018년

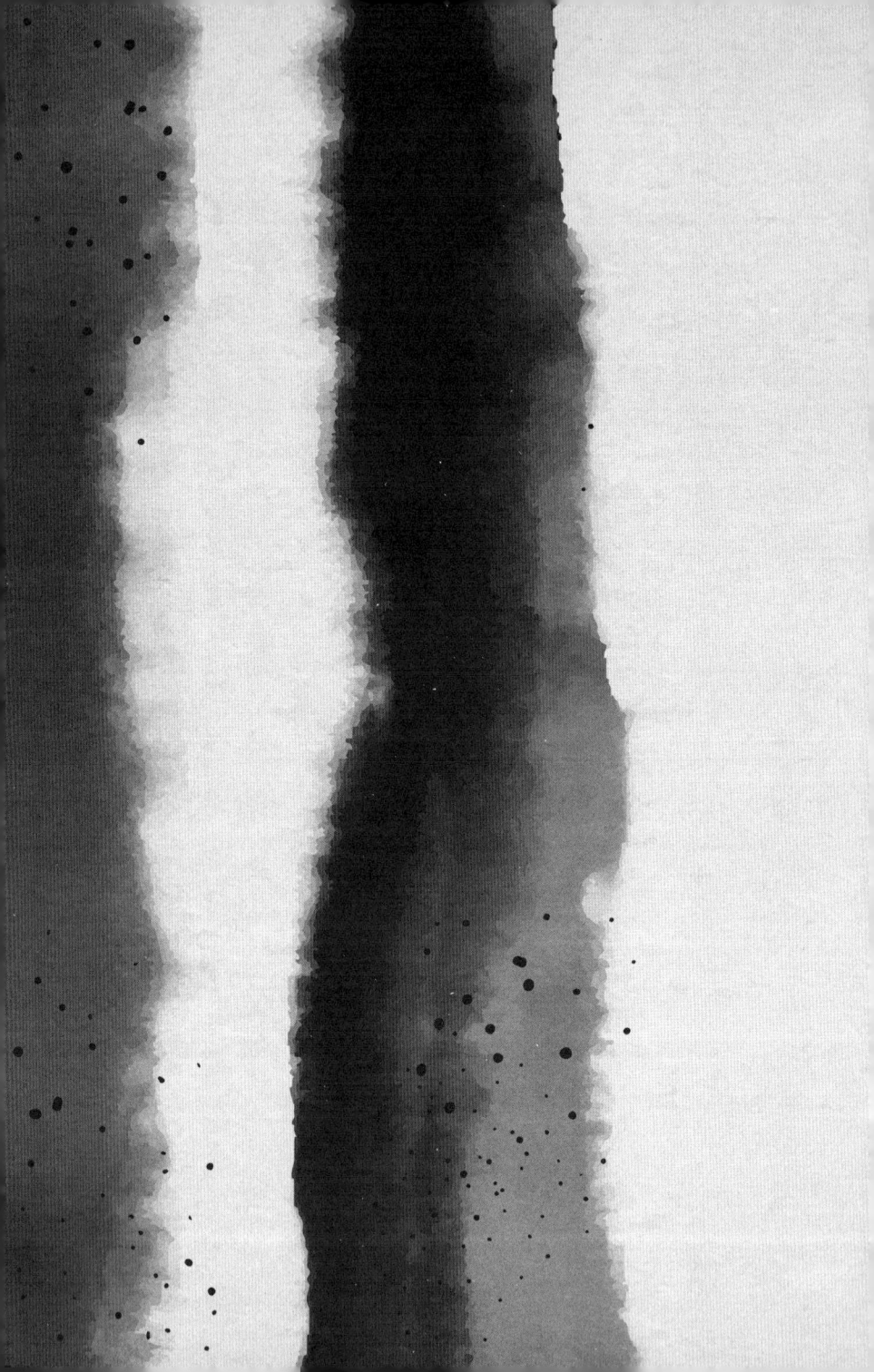

감사의 말

제가 대학을 졸업하고 출판사에 취직한 건 1986년이었습니다. 주간지에 배치됐는데, 당시는 기사 원고를 전용 원고용지에 연필로 썼고, 구성을 바꾸고 싶을 때는 '오려 붙이기'라고 해서 글자 그대로 가위로 오리고, 풀로 붙이면서 4페이지 분량의 기사 원고를 쓰던 시절이었습니다.

그로부터 32년 후인 2018년 게이오대 쇼난후지사와캠퍼스(SFC)에서 시작한 것이 '2050년의 미디어'라는 강좌였습니다.

당시엔 아직 문예춘추에서 편집자로 일할 때였는데, 그 전해인 2017년 6월에 우연히 열어본 일본신문협회 조사데이터 웹페이지에서 직전 10년간 일본 신문 부수가 약 1,000만부 증발했고, 매출도 5,645억 엔 줄었다는 걸 안 것이 이 책을 쓰게 된 계기였습니다.

1999년 말에 펴낸 책 『승부의 갈림길』이라는 전작에선 로이터, 블룸버그, 니혼게이자이신문, 지지통신 4개사를 중심으로 인터넷 이전의 기술혁신이 미디어를 바꾸고, 글로벌 자본주의를 형성해가는 모습을 썼습니다. 저는 그 에필로그에서 이렇게 적었습니다.

> 일본의 매스컴 전체로 시선을 옮기면 신문이나 방송은 각각 재판매 가격 유지 제도,[142] 방송법 등 규제의 보호를 받은 덕에 업계 내부의 격차는 있을지라도, 어찌됐든 안정된 것처럼 보인다. 그러나 변화의 파도(이미 1970년대에 일본의 제조업이 경험했고, 1990년대에는 일본 금융업이 경험했다)는 언젠가는 이렇게 오랜 관행을 유지하는 신문이나 방송계에도 밀어닥칠 것이다.

그 후 20년간 그 '변화의 파도'는 일본 신문업계를 직격했습니다.

그 변화의 파도는 어떻게 일어나서, 어디로 향하려고 하는 걸까? 이건 인생의 한 부분을 걸만한 주제라고 곧바로 알아차렸습니다.

이렇게 해서 종이 미디어의 파괴적 축소 원인과 앞으로 번영할 미디어의 조건을 탐색하는 탐사형 강좌 '2050년의 미디어'가 시작됐습니다.

'2050년의 미디어'라는 제목을 붙인 것은 제가 사회에 나와서 이 업계에 들어온 1986년부터 2018년까지 지낸 세월이

---

142) 상품 공급업자가 소매업자의 소매가 인하 판매를 허용하지 않게 하는 제도. 일본은 서적, 신문, 잡지, 음악 소프트웨어 모두에 대해 재판매 가격 유지 제도를 인정하고 있다.

32년간. 그렇다면 앞으로 32년 후에는 어떻게 될 것인가라는 걸 이제부터 사회에 진출하는 젊은 학생들과 함께 고민해보자고 생각한 데서 비롯된 것입니다.

이 강의 계획안을 보고 곧바로 채택해준 것이 가토 후미토시(加藤文俊) 게이오대 환경정보학부 교수입니다.

이 강좌를 통해서 학생들과 교류하는 와중에 게이오SFC에 다니는 학생은 2학년 때까지 어학과 함께 컴퓨터 사이언스가 필수라는 점을 알게 됐고, 1990년에 생긴 이 학교의 이념을 아는 것이 이 책의 테마에도 직결된다는 걸 깨달았습니다.

이 게이오SFC 설립에 1987년 준비위원회 단계부터 참여한 무라이 준(현 환경정보학부 교수 겸 대학원 정책·미디어연구과 위원장)씨로부터 SFC의 성립 경위뿐만 아니라 이동통신이 3G에서 4G로 바뀐 것의 중요성 등 이 책의 핵심을 이룬 몇 가지 기술혁신에 대한 귀중한 시사를 얻을 수 있었습니다.

그리고 이 게이오SFC의 두 사람을 제게 소개해준 것이 아시아·퍼시픽·이니셔티브 이사장 후나바시 요이치(船橋洋一)씨입니다. 문예춘추에서 출세 길을 벗어나서 책을 쓰고자 한 제가 처음에 쓰려고 한 것은 다른 주제였습니다. "미디어에 관한 이야기야말로 지금이라도 착수해야 한다"는 후나바시씨의 조언에 따라 애초 예정을 바꿔서 이 책의 주제를 본격적으로 조사하기로 결심했습니다.

『승부의 갈림길』을 쓰던 1990년대 후반에 비해서 취재는 훨씬 어려워졌습니다. 그 이유는 이 책에서도 썼습니다만, 2000년대를 지나며 매스컴 각 사가 컴플라이언스라는 명목으로 사원이나 OB에 대해서까지 단속을 엄격하게 했기 때문입니다.

생각해보면 1990년대 후반은 인터넷이 이미 시작됐다고는 해도 신문이 아직 성장하고 있던 시기였습니다. 제가 『승부의 갈림길』에서 이야기를 들었던 닛케이의 간부나 OB들은 어제보다 내일이 좋았던 시절 밖에 모르는 세대였습니다. 그만큼 자부와 자신도 있었을 것입니다.

그런데 이번에 취재를 부탁한 이들은 야후 재팬을 제외하고는 2000년대 초에 정점을 찍은 뒤 내리막길의 역사 속을 걸어온 분들이었습니다. 왜 내리막길이 됐는지 그 전환점을 아는 게 중요하다고 설득했습니다만, 취재는 곤란했습니다.

제가 주간지 시절에 습득한 방법, 즉 자택에 직접 편지를 보내고, 방문하는 취재 스타일을 50대가 된 지금에 이르러 다시 하게 될 줄은 미처 생각하지 못했습니다. 증언자의 집을 찾아서 니가타의 저녁 주택가를 걸어 다니는 와중에 날이 저물어 어두컴컴해졌던 일. 경찰에서 들은 주소지 아파트에 가도 해당되는 사람이 사는 집을 찾을 수 없어서 몇 번이고 가본 끝에 실은 뒤쪽 아파트였다는 걸 알게 된 일. 헛수고로 끝나는 일도 많았던 직접 취재였지만, 그래도 찾아온 저를 맞아들여 이야기를 해준 분이 있었고, 그것이 새로운 전개를 낳기도 했습니다.

그렇게 해서 희미했던 2000년대 중반의 전환점이 조금씩 모습을 드러냈습니다.

정신을 차리고 보니 어느새 신발 한 켤레가 닳고 난 뒤였습니다. 단속이 엄격한 가운데, 역사에 증언을 남기는 일의 의미를 생각해서 취재에 응해주신 많은 분들께는 뭐라고 감사의 말을 드려야 할지 모르겠습니다.

증언자 중에는 회사에 다닐 때에는 취재에 응하지 못했지만, 정년퇴직을 기다렸다가 실명으로 취재에 응한 분도 계셨습니다.

증언자, 취재협력자 중 이름을 밝힐 수 없었던 분들께도 많은 것을 빚졌습니다.

회사에서 편집자 일을 계속하면서 책을 쓸 수는 없겠다고 생각해서 2019년 3월에 문예춘추를 퇴사했습니다.

제가 다니던 문예춘추도 이 커다란 파도에 휩쓸리는 데서 예외는 아닙니다. 1993년 370억 엔이었던 매출은 2017년 217억 엔으로 줄었습니다. 그런 가운데 이 책 속의 등장인물이 맛본 것 같은, 슬픈 일이나 고뇌도 있었습니다. 왜 사원주주회사라는 체제가 편집권 독립이라는 애초 목적에서 벗어나서 다양한 문제를 일으키는가 하는 일간신문법 문제를 눈치 챈 것도 제가 예전에 근무했던 회사에서 파괴적 축소를 경험했다는 데서 온 문제의식이 반영된 듯합니다.

　이 책의 편집 담당자는 무카이보 겐(向坊健)씨입니다. 무카이보씨는 문예, 논픽션 양쪽을 다룰 수 있는 편집자로, 사내 정치에는 무관심한 측면이 있는 사람입니다. 그런 사람이기에 이 책을 담당하겠다고 흔쾌히 받아줄 수 있었다고 생각합니다.

　기타무라 요이치(喜田村洋一) 변호사는 원고를 훑어보고 저널리즘과 법에 대해 귀중한 조언을 해주셨습니다. 기타무라 선생님께는 편집자 시절부터 많은 책에서 신세를 졌습니다만, 우선 논픽션의 가능성을 믿어주고, 그걸 전개하려면 어떻게 하면 좋을까라는 관점에서 원고를 읽어주신다는 점을 무척 신뢰하고 있습니다.

　그리고 소설가 시라이시 가즈후미씨는 전작에 이어서 이번에도 원고를 읽고 크게 격려해주셨습니다. 그는 전작을 쓸 때는 문예춘추의 동료였지만, 20년이 지나는 동안 진작에 회사를 그만뒀고, 나오키상을 받는 등 작가로서 성공을 거뒀습니다. 귀중한 시간을 쪼개서 원고를 읽어주신 데 대해 다시 한 번 인사를 드리고 싶습니다.

　성인이 되어 둥지를 떠난 딸과 가정과 일을 양립시킨 아내에게도 감사합니다.

게이오SFC의 탐사형 강좌 '2050년의 미디어'는 2년째를 맞이했습니다. 조치대 신문학과에서도 역시 '2050년의 미디어' 강좌를 열게 됐고, 이 두 학교에서 만난 젊은이들과의 논의는 자극적이고, 때로는 매우 시사적이었습니다.

지금의 젊은이들은 제가 학생이었을 때와는 달리 취업이라는 의식은 없고, 자신들의 커리어를 좀 더 자유롭게 바꿔갈 수 있는 것으로 생각하고 있습니다.

물론 원고용지를 오려붙이는 것 따위는 전혀 이해할 수 없겠죠. 매킨토시 노트북으로 가볍게 메모하고, 스스로 소스코드를 적고, 개인사업자로서 앱을 만들어가는 학생도 있습니다. 그런 그들에게 말해온 것은 미래를 알려면 우선 역사를 알아야 한다는 것. 그리고 역사는 누군가가 끈질기게 발굴하고 조사하지 않으면 역사가 될 수 없다는 점이었습니다.

이 책은 제가 늘 말해온 것의 답변이기도 했습니다.

2019년 7월 시모야마 스스무

그 외의 협력자, 참고문헌

오토 요시히로(音好宏), 고노 이치로, 이노우에 게이코(井上敬子), 가타오카 히로시(片岡裕), 쓰루마 히사시(鶴間尚), 마키노 요(牧野洋), 이노세 히지리(猪瀬聖), 센고쿠 노부야(仙石伸也), 스기타 료이치로(杉田亮一郎), 대니얼 프랭클린

『와타나베 쓰네오 회고록』 감수·대담/미쿠리야 다카시(御廚貴), 대담/이토 다카시(伊藤隆), 이오 준(飯尾潤), 중앙공론신사, 2000년 1월

『기자와 권력』 다키하나 다쿠오, 하야카와쇼보, 2017년 4월

『FAILING FAST…머리사 마이어와 야후의 투쟁』 니콜라스 칼슨 씀, 하세가와 게이(長谷川圭) 옮김, 2015년 10월

『야후토픽스를 만든 방법』 오쿠무라 미치히로, 고분샤, 2010년 4월

『고양이가 미디어를 지배한다—인터넷 뉴스에 미래는 있는가』 오쿠무라 미치히로, 중앙공론신사, 2017년 5월

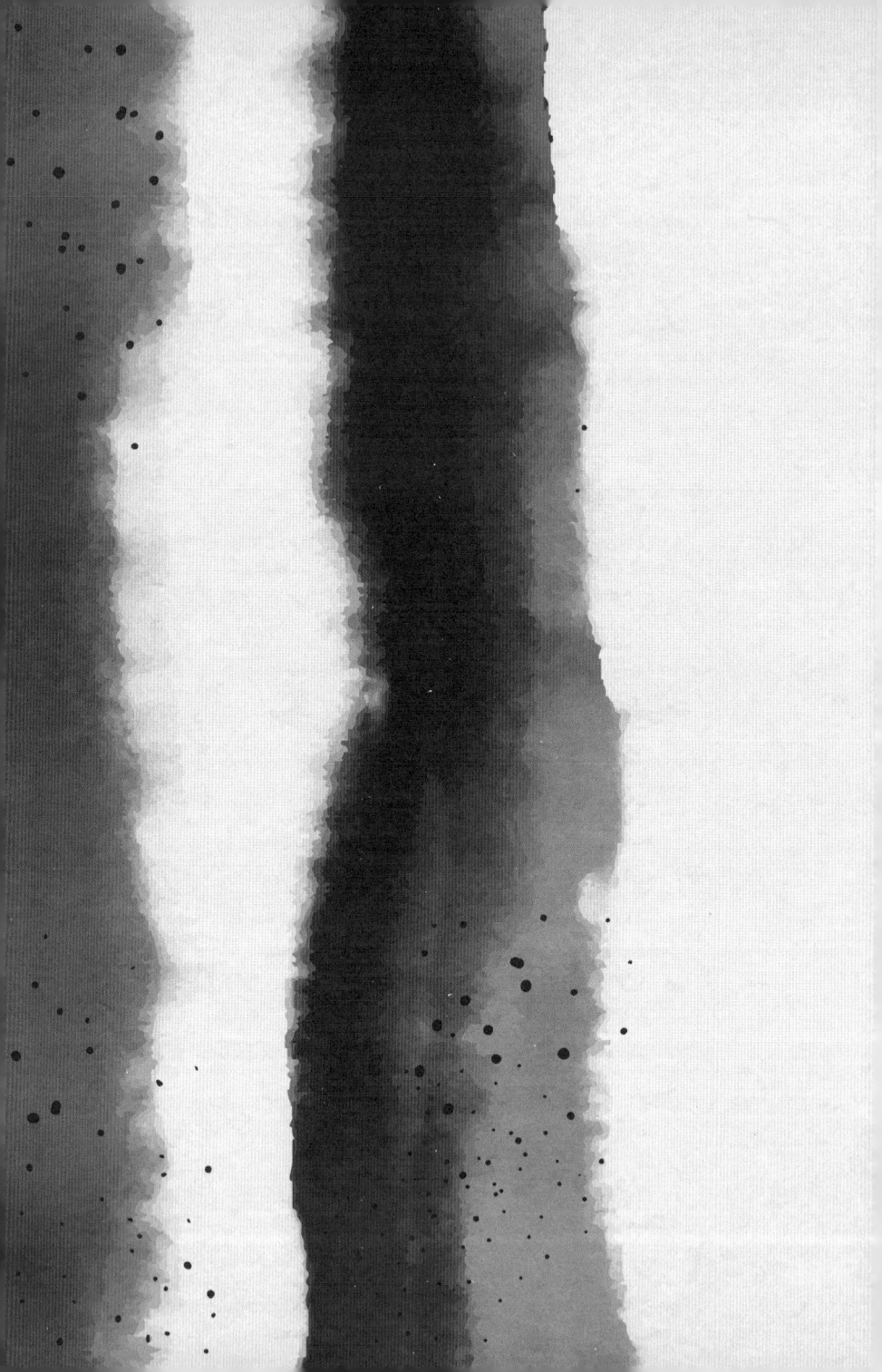

문고판 후기

논픽션은 소설과 달라서, 책이 나온 뒤에도 등장인물들은 인생을 살아가고 있다. 단행본이 나오고 3년반 지나서 문고판이 나왔는데, 그 사이에도 여러가지 변화가 있었다.

게이오SFC의 강좌를 계기로 이 책을 썼는데, SFC의 임기는 3년으로 끝났고, 현재는 조치대 신문학과에서 이 책과 같은 제목으로 강좌를 계속하고 있다.

그 강좌에서 재작년부터 다루고 있는 돗토리 지역 미디어가 있다. "그런 소리 해봐야 우리는 NYT도 아니고 영국 이코노미스트도 아니다. 플랫폼 기업에 거리를 두고 닛케이처럼 유료 전자판 중시 노선을 취하는 것도 무리"라는 의견에 대해 이 지역 미디어의 성공 자체가 유력한 반증처럼 생각됐기 때문이다.

요나고(米子)를 거점으로 하는 케이블TV 방송국 '주카이(中海)TV방송'은 1989년 개국 이후 줄곧 수익이 늘어났다. 큰 원인은 개국 당시부터 지역의 뉴스를 독자적으로 취재해서 내보내는 전문 채널을 만들었기 때문이다. 이것은 뉴욕1이라는 비

---

143) 돗토리현의 현청 소재지.

디오 저널리스트 중심의 지역 뉴스 방송국을 참고로 해서 다카하시 고시(高橋孝之)가 생각해서 시작한 채널이다.

지상파의 지역 방송국은 '지역 방송국'이라고는 해도 직접 만드는 프로그램은 7~8%. 남은 시간은 메인 방송국의 프로그램을 내보내고 있다. 그 점을 불만스러워한 다카하시는 요나고시의 가입자를 위한 독자적인 콘텐츠를 만드는 것이 이 케이블TV 방송국의 존재의의라고 개국 당시부터 생각했다.

기자클럽에 기자를 내보내서 뻗치기 취재를 하지 않고, 그럴만한 인력도 없다. 현재의 보도부 인원은 총 17명이다. 혼자서 취재, 촬영, 원고 작성에서 편집까지 맡는 비디오 저널리스트 방식으로, 아침, 낮, 밤의 프로그램에 내보낼 뉴스나 특집 프로그램을 만든다.

다카하시가 개국 당시부터 기자들에게 말하는 것은 "지역의 과제 해결에 도움이 될만한 것을 찾아서 그걸 해결하라"이다.

1999년에 입사한 우에다 이즈미가 발견한 국도 181호선의 사고 다발 현장 건도 그랬다. 2002년에 고령자 사망사고가 일어나서 취재하는 과정에서 최근 5년간 같은 장소에서 7명이 숨진 사실을 알게 됐다. 시야가 트여있는데 왜 그런 걸까? 우에다가 조사해보니 구획정리로 도로폭이 넓어졌다는 걸 알 수 있었다. 4차선도로가 됐는데도, 주민들이 이전의 감각으로 길을 건너다니는 것이 사고 원인이 아닐까. 이 보도와 취재를 계기로 가로등과 신호등 설치가 결정됐다. 신호등이 생기자 첫 보행자도 취재해서 기획 프로그램을 내보냈다. 이후 사고는 없어졌다. 이후 우에다는 오염이 심했던 나카우미(中海)의 정화운동에 주민과 함께 참가하는 '나카우미 이야기'라는 월 1회 방송되는 프로그램에 캐스터로 참가하게 된다. 이 프로그램은 지역민을 연결해서 정화활동이 활발해졌고, 프로그램이 목표로 내건 '헤엄칠 수 있는 나카우미'는 2011년 6월에 전국 수영 대회를 나카우미에서 개최함으로써 달성됐다. 이 프로그램은 지금도 방송되고 있다.

이런 과제 해결형 프로그램이나 보도에는 신문사들이 하는 식으로 기자실 출입기자 중심 체제는 필요없다. 보도부 17명의 월 평균 잔업 근무시간은 21.3시간(2022년 2월까지의 실적). '시간차 단독'을 주축으로 한 신문사 취재 체제의 장시간 노동과 비교해보면, 얼마나 생산적인지는 1인당 1억 엔의 매출을 올리는 주카이TV방송의 실적에 나타나 있다.

주카이TV방송은 월 계약료 모델로, 광고에는 의존하지 않는다. 주주는 주민들이다. 그래서 주요 방송국들이 7~20% 수익 감소를 겪은 코로나19 사태 당시에도 수익 증대를 이어갈 수 있었다.

주카이TV방송은 2000년에 인터넷 프로바이더 사업,

2016년에는 '주카이 전력'을 설립해서 재생에너지를 중심으로 한 전력 소매를 시작했는데, 주민이 그런 서비스를 계약하는 것은 지역 과제를 해결해온 보도에 대한 신뢰가 있기 때문이다.

그리고 중요한 것은 인터넷 프로바이더 사업도, 전력 소매도 기술혁신에 저항하지 않고 받아들인다는 판단을 하는 경영이 있기에 가능했다는 점이다.

왜 이렇게 유연한 사고와 경영을 할 수 있었느냐면, 주카이 TV방송의 사람들이 신문이나 지상파의 견고한 무리 속에 없었다는 게 중요하지 않을까라고 생각한다. 신문사나 TV방송국에 들어간 이들은 기자클럽에서 시작해 신문협회나 신문노조, 민방련 등 평생 그 업계의 무리 속에서 지내게 돼있다. 그 시스템 속에 있으면 환경이 종이신문에서 웹으로, 지상파에서 웹으로 크게 변할 때, 변화를 눈치조차 채지 못한다. 눈치를 채더라도 변화를 '나쁜 것'이라고 생각한다.

그러나 변화에 좋고 나쁜 것은 없다.

문고판에 추가한 장 속에서 거론한 것처럼 인터넷이 모든 것을 능가하는 사회 속에서 그래도 중요한 것은 진지한 대화라고 생각한다. 그런 의미에서 이번에도 내 의문에 정면으로 대답해준 요미우리신문의 야마구치 도시카즈씨에게 감사의 뜻을 표하고 싶다.

요미우리의 어느 사원은 내게 "야마구치씨는 요미우리의 다른 사원보다 인터넷에 관해서 상세하게 알고 있다. 그래서 반론을 할 수 없다."고 했지만, 그래도 2018년 정월에 와타나베 쓰네오 주필이 전 사원에게 호통을 친 것처럼 "사장을 때려눕히겠다는 각오로" 이견을 제기하면 된다고 생각한다. 그렇게 하지 않으면 요미우리 사내 자체가 거대한 밀폐된 공간이 된다.

개발자로서 '왜곡된 언론 공간'에 어떻게 대응할지에 대해서 시간을 들여서 설명해준 무라지 준씨에게도 깊은 감사를 드리고 싶다.

이밖에도 취재에 협력해준 이들께도 감사드린다.

이 문고판에 포함한 장도 기타무라 요이치(喜田村洋一) 변호사에게 미리 보여드리고 정확한 지적을 받았다. 감사드린다.

이 문고판을 펴내기 위해서 문예춘추에서 노력해준 건 고노 이치로(河野一郎), 시마다 마코토(島田眞), 무카이보 겐(向坊健) 3명이었다. 이들과 대화하는 동안 내 친정이기도 한 문예춘추에는 논픽션을 제대로 평가하는 안목이 있다고 느꼈다.

또 이 문고판의 담당자는 이케노베 도모코(池延朋子)씨였다. 이케노베씨의 밝은 성격과 정확한 독해는 문고판에 추가한 장을 쓸 때에도 큰 격려가 됐다.

2023년 2월 7일 시모야마 스스무

옮긴이의 말

이번 번역은 대학생 딸과의 공동 작업이었습니다. 요나하 준의 『헤이세이사』(2022, 마르코폴로)를 번역할 때 막바지에 당시 고3이던 딸의 도움을 받았는데요.

일본어를 번역한 결과 어색한 표현이 잔뜩 들어가있는 게 마뜩치 않았던 딸이 한 단어, 한 단어 꼼꼼하게 의문을 제기하는 걸 보고 처음엔 무척 당황했습니다.

"'실은'이란 말이 왜 이렇게 많이 들어가?" "그냥 '안방 스타로 떠올랐다'고 하면 되지, 왜 '각 가정에서 스타로 떠올랐다'고 하는 거야?"

그래서 이번에는 초벌 번역을 한 뒤 아예 딸에게 원고 수정을 부탁했고, '금자탑' 등 요즘 젊은이들이 이해하기 어려운 단어를 대폭 수정했습니다. 저는 부녀간에 '5대5'로 노력을 기울였다고 생각했는데, 딸은 "내가 6, 아빠가 4"라고 주장하네요.

'4'의 노력으로 '5'의 지분을 얻은 제겐 무척 즐거운 작업이었습니다. '6'의 노력을 기울이고, '5'의 지분을 받은 딸에겐 힘들었겠지만…

2050년의 미디어

1판 1쇄	2024년 9월 25일
ISBN	979-11-92667-60-7(03070)
저자	시모야마 스스무
번역	이충원 · 이유빈
편집	김효진
교정	이수정
제작	재영 P&B
디자인	우주상자
펴낸곳	마르코폴로
등록	제2021-000005호
주소	세종시 다솜1로9
이메일	laissez@gmail.com
페이스북	www.facebook.com/marco.polo.livre

책 값은 뒤표지에 있습니다. 잘못된 책은 교환하여 드립니다.